Manual Teórico e Prático do Astrólogo

Julia Parker

Manual Teórico e Prático do Astrólogo

Seu guia planetário para a vida

Tradução
Carmen Youssef

EDITORA PENSAMENTO
São Paulo

Título do original:
"The astrologer's handbook"

Ilustrações da capa: *cortesia da Bodleian Library, Oxford.*

Edição	Ano
2-3-4-5-6-7-8-9-10	92-93-94-95

EDITORA PENSAMENTO LTDA.
Rua Dr. Mário Vicente, 374 - 04270 - São Paulo, SP - Fone: 272-1399

Impresso em nossas oficinas gráficas.

Para Ann, com amor

Introdução

Ao abrir este livro você iniciou uma viagem que se torna mais fascinante quanto mais você avança, à medida que aprende sobre si mesmo e suas motivações, mais do que qualquer outro *hobby* teria a possibilidade de lhe revelar.

Certamente você já sabe que é ariano, capricorniano ou taurino, mas contentar-se com isso é uma forma demasiadamente simplista de ver a astrologia. Todos nós somos uma combinação sutil dos *doze* signos do Zodíaco, enfatizados de maneiras diferentes pelos planetas e pelo modo como os signos estão localizados em relação à posição precisa da Terra no espaço, no momento e no lugar exatos do seu nascimento.

Assim, há vários outros fatores a considerar, que este livro revelará a você. Em primeiro lugar, o seu signo Ascendente e o seu signo lunar: a combinação destes dois aspectos e do seu signo solar irá delinear a síntese do seu caráter, de uma maneira

que o deixará fascinado. Contudo, sem dúvida você logo desejará saber mais: desta vez, a respeito do efeito que os planetas exercem sobre você, pois assim como você tem o signo solar, o lunar e o Ascendente, tem também os signos de Mercúrio e Vênus, e o mesmo acontece com todos os outros planetas, de Marte a Plutão, que ocupam seu lugar num mapa natal especial e individual, que é somente seu.

Continue lendo e aprenda a diferença entre os planetas que exercem uma influência pessoal sobre você e os que o situam no contexto de sua geração. Por exemplo, será que você tem Netuno em Libra ou em Escorpião? É o que vai descobrir nas próximas páginas e, com o auxílio das tabelas de posições planetárias, isso fica muito fácil.

Este é essencialmente um livro sobre planetas. Ele não pretende ensiná-lo a se tornar um astrólogo, nem foi elaborado para isso: aqui consideramos apenas a colocação dos planetas nos signos e não a posição das casas, os aspectos, os pontos médios, nem tampouco abordamos com detalhes o Meio-do-Céu. Tudo isso virá mais tarde, se você decidir estudar o assunto seriamente.

Assim, pense neste livro como um aperitivo estimulante e deixe que ele revele as áreas da sua personalidade que você pode não ter avaliado até agora e que são qualidades potenciais maravilhosas. Aprenda, por enquanto, como contrabalançar as características mais fracas da sua personalidade, valendo-se das suas qualidades mais fortes e positivas. Esta é apenas uma das maneiras pelas quais a astrologia pode realmente ajudá-lo a nível prático, em sua vida. Não é preciso ler muito para compreender que, como ser humano, você é muito mais complexo do que qualquer possível descrição de signo solar! E para aqueles que desejam olhar *através* do espelho, por trás da sua aparência exterior e do seu comportamento, na tentativa de penetrar naquilo que os faz ser o que são, não há melhor instrumento do que a astrologia. Talvez ela seja a mais reveladora e gratificante de todas as disciplinas de auxílio ao autoconhecimento, estando baseada e utilizando-se de um conhecimento que vem sendo reunido há mais de quatro mil anos.

Assim, com toda a probabilidade, descobrirá que esta é apenas uma introdução a um assunto que, de tão interessante, nunca mais vai deixá-lo entediado. Não há caminho de volta — você nunca desistirá —, principalmente se partir de um interesse espontâneo pela natureza humana, por aquilo que faz homens e mulheres funcionar.

Aos meus colegas astrólogos

Pode ser difícil de lembrar, mas houve época em que vocês, também, provavelmente achavam que a astrologia começava e terminava nos signos solares. É muito fácil esquecer, depois que nos familiarizamos com os mapas natais completos e com progressões.

Este livro, espero, está um passo à frente dos outros da área, pois minha intenção é fazer dele uma ponte, dando aos novos leitores vontade de avançar e, um dia, juntar-se às fileiras dos milhões de competentes astrólogos amadores e profissionais do mundo todo. Este processo talvez possa ajudá-los a entenderem o seu próprio potencial e as suas motivações, mostradas com tanta clareza e especificidade pelas influências planetárias que estudamos.

As interpretações se baseiam em minha própria experiência como consultora astrológica, estando, naturalmente, respaldadas pelas observações empíricas de muitas gerações de astrólogos desde Ptolomeu, e mesmo anteriores a ele. Vocês poderão discordar de muitos pontos isolados de interpretação, mas talvez, no mínimo, isso possa estimulá-los a pensar novamente sobre determinadas influências e na maneira como operam nos indivíduos.

Tenho a convicção muito firme de que os astrólogos experientes deveriam dedicar um pouco de tempo e esforço para estimular os principiantes a saber que "a astrologia vai além das colunas dos jornais" ou daqueles que admitem (talvez, mesmo nos anos 80, um pouco timidamente) que estão interessados no assunto. Entre estes encontram-se as pessoas que formarão a próxima geração de astrólogos. Cabe a nós assistir ao nascimento desses astrólogos em embrião, tornando-nos, em certo sentido, seus pais.

Julia Parker

Sumário

O seu perfil astrológico

Um horóscopo completo consiste num mapa do céu, levantado por um astrólogo, mostrando as posições do Sol, da Lua e dos planetas conforme vistas no lugar e no momento do seu nascimento. O astrólogo também calcula o importante Ascendente, que é o signo zodiacal que ocupava o horizonte no momento do nascimento. Estas posições delineiam um perfil que mostra como as diferentes partes do sistema solar e do Zodíaco atuam no indivíduo. Você pode montar uma versão abreviada do seu mapa natal verificando os diagramas e tabelas no fim deste livro. Como vou me referir constantemente a eles no texto, sugiro que comece consultando as tabelas e anotando os seus dados no espaço abaixo:

Data de nascimento ....
Hora de nascimento..
Local de nascimento..
Signo Ascendente ....
Signo solar ....
Signo lunar..
Signo de Mercúrio ....
Signo de Vênus..
Signo de Marte..
Signo de Júpiter ....
Signo de Saturno ....
Signo de Urano ....
Signo de Netuno..
Signo de Plutão ....

O calendário zodiacal

Áries 21 de março a 20 de abril
Touro 21 de abril a 21 de maio
Gêmeos 22 de maio a 21 de junho
Câncer 22 de junho a 22 de julho
Leão 23 de julho a 23 de agosto
Virgem 24 de agosto a 22 de setembro
Libra 23 de setembro a 23 de outubro
Escorpião 24 de outubro a 22 de novembro
Sagitário 23 de novembro a 21 de dezembro
Capricórnio 22 de dezembro a 20 de janeiro
Aquário 21 de janeiro a 18 de fevereiro
Peixes 19 de fevereiro a 20 de março

Os fatores básicos

Signos solar, lunar e Ascendente

Introdução

Os três elementos mais importantes num mapa natal totalmente calculado são os signos Ascendente, solar e lunar, nessa ordem. Todos nós conhecemos nosso signo solar, porque sabemos a data do nosso nascimento. Na opinião de muitos astrólogos, esse fator é secundário, sendo o mais importante o Ascendente, que depende implicitamente do momento exato e do ponto geográfico específico do nosso nascimento. De maneira geral, é necessário que o leigo aprenda a calcular matematicamente o Ascendente (o que não é assim tão difícil), ou então peça a um astrólogo competente que o faça. As tabelas das páginas finais deste livro trazem uma das maneiras de descobrir o Ascendente, ainda que, necessariamente, estejam sujeitas a falhas.

Se você nasceu ao amanhecer, ou próximo a ele, o seu signo solar e o Ascendente serão o mesmo, o que reforça a ênfase das características do seu signo na sua personalidade; porém, não esqueça que, mesmo assim, estas características vão agir em dois níveis distintos de sua personalidade. Da mesma maneira, se você tiver nascido durante a Lua Nova, os seus signos solar e lunar serão o mesmo, mas — novamente — agindo em dois níveis. Em ambos os casos você será um "duplo" Áries, Aquário, ou qualquer outro signo.

> Devido à inclinação do eixo da Terra, alguns signos demoram mais para ascender do que outros, e quanto mais longe da linha do equador você viver, maior será a diferença. Estes signos são conhecidos como signos de "longa" ou "curta" ascensão.

O signo solar indica a nossa auto-expressão, e suas características estão relacionadas à maneira pela qual nos apresentamos ao mundo. O signo solar pode, também, ter uma forte influência na nossa aparência — nossa imagem global. O signo ocupado pela Lua no momento do nosso nascimento também é muito específico para cada um e, tal como o Ascendente, não é fácil de descobrir senão através de efemérides planetárias (tabelas que apresentam a posição dos planetas a cada dia do ano). No entanto, uma vez mais fomos capazes de superar esta dificuldade e, se você abrir na página 302, irá encontrar uma maneira de descobrir o signo ocupado pela Lua no momento do seu nascimento.

Este é um começo; porém, há algumas coisas muito importantes a considerar quando elaboramos uma interpretação destes três fatores. Por exemplo: se o seu signo solar é Gêmeos, seu Ascendente é Capricórnio e sua Lua está em Câncer, você não é apenas uma combinação amorfa das características destes três signos; alguns elementos de suas características estarão presentes na sua personalidade, mas é de vital importância aprender *como* os três signos agem sobre você como indivíduo.

O signo solar representa o "você" que as pessoas experimentam quando o encontram pela primeira vez. O seu Ascendente funciona num nível diferente e representa o você "real" — o "você" conhecido pelo seu amante ou pelo seu amigo mais íntimo. Quando ele ou ela ouvem outras pessoas falando sobre você, é provável que ouçam uma descrição das características do seu signo solar, e é possível que acrescentem: "Sim, é verdade, mas. . . ", fazendo então uma descrição das características do seu Ascendente.

Faça você mesmo o teste: leia a parte que fala do seu signo solar. Provavelmente, concordará com muito do que foi dito ali. Depois leia a parte relativa a seu Ascendente, que vem logo a seguir, e observe a diferença. Os vários níveis logo ficarão claros.

Agora podemos acrescentar o signo lunar, com todas as suas características, ao signo solar e ao Ascendente. A astrologia tradicional afirma que as características do signo lunar são aquelas que herdamos de nossos pais, e sob muitos aspectos os astrólogos modernos concordam com isso; porém, o seu signo lunar mostra igualmente a maneira como você responde instintivamente às situações da vida — suas reações a elas. Por exemplo: há uma tendência à possessividade nas pessoas nascidas com o Sol ou o Ascendente no signo de Touro. Se você tem a Lua em Touro, provavelmente reage a determinadas situações de uma maneira possessiva, mas devido a outros elementos do mapa natal pode detestar essa reação e fazer todo o possível para combatê-la. Outro exemplo: se Câncer ou Escorpião forem signos proeminentes ou bastante enfatizados no seu mapa natal, você pode ser uma pessoa realmente muito intuitiva — mas se um deles for o seu signo lunar, suas respostas imediatas às situações serão *completamente* intuitivas e instintivas. A lógica e a razão podem agir mais tarde, em relação, porém, à proeminência de outros signos.

Esses são os pontos cruciais, à medida que você descobre mais coisas sobre o seu mapa natal e a forma de interpretá-lo. Colocar todas as posições planetárias numa perspectiva coerente é uma tarefa sutil, mas, com atenção, certamente você aprenderá muito sobre si mesmo e suas motivações; este livro, assim o espero, poderá colocá-lo na senda de um estudo de fascinação sem fim.

Áries

Signo solar, signo Ascendente, signo lunar

Período em que o Sol atravessa o signo de Áries:
21 de março a 20 de abril

Signo de ascensão curta no hemisfério norte e de ascensão longa no hemisfério sul

Sol em Áries

Áries é conhecido como o pioneiro do Zodíaco, e os arianos gostam de ser os primeiros. Os que têm Áries como signo solar geralmente possuem uma atitude descomplicada em relação à vida. Planejam tudo para a frente e em linha reta, e nos convencem de que não há nada complicado naquilo que estão sugerindo. Vão direto ao ponto e não admitem ser detidos por detalhes ou problemas maçantes e insignificantes. Dessa forma, conseguem realizar muita coisa, desde que contem com um bom respaldo por parte de outras pessoas, no sentido de completar os detalhes de seus planos, enquanto eles próprios avançam para a conquista de objetivos ulteriores e se envolvem mais com novos e ainda mais fascinantes planos. A motivação básica dos arianos é o impulso para a frente: mesmo que para eles não seja vital ser o chefão, detestam ser passados para trás pelos adversários. Para eles, a posição realmente gratificante é a da linha de frente; sua forma de expressão das ambições é muito individual. São muito determinados, o que conta a seu favor, uma vez decidido exatamente o que fazer. O ariano que vagueia sem rumo de um assunto, emprego ou relacionamento para outro (talvez numa tentativa de satisfazer a necessidade de uma vida sexual ativa e variada) não se realiza e fica inquieto e aborrecido. Os arianos precisam fazer um tremendo esforço para aprenderem a ser pacientes. Alguns talvez precisem aceitar o fato de que nunca o conseguirão, sendo preciso apelar para outros níveis da personalidade para ajudar a contrabalançar essa falha. (Quando Áries é o signo solar, ter Mercúrio ou Vênus em Touro ajuda.)

A grande falha do ariano — o egoísmo — precisa ser admitida o mais cedo possível, sendo fundamental controlá-la. Uma atitude egoísta do ariano com um amigo ou amante resulta em culpa, freqüentemente seguida de uma atitude gentil, como um pequeno, porém atraente, presente. Os arianos são ardentes por natureza, e seu entusiasmo pelo sexo e sua capacidade de desfrutá-lo totalmente são transmitidos ao parceiro que, se for receptivo às necessidades arianas, terá muito prazer no relacionamento.

Os arianos têm uma grande reserva de emoção que aflora rapidamente e de forma muito positiva. São pais realmente participantes, que em geral não têm muita dificuldade com o hiato entre as gerações, quando os filhos crescem. O exercício físico é extremamente importante para eles, e o esporte — ou qualquer atividade que exija dispêndio de energia física — é excelente no seu caso. Assim como o emocional, o nível de energia física também é alto e necessita de muita expressão positiva.

Os arianos não se privam da expressão total de seu entusiasmo natural e, pelo menos uma vez na vida, tomam alguma atitude considerada extremamente ousada por outras pessoas menos assertivas; daí sua reputação de coragem. Sua motivação básica é realizar muita coisa. Como Áries é um signo de Fogo, os arianos são extremamente calorosos, qualidade que encanta todos aqueles que gostam de pessoas vivas, positivas e extrovertidas.

Os arianos se adaptam extremamente bem ao trabalho em ambientes agitados e até mesmo barulhentos. A solidão e a tranqüilidade de um escritório, longe do contato fácil com os colegas, não é muito do seu agrado; por essa razão, mesmo os arianos que ocupam posições superiores dão um jeito de não se afastar muito nem de perder o contato com o que acontece no seu negócio ou trabalho.

Na escola, as crianças arianas freqüentemente fingem ser preguiçosas porque se sentem entediadas e simplesmente não se envolvem em qualquer assunto que não as interesse de fato. Elas se desligam e vão para o mundo da lua, onde podem pensar sobre seus verdadeiros interesses, enquanto o professor continua travando uma batalha perdida. Por esse motivo, é muito importante que os pais de crianças arianas com o Ascendente em Áries promovam e incentivem qualquer interesse expresso pela criança e façam um esforço especial para manter aceso esse entusiasmo inicial, talvez encorajando a criança a, gradualmente, aceitar desafios cada vez mais difíceis. O espírito competitivo já se mostra forte, mesmo na idade mais tenra, e os pais podem apelar para isso. Se o pequeno ariano não vence — não chega em primeiro lugar —, passa por maus bocados. Entretanto, qualquer revés vai encorajá-lo, definitivamente, a concentrar-se ainda mais da próxima vez. Quando os arianos têm bastante oportunidade de queimar energia e viver dentro de um esquema agitado e animado, em geral mantêm a saúde. Seus recursos físicos são bons.

A parte do corpo atribuída a Áries é a cabeça. Os arianos tanto podem sofrer de um número acima da média de dores de cabeça como nunca terem nenhuma; e a causa de tais dores geralmente é a tensão ocular ou pequenos transtornos renais. A tendência a cortarem-se ou a se queimarem é considerável, porque são desnecessariamente apressados ou meio descuidados ao lidar com ferramentas afiadas ou pratos quentes. Pancadas e cortes na cabeça também são bastante comuns. A influência de Marte, planeta regente de Áries, é de importância bem acima da média para as pessoas que têm o Sol ou o Ascendente em Áries, colorindo a motivação básica e exercendo uma influência pessoal e psicológica no indivíduo em questão.

Ascendente Áries

Quem tem Áries no Ascendente causa um considerável impacto nos outros. Instiga projetos grandiosos e bem-sucedidos, devotando muito do seu tempo e da sua energia à conquista de objetivos terrivelmente ambiciosos. Sua poderosa motivação não pode ser descrita como ambição pelo sucesso no sentido comum da palavra — com efeito, freqüentemente uma mansão ou objetos caros não significam muito para eles —, porém são sempre impelidos a esforços ainda maiores, pelo avanço firme de rivais ou oponentes que os possam estar alcançando. A tendência ao egoísmo pode se manifestar por meio de uma aparente atitude de impiedade, pois, para levar os outros em consideração, precisariam necessariamente interromper o fluxo de sua própria energia e de sua concentração nos objetivos mais importantes. Nas pessoas cujo Ascendente é Áries, há um elemento da personalidade que surge nas atitudes com os parceiros — afabilidade, amorosidade e busca de uma vida equilibrada e harmoniosa. Em outras palavras, quando se trata da pessoa mais importante de sua vida, eles se expressam da mesma maneira que o signo polar ou oposto no Zodíaco: Libra. Isso é algo que, quase certamente, passa despercebido até aos amigos mais íntimos: é uma atitude reservada aos parceiros. O impulso e o senso de urgência pela vida são esmagadoramente poderosos quando Áries ascende; para eles, isso é de importância vital. Eles precisam estabelecer, para si mesmos, objetivos que os motivem e gratifiquem, e só dessa forma adquirem senso de realização e queimam toda a sua energia — emocional e física — de uma forma realmente compensadora, dominando a impaciência, a inquietação e a agressividade.

Lua em Áries

Quando a Lua está em Áries, a reação instintiva a todas as situações é rápida, ocasionando ação imediata. Isso pode ou não ser bom, e depende dos que têm a Lua em Áries saber canalizar essa excelente firmeza de reações de maneira que ela trabalhe a seu favor, e não contra eles. Mas só se aprende através das experiências da vida e depois de cometer muitos erros. Entretanto, para esses indivíduos em particular, as decisões rápidas, no fim, revelam-se corretas. A tendência a sucumbir às ações impulsivas e prematuras pode, no devido tempo, ser controlada, geralmente pela utilização das características do signo solar ou do Ascendente, quando a objetividade e as qualidades arianas de franqueza e descomplicação podem manter-se de forma extremamente positiva.

Por causa da tendência a responder às situações de maneira egoísta, é preciso tomar cuidado para que esse aspecto do signo não prejudique os relacionamentos de qualquer espécie; a falta de suficiente consideração pelos outros, por exemplo, pode magoar. Tirando isso, o fogo e o entusiasmo de uma Lua em Áries fazem muito pelos outros, inspirando e motivando-os à ação de uma maneira muito individual, especial e positiva.

Touro

Signo solar, signo Ascendente, signo lunar

Período em que o Sol atravessa o signo de Touro:
21 de abril a 21 de maio

Signo de ascensão curta no hemisfério norte e ascensão longa no hemisfério sul

Sol em Touro

Para viver harmoniosamente, os taurinos precisam saber que têm a segurança de uma renda regular e de um relacionamento emocional estável. Uma vez conseguido isso, estarão no caminho certo para a conquista de muitas realizações. Sua virtude mais notável é a paciência; eles avançam com firmeza e lentidão, e logo aprendem que no seu caso os atalhos geralmente são desastrosos. Os taurinos precisam de parâmetros constantes e previsíveis, mas o tipo de rotina em que podem acabar caindo aumenta seu tão necessário senso de segurança e, dentro de seu âmbito, conseguem grandes realizações. Entretanto, os taurinos também precisam se esforçar um pouco para abrir novos caminhos, fazer coisas novas e diferentes e se abrir às opiniões dos outros, de forma a acompanhar a evolução dos tempos e ter certeza de que não estão perdendo nada do tipo de vida que os outros efetivamente estão levando.

Visite a casa de um taurino e você vai se recostar em confortáveis almofadas, gostar das cores usadas na decoração e ver que não faltam objetos bonitos, nos quais o taurino gastou um pouco mais do que poderia. Pode parecer superficial, mas esse tipo de manifestação é uma importante parte do conjunto das motivações taurinas. Para um taurino, as posses são muito importantes. Na verdade, o seu pior defeito é a possessividade — uma coisa não existe sem a outra. Eles adoram possuir coisas bonitas e precisam tomar muito cuidado para que seu amante não se torne uma extensão dessa necessidade básica. Compreender que ninguém pode realmente ser propriedade de outra pessoa pode causar muita dor para os taurinos. Quanto antes eles aprenderem a adotar uma atitude auto-analítica e crítica de sua expressão no amor, melhor, porque isso pode ajudá-los a se exprimir com seus parceiros de maneira menos claustrofóbica.

A maioria dos taurinos tem aptidão natural para ganhar dinheiro ou para fazer muito com o que já possuem. Combinam isso à capacidade que têm de fazer crescer seus negócios e, freqüentemente com a ajuda de um sócio mais ousado, conseguem realizar muito. Também são excelentes profissionais na área bancária ou em grandes empresas multinacionais, pois dessa forma sua necessidade de segurança financeira é suprida e podem se expressar sabendo que o cheque mensal de pagamento vai chegar na data prevista.

A área do corpo correspondente a Touro é a garganta; muitas vezes é por aí que começam os resfriados, com inflamações de garganta ou perda de voz. Os taurinos têm a reputação de serem as pessoas de melhor aparência do Zodíaco, o que se deve, em parte, a Vênus, seu planeta regente. Porém, como a maioria gosta de comidas ricas, com especial predileção por doces, os taurinos têm tendência a engordar. Somando-se a isso o fato de eles freqüentemente serem indivíduos de movimentos lentos e, assim, não queimarem com muita rapidez as calorias adicionais, é essencial um controle contínuo e consciente da alimentação, se quiserem conservar a boa aparência, tão comum em sua juventude.

Os taurinos são pais amáveis e amorosos, mas tendem a estragar os filhos, dando-lhes muitos presentes caros. Às vezes pendem para a severidade na disciplina, o que pode ou não ser bom, de acordo com a criança em questão. As crianças taurinas são encantadoras, mas é importante que seus pais não as apressem. Seu desenvolvimento é lento e constante, e não se deve esperar nenhuma explosão repentina da parte delas. Porém, depois de aprender alguma coisa, o taurino tem um excelente poder de retenção. Muitos são extremamente musicais, e a música pode se tornar um importante meio de auto-expressão, se estudarem canto ou algum instrumento musical. Já, para outros, o importante é apreciar a música. Alguns taurinos têm muita satisfação bordando, costurando, fazendo peças em cerâmica ou esculpindo. São basicamente artísticos e apreciadores da arte; contudo, às vezes precisam de estímulo para então colocarem as mãos na massa, dedicando seu tempo e energia a essas atividades. É bom que os taurinos se envolvam com a arte, pois pode ser um meio de prevenir qualquer ocasional tendência à luxúria.

Ascendente Touro

Embora o indivíduo com Touro ascendendo possa não dar a impressão de que precisa sentir-se mais seguro do que seria normal, essa necessidade subjacente está muito presente e, como no caso dos que têm o Sol em Touro, está ligada tanto à segurança financeira quanto à emocional. A tendência dessas pessoas é trabalhar progressivamente em direção aos objetivos mais importantes de sua vida. A paciência taurina cuidará para que nada seja feito apressadamente. Há forte ambição, aparecendo também a necessidade de amor e beleza. Entretanto, a ênfase está no progresso material; é bem possível que o indivíduo fique excessivamente preocupado com a quantia de dinheiro que é capaz de ganhar e com a quantidade de propriedades que possui, mais do que com o desenvolvimento de verdadeiros valores estéticos. Se um indivíduo desses compra uma obra de arte, certamente a apreciará; mas não se pode negar o prazer do seu investimento potencial.

Nos relacionamentos emocionais, existe um alto nível de intensidade e paixão. Esses taurinos podem exigir muito de um parceiro, mas, por outro lado, seu companheiro sabe que o relacionamento é muito profundo, sincero e significativo. A capacidade taurina de gozar a vida e tirar muito prazer de todos os seus aspectos decididamente acrescenta ao relacionamento uma dimensão maravilhosa. No entanto, a possessividade taurina certamente se manifesta, assim como um forte componente de ciúme (que, inclusive, pode ser totalmente infundado). Bem, quem quiser compartilhar a vida com alguém de Ascendente Touro simplesmente terá de chegar a um acordo com esses elementos de sua personalidade, tentando fazer com que seu parceiro compreenda essas fraquezas, o que, aliás, não será nada fácil. É aqui que se evidencia a ênfase do signo polar de Touro — Escorpião —, mas que afeta unicamente as atitudes em relação ao parceiro.

Lua em Touro

Quando a Lua está em Touro, sua influência é ainda mais poderosa e importante do que na maioria dos outros casos. As reações imediatas às situações são lentas, mas depois de formar sua opinião o indivíduo irá expressá-la com determinação e autoridade, dando a conhecer o que pensa por meio de algumas frases marcantes. Uma vez mais, a necessidade de segurança está presente na forma, entretanto, de reação imediata às situações e não como um fator essencial. Por exemplo, a Lua em Touro facilmente assume riscos calculados depois de examinar cuidadosamente uma situação. A possessividade taurina é uma reação básica sempre que a segurança emocional estiver ameaçada. Outra de suas características é a tendência a adotar pontos de vista meio antiquados, embora seja bem possível que o indivíduo, conforme a proeminência de outros signos no mapa, deteste essa reação e faça o possível para combatê-la. Este posicionamento da Lua traz bastante bom senso e determinação. A teimosia precisa ser dominada, como no caso do Sol ou Ascendente em Touro, mas, novamente, aparece como primeira reação, ou enquanto o indivíduo é jovem e ainda não aprendeu que há formas melhores de promover o seu progresso. Esse posicionamento da Lua proporciona alguns excelentes "alicerces" para a personalidade, mas pode ser preciso combater a lentidão nas respostas, se houver.

Gêmeos

Signo solar, signo Ascendente, signo lunar

Período em que o Sol atravessa o signo de Gêmeos:
22 de maio a 21 de junho

Signo de ascensão curta no hemisfério norte e ascensão longa no hemisfério sul

Sol em Gêmeos

Talvez a característica geminiana mais dominante seja a versatilidade. Gêmeos jamais se envolve com uma área especializada de um assunto, nem se cristaliza numa rotina. Se as circunstâncias o forçarem a aceitar uma situação dessas, ele sofre consideravelmente, não apenas de tédio — coisa que quase lhe inspira medo —, mas de uma maneira psicológica mais profunda. Mercúrio, planeta regente de Gêmeos, confere-lhe uma forte necessidade de se comunicar em todos os níveis e, na maioria das vezes, são os geminianos que falam quando algo está errado, escrevem cartas aos jornais, telefonam para os programas de rádio e televisão.

Num nível mais pessoal, a necessidade de comunicação é favorável para os geminianos, pois eles têm a capacidade de estabelecer um excelente diálogo com seus parceiros, de forma a manter o nível de rancor e descontentamento no mínimo. Uma aura de atividade cerca a maioria dos geminianos — eles costumam estar sempre com pressa —, e um exemplo disso é seu andar muito característico, saltitante e rápido. É absolutamente vital, desde a mais tenra idade, ajudar os geminianos a desenvolver a estabilidade em suas atividades, devido à sua forte tendência a passar sempre para novos interesses ou projetos, deixando atrás de si um rastro de tarefas inacabadas. Embora muitas vezes saber um pouco sobre muitos assuntos possa ser vantajoso para os geminianos, é bom que seus interesses tenham algum tipo de referencial estruturado, de modo que a superficialidade não acabe prejudicando o seu progresso real.

Basicamente, o geminiano é racional e lógico, e quando suas emoções afloram, ele às vezes desconfia delas. Entretanto, aqui é preciso considerar a posição de Mercúrio. Sua influência em Gêmeos não é completamente intelectual; neste signo, Mercúrio tem uma importância pessoal e psicológica. Se o planeta estiver em Touro ou Câncer, pode-se conseguir um maior equilíbrio, ao passo que se estiver em Gêmeos com o Sol, a tendência será reprimir ou, pelo menos, questionar as emoções e intuições, consideradas irracionais e ilógicas.

O pior defeito geminiano é a superficialidade; se for possível abrandá-la pelo desenvolvimento de uma compreensão e uma experiência mais profundas, o indivíduo terá muito a oferecer.

Muitos geminianos constroem carreiras bem-sucedidas em todas as áreas da mídia; são ótimos entrevistadores, e a amplitude de seus interesses lhes dá um vasto campo de expressão e satisfação. As carreiras na área de telecomunicações e turismo são gratificantes e adequadas; os geminianos também são excelentes vendedores. A publicidade é outra área em que esse jovial signo do Zodíaco encontra realização e sucesso. São igualmente excelentes na argumentação e no debate e, muito freqüentemente, por puro prazer, provocam o que chamam de "discussão", que geralmente acaba se transformando numa coisa parecida com uma batalha verbal, com o geminiano jurando que absolutamente nunca muda de idéia.

Nos relacionamentos amorosos, Gêmeos tem necessidades muito especiais. É vital haver uma boa comunicação intelectual e um alto grau de amizade com um parceiro que goste de uma vida sexual variada e aberta às experiências. Este signo é paquerador por natureza, o que torna os geminianos muito divertidos. Geralmente eles têm a sorte de manter a aparência jovem e, em geral, tendem a ser esbeltos, o que sob muitos aspectos lhes dá vantagens.

A capacidade de manter-se em dia com o progresso e com as gerações mais jovens faz dos geminianos pais esplêndidos. Com eles, não existem problemas de diferença de gerações e, de fato, freqüentemente acontece o contrário: alguns filhos parecem mais velhos que seus pais geminianos. A criança geminiana deve ser estimulada a estabilizar seus esforços, mas nunca obrigada a fazer "uma coisa de cada vez". Elas simplesmente não conseguem funcionar desse jeito.

A área do corpo que corresponde a Gêmeos são os ombros, os braços e as mãos que, aliás, são propensas a acidentes. Os pulmões também são regidos por Gêmeos; por isso, nenhuma tosse deve ser descuidada. Há também uma ênfase no sistema nervoso, e cabe ao geminiano encontrar um meio satisfatório de eliminar a tensão e a inquietação.

Ascendente Gêmeos

Uma pessoa com Gêmeos ascendendo vai achar que as características geminianas se casam de forma interessante com as características do seu signo solar. Por exemplo, se você tem Ascendente Gêmeos e um Sol misterioso e reservado, como Escorpião, pode ser uma pessoa muito jovial e falante, talvez aventureira, com uma queda por tudo o que seja novo e diferente dentro de você e que, de alguma forma, está tentando aflorar. Um indivíduo com o Ascendente em Gêmeos pode ser mais quieto na companhia dos outros do que em casa ou com amigos íntimos. Em muitos casos, essa pessoa tem objetivos definidos e singeleza de propósitos aliada a grande versatilidade e variedade de interesses num determinado campo de estudos ou trabalho. Quando Gêmeos está no Ascendente, a dualidade geminiana atua de uma forma um tanto diferente. É provável que essas pessoas sejam tão versáteis quanto as que têm o Sol em Gêmeos, embora se sintam muito mais atraídas a trabalhar com uma grande variedade de projetos seqüenciais, em vez de lidar com várias atividades simultâneas. Isto é, em essência, muito bom para eles, porque a inquietação pode ser um problema muito mais arraigado do que talvez sejam capazes de admitir ou aceitar.

Quando Gêmeos ascende num mapa, pode aparecer a necessidade de superar desafios e o gosto por correr riscos; a necessidade de liberdade de expressão dentro de um relacionamento permanente é algo que não deve ser ignorado e, na realidade, precisa ser aceito pelo parceiro.

Lua em Gêmeos

As reações às situações são notavelmente rápidas. As respostas curtas, apropriadas e inteligentes às questões, bem como a objetividade e a capacidade de perceber o que é relevante, contribuem muito para o sucesso dos indivíduos com a Lua em Gêmeos. Entretanto, caberá a outras posições planetárias o auxílio necessário para que possam tirar o máximo proveito dessa excelente vantagem inicial. A inquietação e a necessidade de mudanças constantes podem tornar-se um problema; as respostas instintivas não são, de forma alguma, intuitivas ou emocionais. Pelo contrário, brotam diretamente do mais puro raciocínio lógico e intelectual e, num repente, o indivíduo não só compreende toda a situação, como se coloca numa posição muito privilegiada para usar seu conhecimento e sua experiência, quase como se essa reação em si mesma fosse mais instintiva do que qualquer intuição profunda. A tendência à aparente falta de interesse real e consideração pelos outros é algo a que o indivíduo com a Lua em Gêmeos deve estar cônscio e atento. Para tanto, deve fazer um esforço consciente para se envolver com os projetos dos outros e ouvir o que têm a dizer, adotando dessa forma uma atitude mais participante e mais sensível. Na verdade, eles provavelmente já têm esse tipo de atitude, mas podem facilmente dar a impressão contrária, por mais vivas e positivas que sejam suas reações. A concentração profunda não vem de maneira fácil nem natural, devendo ser desenvolvida conscientemente, mediante a influência de outros planetas e do Ascendente.

É possível haver uma certa falta de real profundidade de sentimentos que pode, no entanto, ser contrabalançada por outras posições planetárias. A Lua em Gêmeos contribui com muita coisa positiva simplesmente por ser uma influência bastante racional e lógica.

Câncer

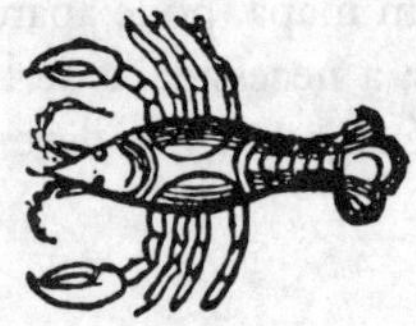

Signo solar, signo Ascendente, signo lunar

Período em que o Sol atravessa o signo de Câncer:
22 de junho a 22 de julho

Signo de ascensão longa no hemisfério norte e ascensão curta
no hemisfério sul

Sol em Câncer

Desafie um canceriano e imediatamente verá o seu sistema natural de autodefesa entrar em ação. A necessidade que eles têm de proteger a si mesmos e àqueles a quem amam é um instinto extremamente básico que, usado de forma positiva, é tremendamente útil; porém, às vezes também faz com que se ofendam com facilidade, existindo, em conseqüência, uma leve "irascibilidade" ao menor sinal de oposição. A necessidade de proteger e cuidar de outras pessoas é neles uma segunda natureza e, de fato, geralmente surge na primeira infância; as crianças deste signo são capazes de cuidar muito bem de passarinhos ou qualquer outra criatura ferida, o que é excelente. Os cancerianos, depois de optarem por um curso de ação, são extremamente tenazes e trabalhadores, quer em relação a uma carreira ou a um interesse que dure a vida toda, ou a simples projetos e tarefas domésticos. A tendência a acumular é muito forte, de modo que é comum cancerianos terem a casa atravancada de "acervos" dos quais é quase impossível se livrarem.

O instinto e a intuição do canceriano não ficam a dever nada a ninguém, e é algo que deveria ser desenvolvido e utilizado ao máximo. Quando um canceriano "sente" que alguma coisa vai acontecer, ou instintivamente "sabe" que decisão tomar, as chances de ele estar certo são, de fato, muito grandes. Infelizmente, são propensos a se preocuparem, e não há nada ou ninguém que os impeça de fazê-lo. Para equilibrar essa tendência, deveriam seguir seus instintos e aprender a não colocar barreiras psicológicas entre aquilo que os está incomodando e esta maravilhosa fonte de força que é a intuição.

O nível emocional do canceriano é muito alto e precisa de uma canalização construtiva. Muita emoção é extravasada com o companheiro e os filhos: os cancerianos particularizam a emoção. Também possuem uma imaginação extremamente poderosa, que precisa ser considerada e controlada de maneira cuidadosa. O canceriano que não dispõe de um canal criativo positivo para esses recursos inatos certamente acaba percebendo que eles acabam por se tornar dominantes. Por exemplo, se já é tarde e algum membro da família ainda não chegou em casa, sua imaginação insiste em dizer-lhe que houve um acidente e, a partir daí, surge uma preocupação irracional: o trem onde vinham as crianças descarrilou e tombou, houve uma batida com o carro, etc. Os cancerianos devem usar sua imaginação, mas de forma criativa, talvez fazendo belos trabalhos manuais, inventando e contando histórias para as crianças dormirem (e até mesmo as escrevendo), envolvendo-se em algum tema da história, ou colecionando objetos — para os cancerianos, o passado está muito presente.

Quanto à carreira, dão-se bem em qualquer profissão assistencial. A hotelaria e o ramo de abastecimento são áreas apropriadas, bem como a marinha. O magistério é outra carreira gratificante. Há também muitos cancerianos historiadores e antiquários.

Os cancerianos são pais maravilhosos, embora possam ficar facilmente perturbados quando os filhos saem de casa; em geral, têm tendência a se apegar demais. No entanto, proporcionam uma vida familiar maravilhosa e uma base a partir da qual as crianças se desenvolvem bem e naturalmente; os filhos sentirão sempre que eles e seus próprios filhos serão muito bem-vindos na casa do canceriano.

Amantes maravilhosamente sensuais, devem tentar não ser hipersensíveis. Sua tendência natural a dizer coisas um tanto ásperas pode causar atritos; a crítica, por sua vez, os deixa facilmente perturbados. Entretanto, sua ternura e seu carinho fazem muito para estimular um bom relacionamento com seu companheiro.

A área do corpo correspondente a Câncer é o peito. Pode ser uma parte vulnerável, porém, como a maioria dos cancerianos tem predisposição às preocupações, isso também pode afetar sua saúde — causando principalmente problemas digestivos que, em si, podem ser sinal de preocupação antes que o indivíduo perceba, de forma consciente, a instalação da doença.

Ascendente Câncer

As poderosas características cancerianas estão basicamente voltadas para o companheiro e para a família e, a não ser pelo forte sistema defensivo, podem não ser nada evidentes ou visíveis para aqueles com quem o canceriano tem contatos rotineiros ou ocasionais. Há grande determinação e força interior e, certamente, tenacidade de propósitos; a conquista de objetivos é um dos pontos mais importantes na sua lista de prioridades. Esses cancerianos tendem a fazer mais do que o estritamente necessário por suas famílias, chegando mesmo a negligenciar as pessoas amadas para trabalhar mais, e, nesse esforço, poder oferecer-lhes uma vida melhor. É preciso tomar cuidado em relação a isso, pois pode causar um certo grau de conflitos.

Talvez uma das características mais poderosas daqueles que têm Câncer no Ascendente seja a astúcia, que pode ser usada de vários modos. Essa qualidade aparece freqüentemente quando o indivíduo trata de negócios ou finanças, mas também pode ser aplicada a qualquer coisa que tenha importância para ele. Do mesmo modo, a tendência para se preocupar e talvez guardar os problemas para si pode criar dificuldades; as pessoas mais próximas dos indivíduos de Ascendente Câncer devem tentar captar seus sinais e empenhar-se em fazer com que eles se abram e conversem quando houver alguma coisa causando profunda preocupação. Esse tipo de atitude pode afetar o seu estado geral de saúde, de forma muito parecida com o que acontece com os indivíduos com o Sol em Câncer. Quando Câncer ascende, também é freqüente que a pele seja particularmente sensível e, se for clara, não reage bem aos raios solares.

A atitude básica em relação ao companheiro pode, surpreendentemente, tornar-se um pouco fria e distante. As pessoas com Câncer ascendendo gostam de se sentir orgulhosas de seus parceiros e algumas vezes procuram relacionamentos com pessoas de classe social mais alta ou bem mais ricas do que elas — o *status* pode ser muito importante. Sexualmente, no entanto, possuem a mesma expressão sensual que as pessoas que têm Câncer como signo solar.

Lua em Câncer

Como a Lua rege Câncer e exerce influência tão poderosa sobre nossos instintos, intuição e emoções, as características cancerianas são realmente muito fortes naqueles que têm a Lua neste signo. Os instintos e a intuição são uma parte tão integrante da personalidade desse indivíduo que ele deve estar consciente das forças que agem dentro de si e influenciam uma parte importante do seu modo de ser. A tenacidade canceriana talvez seja ainda mais forte quando a Lua está neste signo, e a persistência e a força de vontade se fazem sentir. Porém, os que têm a Lua em Câncer geralmente não são obstinados; devido à necessidade de agir gentilmente e de maneira cuidadosa, eles tentam, de imediato, colocar em ação outras características, para lutar contra qualquer reação inicial, aparentemente hostil. Essa colocação da Lua é, essencialmente, sinal de paternidade auspiciosa; contudo, as mães que tiverem esses instintos de proteção e cuidado muito poderosos devem fazer um esforço para não sufocar seus filhos. Freqüentemente também há mudanças de humor muito rápidas e radicais.

Se esses indivíduos sentirem que são psíquicos ou que têm "sexto sentido", não devem reprimir esse instinto, e sim deixá-lo livre para desenvolver-se à sua própria maneira. Depois, se houver essa inclinação, devem procurar treinamento adequado, para tirar o melhor proveito possível dessa capacidade. Entretanto, também é extremamente importante, para o seu bem-estar físico e psicológico, controlar sua emoção quase torrencial e não permitir que os pequenos problemas sejam vistos a partir de uma perspectiva distorcida.

Leão

Signo solar, signo Ascendente, signo lunar

Período em que o Sol atravessa o signo de Leão:
23 de julho a 23 de agosto

Signo de ascensão longa no hemisfério norte e ascensão curta no hemisfério sul

Sol em Leão

Leo, o leão, o rei da selva, tem necessidade de ter seu próprio reino, seja grande ou pequeno. A capacidade que as pessoas deste signo solar têm de organizar sua vida e a vida dos outros é superior, assim como a capacidade de liderança. Não há dúvida, o leonino que realmente "dá certo" obtém o máximo desse potencial, levando essa capacidade às vezes longe demais. Obtém igualmente grande satisfação incentivando outras pessoas a fazerem mais por si mesmas e tentando convencê-las de que o desenvolvimento e a canalização de um talento são a melhor maneira que existe de assegurar uma vida plena e gratificante. Os leoninos aproveitam a vida ao máximo e sempre fazem as coisas da forma mais grandiosa possível, gastando mais dinheiro do que poderiam, algumas vezes simplesmente para se exibir. Quando o indivíduo realmente se desenvolveu e adquiriu mais experiência de vida, o dinheiro é gasto com liberalidade porque ele aprecia, de fato, a qualidade. Do mesmo modo, os leoninos que não estão tão bem de vida preferem tomar um cafezinho num hotel cinco estrelas a comer uma refeição completa num pequeno restaurante de segunda classe.

Todos os leoninos têm potencial criativo; quanto mais isso puder ser expresso, melhor será para eles do ponto de vista psicológico. Isso não significa necessariamente que todos eles tenham algum tipo de envolvimento com as belas-artes, mas sim que a criatividade — no sentido mais amplo do termo — deve participar do seu esquema pessoal de vida. São ambiciosos, talvez por um padrão de vida melhor, o que não tem a ver, necessariamente, com a acumulação de dinheiro, pois para eles um bom estilo de vida não precisa de forma alguma ser caro, embora Leão provavelmente precise de uma renda substancial para poder fazer o que deseja.

Apesar de magnânimos, os leoninos são acusados com freqüência de mandonismo, e não sem razão. No seu íntimo, sabem que são capazes de organizar a vida das outras pessoas melhor do que elas mesmas, e acham bem difícil não interferir. Mesmo com sua predileção pelo posto de "chefe", os leoninos estão dispostos a se escravizar por alguém que admirem e respeitem. Eles mesmos, porém, precisam estar numa posição de destaque, para poderem realmente brilhar.

Os indivíduos com o Sol em Leão têm um senso natural de dramaticidade que os deleita. Entretanto, não deveriam simplesmente fazer espalhafatos e cenas em público, e sim utilizar seu senso dramático para trazer inspiração, luz e colorido à vida dos outros. Deveriam usar esse senso como exemplo para todos aqueles com quem entram em contato. Quando percebem que alguma dessas pessoas melhorou seu estilo de vida, sua atitude ou em qualquer outro aspecto, ficam muito satisfeitos, porque todo leonino acredita que a vida é para ser vivida e usufruída ao máximo. E, por isso, trabalham arduamente para alcançar suas ambições, tanto a nível pessoal quanto profissional.

O entusiasmo e uma emoção positiva e fogosa são parte fundamental da personalidade de Leão, vivamente expressos através de suas atitudes em relação ao sexo e aos relacionamentos emocionais. Os leoninos podem incentivar seus companheiros a querer mais, e fazem tudo o que estiver ao seu alcance para que o casamento ou seus relacionamentos permanentes funcionem bem. Não há dúvida, porém, de que precisam tomar cuidado para não acabar dominando os parceiros com firmeza demasiada. Sua verdadeira força reside no apoio e no desenvolvimento contínuo de seus interesses pessoais e dos de seus entes queridos.

Os leoninos são pais vivos e entusiastas e encorajam seus filhos a se manterem sempre ativos, tanto na escola quanto fora dela. Porém, tendem a esperar demasiado dos filhos e precisam estar atentos para deixar que eles se desenvolvam de acordo com suas tendências naturais, em vez de exercerem uma influência excessiva sobre eles, principalmente no que diz respeito à escolha da carreira.

A área do corpo correspondente a Leão são as costas. Muitos leoninos têm costas longas e retas e andam corretamente, mas com tendência a ocasionais dores lombares. Leão também rege o coração e, por isso, deve-se tomar muito cuidado com a circulação, principalmente no inverno que, aliás, não é apreciado pela maioria dos leoninos. É muito comum terem uma verdadeira juba leonina e — o que também lembra os leões — cintura fina.

Ascendente Leão

A conhecida astróloga inglesa Margaret Hone (cujo Ascendente é Leão) costumava dizer que a única coisa a fazer quando Leão ascende é abaixá-lo. Parece mesmo existir uma boa parcela de verdade nessa afirmação, porque Leão ascendendo pode, às vezes, tornar o indivíduo autocrático — um grande peixe num pequeno aquário, e, às vezes, um indivíduo realmente capaz de se exibir muito. Mas isso geralmente acontece apenas quando a pessoa está insatisfeita ou com pouca autoconfiança. Nesse caso, a verdadeira luz do indivíduo com Ascendente Leão não está brilhando adequadamente, o que é realmente necessário para que ele viva de maneira satisfatória e plena e para que sinta que a vida, afinal, vale a pena. Isso também se aplica a quem tem o Sol em Leão, mas, nesse caso, parece que a auto-expressão é mais fácil e espontânea. Quando Leão está no Ascendente, deve ocorrer um processo mais complexo para que o indivíduo realmente possa realizar seu potencial e sua personalidade.

Nos relacionamentos emocionais, Leão ascendendo tem necessidade de um companheiro que seja, de alguma maneira, "diferente", alguém que já tenha realizado ou vá realizar algo fora do comum, alguém que a personalidade do Ascendente Leão considere realmente chocante. Às vezes esperam demais de seus parceiros e freqüentemente passam por experiências traumáticas, ou talvez por uma quantidade acima da média de romances rompidos, antes de se acertarem nessa esfera da vida.

Lua em Leão

A reação imediata de qualquer pessoa que tenha a Lua em Leão é assumir o controle das situações com muita propriedade, tornando-se uma boa fonte de inspiração para os outros. Essa capacidade é realmente muito natural e em geral não pode ser sufocada. Desde que haja percepção consciente de que essas reações e instintos extremamente poderosos devem ser controlados, as pessoas com a Lua neste signo são capazes de muita realização. Tomar a iniciativa e liberar de imediato o entusiasmo e a emoção são realmente característicos, porque este posicionamento faz com que os outros "sentem-se e observem". Existe um número acima da média de pessoas famosas com a Lua em Leão, e a maioria delas é capaz, de um jeito ou de outro, de arrastar as massas.

Como a resposta imediata à maioria das situações parece aquele dito — "O que quer que você faça, eu posso fazer melhor", a Lua em Leão dá a impressão de que o indivíduo sempre quer chegar ao topo e, é claro, estar "acima" da capacidade ou dos atos de qualquer outra pessoa. O mandonismo imediatamente faz sua aparição, daí sua reputação um tanto atemorizante. A tendência à autocracia e ao dogmatismo deve ser controlada, assim como o uso do discurso (ou mesmo de gestos) grandioso e radical, que indivíduos menos autoconfiantes e extrovertidos podem achar desagradável ou, no mínimo, um pouco embaraçoso. É bem possível que as pessoas com a Lua em Leão tenham de aprender errando, pois, enquanto são jovens, a necessidade de "dar a impressão certa" tem uma força tremenda. Na verdade, a "impressão certa" pode simplesmente aparecer como convencimento, ou seja, dar a "impressão errada", com falta de humildade. Entretanto, a capacidade de lidar com situações difíceis com determinação e sem perda de tempo é também uma forte característica, sem dúvida, de considerável valia.

Virgem

Signo solar, signo Ascendente, signo lunar

Período em que o Sol atravessa o signo de Virgem: 24 de agosto a 22 de setembro

Signo de ascensão longa no hemisfério norte e ascensão curta no hemisfério sul

Sol em Virgem

Dos doze signos, Virgem é o mais atarefado. As pessoas que têm o Sol em Virgem se encarregam de muitas tarefas, de forma a encher de atividades o seu dia. Para elas, realmente é muito difícil relaxar completamente; colocar os pés para cima e ficar sem fazer nada não lhes agrada muito e, assim, a melhor forma de elas descansarem é passar de um trabalho intelectual árduo para outro que exija mais de sua energia física. A capacidade de organização não é muito forte nos virginianos; por isso, às vezes, acabam desperdiçando uma quantidade relativamente grande de tempo e energia por não se permitirem o suficiente para escolher e classificar as tarefas, ou para executá-las de maneira ordenada.

Aqui encontramos o crítico do Zodíaco. É comum os virginianos trabalharem de forma muito analítica e com detalhes. Dão um apoio maravilhoso às pessoas "da linha de frente", tornando-se secretários e assistentes pessoais excelentes; em geral gostam mais de desempenhar esse papel do que qualquer outro que acarrete responsabilidades mais pesadas. Infelizmente, é muito freqüente as pessoas abusarem dos virginianos. Eles têm, por natureza, um senso de dever muito forte e que, às vezes, pode ser levado a extremos, como no caso de uma jovem virginiana que sacrifica a carreira para cuidar de sua mãe doente ou idosa, que exige cada vez mais de seu tempo e de sua energia.

Se você quer ver uma coisa executada, peça para uma pessoa atarefada ou, então, a um virginiano; é provável que você logo seja atendido, com satisfação total. E como pode ser difícil tentar retribuir os bons favores que os virginianos nos prestam!

Devido a seu alto nível de energia nervosa, sempre existe o perigo de a tensão dominar; como conseqüência, muitos virginianos sofrem de fortes dores de cabeça ou enxaquecas. Embora sejam basicamente lógicos e muito práticos, a preocupação normalmente leva a melhor sobre os virginianos. Isso tem um efeito negativo sobre a digestão (as áreas do corpo que correspondem a Virgem são o estômago e os intestinos), e muitas vezes o sintoma aparece antes de o indivíduo realmente perceber que está excessivamente preocupado com algum problema. Porém, há formas maravilhosas em que esse tipo zodiacal pode controlar a preocupação — a melhor maneira de superar essa tendência é usar sua abordagem prática e analítica da vida. Diante de um problema, deve munir-se de lápis e papel e fazer anotações cuidadosas de cada um dos aspectos da situação. Isso o ajudará a esclarecer em sua mente qual linha de ação positiva será, eventualmente, necessária.

Como os virginianos gostam de uma vida ativa e ocupada, sentem prazer em preencher suas horas livres com uma série de *hobbies* e interesses. Se tiverem alguma tendência artística, o trabalho manual com materiais naturais como lã, argila, madeira ou outros será particularmente gratificante. Freqüentemente suas mãos estão sujas de terra, pois adoram cuidar de jardins e vasos de plantas. Para eliminar a tensão, os exercícios físicos puxados são excelentes para eles, sendo especialmente benéfico caminhar, correr e andar de bicicleta.

Muitos virginianos se sentem atraídos pelo vegetarianismo e preferem alimentos integrais; são bons profissionais, muitas vezes entusiastas da medicina alternativa. Da mesma maneira que em outras áreas da vida, os virginianos são discriminativos e críticos nos relacionamentos pessoais. Escolhem seus parceiros muito cuidadosamente. No entanto, qualquer virginiano apaixonado tem uma modéstia natural: "Ele/ela nunca vai reparar em mim" costuma ser a queixa do virginiano atraído por um novo parceiro. São bons pais, interessados principalmente em desenvolver o intelecto dos filhos. Às vezes tendem a censurar ou repreender os filhos (e parceiros) um pouco em demasia, mas geralmente só o fazem quando estão tensos ou sob a pressão de algum problema. As crianças virginianas são populares na escola, sempre dispostas a ajudar nas pequenas tarefas que facilitam o trabalho do professor.

Ascendente Virgem

A necessidade mercurial de comunicação é particularmente importante para as pessoas com Ascendente Virgem; embora possam ou não ser conversadeiras, dependendo do signo solar, depois de estabelecido um relacionamento desabrocha nelas uma agradável vivacidade. Os componentes de praticidade e lógica virginianas são fortes, mas expressos apenas depois de séria ponderação e raciocínio construtivo, e sempre em relação às características do signo solar. É particularmente bom para este grupo de pessoas fazer auto-análise de tempos em tempos, porque, ao voltar essas qualidades naturais para dentro de si, podem aprender muito sobre suas motivações básicas — muito mais do que geralmente acontece com outros signos ascendentes. A ternura da expressão emocional e uma adorável e doce bondade surgem nos relacionamentos permanentes. Isso se deve à influência do signo polar ou oponente, Peixes, com um forte impacto nas parcerias formadas pelas pessoas com Ascendente Virgem. É incomparável e traz à tona características das quais o indivíduo talvez não estivesse ciente até começar um relacionamento. Também fica totalmente reservado ao próprio casal.

Lua em Virgem

A Lua funciona bem em Virgem, visto que intensifica a velocidade das reações do indivíduo a todas as situações. Esta reação é prática, útil e extremamente lógica, o que faz com que as pessoas com esse posicionamento sejam perspicazes no debate e na argumentação, não aceitando nenhum fato como verdadeiro até verificarem a fonte da informação ou questionarem a pessoa que o apresentou. Esse posicionamento comumente estimula a atração pela carreira médica ou pelas profissões assistenciais, pois a necessidade de ajudar os outros é forte; entretanto, pode ser frio ou, pelo menos, racionalizar exageradamente as emoções. Depende somente do indivíduo perceber essa possibilidade e certificar-se de que este processo não tenha efeitos adversos sobre o seu desenvolvimento psicológico ou o seu bem-estar. Isso também contribui para tornar o indivíduo extremamente prático, sensato e confiável, capaz de ajudar todas as pessoas a resolver seus problemas, sem tolerância por comportamentos relaxados ou apáticos.

Tal como acontece com os virginianos de Sol ou Ascendente, existe aqui muito talento literário; escrever poderá tornar-se uma ocupação gratificante de muita importância. Também há uma forte tendência a reprimir a extravagância — um autêntico conflito para aqueles que têm o Sol ou o Ascendente em signos que tendem para o luxo e os gastos. Deve-se lembrar, porém, que essa tendência é a resposta inicial, como todas as características lunares. Embora a preocupação possa ser um problema que deva ser controlado, o signo solar e o Ascendente, na maioria dos casos, auxiliam o indivíduo a acabar com ele. Entretanto, se o signo solar e o Ascendente não forem suficientes para amenizar essa tendência, será bom seguir os conselhos dados para os que têm o Sol em Virgem.

Libra

Signo solar, signo Ascendente, signo lunar

Período em que o Sol atravessa o signo de Libra: 23 de setembro a 23 de outubro

Signo de ascensão longa no hemisfério norte e
ascensão curta no hemisfério sul

Sol em Libra

Talvez mais do que acontece com qualquer outro signo do Zodíaco, o símbolo de Libra — a balança — sintetiza com muita propriedade as motivações e necessidades básicas do indivíduo que tenha este signo enfatizado no mapa natal. O equilíbrio e a harmonia são cruciais para o bom funcionamento de Libra, e um fator vital para que os librianos vivam plena e satisfatoriamente. Os librianos não são seres solitários: sua necessidade de relacionar-se com os outros é bem acima da média, em todas as esferas da vida e principalmente, é claro, com um parceiro permanente. Têm muito amor e afeto para dar a seus amantes, e é apenas quando um relacionamento estável já está firme que os librianos se tornam psicologicamente completos e vivem de forma plena. Algumas vezes, no entanto, essa necessidade é tão forte que eles se comprometem prematuramente, sofrendo de forma considerável quando as coisas dão errado.

Uma existência pacífica também é prioridade importante: "Tudo por uma vida tranqüila" é tema recorrente entre eles. No entanto, é interessante constatar que os librianos precisam de constantes reafirmações de que são amados, e não é incomum usarem a tática de "balançar o barco" para adquirirem essa certeza. Às vezes eles provocam seus parceiros e criam um caso só porque depois é bom fazer as pazes. Podem não admitir que isso acontece, mas acontece, e é parte da natureza interessante e nada simples de Libra. Porém, o que realmente importa para o libriano é manter a paz, o que nos leva a considerar a possibilidade de sua inerente indecisão. "Espere e verá" é a sua máxima. Por isso eles não se comprometem e, se o possível resultado de uma decisão firme for ao menos um pouco desagradável para o parceiro ou — ainda mais importante — não tiver boa acolhida por parte dele, é bem provável que o libriano espere até a situação deixar de existir. Parece que a razão disso é o fato de eles não quererem perturbar seus parceiros, e a raiz de tudo é sua necessidade básica de harmonia. Mas Libra também tem muito encanto, e os librianos são capazes de conseguir muita coisa, "tudo na hora certa". Não gostam de ser apressados, mas raramente se atrasam. Alguns astrólogos consideram-nos preguiçosos, mas não creio que seja assim.

Os librianos são pais de fácil convívio, mas muitas vezes passam a responsabilidade adiante. A mãe libriana diz "Fale com papai, querido", em vez de dar uma resposta direta, o que pode ser mais do que irritante para crianças ansiosas e entusiasmadas. As crianças de Libra são capazes de desarmar até mesmo as defesas adultas mais irredutíveis e levam até os professores mais severos na palma de suas mãozinhas.

Como Libra rege os rins, as pessoas fortemente influenciadas por este signo podem ser propensas a ligeiras desordens renais. Se sofrerem de enxaquecas, os rins poderão ser a causa. Uma vida bem equilibrada, porém — e o equilíbrio é muito importante para eles —, em geral assegura o bom estado de sua saúde.

Em relação à escolha da carreira, os librianos se saem bem como agentes ou em qualquer posto de negociadores entre duas pessoas ou grupos.

Devem sempre procurar trabalhar em parceria e podem sair-se muitíssimo bem na carreira diplomática.

Os *hobbies* e interesses que mais costumam encantar os librianos são os relacionados com a beleza e que têm, num certo sentido, uma função relaxante. A música muitas vezes é importante, e os librianos são excelentes acompanhantes musicais. O desenho de moda e todos os tipos de confecção de roupas podem ser gratificantes. O golfe e o bridge figuram alto na lista de interesses. Dançar e jogar tênis são atividades igualmente populares entre eles.

Ascendente Libra

Quando Libra ascende, a necessidade de manter um relacionamento permanente bom e gratificante é fundamental, e sua busca torna-se uma parte importante das motivações psicológicas dos librianos. Entretanto, a necessidade de expressar o afeto de maneira aberta e imediata está menos em evidência. A capacidade de decisão — ou a sua falta — é modificada pelos signos solar e lunar, de forma que alguém com um signo solar poderoso, racional ou muito prático tem boas condições de colocar em prática essas qualidades na hora de tomar decisões. Mas é bem possível que muitas vezes o indivíduo reconsidere sua decisão. Libra no Ascendente confere amabilidade e simpatia naturais, o que não enfraquece, necessariamente, o indivíduo. Todavia, vale a pena considerar um fator excepcional e interessante. Entre 1941 e 1957, Netuno fez um longo e lento trânsito por Libra. As pessoas nascidas nessa época, com Libra ascendendo, têm esse planeta muito poderosamente colocado no seu mapa natal, sendo preciso dar-lhe a devida atenção ao avaliar as características do Ascendente. Isso pode estimulá-las a optar pela linha de menor resistência, ou, se funcionar bem, esses indivíduos podem dispor de consideráveis reservas de inspiração e intuição. Esse fator é muito mais forte e determinante quando Libra ascende do que quando o Sol está em Libra.

Quando Libra ascende, existe mais uma influência que opera em relação às parcerias: é a influência do signo polar, Áries, que confere um franco entusiasmo pelo sexo e uma atitude particularmente enérgica e animada a seu respeito; uma ânsia de criar um relacionamento permanente, bem como uma imensa vontade de trabalhar com afinco junto com o parceiro e em benefício dele. O Fogo de Áries vai faiscar de verdade, constituindo uma deliciosa surpresa para o indivíduo e seu parceiro, depois que o relacionamento deslanchar. É pouco provável haver problemas de ressentimento.

Lua em Libra

A reação imediata às situações pode parecer indiferente. Não há pressa em tomar atitudes, sendo notável a aparência de calma. As pessoas que têm a Lua em Libra são excelentes nos momentos de crise, pois não entram em pânico; esperam calmamente até que alguém lhes diga o que fazer, e depois agem. Em tais circunstâncias, também são capazes de acalmar as pessoas amedrontadas ou nervosas. Nesses casos, a Lua em Libra tem um componente de coragem — novamente algo que provavelmente se relaciona com o signo polar, Áries — e que é útil. A amabilidade e as reações simpáticas também são importantíssimas: aqui temos o bom ouvinte, a pessoa que logo tenta tornar mais fácil a vida dos outros, o pacificador de plantão. É a pessoa certa para apaziguar dois fatores conflitantes e que na realidade faz um grande esforço para afrouxar qualquer tipo de tensão. Entretanto, o fator realmente dominante é o Ar pacífico que têm. Talvez bem mais do que acontece com o Sol, as pessoas que têm a Lua em Libra falam de um jeito meio arrastado e optam por uma posição de centro em qualquer discussão ou debate.

Escorpião

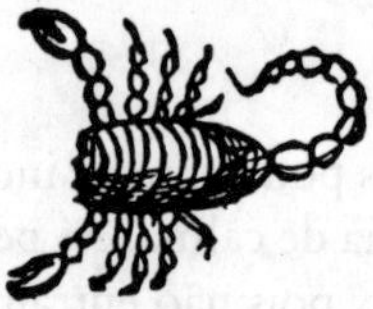

Signo solar, signo Ascendente, signo lunar

Período em que o Sol atravessa o signo de Escorpião:
24 de outubro a 22 de novembro

Signo de ascensão longa no hemisfério norte e ascensão curta no hemisfério sul

Sol em Escorpião

Este — o oitavo signo do Zodíaco — é o mais forte de todos, proporcionando os maiores recursos de energia física e emocional. As pessoas nascidas com Escorpião proeminente em seus mapas precisam encontrar meios de usar esses recursos positivamente e de maneira plena. A melhor forma de se conseguir isso é através da carreira. Um emprego qualquer não serve para um escorpiano dinâmico — ele precisa utilizar suas horas de trabalho fazendo coisas que considere válidas e que sejam, ao mesmo tempo, absorventes. Não importa que isso demande uma técnica altamente desenvolvida ou um estudo longo, desde que seja significativo para o indivíduo. Nesse caso, está tudo bem, e a energia é canalizada diretamente por meio desse envolvimento vital. É bom lembrar, também, que os escorpianos têm muita capacidade e se sentem melhor quanto mais coisas têm a fazer. O pior que lhes pode acontecer é a estagnação de seus abundantes recursos. Nesse caso, muita coisa pode correr mal — eles se entediam e desperdiçam seus talentos, e, o que é pior, surgem os defeitos escorpianos do ciúme e até certo ponto da inveja, em geral das pessoas que estão tendo sucesso.

A intensidade emocional de Escorpião é tremenda e também precisa de um direcionamento positivo e de expressão através de uma vida sexual gratificante. No entanto, o componente sensual deste signo freqüentemente é enfatizado demais. Ele é de vital importância para a maioria dos escorpianos, provavelmente num grau acima da média, mas há muitas outras formas em que a energia pode ser direcionada e, como sugeri, muitas vezes isso ocorre através da concretização de objetivos ousados. Também é verdade que sua garra e determinação podem, às vezes, tornar-se obsessiva, e é importante que o indivíduo perceba sua tendência ao envolvimento exagerado. Quando isso acontece, outros fatores da vida tendem a ser negligenciados, podendo eventualmente levar o indivíduo a um tipo de desequilíbrio que não é saudável nem física nem psicologicamente. No entanto, essa situação, em si, talvez seja preferível à situação oposta: a inatividade causada por desemprego ou por qualquer outro motivo não diretamente associado ao próprio escorpiano. A inquietação, a estagnação e o descontentamento são os piores males.

Os escorpianos são, por natureza, os detetives do Zodíaco. São pesquisadores soberbos, seja no campo científico seja em bibliotecas. Muitos engenheiros, bem como oficiais graduados das forças armadas, têm o Sol em Escorpião. O mercado de petróleo e o de vinho também atrai os escorpianos. De um ponto de vista puramente físico, este signo do Zodíaco necessita de muito exercício, e muitos deles apreciam os esportes que exigem bastante do corpo, como o boxe, as artes marciais em geral, o mergulho e a pesca submarina, que são gratificantes e populares.

Os órgãos genitais são a área do corpo atribuída a Escorpião, e essa conexão bem pode ser a responsável pelo fato de este signo ter a imagem mais sensual do Zodíaco. Há vulnerabilidade às infecções de garganta devido à influência do signo polar de Escorpião, Touro. Os escorpianos são companheiros exigentes, mas excitantes. Têm muito amor pela vida e nunca fazem as coisas pela metade. Precisam de parceiros que tenham uma atitude semelhante em relação à vida. Embora muitos deles tenham uma constituição física delgada e resistente, a maioria tem tendência a engordar, geralmente por causa da boa vida, sendo necessário um controle consciente. Infelizmente, os escorpianos não acham fácil reduzir seja o que for. Querem que seus filhos sejam tão ativos e completos quanto eles mesmos, e são pais muito exigentes, porém inspiradores. Quando a criança escorpiana é a mais velha da família, deve-se tomar muito cuidado e estar atento para que ao nascer outro irmão este não seja motivo de ciúmes — o pior defeito de Escorpião. Entretanto, a criança deste signo realiza muita coisa quando se dedica a algum interesse ou assunto específico, desde que esse interesse tenha possibilidade de florescer.

Ascendente Escorpião

Quando Escorpião ascende, a garra, a energia e a dedicação características do signo ainda estão muito presentes, e os recursos energéticos acrescentam uma força imensa ao modo de expressão do indivíduo, seja ela qual for. Por exemplo, alguém com o Sol em Leão e com Escorpião ascendendo expressa a criatividade com muita força e energia. Alguém com o signo solar Gêmeos pode perfeitamente tornar-se um jornalista pesquisador. Nesse caso, Escorpião proporciona um respaldo importantíssimo e reforça a necessidade de envolvimento emocional com a profissão. A intensidade de Escorpião está presente, embora Ascendente não precise necessariamente demonstrá-la. Ela faz muito no sentido de reforçar a capacidade de concentração. Seja qual for o signo solar do indivíduo, as características escorpianas talvez tendam a encobrir todas as outras, em vez de agir no mais profundo nível da personalidade, o que se deve, em parte, à própria natureza do signo. Essas características podem aparecer no olhar da pessoa, que é penetrante — embora seja possível que ela se esforce arduamente para não dar a impressão de que está enxergando através dos outros —, o que é quase inevitável.

O indivíduo com Ascendente Escorpião é um parceiro ainda mais exigente do que os que têm o Sol neste signo. A paixão e a intensidade de sentimentos quase transbordam, e quem está do lado receptor precisa ter considerável força interior para poder aproveitar o relacionamento tanto quanto o indivíduo de Ascendente Escorpião espera que o faça. É importante, para o bem-estar conjunto, que os dois parceiros contribuam para o estabelecimento de uma boa comunicação. É somente desta maneira que as qualidades energéticas, exigentes e excitantes de Escorpião no Ascendente são positivamente expressas, reconhecidas e correspondidas.

Quem tem Ascendente Escorpião precisa controlar a possessividade em relação ao parceiro, caso contrário é provável o aparecimento de cenas de ciúme. Quanto mais cedo o indivíduo compreender que o ciúme é uma emoção negativa, melhor.

Lua em Escorpião

As explosões repentinas de emoção e a expressão de poderosos sentimentos acompanham a Lua em Escorpião. Isso sem dúvida provoca uma forte impressão imediata, que de fato pode ser muito diferente do que a pessoa é na realidade, cujo conjunto de características talvez seja totalmente diferente da intensidade e força de Escorpião. Entretanto, essas pessoas realizam muita coisa, e são capazes de fazer os outros parar e prestar atenção nelas. Também têm a capacidade de incentivar os outros a tomar atitudes ou impedir a estagnação, mas em muitas circunstâncias fazem isso por etapas, pois suas opiniões aumentam de prestígio gradualmente e, com o tempo, elas influenciam os outros ou levam a melhor sobre seus oponentes. Suas emoções são intensas, e as pessoas próximas logo aprendem em que tipo de circunstâncias elas afloram. Qualquer situação que provoque ciúme certamente cria a oportunidade de uma explosão emocional. Entretanto, quando essas poderosas fontes de energia são controladas e direcionadas positivamente, surge de fato a verdadeira força interior.

Sagitário

Signo solar, signo Ascendente, signo lunar

Período em que o Sol atravessa o signo de Sagitário:
23 de novembro a 21 de dezembro

Signo de ascensão longa no hemisfério norte e ascensão curta no hemisfério sul

Sol em Sagitário

Os desafios e a necessidade de se sentir livre para se expressar de uma forma individual são os dois requisitos mais importantes de quem tem este signo enfatizado no mapa natal. Sem um dos dois, o indivíduo não consegue viver direito. Se você colocar um sagitariano numa situação onde o trabalho seja repetitivo ou não lhe exija nada, ele se desintegra. No entanto, muitos deles, é claro, têm de lidar com essas circunstâncias áridas e, nesse caso, é importante que encontrem formas de desviar a atenção de uma estrutura basicamente não-gratificante. Em geral, Sagitário tem a resistência necessária para encontrar alternativas interessantes e é vital que o faça, pois, de outro modo, o sofrimento psicológico que terá de suportar será quase intolerável.

Sagitário é um signo de Fogo e a presença deste elemento se faz sentir através do alto grau de entusiasmo pela vida e pelos interesses individuais. A isso podemos acrescentar que os sagitarianos anseiam aproveitar todos os aspectos da vida de um modo muito positivo, e assim agindo também incentivam os outros a tirar, como eles, o máximo proveito da vida e de seus potenciais. Mas é necessário haver um desafio; se não houver, os sagitarianos precisam criá-lo, apresentando idéias às pessoas adequadas e mostrando aos outros exatamente em que elas consistem. Contudo, é importante que, na busca de muitos interesses diversos e variados, eles não fracassem no desenvolvimento pleno de seu melhor potencial. Para os indivíduos deste signo, também é bom expressar sua versatilidade de um modo controlado — realizando muitos projetos, mas certificando-se de terminar cada um deles antes de iniciar qualquer outro, de modo que, ao avaliar o trabalho de um ano, haja a sensação de que se conseguiu muito numa quantidade de áreas.

Fala-se muito de esporte em relação ao sagitariano. Inclino-me a acreditar que esse aspecto é enfatizado em exagero, pois não encontrei um número maior de esportistas nascidos nesse signo do que em qualquer outro. Com certeza eles necessitam de exercícios físicos e freqüentemente gostam mais de esporte do que outros tipos zodiacais; também é verdade que um jovem sagitariano é brincalhão. Correndo tudo bem, entretanto, à medida que o tempo passa eles desenvolvem qualidades excelentes, um tanto filosóficas, que são uma fonte de inspiração para outras pessoas. A inquietação é um de seus principais defeitos, mas pode ser superada depois de o indivíduo definir seus objetivos reais e compreender que nem sempre a grama é mais verde do outro lado da cerca.

Há muita opção em termos de carreira. O sagitariano intelectual gosta do mercado editorial ou pode se dar bem na área da educação universitária. Os sagitarianos freqüentemente têm vontade de trabalhar no exterior, pois geralmente apresentam aptidão para línguas. A profissão de veterinário também pode ser gratificante. Segundo a tradição, a Lei e a Igreja são puramente sagitarianas.

Esse grupo não consegue tolerar qualquer espécie de situação claustrofóbica, em especial no tocante aos relacionamentos emocionais, principalmente devido à sua necessidade de liberdade de expressão. É evidente que se eles quiserem que um relacionamento significativo dure, será preciso fazer concessões, até certo ponto, mas é importante que não se sintam reprimidos por um parceiro ciumento ou que não compreenda plenamente seu modo de ser. Um pouco menos importante é o fato de os sagitarianos detestarem lugares onde se sintam enclausurados. Seu senso de humor é contagiante, e seu entusiasmo extrovertido e positivo não perde para nenhum outro. Este é o signo do caçador, o que não significa necessariamente que eles gostem de caçar animais selvagens; curiosamente, apreciam de fato "caçar" pechinchas em lojas de objetos usados.

Os sagitarianos são entusiasmantes e, apesar de sua necessidade de liberdade, sempre estimulam seus parceiros a desenvolver interesses individuais. Precisam de uma vida sexual ativa e plena de energia e ficam realmente entediados com um amante que não tenha senso de humor, ou cuja perspectiva seja muito pessimista. Quando se mantêm ocupados e ativos, em geral gozam de boa saúde, porém as coxas e os quadris — áreas do corpo correspondentes a Sagitário — são vulneráveis, e é aí que a maioria dos sagitarianos (de Sol ou Ascendente) costuma engordar com facilidade. O fígado também é regido por Sagitário, por isso ligeiras indisposições hepáticas ou ressaca podem ser um problema para eles.

Os sagitarianos são pais extremamente animados e um pouco exigentes — o que não é mau, pois eles certamente farão muito pelos filhos, devido à sua capacidade de encorajá-los de forma correta. As crianças deste signo necessitam de muito estímulo positivo, mas podem precisar também de controle suave e firme, para que a sua exuberância não se torne exageradamente tempestuosa.

Ascendente Sagitário

Muitas qualidades sagitarianas complementam e realçam as características do signo solar do indivíduo. Por exemplo, amenizam o lado prático e meio pesado dos signos de Terra e dão um entusiasmo mais duradouro e força de vontade aos que têm o signo solar em Ar. Os arianos e leoninos lucram de modo especial com o Ascendente Sagitário, pois aqui temos a simpatia automática do encontro de dois signos de Fogo; desde que haja o suficiente para "ancorar" a personalidade, não deve haver motivo de conflitos sérios.

Porém, como sempre, a tendência para desperdiçar tempo e energia em campos demasiadamente vastos precisa ser controlada. Deve-se tomar cuidado, também, para que a necessidade inerente de liberdade não se torne ingovernável. O amor pelos desafios — que podem não ser imediatamente aceitos, mas depois de devidamente avaliados são enfrentados com excitação e até alegria — é muito comum. Desenvolver-se intelectual e, muitas vezes, fisicamente — fazendo o corpo funcionar bem e mantendo a forma — é tão importante para os que têm o Ascendente como para os que têm o Sol em Sagitário.

Basicamente, portanto, o Ascendente Sagitário em geral representa um bom potencial e uma ânsia de avançar constantemente em todas as esferas da vida. Se o indivíduo se sentir frustrado, será capaz de descobrir exatamente por quê, e sua determinação e o emprego de suas excelentes reservas de emoção e energia vão deixá-lo em boa situação.

A atitude em relação ao companheiro e aos relacionamentos é viva e um pouco descontraída. As pessoas de Ascendente Sagitário não se deixam tolher pelo casamento ou compromissos familiares, e as jovens mães que têm esse posicionamento não devem deixar de reservar algum tempo para interesses totalmente desvinculados dos filhos.

Lua em Sagitário

A reação a todas as situações é rápida e entusiástica; aqui temos alguém que fala sem rodeios e sempre com uma resposta pronta e compreensível. Quando é preciso dar sugestões, provavelmente elas serão práticas, sensatas e criteriosas. Os recursos emocionais são consideráveis, mas a forma em que são canalizados depende muito de outros fatores dominantes do mapa e de como os planetas funcionam para o indivíduo em questão. No melhor dos casos, esses recursos florescem e ajudam o indivíduo com a Lua em Sagitário a florescer também; mas se não for esse o caso, a astrologia poderá ser de imensa valia para o indivíduo, que poderá usar outros pontos fortes e outras facetas de sua personalidade para alcançar uma expressão mais positiva. Muito vai depender de como as outras pessoas reagem a eles; os mais jovens deste grupo, quando apresentam algum plano vivamente imaginativo e são ignorados ou excessivamente criticados pelos pais, sentem-se murchar. Como resultado, quando adultos, é bem possível que demonstrem tendência a expressar-se de um modo extremamente negligente, do tipo "Não estou nem ligando" ou "E daí, afinal, que importância tem?", sinal claro de que a Lua em Sagitário não está reagindo bem às situações atuais e de que está longe da integração total à personalidade como um todo. Mas aqui, também, há um esplêndido potencial e a vontade de realizar muito com o talento disponível.

Capricórnio

Signo solar, signo Ascendente, signo lunar

Período em que o Sol atravessa o signo de Capricórnio:
22 de dezembro a 20 de janeiro

Signo de ascensão longa no hemisfério norte e de ascensão curta no hemisfério sul

Sol em Capricórnio

Capricórnio é o signo da cabra. Representa alguém que olha onde pisa e transpõe todos os obstáculos com atenção, mas com passadas vivas. A única coisa que realmente lhe interessa é chegar ao topo, e sua personalidade dispõe de muita determinação para ajudar o capricorniano em todas as etapas do caminho. Mas as pessoas que têm este signo solar não dão nenhum passo sem refletir; não devemos esquecer que este é um signo de Terra e que a influência desse elemento sempre se faz presente. Todas as decisões são tomadas com cuidado, e todos os desafios e oportunidades são meticulosamente avaliados, de modo que os riscos se tornem mínimos. A livre cabra da montanha torna-se então capaz de usar ao máximo cada parcela de seu potencial, sentindo que a vida vale a pena.

Mas o que dizer a respeito da outra metade de Capricórnio? Lembre-se de que o animal deste signo é apenas metade cabra, com uma cauda de peixe. Será este o lado "desanimado" de Capricórnio? Ou será a pobre cabra doméstica, amarrada para sempre a uma estaca num vale, sem condições de escalar o topo da montanha? As duas coisas, acredito, porque em essência são semelhantes. As pessoas deste signo podem demonstrar uma atitude negativa e desesperançada. Geralmente acham que nunca vão "dar certo" na vida, porque há sempre algo contra elas. Nesse caso, seus amigos e companheiros precisam fazer o máximo para tranqüilizá-las. Como disse anteriormente, existem dois tipos distintos de capricornianos. A "vertiginosa" e viva cabra da montanha e o animal "desanimado", ou, se preferirem, doméstico. Basicamente, não é difícil definir a que categoria pertencem nossos amigos capricornianos, mas o interessante é que, de tempos em tempos, eles trocam de papel, e, inesperadamente, vemos a viva, positiva e ambiciosa cabra da montanha surgir dentro de alguém que em geral tende a ter uma atitude negativa, e já não nos deparamos com as grotescas queixas e resmungos por parte do nosso seguro e ambicioso amigo capricorniano.

Uma das mais cativantes qualidades do signo é o seu original senso de humor.

Os mais sisudos capricornianos fazem comentários extraordinários e espirituosos — o que é natural para eles e um deleite para os outros. É comum, nessas ocasiões, darem um sorriso careteiro — os cantos da boca voltam-se para baixo, e não para cima —, uma característica imediatamente reconhecível.

Muitas vezes acontece de as pessoas nascidas sob este signo não conseguirem manifestar efusiva e prontamente as suas emoções. Existe uma certa tendência para a frieza no amor, por exemplo, e o entusiasmo por novas idéias pode ser um pouco abafado por um típica atitude prosaica. Contudo, depois de assumirem um compromisso amoroso, são tremendamente fiéis. Embora a maioria dos capricornianos jovens "explore o território" até um certo ponto, num nível mais sério geralmente são discriminadores. No geral, têm uma capacidade de concentração muito boa, e o estudo árduo e longo é compensador. Nada de cortar caminho. Existe um orgulho considerável, e sua ambição inata os estimula a querer subir na escala social. Também é característico o desejo de impressionar os outros.

As áreas do corpo atribuídas a Capricórnio são os joelhos e as canelas, que são vulneráveis, bem como os dentes, a pele e os ossos. Os capricornianos dão bons atletas, possivelmente atraídos pelas corridas de fundo e pelo alpinismo. Pode ser que os esforços individuais sejam mais satisfatórios do que a participação em jogos de equipe; os capricornianos se saem bem sozinhos e sabem lidar com a solidão muito melhor do que muitos outros tipos zodiacais.

Os pais capricornianos são ávidos pelo progresso dos filhos, sendo, portanto, bastante exigentes. Às vezes, afastam-se um pouco deles; têm vivo interesse em proporcionar-lhes uma vida melhor do que a que tiveram, podendo se deixar absorver pela carreira e brincar menos do que poderiam com as crianças. Os pais de crianças capricornianas devem ajudá-las a desenvolver a cordialidade e a sensibilidade.

Ascendente Capricórnio

O Ascendente Capricórnio traz considerável estabilidade e um senso prático sem igual. Conforme o signo solar, entretanto, muitas vezes há um conflito entre a expressão positiva da emoção e sua repressão. Se os posicionamentos dos outros planetas indicarem uma alta intensidade emocional, caberá ao indivíduo aprender a canalizá-la e controlá-la, usando elementos capricornianos, e não simplesmente cortar seu fluxo na fonte; caso contrário, pode haver complicações bem sérias. Porém, aqui temos uma pessoa que quase inevitavelmente possui condições soberbas de moldar sua vida e planejá-la de forma extremamente cuidadosa e prática, de modo que a auto-expressão realmente floresça, através da utilização do potencial do signo solar do indivíduo.

As pessoas de Ascendente Capricórnio não devem se menosprezar. Isso pode acontecer com demasiada freqüência, em geral devido à falta de autoconfiança, ou por causa de uma verdadeira timidez, que podem tolhê-las. Qualquer pessoa com Ascendente Capricórnio deveria desenvolver uma atividade musical. Se forem criativas, isso poderá perfeitamente tornar-se a sua expressão artística individual, porque em muitas latitudes, quando Capricórnio ascende, o signo de Touro ocupa o Meio-do-Céu, e ambos os signos têm afinidade com a música. A escultura e a arquitetura também poderão despertar interesse.

Nos relacionamentos emocionais, a pessoa de Ascendente Capricórnio desenvolve uma qualidade extremamente terna, sensível e carinhosa, depois de se comprometer num relacionamento permanente. Isso se deve à influência de seu signo polar ou oposto no Zodíaco: Câncer. Assim, a lealdade de Capricórnio é realçada, e seu nível emocional é intensificado da melhor maneira possível.

Lua em Capricórnio

Quem tem a Lua em Capricórnio reage às situações e às pessoas com bastante frieza e calma, talvez a ponto de sugerir um certo distanciamento. Mas, além disso, eles querem vencer na vida, e às vezes podem ter uma tendência a encarar as sugestões dos outros de cima para baixo. Entretanto, o original senso de humor capricorniano se impõe, com um realismo cortante e um jeito divertido de falar. Há também a tendência a resmungar por causa de qualquer contratempo inesperado: o atraso do ônibus, a falta de algum produto no supermercado, e assim por diante. Depois de fazer suas queixas, a Lua em Capricórnio cede lugar às características do Sol e do Ascendente, e o indivíduo provavelmente se odeia pela reação impaciente e imediata que teve. Para quem tem esse posicionamento, é importante compreender plenamente todas as características de Capricórnio e descobrir exatamente como elas agem dentro de si a nível instintivo. Como tantos deles são fortes e poderosos, podem conseguir muita coisa realmente prática e útil de seu signo lunar, pois aqui, como acontece quando Capricórnio ascende, a personalidade tem um bom alicerce. Suas reações imediatas, por exemplo, são ambiciosas. Querem pensar e planejar grande. É um bom começo. Mas, se a Lua em Capricórnio os faz sentir-se amedrontados e apreensivos quando alguém lhes apresenta alguma idéia, será preciso tentar superar conscientemente a falta de autoconfiança; com esse intuito precisam convencer-se de fato da verdade, ou seja: suas excelentes qualidades são muitas, bem como suas aspirações.

Aquário

Signo solar, signo Ascendente, signo lunar

Período em que o Sol atravessa o signo de Aquário:
21 de janeiro a 18 de fevereiro

Signo de ascensão curta no hemisfério norte e ascensão longa no hemisfério sul

Sol em Aquário

Aquário é o individualista do Zodíaco. Mostre uma lista de características deste signo a duas pessoas que o tenham enfatizado no mapa natal, e a única coisa em que vão concordar é que não têm nenhuma daquelas características. Este signo confere enorme necessidade de independência, que freqüentemente se manifesta através da adoção de um estilo de vida meio especial e um tanto diferente. Aqui também encontramos algumas das pessoas mais amáveis, prestativas e amigáveis do Zodíaco. Têm talento para saber quando alguém precisa de ajuda e auxiliam generosamente, sem segundas intenções. Entretanto, mesmo quando os conhecemos bem, se pensarmos seriamente vamos ver que, sob muitos aspectos, são extremamente reservados. É possível que isso se deva à sua necessidade de independência e, mesmo tendo a capacidade de dar muito de si aos outros, não querem envolver-se demais emocionalmente, ou se colocar numa situação nem de leve monótona ou cansativa.

Infelizmente, é comum acontecer de muitas pessoas com esse signo acentuado na carta natal terem uma considerável dificuldade psicológica para se relacionar em profundidade com os outros. A razão disso é muito complexa e, é claro, varia bastante de indivíduo para indivíduo, mas basicamente é bem possível que remonte à poderosíssima necessidade de independência. Viver com alguém ou casar-se significa, necessariamente, renunciar a grande parte da independência, e, na hora de assumir um compromisso total, muitos aquarianos acham que não podem fazer o que, para eles, é um grande sacrifício. Mas é bom acentuar que, naturalmente, existem muitas pessoas com o Sol, o Ascendente ou a Lua em Aquário vivendo relacionamentos permanentes assentados e satisfatórios. Essas pessoas vão entender meus comentários; nesse caso houve apoio de outros planetas, e o problema foi resolvido.

Os aquarianos têm grande originalidade e real talento, que pode ser utilizado numa variedade de áreas, e devem ter oportunidade de expressão total. Eles freqüentemente se saem bem nas assim chamadas profissões glamourosas: teatro, televisão, atividades ligadas à beleza ou quaisquer outras onde sua originalidade possa ser expressa livremente e de maneira compensadora. Muitos constroem carreiras bem-sucedidas no campo da ciência. É interessante notar que muitas vezes os aquarianos se fascinam tanto pelo passado remoto quanto pelo futuro, igualmente remoto e distante: arqueologia e geologia de um lado, e espaço e ficção científica do outro. Isso também pode dar o tom dos interesses cultivados nas horas de lazer.

Os aquarianos são pais progressistas excelentes, que vêem com simpatia o envolvimento dos filhos nos interesses e modismos de sua geração. Porém, surpreendentemente, os aquarianos podem ser muito teimosos e extremamente imprevisíveis, e são os filhos, bem como os amigos e companheiros, que conhecem essa sua faceta peculiar e, para todos os efeitos, inesperada. Os pais das crianças aquarianas devem respeitar sua tremenda necessidade de independência e aprender a aceitá-la, pois, embora pareçam um tanto amalucadas, provavelmente têm mais bom senso do que é visível na superfície. Os interesses excêntricos e "amalucados" não devem ser desencorajados — é por meio deles que o jovem aquariano expressa a sua originalidade.

A área do corpo correspondente a Aquário são os tornozelos, muito vulneráveis. A circulação também é regida por Aquário, e é necessário mantê-la em bom funcionamento. Muitas vezes eles gostam de esquiar, o que é um bom exercício. A dança, a ginástica aeróbica e o atletismo são excelentes.

Ascendente Aquário

A necessidade inerente de independência, a originalidade e o talento de Aquário estão presentes; porém, podem não ser imediatamente visíveis, de modo que, no geral, as qualidades que fazem dos aquarianos de signo solar pessoas tão "diferentes" e originais podem não ser visíveis para quem só conhece meio superficialmente pessoas com Ascendente Aquário. É menos provável a existência da imprevisibilidade do que quando Aquário é o signo solar. Pode, também, haver uma tendência ao dogmatismo e uma relutância em admitir os próprios erros. Contudo, não faltam a vivacidade e uma grande disposição para tentar áreas novas e interessantes. Existe também simpatia pela geração mais jovem, e muito menos desaprovação opressora do que freqüentemente acontece quando outros signos ascendem. A capacidade de organização é muito boa, e as poderosas qualidades humanitárias de Aquário se fazem presentes, em especial quando alguém precisa de ajuda. Aqui temos aquele que assume o comando e se sai extremamente bem em condições difíceis.

As reações aos relacionamentos amorosos são particularmente interessantes. Esta, de qualquer modo, é uma área um tanto complexa para os aquarianos, mas assume uma dimensão interessante e diferente quando Aquário ascende, devido à influência do signo polar ou oposto, Leão. Sendo assim, é uma pessoa que, no melhor dos casos, dá incrível incentivo e apoio aos parceiros, enquanto simultaneamente lhes assegura o tempo necessário para desenvolverem seus interesses individuais. Entretanto, também surge uma tendência a ser mandão e a "tomar o poder" em vez de partilhá-lo. É preciso tomar cuidado para que esta característica, possivelmente negativa, seja controlada. Quando Aquário está no Ascendente, a vida emocional e sexual deve ser extremamente gratificante e satisfatória, embora não devamos nos esquecer de que essa área também precisa ser temperada com muita variedade e originalidade, tal como no caso do Sol em Aquário, quer o indivíduo seja independente, quer esteja comprometido num relacionamento permanente.

Lua em Aquário

Aqui a Lua tem um brilho límpido, como numa gélida noite de inverno. Há verdadeiro *glamour* e poder dinâmico de atração, e quem entra em contato com um indivíduo com a Lua em Aquário tem a impressão de que ele é "diferente", de um jeito que não é fácil definir. Esta característica confere a esses aquarianos um charme fascinante. Num primeiro momento, a expressão da emoção é filtrada e, dependendo do tipo de situação que está sendo confrontada, pode levar um bom tempo para vir à tona a expressão total do signo solar do indivíduo. As reações imediatas são rápidas, sem dúvida, e absolutamente não há falta de amabilidade e de ajuda (prestada generosamente, se necessário). Da mesma forma, a Lua em Aquário se comove com o sofrimento humano e faz todo o possível para eliminá-lo; o verdadeiro espírito aquariano surge aqui tão forte quanto quando o Sol ou o Ascendente estão neste signo.

A imprevisibilidade de Aquário se faz sentir pela necessidade de agir imediatamente; quando se lida com pessoas com este posicionamento, devemos estar sempre prontos para o inesperado, principalmente nos momentos de tomada de decisões. Com a experiência, isso passa a agir a favor deles; porém, é possível que precisem aprender à custa de uma série de pequenos erros pela vida afora. Não há dúvida de que a Lua em Aquário dá um potencial esplêndido e proporciona uma excelente base para o desenvolvimento do talento infundido pelo signo solar e pelo Ascendente, o que se deve à originalidade especial, que é uma parte inseparável do princípio aquariano global.

O calor, a paixão e a expressão dos verdadeiros sentimentos terão de ficar a cargo de outros planetas. Essas características não são, em geral, elementos fortes quando a Lua está em Aquário, embora as pessoas deste signo possam ser surpreendentemente românticas e sentimentais, de um jeito interessante, com o passar dos anos.

Peixes

Signo solar, signo Ascendente, signo lunar

Período em que o Sol atravessa o signo de Peixes:
19 de fevereiro a 20 de março

Signo de ascensão curta no hemisfério norte e ascensão longa no hemisfério sul

Sol em Peixes

Peixes é o poeta do Zodíaco. Entre os signos do elemento Água, a emoção é abundantemente expressa de uma hora para outra: as pupilas dilatadas dos olhos piscianos nos revelam quando o indivíduo está comovido. Peixes, obviamente, é o signo dos peixes. Mas reparem no símbolo — dois peixes nadando em direções opostas, com uma corda em suas bocas, ligando-os. Eis aí um maravilhoso resumo do signo. Peixes, juntamente com Gêmeos e Sagitário, é o terceiro dos signos "duplos" do Zodíaco, o que lhe dá a habitual versatilidade, mas também, no seu caso, uma tendência a se opor ao "eu". Embora os piscianos saibam o que querem fazer, por razões que eles mesmos conhecem melhor — ou possivelmente desconhecem —, tendem com freqüência a tomar uma linha de ação totalmente diferente e, ao agir assim, podem criar o caos e a confusão em sua vida. Esse tipo de ação parece ser uma necessidade psicológica de muitos piscianos, e sua origem pode estar na sensibilidade altamente desenvolvida em relação aos sentimentos dos outros. Como eles colocam seus próprios sentimentos no final em sua lista de prioridades, sua vida pode se tornar muito complicada. Há também outras razões, pois em sua confusão pisciana eles comumente enganam a si próprios — tendendo a ficar nas nuvens e dizendo pequenas mentiras para se livrar de qualquer embaraço ou dificuldade. Mas a situação se estende, porque em seguida é necessário recorrer a mais e mais disfarces, e muito em breve perdem o controle do ocorrido, vendo-se numa enrascada total — tanto no trabalho, como com seus pais e companheiros. É difícil para eles aprender que esse não é o caminho para uma vida gratificante e plena; depois de entenderem esse fato crucial, os piscianos se desenvolvem de maneira muito positiva e compensadora.

Aqui temos o mais amável e caridoso signo do Zodíaco. Os piscianos fazem muitos sacrifícios pelos outros, traço que partilham com seu signo polar ou oposto: Virgem. Algumas vezes essa tendência escapa a seu controle, e o maravilhoso potencial presente na maioria dos piscianos acaba sendo desperdiçado ou não dando em nada, porque o pisciano está ocupado com outras coisas. Pode ser que esse desperdício de tempo e energia, com alguma conotação de "sacrifício", se deva à sua inerente falta de autoconfiança. Quando eles se ocupam cuidando de outras pessoas ou desempenhando um papel secundário, não é preciso lutar para se equiparar aos oponentes, nem continuar na corrida de ratos. Escolhendo ficar de fora, descobrem que a vida retirada lhes dá um senso de segurança, o que, de forma sutil, é uma expressão moderna da faceta religiosa do signo, das aspirações monásticas do passado, muito piscianas em essência. Eles se saem particularmente bem nas profissões assistenciais ou médicas.

E quanto ao Peixes poeta? É claro que nem todos os piscianos andam sonhadoramente por aí de caderninho na mão compondo versos, embora, quando o fazem, façam-no muito bem. A maioria dos piscianos tem capacidade criativa e necessita de um tremendo apoio e encorajamento da parte dos parceiros, como aliás em todos os aspectos práticos da vida. Quando isso acontece, vemos seu talento emergir poderosamente. Podem tornar-se excelentes bailarinos e patinadores e também gostam de natação; essas atividades são boas para eles, do ponto de vista físico. Mas, acima de tudo, é o envolvimento mais profundo com as belas-artes que é particularmente preenchedor em todos os níveis.

Os piscianos são amantes quentes e excelentes. Sua abundante emoção se expressa bem e positivamente nesta esfera da vida. Precisam tomar cuidado para que seus sentimentos não saiam fora de foco e para não serem arrastados por sua grande imaginação. Necessitam de um parceiro sólido e sensato, porém sensível. Como pais, tendem a ser brandos demais, e às vezes deixam os filhos impunes. Seus parceiros precisam estar atentos e, se necessário, intervir quando parece que os filhos estão ficando incontroláveis.

A área do corpo que corresponde a Peixes são os pés. Os piscianos podem ter pés maravilhosos, sem nenhuma complicação, ou então apresentar dificuldades constantes por causa deles. Os sapatos ou são um problema permanente ou uma fonte contínua de prazer. Existe uma tendência a se preocupar que pode provocar indisposições estomacais. Se surgir esse problema, os piscianos devem confiar em sua aguçada intuição e nos seus instintos naturais.

Ascendente Peixes

Com Ascendente Peixes, parece não haver dúvidas de que as características deste signo agem no nível mais profundo da personalidade. Aqui, talvez mais do que em qualquer outro caso, o signo solar domina, mas a sensibilidade, a emoção e todas as outras qualidades essencialmente piscianas estão subjacentes àquele conjunto particular de características, operando tanto no sentido positivo como no negativo. Quem chega a conhecer bem alguém com Ascendente Peixes vai desenvolver consideravelmente suas técnicas astrológicas, devido à maneira nítida como esses dois elementos do mapa surgem nessa combinação específica, seja qual for o signo solar. Entretanto, o Ascendente Peixes não significa uma certa falta de personalidade, porque existe um aspecto crítico que surge principalmente nas reações do indivíduo ao parceiro, e quase nunca é expressa com colegas ou amigos. Os piscianos não têm paciência com pessoas enfadonhas, mesmo que dêem a impressão contrária numa discussão ou num contato pessoal direto. Suas atitudes críticas e queixas sobre a estupidez dos outros aparecem nas conversas com a esposa ou o marido no fim do dia, e é preciso estimulá-los a se defenderem quando e onde for necessário. Esse posicionamento apara as arestas da maioria dos signos solares e acrescenta uma conotação deliciosamente suave; mas é preciso reconhecer e combater os defeitos piscianos.

Lua em Peixes

Devido ao poderoso efeito da Lua sobre nossas emoções e intuições, e como Peixes é um signo que indica um alto nível das duas qualidades, o signo e o astro se complementam muito bem. Qualquer pessoa que tenha a Lua em Peixes terá um alto nível emocional e intuitivo, e estas duas qualidades afloram prontamente, em especial quando o indivíduo entra em contato com o sofrimento, a crueldade ou as más condições de vida. Sua vontade é ajudar, mas para fazê-lo de modo prático e construtivo precisa valer-se das características dos seus signos solar e Ascendente. Entretanto, mais uma vez, vemos como a Lua é a fonte das reações imediatas. Quando o signo lunar é Peixes, a tendência para o engano — optar pelo caminho fácil para sair de situações difíceis — é uma tentação constante. A resposta rápida que não é exatamente verdadeira, ou a inverdade total sobre alguma questão menor, insignificante, é o caminho mais fácil, ou pelo menos é em que acredita a Lua em Peixes. Este é um "defeito da Lua", do qual os outros níveis da personalidade provavelmente não gostam. A percepção consciente é a forma de superar essa tendência, bem como, naturalmente, a compreensão de que, a longo prazo, ela pode levar a uma confusão interminável — mas isso só se aprende errando. A imaginação deve ser reconhecida e utilizada de alguma forma criativa, o que poderá reverter em autênticos benefícios para o indivíduo.

Os planetas interiores

Os fatores Mercúrio e Vênus

Antes de iniciar a leitura, consulte as tabelas das páginas finais, para descobrir em que signo Mercúrio e Vênus se encontravam quando você nasceu.

Como Mercúrio e Vênus têm órbitas mais próximas do Sol do que a Terra, sempre ocupam no Zodíaco signos próximos ao do Sol. Cada signo tem 30º e Mercúrio só pode estar a 28º de um dos lados do Sol, conforme se vê da Terra; Vênus, por sua vez, está no máximo a 48º de distância dele.

Se, por exemplo, o seu signo solar for Gêmeos, você só pode ter Mercúrio em Touro, Gêmeos (com o Sol) ou Câncer. E Vênus só pode estar em Áries, Touro, Gêmeos (com o Sol), Câncer ou Leão. Se o seu signo solar for Áries, Mercúrio só pode estar em Peixes, Áries (com o Sol) ou Touro, enquanto Vênus pode estar apenas em Aquário, Peixes, Áries (com o Sol), Touro ou Gêmeos.

A influência de Mercúrio e Vênus também é relevante no caso das pessoas nascidas na cúspide, ou seja, no limite entre dois signos solares. Há uma grande diversidade de opiniões a respeito desse fator entre os astrólogos, mas eu acredito que as pessoas que alegam, por exemplo, uma influência libriana em seu mapa, porque o Sol tinha acabado de entrar em Escorpião no momento de seu nascimento, estão na verdade interpretando a posição de Mercúrio ou de Vênus, pois, mesmo sendo realmente escorpianas de signo solar, é bem possível que pensem como librianos (devido à presença de Mercúrio nesse signo) ou amem como librianos (devido à presença de Vênus nesse signo). Creio que os primeiros graus de um signo, ou seja, os primeiros dias do decurso de um signo solar, conferem de longe as mais fortes características daquele signo, e as pessoas, no que diz respeito ao Sol, *nunca* são uma mistura de dois signos.

O fator Mercúrio

Mercúrio em Áries

Este é um posicionamento positivo e progressista para Mercúrio. Ajuda consideravelmente o indivíduo na tomada de decisões e matiza sua mentalidade, incentivando a abordagem direta e descomplicada de todos os problemas — as outras pessoas até podem ter a impressão de que não há nenhum problema a resolver. Não se dá muita atenção a detalhes, e as pessoas com esse posicionamento precisam depender de outras para amarrar e finalizar seus projetos. Aqui encontramos uma pessoa provocadora e vivaz nas discussões, mas capaz de se irritar com muita facilidade. Embora as decisões rápidas geralmente sejam acertadas, a tendência à impulsividade e à falta de paciência com pessoas de raciocínio mais lento precisa ser combatida. Quando o signo solar é Áries, a impulsividade e a determinação rápida de Mercúrio são realçadas, e o processo de raciocínio funciona como um raio. Quando o signo solar é Peixes, Mercúrio combate a tendência à confusão na tomada de decisões, contribui para uma perspectiva positiva e aumenta a autoconfiança. Quando o signo solar é Touro, deparamo-nos com uma pessoa assertiva, combativa na argumentação e cujas respostas sempre vão direto ao ponto. Mercúrio ajuda a diminuir, no conjunto, a lentidão de reações na maioria das pessoas deste grupo zodiacal.

Mercúrio em Touro

Embora este seja um bom posicionamento estabilizador para Mercúrio, ajudando o indivíduo a pensar de modo cauteloso e estruturado, pode às vezes tornar o raciocínio demasiadamente lento. Entretanto, seu efeito em geral é acrescentar uma grande dose de praticidade e estruturação ao modo de expressar os pontos de vista. Às vezes faz com que as crianças tenham um desempenho menos satisfatório no começo da vida escolar, mas como em geral a capacidade de retenção é boa, elas dispõem de um excelente alicerce. Esse posicionamento, portanto, favorece a memória. Existe uma tendência à obstinação e uma aparente inflexibilidade de opiniões. Porém, nem sempre é assim, embora muitas pessoas com Mercúrio em Touro gostem de fingir para os outros que são menos flexíveis do que realmente são. Isso acontece principalmente quando o signo solar é Áries ou Gêmeos; para eles, Mercúrio, na realidade, funciona como um freio para a precipitação comum aos dois signos, e incentiva a tão necessária paciência. Quem tem Touro como signo solar é lento, constante, metódico e muito cuidadoso nas afirmações e opiniões.

Mercúrio em Gêmeos

Mercúrio rege Gêmeos e, por isso, quando se encontra nesse signo, sua influência aumenta consideravelmente. Muitas pessoas com esse posicionamento são descritas pelos amigos como "mercuriais". São indivíduos com grande rapidez de pensamento e um certo brilho, que os ajuda a sair de situações difíceis. Mudam suas atitudes e opiniões de uma hora para outra, e são capazes de lidar simultaneamente com uma série de problemas. Também são muito faladores; o lado comunicativo de Mercúrio é sensivelmente presente. Aqui vamos encontrar pessoas que gostam de andar de um lado para outro, gastando mais tempo em viagens do que seria habitual. Têm considerável versatilidade mas podem tender à superficialidade. Essas características são poderosamente acentuadas quando o signo solar também é Gêmeos; a tendência às mudanças rápidas é mais discernível nas pessoas com o Sol em Câncer — nesse caso, Mercúrio ajuda a abrandar as forças emocionais cancerianas, dando ao indivíduo uma perspectiva mais lógica e racional. Quando o signo solar é Touro, a aceleração dos processos mentais dá uma grande contribuição para colocar em movimento o lento e constante taurino, ajudando-o a ser menos teimoso.

Mercúrio em Câncer

Mercúrio em Câncer intensifica muito a imaginação e dá ao indivíduo uma excelente memória. Embora as pessoas com esse posicionamento tenham tendência a ser um pouco sentimentais e a encarar os "velhos bons tempos" com nostalgia (qualquer que seja a sua idade), se houver oportunidade de desenvolvimento pleno do potencial deste posicionamento, o indivíduo tem muito a ganhar com este planeta. Por exem-

plo, um encaminhamento positivo para a imaginação poderá ser a literatura; normalmente, o resultado são maravilhosas histórias infantis, sagas familiares e ficções históricas. Mas, se a imaginação não for desenvolvida, ela correrá solta, com tendência para deixar os pequenos problemas e preocupações assumir proporções descomunais. Este posicionamento pode tornar o indivíduo propenso a preocupações e, sob alguns aspectos, os elementos lógicos e realistas de Mercúrio ficam um pouco enfraquecidos quando o planeta está em Câncer. Quando Câncer é o signo solar, apesar de Mercúrio acentuar as características cancerianas — imaginação, intuição e amor pelo passado —, também ativa o lado ansioso deste signo. Quando o signo solar é Gêmeos, esta é uma boa contribuição para intensificar o nível emocional. Quando o signo solar é Leão, a intuição e o sentimentalismo são realçados.

Mercúrio em Leão

As pessoas com este posicionamento têm excelente capacidade de planejamento; trabalham de modo ordenado e sensato, embora tendam a ser dogmáticas e às vezes um tanto teimosas. Podem expressar-se de uma maneira meio pomposa e antiquada, mas são determinadas e práticas, colocando enorme entusiasmo e energia mental naquilo que mais as fascina. Freqüentemente têm boa capacidade de concentração e são meticulosas no estudo. Algumas vezes o anseio criativo de Leão se faz presente e, se isso ocorrer, o indivíduo deve desenvolvê-lo ao máximo. O senso dramático leonino também está sempre por perto e pode se manifestar na maneira de falar, nos debates e discussões. As pessoas com esse posicionamento causam um impacto quando discursam ou falam em público. Entretanto, precisam fazer um esforço para desenvolver mais flexibilidade e levar em consideração a opinião dos outros. Quando o signo solar também é Leão, o processo de pensamento é expansivo — grandes idéias brotam ininterruptamente, podendo surgir a tendência a se vangloriar na frente de outros que não tenham tanto brilho, ou que, na opinião do indivíduo, poderiam aprender com seu exemplo e fazer mais por si mesmos. Quando o signo solar é Câncer, este posicionamento dá uma atitude mais positiva e ajuda a minorar a tendência ansiosa dos cancerianos. Quando o signo solar é Virgem, o indivíduo apresenta marcadas características leoninas, porque Mercúrio rege Virgem e, assim sendo, sua influência é muito pessoal.

Mercúrio em Virgem

Mercúrio tem vivacidade em Virgem, o segundo signo que rege. É sua versão mais prática e construtiva; as pessoas com esse posicionamento são capazes de realizar muito trabalho intelectual puxado. Sua abordagem é cuidadosa e meticulosa, embora às vezes possam não ter a confiança necessária para usar ao máximo a sua capacidade, devido à tendência a se julgarem menos competentes do que realmente são. Existem, entretanto, energia nervosa em abundância e um intenso desejo de estar sempre ocupado. Geralmente, Mercúrio em Virgem não aumenta muito a força da imaginação, mas o bom senso e a praticidade. O resultado é alguém que gosta de saber precisamente o que tem a fazer, e quando. A perspicácia crítica é bastante intensificada. São pessoas extremamente comunicativas, que gostam de conversar com todo tipo de gente, devido a uma mente muito inquisitiva. Quando o signo solar é Virgem, Mercúrio aumenta consideravelmente a ênfase nas características do signo, e o resultado são as características de crítica, lógica e racionalidade. Quando o signo solar é Leão, Mercúrio reduz a grandiosidade das idéias e confere uma perspectiva mais prática. Quando o signo solar é Libra, Mercúrio reforça o poder de decisão.

Mercúrio em Libra

Embora Mercúrio neste signo realce a simpatia, a amabilidade e a consideração, este posicionamento pode causar indecisão e uma tendência a querer obter muito com o mínimo de esforço mental. Pode haver pouca inclinação para assumir projetos que envolvam concentração profunda, e é bem possível que o indivíduo se expresse de modo lento e lânguido, levando um tempo acima da média para responder perguntas e fazendo de tudo para se manter afastado de assuntos controvertidos ou de qualquer coisa que possa perturbar a cordialidade do ambiente, que eles tanto prezam. As pessoas com este posicionamento podem ter uma visão romântica da vida e uma tendência ao excesso de otimismo. "No fim, tudo vai dar certo", dizem elas e, curiosamente, em geral é o que acontece. Falando de modo mais sério, embora este posicionamento contribua muito para tornar as pessoas encantadoras, não é provável que estimule a rapidez e a incisividade mentais. Isso se torna muito flagrante quando o signo solar também é Libra. Por outro lado, traz maior gentileza e amabilidade para os incisivos escorpianos de signo solar. Aqueles que têm o Sol em Virgem tornam-se mais descontraídos com os outros e são capazes de desenvolver satisfatoriamente seus relacionamentos emocionais — o que, às vezes, é um problema para os virginianos.

Mercúrio em Escorpião

Aqui temos a intensidade e a intuição de Escorpião combinadas com a abordagem lógica e racional e a curiosidade de Mercúrio. É uma combinação formidável, que dá ao indivíduo um tremendo senso de propósito, assim como uma acentuada capacidade de investigação. Há um profundo desejo de descobrir fatos e saber a razão precisa das coisas. A necessidade de resolver problemas e descer aos mais ínfimos detalhes de todos os aspectos da vida também se evidencia, de modo que aqui se encontra um verdadeiro potencial para as carreiras de pesquisador, analista ou psiquiatra. Pode ser que esse indivíduo seja do tipo "forte e caladão", falando pouco mas não perdendo nada — com esse posicionamento, a capacidade de observação é extremamente alta. A comunicabilidade de Mercúrio não é das melhores quando o planeta se encontra neste signo, mas com certeza complementa o senso de propósito e determinação escorpianos. Pode haver tendência para a obsessividade, que deve ser controlada, e uma fascinação pelos mistérios e talvez pelo oculto. Quando o signo solar é Escorpião, a influência de Mercúrio é intensificada e dá origem a um potencial altamente intelectual e imaginativo. Quando o signo solar é Libra, o ressentimento e o ciúme devem ser conscientemente controlados, mas a capacidade de decisão aumenta. Se o signo solar for Sagitário, o entusiasmo e o otimismo são estabilizados.

Mercúrio em Sagitário

Este é um indivíduo que precisa estar constantemente estudando algo de grande interesse, mas é importante manter o entusiasmo inicial e não deixar a inquietação interferir com o direcionamento constante e positivo de um potencial intelectual verdadeiramente excelente. Existe versatilidade para línguas ou aptidão natural nessa área. O indivíduo tem uma perspectiva altamente otimista, com uma necessidade quase insaciável de desafios. As viagens são importantes, e não há tolerância em relação a qualquer espécie de atitude sufocante por parte dos outros. Existe considerável amplitude de visão e capacidade de compreender instantaneamente até as idéias mais elaboradas. Pode ser necessário, para esse grupo, desenvolver de modo consciente a persistência nos esforços, uma vez que é possível haver uma tendência a passar para projetos novos, atraentes e menos complicados ou enfadonhos, ao surgirem dificuldades. Com um Sol sagitariano, Mercúrio pode ficar um pouco fora de controle, mas o entusiasmo e a perspectiva positiva são boas qualidades. Quando o signo solar é Escorpião, este planeta amplia a visão geral, complementando a intensidade e as profundas emoções escorpianas. Quando o signo solar é Capricórnio, Mercúrio ajuda a afugentar o pessimismo presente em muitos capricornianos, e dá uma nova dimensão ao seu senso de humor.

Mercúrio em Capricórnio

Aqui Mercúrio ganha um espírito frio, claro e firme, podendo avaliar cada situação com muita cautela e engenho. Pode haver aptidão para cálculo e provavelmente muito gosto pela matemática. Este é o tipo de mente que floresce a cada problema que se lhe apresenta e que gosta de planejar de uma forma bem concreta, tanto a longo quanto a curto prazo. Há eficiência e uma perspectiva prática, talvez com tendência para se levar demasiadamente a sério; a abordagem global em geral é cautelosa. Pensa-se muito em progresso e concretização de objetivos e, embora haja muita gente bem-sucedida com Mercúrio em Capricórnio, existe uma tendência para subestimar o que foi conquistado. Quando o signo solar é Capricórnio, em geral é a influência de Mercúrio neste signo que anima o indivíduo, fazendo dele uma ambiciosa cabra da montanha cheia de aspirações e contribuindo muito para aumentar o otimismo e diminuir o pessimismo. Quando o signo solar é Sagitário, Mercúrio estabiliza a tendência do indivíduo para o otimismo cego e aumenta a praticidade e o bom senso. Se o Sol está em Aquário, encontramos uma pessoa original, mas cujo gosto pelo não-convencional conflita com o amor pela tradição e a vontade de fazer a coisa "certa" no momento "certo".

Mercúrio em Aquário

Embora esse posicionamento proporcione ao indivíduo originalidade e mente rápida, também pode ser causador de uma certa teimosia. Há um sinal de excentricidade acompanhado de um toque de brilho e da capacidade de adotar uma abordagem "diferente" ao lidar com problemas difíceis. Mercúrio em Aquário só se torna eficaz quando o indivíduo desenvolve conscientemente a capacidade de persistir num esforço, para assim usufruir ao máximo as vivas qualidades individuais inerentes a seus processos mentais. Não faltam idéias brilhantes, tanto na ciência como na arte — como também se manifesta uma encantadora capacidade de se comunicar amistosamente com todo tipo de pessoas. Quando Aquário é o signo solar, Mercúrio intensifica a originalidade e a independência de perspectivas desse signo e a capacidade de racionalizar e adotar pontos de vista imparciais em todas as situações. Se o Sol está em Capricórnio, Mercúrio suaviza a seriedade típica que pode caracterizar a perspectiva deste grupo zodiacal, mas não aumenta a flexibilidade. Esse posicionamento é de enorme ajuda para as pessoas com o Sol em Peixes, porque as emoções — tão poderosas neste signo — são estabilizadas, e a capacidade de se distanciar das situações confusas e atemorizantes e encará-las de forma objetiva é aumentada, assim como a lógica.

Mercúrio em Peixes

Mercúrio em Peixes fica confuso. O indivíduo é amável, atencioso e tem boa vontade, mas normalmente não é muito prático no planejamento e organização do dia-a-dia de sua vida. Há uma conotação gentil e agradável e um alto nível emocional, mas com freqüência o esquecimento constitui um problema. Essa tendência pode conduzir o indivíduo a todo tipo de situações difíceis — por não querer ferir ninguém, o indivíduo prefere recorrer a uma ligeira falsidade como disfarce, o que pode causar problemas ainda maiores, e quanto mais cedo o indivíduo compreender isso, melhor. A concentração precisa ser desenvolvida de modo consciente, porque existe nas pessoas desse tipo uma tendência a se "desligar", principalmente quando estão recebendo instruções. Por outro lado, este posicionamento proporciona uma significativa capacidade de captar e reter impressões vivas, como se a mente fosse uma máquina fotográfica. Quando o Sol está em Peixes, Mercúrio reforça todas as características piscianas, e o indivíduo pode ter um interesse pelo oculto e até capacidade nessa área. Quando o signo solar é Aquário, a originalidade e o individualismo estão fortemente marcados. Se o signo solar for Áries, a assertividade do ariano será suavizada, e ele terá mais consideração pelos outros.

O fator Vênus

Vênus em Áries

Vênus em Áries é vivo e ardente. As pessoas com este posicionamento têm forte tendência a se apaixonar muito rapidamente e fazem tudo a seu alcance para conquistar o afeto de quem as atrai. O entusiasmo que têm pelo sexo e pelo amor é maravilhoso, e um autêntico senso lúdico e de prazer matiza o seu comportamento; isso age a seu favor na maioria dos casos, pois seu charme está na sua abordagem sem rodeios. E, se fizerem um esforço razoável para não arrebatar completamente a quem amam, sem dúvida têm muito a oferecer. Entretanto, é importante que se conscientizem de sua tendência a impor suas próprias necessidades e idéias sobre o avanço do relacionamento com excessivo vigor, sendo preciso tentar combater essa atitude um tanto egoísta. Não vai ser difícil adquirir essa plena consciência para quem tem o Sol em Peixes, pois a terna sensibilidade do signo age como um poderoso antídoto a essa tendência. Se o Sol está em Aquário ou Gêmeos, este posicionamento torna as emoções mais quentes e o indivíduo menos impessoal. Em Touro, temos uma pessoa realmente ardente; e se o signo solar é Áries, seu lema poderia ser: "A covardia jamais conquistou uma dama (nem um cavalheiro)".

Vênus em Touro

Vênus está bem neste signo, porque o rege. Aqui temos uma pessoa realmente amorosa e afetiva, que faz muito por quem ama, mas que às vezes torna-se meio possessiva. Há muita generosidade e uma bela e romântica expressão dos sentimentos, bem como uma considerável necessidade de aproveitar a vida em conjunto; os programas e presentes dispendiosos contribuem para o avanço do relacionamento. Mas Vênus em Touro não deixa de ter uma certa cautela, e, embora seja sensual na expressão do amor e do sexo, não há muita vontade de precipitar o relacionamento, pois é preciso curtir cada etapa do progresso. Isso acontece principalmente quando o signo solar é Touro. Nesse caso, a possessividade tem de ser controlada. Este posicionamento estabiliza a sensibilidade dos piscianos ou cancerianos mas, por outro lado, intensifica sua expressão positiva. Quando o signo solar é Áries, a expressão do amor é estável e um pouco mais amadurecida do que às vezes é característico dos arianos. Quando o signo solar é Gêmeos, há mais profundidade e sinceridade no comportamento tantas vezes volúvel deste signo.

Vênus em Gêmeos

Aqui encontramos um Vênus vivo, descontraído e namorador. Aqueles que têm Vênus em Gêmeos tiram muito prazer e alegria de seus relacionamentos emocionais e precisam, além de uma vida sexual variada, ter muita amizade e boa comunicação intelectual com o companheiro. Algumas vezes a dualidade de Gêmeos se faz sentir, e o indivíduo tem, simultaneamente, mais de um relacionamento. Em geral lidam muito bem com essa situação essencialmente difícil e, antes de a confusão se generalizar, acabam decidindo qual é o melhor parceiro para eles. Quando o signo solar é Áries ou Leão, o alto nível emocional naturalmente ardente desses signos adquire uma conotação descontraída que impede que o indivíduo se atole demais nos relacionamentos, e dá mais colorido a tudo. Este posicionamento também ajuda o taurino a ser menos possessivo, pois surge, de maneira interessante, uma atitude racional e solta. A sensibilidade de Câncer também diminui, apesar de o indivíduo, quando jovem, poder tornar-se um falador nervoso. Quando Vênus está em Gêmeos com o Sol, todas as características geminianas são reforçadas nos relacionamentos.

Vênus em Câncer

Neste posicionamento, Vênus tem algo intrinsecamente belo, talvez por juntar as qualidades carinhosas do signo com o amor e o afeto da influência planetária. Entretanto, essas pessoas tendem a se preocupar indevidamente com seus parceiros. Mas aqui também encontramos a amabilidade personificada e a capacidade de se sintonizar com as verdadeiras necessidades e sentimentos do companheiro. Há um intenso emocionalismo, que precisa ser expresso através de um amor profundo e sincero, e que aparece de forma mais ou menos evidente conforme o signo solar. Adquire intensidade latente quando o signo solar é Touro, embora a tendência taurina para a possessividade possa se tornar um problema. Este posicionamento é benéfico para quem tem Gêmeos ou Virgem como signo solar, porque o lado namoradeiro e volúvel de Gêmeos, assim como o elemento modesto e retraído de Virgem, são neutralizados. Quando o signo solar é Leão, há menos tendência para ser dominador nos relacionamentos, mas a paixão e o senso dramático de forma alguma diminuem.

Vênus em Leão

Aqui, Vênus sobe de categoria. Aqueles que têm Vênus em Leão fazem o possível e o impossível por seus parceiros; freqüentemente gastam fortunas pelo simples prazer do relacionamento, e não hesitam em viver de modo extravagante. São generosos com o dinheiro e com a expressão dos sentimentos. Vênus neste signo traz paixão, e embora essa tendência possa ser modificada pelo signo solar e pelo Ascendente, mesmo assim há uma probabilidade de que a expressão do amor seja positiva, ardente e significativa. Há muita necessidade de agitação, *glamour* e de um companheiro excitante, coisa que sempre ocorre, de um jeito ou de outro, quando Leão está enfatizado, e com toda a certeza se revela no amor quando Vênus ocupa o signo. Essa necessidade pode ficar um pouco fora de controle quando Vênus está em Leão com o Sol, havendo uma considerável tendência a dominar no relacionamento. Esta posição acrescenta colorido e entusiasmo à expressão dos sentimentos, se o signo solar for Gêmeos ou Virgem e, se o Sol estiver em Câncer, descontrai a ternura canceriana. Quando o Sol se encontra em Libra, é preciso controlar a tendência à efusividade ou à dramatização exageradas.

Vênus em Virgem

Vênus não está muito bem posicionado em Virgem, que é um signo discriminador, racional e modesto. Também tem uma intensidade emocional relativamente baixa e é muito crítico. Assim, aqueles que têm Vênus em Virgem provavelmente descobrem que o estímulo para seus relacionamentos vem mais da parte do signo solar e do Ascendente, quaisquer que sejam, do que de Vênus. Com este posicionamento, existe uma tendência para subestimar a própria capacidade de atração, e a modéstia inerente ao signo se expressa como autêntica timidez, no estágio formativo de um relacionamento. E isso é uma pena, pois aqueles que têm Vênus em Virgem possuem muito a oferecer, principalmente no que diz respeito a desfrutar de uma boa comunicação com os companheiros. Necessitam de muita amizade, mas sua atitude em relação ao sexo pode ser um pouco fria, assim como suas emoções. Entretanto, isso traz pouco ou nenhum problema para quem tem o Sol em Câncer ou Leão e, nesse caso, Vênus os ajuda a ser mais seletivos — no melhor sentido da palavra. Também estabiliza a tremenda força emocional de Escorpião, embora, às vezes, acrescente uma certa aspereza à expressão verbal dos sentimentos. É uma posição complicada para quem tem o Sol em Libra: esses são os verdadeiros românticos, que precisam chegar a um acordo com esse elemento de timidez e modéstia dentro de si, que eles acham difícil de compreender. Quem tem Virgem como signo solar tem de aprender, conscientemente, a se soltar nos relacionamentos.

Vênus em Libra

Aqui a influência de Vênus encontra-se reforçada, pois o planeta rege este signo. Vênus em Libra é romântico, terno e atencioso, e os indivíduos que têm esse posicionamento são extremamente amáveis e diplomáticos. A necessidade de se relacionar é consideravelmente intensificada, e os indivíduos tendem a assumir um compromisso permanente bastante cedo, o que às vezes pode ser desfavorável, pois nem sempre eles estão psicologicamente preparados. Infelizmente, como é comum entre os librianos, as lições são aprendidas com o erro. Existe grande sensibilidade à beleza e às belas-artes, e quando há capacidade criativa sua expressão é refinada e tem real qualidade, sendo a música e o estilismo particularmente compensadores. Quando o signo solar é Libra, grande parte da motivação psicológica se centra no parceiro. Este posicionamento é de grande valia para aqueles que têm o Sol em Virgem, pois ajuda-os a vencer a timidez e qualquer falta de autoconfiança que possam sentir nos relacionamentos. Tira muito da densidade de paixão dos que têm o Sol em Escorpião, acrescentando mais gentileza e sensibilidade. Pode até fazer com que o extravagante leonino se torne mais liberal em relação a seus sentimentos e a seu dinheiro, e torna o entusiástico e fogoso sagitariano mais compreensivo e amoroso.

Vênus em Escorpião

Por tradição, não se espera que Vênus esteja muito bem neste signo e, com certeza, o efeito deste planeta é mais pesado e, às vezes, exageradamente ardente. Aqui existe profunda intensidade de sentimentos, que exigem plena expressão e um parceiro muito compreensivo. O indivíduo se esforça muito pelo relacionamento permanente, tentando torná-lo satisfatório para ambos, embora muitas vezes exagere na intensidade e seu parceiro possa sentir claustrofobia, buscando um estilo de vida mais livre e menos sufocante. Isso é algo que as pessoas que têm Vênus em Escorpião precisam estar sempre cientes; também devem se lembrar que sua tendência ao ciúme e à possessividade pode representar uma verdadeira ameaça à felicidade. Se conseguirem aprender a expressar seus profundos sentimentos de um modo verdadeiramente significativo, podem obter um retorno muito positivo desse signo venusiano interessante, porém exigente. Chegar a um acordo entre essas tendências e um Sol em Virgem ou Capricórnio pode não ser fácil, mas as respectivas características devem ser aceitas e reconhecidas. O modo escorpiano de amar é muito evidente quando o signo solar é Libra, com Vênus trazendo uma dimensão ardente à atitude e à expressão do amor; quando o signo solar é Escorpião ou Sagitário, o indivíduo é muito ardente e tem um acentuado impulso sexual.

Vênus em Sagitário

Aqui Vênus traz um certo entusiasmo e turbulência à expressão do amor. A atitude do indivíduo é jovial e muito informal. Tem necessidade de um parceiro com um nível intelectual compatível com o seu, mas isso não implica, absolutamente, que o indivíduo deixe de demonstrar seus sentimentos e seu apetite sexual, sempre considerável. O mais importante é que essa esfera da vida precisa ser animada, pois aqui se encontra uma pessoa que não suporta o tédio em seus relacionamentos; a dualidade e a versatilidade de Sagitário têm uma forma um tanto especial de expressão através de Vênus, influenciando o seu comportamento. A inquietude pode ser um problema e, por isso, é aconselhável para aqueles que têm esse posicionamento reconhecer essa possibilidade e se lembrar de que seu companheiro não deve sofrer em conseqüência dela — na verdade, eles deveriam se certificar de que isso não aconteça. Esse posicionamento funciona bem para quem tem o Sol em Libra, pois os ajuda a não se concentrar tanto no parceiro. Intensifica o nível emocional dos tipos meio frios, com o Sol em Capricórnio ou em Aquário. Aqueles que têm o Sol em Sagitário deveriam tomar cuidado para não deixarem de valorizar seus parceiros; os de Sol em Escorpião adquirem um senso de simples divertimento e satisfação, pois podem viver paixões menos "atormentadas".

Vênus em Capricórnio

A expressão do amor é refinada, e embora haja uma certa frieza, em geral há também enorme fidelidade e carinho. Aqueles que têm Vênus em Capricórnio querem fazer muito pelos companheiros e trabalham arduamente para ganhar mais dinheiro e poder proporcionar-lhes tudo o que é possível. Surge ainda um tremendo orgulho, e o indivíduo quer exibir a pessoa que ama de uma maneira impressionante. O grau de calidez e o verdadeiro nível emocional necessitam ser avaliados a partir de outras posições planetárias, pois Vênus, embora atencioso, não é muito expressivo neste signo. Quando o signo solar é Escorpião, as emoções são canalizadas e controladas. Elas existem, mas às vezes pode haver uma tendência a contê-las. Quem tem o Sol em Sagitário demonstra uma atitude surpreendentemente formal no primeiro estágio do relacionamento, mas que provavelmente desaparece com o passar do tempo. Entretanto, a necessidade de fazer o que é certo aparece de tempos em tempos. Quem tem o Sol em Capricórnio lida com a solidão melhor que a maioria das pessoas.

O número de parceiros pode ser muito pequeno, o que também se aplica a quem tem Aquário como signo solar, se bem que, neste caso, sua poderosa capacidade de atração pode favorecer o indivíduo. Este posicionamento ajuda a estabilizar e direcionar a imensa e abundante emoção pisciana.

Vênus em Aquário

Este é, *par excellence*, um posicionamento glamouroso de Vênus. Aqui temos alguém que, a seu próprio modo, tem um certo brilho e forte poder de atração. Entretanto, eles têm uma nítida tendência a se distanciar dos companheiros, de modo que nem sempre se chega a atingir por completo um relacionamento profundo e emocionalmente significativo. É claro que o conteúdo emocional do Ascendente e do signo solar, como sempre, desempenham papel importante a esse respeito. Vênus em Aquário, embora tenha um certo fascínio, não tem um nível alto de afeto nem de calor. Funciona bem nas relações de amizade, pois amabilidade é o que não falta — o que, em si, contribui muito para os relacionamentos mais profundos. Para aqueles cujo signo solar é Sagitário ou Áries, este posicionamento tem uma influência calmante e dá uma dimensão interessante ao amor e ao sexo. Para aqueles que têm o Sol em Capricórnio, contribui para um comportamento e uma perspectiva modernos e um tanto fora do convencional. Aqueles que têm o Sol em Aquário são dotados de algumas qualidades e características encantadoras, mas é bem possível que precisem discernir cuidadosamente suas reais necessidades antes de assumir o compromisso de um relacionamento permanente. Quando o signo solar é Peixes, Vênus contribui com a valiosa capacidade de se distanciar das emoções e lhes dá uma objetividade positiva e serena.

Vênus em Peixes

Neste posicionamento, Vênus traz uma grande riqueza de sentimentos e uma sensibilidade calorosa para com o parceiro, de um modo amoroso e gentil. É comum a tendência a se preocupar infundadamente com o parceiro, assim como a sensação de inadequação e a necessidade permanente de fazer sempre mais por ele. Aqueles que têm esse posicionamento não deveriam deixar sua atitude tornar-se sufocante; se conseguirem estabilizar seus sentimentos e perceber que têm muita coisa realmente valiosa a oferecer no relacionamento, e que, agindo desse modo estarão dando uma contribuição substancial, então Vênus pode ser-lhes extremamente benéfico, independente do seu signo solar. Este é um ótimo posicionamento para quem tem Capricórnio como signo solar, pois Vênus intensifica o nível emocional, e há uma atitude menos reprimida do que às vezes acontece. Vênus também aquece a qualidade fria e distante de Aquário, mas as pessoas com o Sol neste signo precisam reconhecer que seu modo de amar não está totalmente de acordo com as características do seu signo solar, o que provoca interesse mas também possíveis conflitos. A tendência a se comover e fazer demais se manifesta quando o Sol está em Peixes, com Vênus. A impetuosidade de Áries é moderada, dando lugar a uma sensibilidade maior. Vênus funciona bem para quem tem o Sol em Touro, pois ajuda a combater a possessividade.

Os planetas exteriores

O fator Marte

Marte em Áries

Marte em Áries está em sua força máxima porque rege este signo. Aqui encontram-se pessoas que, por terem um nível muito alto de energia física, precisam de muitos canais de vazão. Essas pessoas devem tornar-se conscientes de que, em sua necessidade de avançar, podem vir a não considerar a opinião dos outros tão cuidadosamente quanto deveriam. É de importância vital para quem tem Marte em Áries executar alguma atividade física puxada, pois sua energia não deve correr nunca o risco de se estagnar; qualquer tipo de esporte, ou talvez um trabalho feito junto a associações de jovens, será excelente para eles. Entusiasmo é o que não lhes falta, o que é de grande valia para muitas pessoas que possam ter um signo solar, lunar ou Ascendente menos assertivos. É possível que a paciência não seja uma característica marcante, mas aqui, uma vez mais, há forte influência dos três signos dominantes. Há também propensão a acidentes, principalmente na juventude, quando são comuns as pancadas na cabeça, os pequenos cortes e as queimaduras.

Marte em Touro

O fluxo de energia geralmente é controlado e estável, mas quando a raiva aflora o indivíduo dá impressionantes demonstrações de cólera. Embora isso não ocorra com muita freqüência, sempre que acontece causa impacto. Nota-se uma constante continuidade de esforços, e existe em geral a capacidade de trabalhar devagar e sempre pela conquista dos objetivos. Não há pressa, porque provavelmente as pessoas com Marte em Touro sabem que não lhes convém precipitar as coisas ou trabalhar com irregularidade. Muitas vezes há considerável teimosia e uma quase obsessão pela rotina. As atividades físicas que requeiram grande controle do corpo e cuidadosa avaliação dos movimentos são especialmente gratificantes, e o poder de resistência poderá ser excelente. A ação veloz não é o seu forte, pois o metabolismo do corpo pode ser lento.

Marte em Gêmeos

Aqui encontramos um Marte vivo, mas um tanto inquieto. Existe muitas vezes tendência a desperdiçar energia, e é bom se conscientizar desse fato. Se o indivíduo tiver um bom senso de propósitos e for ambicioso, deve haver poucos problemas. Também há ênfase na energia intelectual, por isso é preciso que seus interesses envolvam esse tipo de desafio. Para quem tem esse posicionamento, são adequados os esportes e atividades físicas que requeiram vivacidade mental. Nos debates e discussões a atitude do indivíduo é viva e segura, e em nenhuma ocasião ele fica sem ter o que dizer. Aqui encontramos mais do que apenas uma sugestão da dualidade geminiana, que deve ser aceita e desenvolvida como versatilidade. As pessoas com Marte neste signo não são muito pacientes, a menos que o Sol, a Lua ou o Ascendente façam uma forte contribuição nesse sentido; podem entediar-se com muita facilidade. É óbvio que a versatilidade e a possibilidade de mudança de cenário e ocupações constituem maravilhosos antídotos.

Marte em Câncer

Aqui Marte incorpora a tenacidade característica de Câncer, de modo que o indivíduo faz um esforço imenso para obter o que é realmente importante para ele. Também há uma forte combinação das forças da energia emocional e física, uma vez despertada a motivação inicial. Entretanto, há tendência para gastar energia de maneira desigual e, embora não sejam comuns períodos de preguiça, existe uma tendência a se exceder quando a pessoa sente que está sofrendo algum tipo de pressão. A possível tensão resultante pode levar à incapacidade de relaxar. Esta é uma posição maravilhosamente sensual para Marte, e a expressão e o prazer do sexo em geral são muito vivos. Além disso, a sensibilidade e a intuição fazem perceber instintivamente as necessidades do parceiro. A propensão de Marte aos acidentes só tem possibilidade de surgir quando o indivíduo se preocupa excessivamente com os outros, não dando suficiente atenção à sua segurança pessoal.

Marte em Leão

As tendências exibicionistas de Leão são expressas com energia, quando Marte está neste signo. O indivíduo gasta uma boa dose de entusiasmo e energia para se fazer notar, mas também tem o condão para colocar os outros em movimento. Aqui encontramos um líder, alguém com muita energia. Esses indivíduos trabalham duro — duro mesmo —, e provavelmente surge o lado criativo de Leão, de modo que suas atividades nas horas livres podem se direcionar para o teatro amador. Este é um bom posicionamento de Marte no que diz respeito à carreira, pois aqui a força energética é sem igual e, a despeito do signo do Sol, da Lua e do Ascendente, a consciência do muito que se pode realizar com a força deste planeta pode ser de enorme valia até para os indivíduos mais modestos. Os extrovertidos, porém, precisam estar cientes de que com Marte neste signo podem se tornar um pouco bombásticos e às vezes dogmáticos. Aqui encontramos também exuberância sexual.

Marte em Virgem

Quando Marte está neste signo, existe um alto nível de intensa energia nervosa. Esta posição pode causar considerável tensão interna, além de fortes dores de cabeça e enxaquecas. Portanto, mesmo não sendo fácil, é essencial que o indivíduo que sofra

desses males aprenda as técnicas de relaxamento. A ioga é particularmente benéfica, pois os exercícios podem ser calmantes e restauradores, mas também causam cansaço físico. Ar fresco, longas caminhadas a pé e passeios de bicicleta também são excelentes para todos os que têm esse posicionamento. Como o nível de energia mental também é muito alto, o indivíduo deve ter tempo para realizar trabalhos intelectuais exigentes e interessantes. Marte neste signo acrescenta uma tendência crítica e discriminatória à expressão e realização do sexo.

Marte em Libra

Marte fica extremamente lânguido em Libra; portanto, do ponto de vista de injetar energia no indivíduo, não está na sua versão mais exuberante. A mente pode ter boa vontade, mas a carne é fraca. Pode haver uma certa dose de adiamentos, embora a força e a determinação dos signos solar, lunar e Ascendente façam muito para controlar a influência relaxante de Marte em Libra. Seja como for, o prazer sexual está muito em evidência e, uma vez motivados, os indivíduos com Marte em Libra podem obter resultados muito bons, principalmente se sentirem que seus esforços são reconhecidos e apreciados pelos outros, o que é importante para eles. Aqui a agressividade de Marte é um pouco moderada, mas também existe nesse grupo zodiacal um lado que gosta de fazer um bom escarcéu e ainda por cima se diverte com isso. A necessidade de ter um relacionamento permanente é forte, e Marte se empenha para que ele também seja significativo.

Marte em Escorpião

De acordo com a tradição, Marte rege Escorpião e, dessa forma, a influência do planeta é extremamente poderosa neste signo. Aqui encontramos pessoas com um nível muito alto de energia física e emocional, que precisa ser considerada e direcionada de modo cuidadoso. Essas forças devem ser canalizadas de forma positiva e vigorosa na carreira ou no trabalho diário, seja ele qual for, e necessitam igualmente de uma canalização menos complicada — porém essencial — em algum tipo de atividade esportiva ou física no final de um dia de trabalho. Existe um tremendo senso de propósito e determinação em quem tem Marte em Escorpião, e a intensidade e intuição escorpianas também se fazem presentes. A energia de Marte neste signo pede uma vida sexual gratificante e plena e, possivelmente, o indivíduo faz exigências consideráveis ao parceiro. É preciso que essas pessoas estejam conscientes disso e usem a influência de outros planetas para ajudar a controlar sua tendência ao ciúme.

Marte em Sagitário

Há grande necessidade de desafios, principalmente do tipo que demanda energia física. Este é um posicionamento ideal para esportistas ambiciosos, sempre desejosos de melhorar suas marcas pessoais. Porém, essas pessoas precisam tomar cuidado para não tentarem ser demasiado versáteis; sua vontade de experimentar campos novos ou viver experiências sempre diferentes pode fazer com que percam a oportunidade de atingir seu melhor desenvolvimento numa área um pouco mais específica. O nível de energia mental também é alto e, novamente, os desafios nesta área são importantes. Nos dois casos há muita vontade de vencer e um desejo igualmente grande de usufruir de todos os aspectos da vida. O entusiasmo natural é contagiante, e o comportamento um tanto alegre e jovial. Embora o apetite sexual seja grande, nesta esfera da vida deve haver muita diversão.

Marte em Capricórnio

De acordo com a tradição, Marte se encontra bem neste signo. Sua energia é controlada e disciplinada e denota grande ambição e vontade de realizar muito. Mas, aqui, Marte fica um tanto frio: esta posição, por exemplo, não contribui significativamente para intensificar a vida sexual ou dar calor às emoções. Porém existe garra, e as pessoas com Marte neste signo possuem recursos formidáveis em que se apoiar, principalmente quando as condições são adversas. O indivíduo se sai bem ocupando posições solitárias e de poder, uma vez que, por dentro, sabe que chegou ao topo devido à sua determinação. É alguém com o potencial necessário para montar um negócio próprio, se a motivação trazida pelo Sol, pela Lua ou pelo Ascendente for compatível com esse tipo de auto-expressão. O exercício puxado é importante para o bem-estar físico do tipo de Marte em Capricórnio.

Marte em Aquário

Aqui a influência de Marte funciona de uma maneira um tanto brincalhona. A excentricidade quase sempre se manifesta com um nível energético um pouco dispersivo. Marte, neste signo, intensifica a originalidade, e há um interesse natural pela exploração de outras idéias e possibilidades, de forma que o fascínio por novas experiências está sempre pronto a aflorar em assuntos familiares ao indivíduo ou totalmente diversos. A teimosia também se manifesta. Embora o nível de energia possa não ser muito alto, nota-se uma espécie de excitabilidade tensa e de energia nervosa, que pode se expressar fisicamente de tempos em tempos, quando o indivíduo faz alguma coisa inesperada, como levantar fundos para uma instituição de caridade. Esse tipo de ação é gratificante para quem tem Marte em Aquário, pois há neles uma vontade de ajudar qualquer pessoa em dificuldades (mesmo quando Aquário é o signo de Marte, o humanitarismo do signo se faz sentir). Sexualmente, o tipo com Marte em Aquário quer fazer experiências e pode manifestar um certo desassossego.

Marte em Peixes

Assim posicionado, Marte intensifica a energia emocional e fornece um nível de energia física um pouco mais baixo do que na maioria dos outros signos; porém, se as emoções puderem ser canalizadas de forma positiva, quem tem Marte em Peixes realiza muita coisa. É um posicionamento maravilhoso para quem gosta de atividades físicas essencialmente criativas, tais como dança e patinação artística; na verdade, é aconselhável que as pessoas com Marte em Peixes pensem em fazer alguma dessas atividades. Marte em Peixes funciona bem do ponto de vista sexual, uma vez que há sensibilidade, delicadeza e sensualidade que se combinam e se expressam de forma calorosa e atraente. A compreensão das necessidades do parceiro é instintiva. Deve-se desenvolver a continuidade de esforços e talvez, também, maior determinação, embora isso dependa principalmente dos signos do Sol, da Lua e do Ascendente.

O fator Júpiter

Júpiter exerce influência em nossa perspectiva de vida e no modo como abordamos os desafios. Além disso, influencia nossa capacidade e potencial intelectuais. Expansão é a palavra-chave de Júpiter e, dessa forma, o signo ocupado por ele no momento do nosso nascimento reflete a maneira como lidamos com situações desafiadoras e novas possibilidades que possam nos levar a progredir no futuro. O planeta influencia a expansão da mente por meio de viagens e estudos. A educação superior também é um dos temas de Júpiter.

Júpiter leva doze anos para completar sua jornada pelos dos doze signos do Zodíaco e, assim, a cada doze anos volta à posição exata que ocupava no momento em que nascemos. Astrologicamente, é conhecido como o "Retorno de Júpiter" e, nessa época, em geral fazemos avanços importantes e melhoramos nossos rendimentos, sendo preciso estar atentos às oportunidades de apresentar nossas idéias a pessoas que estejam em condições de nos ajudar. Consulte as tabelas das páginas finais e descubra quando foi o seu último Retorno de Júpiter. Conte doze anos a partir daquela data e veja quando será o próximo. Deve ser um ano memorável e gratificante para você.

Júpiter em Áries

A atitude direta e descomplicada de Áries se manifesta, havendo considerável gosto por desafios. Este é um indivíduo que, embora não saiba lidar com minúcias e detalhes — a menos que outros planetas o estejam apoiando nesse sentido —, tem uma fantástica compreensão do nível global. Há grande amplitude de visão e um entusiasmo fogoso, mantido até o fim de cada projeto. O indivíduo com esse posicionamento é otimista e sua atitude é muito positiva, gostando de correr riscos ousados.

Júpiter em Touro

Aqui Júpiter exerce uma influência estabilizadora e cautelosa e desperta uma motivação acima da média pelo progresso financeiro. Se a influência de outros signos sugerir tino para negócios, Júpiter o fortalece consideravelmente: o indivíduo tem muito interesse em expandir e aumentar seu capital. Essa posição pode retardar o aprendizado, mas o que é aprendido é memorizado. Pode não haver muita vontade de empreender longas viagens, mas há um tremendo amor pelo conforto e uma autêntica apreciação da boa comida e do bom vinho (também pode haver problemas de peso como conseqüência da influência de Júpiter).

Júpiter em Gêmeos

Quem tem Júpiter em Gêmeos pode apresentar muita dificuldade em estabelecer prioridades e definir uma direção na vida. São pessoas que se interessam por assuntos diferentes e manifestam um traço de ousada versatilidade que necessita de expressão total. Têm capacidade e talento intelectuais e precisam de uma carreira com muita variedade. Para elas, o trabalho na área de turismo ou na mídia pode ser bem-sucedido; talvez haja habilidade para vendas. A inquietação pode às vezes se tornar um problema; mas o indivíduo, basicamente, tem um temperamento feliz e otimista e sabe divertir-se com as situações mais ingratas. Manifestam-se as réplicas brilhantes, o senso de humor e a mente inquisitiva.

Júpiter em Câncer

Tradicionalmente se diz que Júpiter está bem e forte em Câncer, e aqui sua influência é no sentido de trazer carinho e gentileza ao indivíduo. Há uma autêntica preocupação pelo bem-estar dos outros, o que pode ser expresso, por exemplo, pela profissão, pois "cuidar" e "desafios" se combinam numa expressão positiva e prática. As pessoas com Júpiter em Câncer são dotadas de excelente memória e boa imaginação, que poderá ser usada com proveito. Júpiter neste signo traz uma certa astúcia, que pode se manifestar como tino comercial; existe capacidade de ganhar dinheiro e fazê-lo multiplicar. Esta posição traz sensibilidade e intensifica o nível emocional.

Júpiter em Leão

As pessoas com Júpiter em Leão têm um exuberante gosto pela vida. Há tendência para o exibicionismo e talvez um certo autoritarismo (que muitas vezes se manifesta quando há ênfase em Leão). São dotadas de boa capacidade de liderança, amor pelo desafio e possível talento criativo. Pensam grande e dão conta de muito trabalho, que, na verdade, amam. Provavelmente, ganham e gastam muito dinheiro, porque sentem necessidade de fazer tudo de forma grandiosa, e também porque são muito generosas. Sabem aproveitar muitíssimo as coisas e dão importância à qualidade de vida. A capacidade intelectual é geralmente boa, desde que se mantenha a cabeça aberta e se evite o dogmatismo.

Júpiter em Virgem

Assim posicionado, Júpiter exerce uma influência discriminadora e crítica. É bem possível que haja talento literário e capacidade para estudar pormenorizadamente os assuntos. Os desafios só são aceitos depois de cuidadosa consideração de todos os aspectos envolvidos, e dessa forma o julgamento é excelente. Júpiter em Virgem não leva a aventuras nem à exposição a riscos. A perspectiva de vida é muito prática, e o bom senso não falta. Esse posicionamento é de grande valia para os professores. Podem ocorrer problemas intestinais e do sistema digestivo, sendo necessário algum cuidado em relação à dieta e à quantidade de alimentos gordurosos ingeridos.

Júpiter em Libra

Gentileza, generosidade e uma cálida amorosidade se manifestam com essa posição, mas Júpiter em Libra não está no máximo de sua força no tocante a direcionamento na vida ou capacidade para enfrentar desafios. Encontramos gosto pelo prazer e pela diversão e um estilo de vida descontraído — o que, em si mesmo, pode promover um esforço considerável, se as posições de outros planetas demonstrarem enérgica determinação. Pode ocorrer uma tendência a sentar e ver a vida passar, e talvez uma certa dose de otimismo cego. As coisas mais requintadas são vivamente apreciadas: o conforto, a elegância e a qualidade de vida são importantes.

Júpiter em Escorpião

A intensidade e a profundidade de Escorpião ganham maior amplitude, de modo que a determinação, o amor pelos desafios e a capacidade de alcançar objetivos se combinam para acrescentar uma importante dimensão à personalidade. Aqui temos grande potencial e uma mente inquisitiva ao extremo que, sem dúvida, é de considerável proveito para o indivíduo. Júpiter aumenta o gosto pela vida, embora a moderação não faça parte do esquema geral. A tendência para ir até o fundo das coisas se manifesta em todas as esferas da vida. Há necessidade inata para enfrentar desafios e capacidade de encarar as tarefas mais terríveis. A atitude do indivíduo em relação aos problemas é sempre séria; são característicos o desejo e a capacidade de fazer sempre o melhor possível e desenvolver o próprio potencial ao máximo.

Júpiter em Sagitário

Júpiter rege Sagitário; dessa forma, sua influência é intensificada quando ele se encontra neste signo. Age benéfica e vigorosamente, manifestando o melhor aspecto filosófico da sua influência. Este posicionamento é de grande valia para o indivíduo que tem boa capacidade intelectual, embora possa custar a se manifestar. Há gosto por esportes, vontade de correr riscos e uma atitude brincalhona, sendo que o potencial para realizações maiores se desenvolve a partir de um espírito jovial e despreocupado. O planeta favorece o interesse pela religião, pela filosofia e pela lei. Muitos escritores e editores têm Júpiter em Sagitário. Encontramos também facilidade em potencial para idiomas e gosto acima da média por viagens.

Júpiter em Capricórnio

A influência de Júpiter é um tanto sóbria, mas ajuda quem tem esse posicionamento a conquistar seus objetivos, assinalando considerável ambição. A necessidade de enfrentar desafios é forte e se orienta para a carreira ou a melhoria do estilo de vida. Embora o indivíduo tenha uma perspectiva um tanto séria, seu senso de humor é particularmente interessante e fora do comum, combinando o gracejo jovial com a austeridade capricorniana. Com esse posicionamento a mente é metódica e a capacidade de calcular cada movimento é uma vantagem. É possível que seja preciso superar um certo conflito entre o otimismo de Júpiter e o pessimismo de Capricórnio; se o equilíbrio puder ser mantido, agirá a favor do indivíduo.

Júpiter em Aquário

Quando Júpiter está neste signo, a originalidade de Aquário se expressa de modo positivo. Pode haver excelente capacidade intelectual, e a mente logo dá mostras de inventividade. Para isso, é importante ser livre para desenvolver essas características. Aqui também encontramos um espírito extremamente independente, com muita vontade de se expressar de um modo individual e que pode, na verdade, afastar-se muito da norma. Às vezes se manifesta uma certa excentricidade, com idéias que podem parecer extremistas ou fanáticas, porém solidamente fundamentadas. Há grande necessidade de abrir novos caminhos no campo escolhido, bem como determinação em conservar crenças e opiniões.

Júpiter em Peixes

Esta é a versão mais filosófica de Júpiter. É bem possível haver uma firme dedicação a crenças, o que pode se manifestar como adesão a uma fé religiosa, ou a algum interesse absorvente, como alguma forma de arte. A faceta caridosa e abnegada de Peixes se apresenta da melhor maneira possível, pois aqui se trata de alguém que faz muito para melhorar a sorte das pessoas menos afortunadas. Existem, entretanto, uma boa capacidade de aproveitar a vida e tendência a engordar. Esses indivíduos podem ser ardilosos e um pouco enganadores, dando excelentes mímicos.

O fator Saturno

O signo onde se encontra Saturno influencia nosso senso de propósito e direção na vida. Sua influência é basicamente muito séria, e Saturno, sob muitos aspectos, está ligado a nosso destino, embora não devamos nos esquecer nunca de que não há nada de fatalista na astrologia moderna ocidental. Todos nós temos algumas inibições e sentimos dificuldades e, de um ponto de vista psicológico, Saturno indica como podemos acabar com elas. Quando um astrólogo avalia um mapa de nascimento completo, atribui sempre grande importância a este planeta, principalmente ao modo como se relaciona com os outros planetas, isto é, por meio dos aspectos que forma (ver glossário). Neste livro, só podemos avaliar Saturno de acordo com o signo em que ele se encontra, o que já esclarece em parte sua influência, e o leitor deve — tanto quanto para os outros planetas — considerar essa interpretação em relação aos importantíssimos signos solar, lunar e Ascendente.

Saturno leva aproximadamente dois anos e meio para atravessar cada signo do Zodíaco, ocupando assim o mesmo signo para todas as pessoas nascidas durante esse período de tempo. Leva aproximadamente de 29 anos e meio a trinta anos para completar sua jornada através de doze signos e, por essa razão, quando nos aproximamos dos trinta, e de novo quando nos aproximamos dos sessenta, temos o importante Retorno de Saturno. Muitas pessoas, inclusive alguns analistas e psiquiatras, sem nenhum conhecimento de astrologia, reconhecem essas fases da vida como épocas extremamente importantes de mudanças e rèavaliações. Os astrólogos atribuem estas fases à séria influência dominante de Saturno.

Saturno em Áries

Podem surgir sentimentos de conflito sempre que o indivíduo se depara com situações desafiadoras. O impulso para aceitá-las e avançar pode ser parcialmente contido por uma certa dose de inibição. Se for capaz de superar os sentimentos negativos e substituir a possível falta de autoconfiança por cautela, o indivíduo terá em Saturno uma influência construtiva e útil. Não há falta de ambição nem de vontade de enfrentar a vida — apenas uma complicada atitude de vai-não-vai no modo de atingir as metas. A influência de Marte é particularmente importante nesse caso.

Saturno em Touro

É um bom posicionamento para Saturno, uma vez que o planeta se harmoniza, sob diversos aspectos, com muitas das características de Touro. Aqui vamos encontrar alguém que ambiciona o progresso material mas que tem paciência e disposição para trabalhar lenta e cuidadosamente na concretização das suas ambições. Esses indivíduos logo aprendem que o progresso feito aos trancos e barrancos não lhes convém. A aquisição de propriedades e um gordo saldo bancário contribuem mais do que qualquer outra coisa para aumentar-lhes a autoconfiança. Eles precisam desse tipo de segurança; é psicologicamente muito importante. Por outro lado, pode haver tendência a se prenderem demais a rotinas, e um traço de autocomplacência pode surgir de tempos em tempos.

Saturno em Gêmeos

A abordagem lógica e racional de Gêmeos torna-se muito controlada; no melhor dos casos, a mente é firme, capaz de pensamentos profundos e critério na tomada de decisões. Algumas vezes há aptidão científica, embora psicologicamente possa ocorrer inquietude, pois pode haver conflito entre o princípio de despreocupação geminiano e a atitude séria de Saturno. Às vezes se manifesta a jovialidade de Gêmeos, e em outras ocasiões a maturidade de Saturno evita o que poderia ser excitante e aventureiro. O indivíduo deve procurar um meio de manter o equilíbrio entre esses dois lados, principalmente na formação e expressão de suas opiniões.

Saturno em Câncer

A tradição, o passado e os antecedentes familiares do indivíduo são importantes e influenciam aqueles que têm Saturno em Câncer, muito mais do que eles mesmos possam supor. O que se aprende na infância sem dúvida é menos modificado do que na maioria dos casos. Enquanto jovem, o indivíduo pode sentir uma inibição ou uma timidez acima da média, e as tendências autodefensivas de Câncer afloram cada vez que o indivíduo se sente desafiado. Embora qualquer pessoa com esse posicionamento seja corajosa, seu instinto de autopreservação é forte, reduzindo os riscos ao mínimo. Se as posições de outros planetas indicarem um nível emocional intenso, Saturno poderá inibi-lo.

Saturno em Leão

Embora o fogo, a exuberância e o entusiasmo de Leão se oponham totalmente aos elementos bem mais sóbrios, práticos e estruturadores de Saturno, os dois não entram por completo em conflito. Aqui encontramos, por exemplo, a necessidade de que tudo seja de alta qualidade e uma atitude perfeccionista, assim como o gosto pelos cerimoniais. Também se manifesta uma considerável meticulosidade no trabalho, ambição e determinação. Uma espécie de distinção nobre matiza as opiniões e atitudes em relação à vida. Saturno em Leão tende ao convencionalismo; as pessoas que o têm se acomodam aos padrões de sua geração. A capacidade de assumir responsabilidades e de liderar se manifesta quando outros planetas apóiam este posicionamento, e o mesmo acontece em relação a uma certa pompa.

Saturno em Virgem

É provável haver uma atitude séria em relação à vida, expressa de maneira discriminadora, bem como uma tendência a se preocupar e passar por ocasionais fases de pessimismo. Mas este é um indivíduo extremamente prático, com uma abordagem científica para moldar sua vida e suas ambições. É bem provável que o indivíduo tenha uma tendência a se subestimar, pois a autoconfiança quase nunca é o ponto forte da sua personalidade: é preciso desenvolvê-la lenta e cuidadosamente, baseando-se nas qualidades afirmativas e extrovertidas dos signos solar, lunar ou Ascendente. Saturno em Virgem pode ter uma influência um tanto estabilizadora, pois acrescenta um elemento estruturador à personalidade e denota muito bom senso.

Saturno em Libra

De acordo com a tradição, Saturno está bem em Libra. É freqüente, entre os que têm Saturno neste signo, uma atitude bem equilibrada frente à vida e a capacidade de resolver seus próprios problemas psicológicos e fazer os ajustes necessários para resolvê-los ou combatê-los. O indivíduo tem a necessidade de ser justo com todos; embora não haja falta de ambição, em geral ele leva em conta a opinião e os sentimentos alheios. A atitude para com os relacionamentos emocionais é séria, com a provável manifestação de lealdade e fidelidade. Às vezes, as pessoas com Saturno em Libra se ligam a parceiros mais velhos.

Saturno em Escorpião

A intensidade emocional de Escorpião está presente, mas é bem possível que o indivíduo tenha dificuldade em expressar seus sentimentos. Também é muito comum a tendência a nunca falar sobre seus problemas, e freqüentemente é necessário compensar essa inibição. Recursos extremamente poderosos acompanham esta posição — resistência, determinação, ambição e vontade de vencer. Esses recursos podem ter uma expressão positiva, talvez, enfrentando desafios. De qualquer forma, essas características devem ser reconhecidas, caso contrário a estagnação e o descontentamento vão perseguir o progresso do indivíduo e sua atitude frente à vida. O interesse pelo desconhecido — geralmente sob a forma de introspecção — também é uma forte possibilidade.

Saturno em Sagitário

Idealmente encontramos aqui uma combinação de visão ampla e singeleza de propósitos, mas é bem possível que as pessoas com esse posicionamento demorem muito a atualizar essas excelentes qualidades. Talvez a tentação de seguir determinados caminhos a fim de viver situações novas e desafiantes seja grande demais na juventude, embora no íntimo elas instintivamente saibam qual é o caminho certo. Há alternância entre estados de otimismo e pessimismo, a ponto de algumas vezes o indivíduo viver uma alegria extrema relacionada a determinado aspecto da vida e, ao mesmo tempo sentir-se desesperadamente infeliz a respeito de outro. É preciso lembrar que Saturno é uma grande fonte de bom senso e praticidade, e que a vida não precisa ser uma seqüência de mudanças dramáticas de sentimentos e estados de espírito.

Saturno em Capricórnio

Saturno rege Capricórnio, sendo sua influência neste signo em específico forte. Saturno aqui quase fatalmente aumenta a ambição do indivíduo e sua determinação em vencer. Há também maior capacidade para assumir responsabilidades, não sendo difícil para esses indivíduos ocuparem altos e solitários cargos de chefia. Também é bem possível que prefiram trabalhar sozinhos, embora isso vá depender grandemente dos signos do Sol, da Lua e do Ascendente. Pode haver uma certa preocupação com negócios, carreira e interesses materiais, de modo que os outros podem ficar com a impressão de que o indivíduo é distante e talvez um pouco inacessível. Os problemas psicológicos são resolvidos por meio da auto-análise. Provavelmente se manifesta o senso de humor capricorniano.

Saturno em Aquário

Neste signo a influência de Saturno age de modo racional, lógico e positivo. O indivíduo é naturalmente capaz de adotar uma visão imparcial de seus problemas psicológicos e, embora possa haver pouca flexibilidade mental, ele tem a capacidade de perceber gradualmente que está errado e fazer o possível para combater seus erros, utilizando para tanto suas características e particularidades mais fortes e positivas. Existe um certo individualismo, e não há muita atração por idéias demasiado convencionais ou bem aceitas, ou por conceitos ultrapassados. Saturno em Aquário é positivo e esperançoso; sempre tem fé no futuro e atração pelo que a sua geração e a seguinte têm de melhor a oferecer.

Saturno em Peixes

Para o indivíduo com Saturno em Peixes, é relativamente fácil dominar as emoções — o que será útil se o nível emocional for muito intenso, conforme o Sol, a Lua ou o Ascendente. Isso poderá ajudá-lo a estabilizar e alicerçar a personalidade de forma estruturada. Porém, em alguns casos, manifestam-se inibição e timidez, que precisam ser gradualmente superadas. Quando o indivíduo é criativo, necessita de estímulo, pois Saturno em Peixes pode tornar a pessoa um tanto calada e sem qualquer capacidade de se expor. Pode haver fé religiosa muito autêntica e uma maravilhosa característica caritativa; o indivíduo sempre faz sacrifícios, mas precisa aprender a não se subestimar.

Os planetas modernos

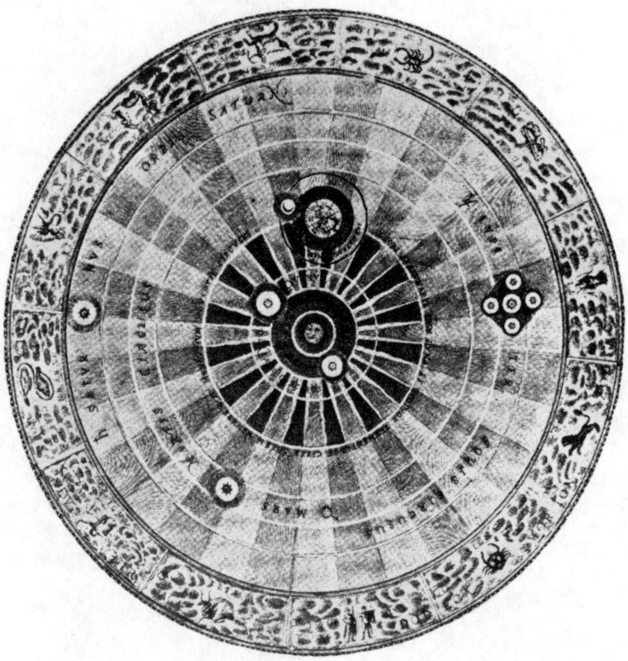

O fator Urano

Urano é o primeiro dos três planetas "modernos", tendo sido descoberto em 1781 por William Herschel. Devido à sua distância do Sol, demora aproximadamente 84 anos para completar sua jornada através dos doze signos do Zodíaco. Dessa forma, leva cerca de sete anos para percorrer cada signo, e está no mesmo signo nas cartas natais de todas as pessoas nascidas durante esse período. A menos que aí também se encontrem o Sol, a Lua ou o Ascendente do indivíduo, as características do signo de Urano não são fatores preponderantes. Por exemplo, se a excentricidade surgir como característica dominante (devido à influência dos outros planetas), então podemos olhar para Urano e observar como esse traço está fortalecido ou, até certo ponto, como se expressa no indivíduo. Urano também intensifica a originalidade, se ela estiver indicada por algum outro fator do mapa. Este planeta tem a capacidade de provocar mudanças na vida das pessoas, porém os astrólogos acreditam que sua influência atua sobre toda uma geração, mais do que sobre um único indivíduo em particular. Seja como for, enquanto Urano se move pelo céu e forma ângulos específicos com a posição que ocupava no momento do nascimento, ele ativa os planetas natais de um modo vivo, tenso e interessante. Talvez sua influência mais importante ocorra quando ele completa metade de seu percurso à volta do Zodíaco, e chega exatamente à posição de 180° de distância do ponto em que se encontrava no céu quando o indivíduo nasceu. Isso acontece por volta dos nossos quarenta anos, ou seja, quando está atravessando o signo oposto ou polar. Por exemplo, se Urano estava em Gêmeos no momento do seu nascimento, você viverá o "meio retorno" de Urano quando o planeta estiver atravessando Sagitário. Esta é uma ocasião importante para todos. Podemos nos sentir velhos e algumas vezes um pouco tensos, mas cabe a nós, nesse período, usar a influência de Urano para abrir um novo período na vida, melhorar nossa imagem e desenvolver novos interesses; dessa forma, Urano pode ser de enorme valia para todos. O retorno completo de Urano ocorre quando atingimos 84 anos de idade. As pessoas mais idosas freqüentemente tomam novo impulso na vida, tornando-se capazes de muitas coisas novas, diferentes e interessantes quando Urano retorna à posição exata que ocupava no momento do nascimento.

Urano em Áries

Manifesta-se espírito pioneiro e não faltam energia nem garra. O indivíduo cresce com as posições de poder, se outras posições planetárias indicarem essa qualidade e a capacidade de liderança. Esse posicionamento tem uma influência dinamizadora nas pessoas sensíveis e, em geral, intensifica o nível emocional. Para quem tem Câncer, Libra ou Capricórnio fortemente enfatizados, a tensão é uma grande possibilidade.

Urano em Touro

Este posicionamento pode fazer com que o indivíduo trabalhe irregularmente, podendo haver conflito entre a expressão da originalidade e um comportamento absolutamente convencional e previsível. Entretanto, acrescenta um tom de vivacidade àqueles que têm Touro enfatizado no mapa natal, pelo Sol, Lua ou Ascendente, devendo funcionar bem para virginianos e capricornianos também. Para as pessoas que trabalham na área criativa ou científica, Urano em Touro age como estabilizador, porque controla o fluxo de idéias e ajuda os indivíduos a considerá-las cuidadosamente e em detalhes.

Urano em Gêmeos

Aqui a influência de Urano é excelente. Acrescenta uma centelha de versatilidade e de maior originalidade a quem tem este posicionamento, e pode ser usada de modo positivo, principalmente se os signos dominantes forem Gêmeos, Aquário ou Libra. Embora esta influência traga um elemento de tensão, em especial para os sagitarianos e virginianos, o planeta funciona bem em Gêmeos, uma vez que se afina sob vários aspectos com este signo, tornando os indivíduos ativos e francos, de modo mais vigoroso.

Urano em Câncer

Quem tem Câncer ativado pelo Sol ou pela Lua tende a um excesso de preocupações, e sua capacidade de relaxar é, muitas vezes, particularmente reduzida. No entanto, todos os que têm esse posicionamento se beneficiam, no melhor dos casos, de uma boa imaginação, e precisam encontrar formas individuais de expressá-la. Pode haver conflito entre o desejo de expressar a própria personalidade e a preocupação com a opinião da família, o que pode vir a ser uma fonte de dificuldades. O planeta deve funcionar bem para os tipos escorpianos e piscianos.

Urano em Leão

Existe uma ligação muito forte entre Urano e o poder, e quando esse planeta está em Leão, podem se manifestar o gosto e a necessidade do poder, em especial para quem tem Leão dominante no mapa. O interesse pela política é muito provável, e as forças criativas de Urano afloram. A teimosia é intensificada, principalmente se Touro, Escorpião ou Aquário estiverem enfatizados. O planeta é vivificante para arianos e sagitarianos.

Urano em Virgem

A capacidade discriminativa de Virgem pode ser útil, mas se o indivíduo tiver propensão a preocupações e tensão, esta poderá acumular-se rápida e facilmente. Se Virgem estiver enfatizado, podem ocorrer ações erráticas e prematuras. Os taurinos e capricornianos podem fazer Urano trabalhar a seu favor, pois ele aumenta a originalidade e os ajuda a ser menos convencionais. Pode haver um interesse acima da média pela ecologia e conservação dos recursos da Terra.

Urano em Libra

Urano está bem posicionado em Libra, manifestando-se o senso de justiça. Quando Libra está acentuado, a necessidade de eqüidade surge com força. A tensão de Urano é abrandada em Libra, embora possa atingir as pessoas com Áries, Câncer ou Capricórnio dominantes no mapa. É um posicionamento excelente para aquarianos e geminianos, que se tornam mais dispostos do que o habitual a ouvir a opinião alheia e, partindo dela, agir a seu próprio modo.

Urano em Escorpião

As tendências de busca do poder de Urano provavelmente se manifestam, e é possível que as pessoas com Escorpião dominante se tornem, sob vários aspectos, líderes de sua geração. Seu desejo é mover montanhas, e alguns serão capazes disso. De uma maneira mais genérica, essa influência aumenta a intensidade e o senso de propósito. Isso surge de modo mais forte nos cancerianos e piscianos, e pode ser muito benéfico para eles, pois esta é uma força energética adicional à sua disposição. Também acrescenta uma boa dose de confiança às pessoas meio tímidas.

Urano em Sagitário

O fogo, o entusiasmo e a necessidade de desafios deste signo estão presentes até certo ponto e, se o indivíduo tiver inclinação intelectual, este planeta lhe dará a capacidade de desenvolver novos conceitos. É provável que o aspecto humanitário de Urano se manifeste, assim como a originalidade — principalmente se Sagitário for um signo dominante. O planeta também é de considerável valia para arianos e leoninos, mas todos os que nasceram com Urano neste signo podem fazer bom uso de suas características positivas, entusiásticas e progressistas.

Urano em Capricórnio

É bem possível que haja mudanças de opinião sobre assuntos importantes. Às vezes o indivíduo pende para o novo e o não-convencional; outras, pode apresentar uma surpreendente tendência a aderir ao tradicional e já comprovado. É possível ter o melhor retorno dos dois extremos, mas deve-se procurar um equilíbrio. Essa tendência tem probabilidade de surgir com mais força nos tipos predominantemente capricornianos ou aquarianos, e pode ser uma fonte potencial de tensão para os arianos, cancerianos e librianos; o posicionamento deve ser benéfico para taurinos e virginianos.

Urano em Aquário

Aqui a influência de Urano é a mais poderosa de todas, pois este planeta rege Aquário. Por isso, os aquarianos com o planeta neste signo manifestam um número acima da média das características básicas do signo. A excentricidade e a imprevisibilidade surgem sob seu aspecto positivo e, dessa forma, há um espírito de verdadeira amizade e humanitarismo. Todos os outros tipos apresentam um elemento aquariano em sua personalidade. Será interessante, para os estudantes de astrologia, pesquisar a atuação do planeta em alguma pessoa que conheçam da geração nascida entre 1912 e 1920. (Veja também "Fatores básicos: Aquário".)

Urano em Peixes

Como Peixes é um signo conhecido pela gentileza e espírito caritativo, quem tem Urano em Peixes traz o elemento humanitário desse planeta para primeiro plano. Embora essa tendência não seja fator dominante, há uma simpatia básica por todos os que trabalham para melhorar a vida dos menos afortunados. A tensão de Urano entra em contato com as forças emocionais de Peixes — não é uma combinação fácil, mas, reconhecida e canalizada de formas construtivas, pode funcionar bem. Os piscianos e virginianos sentem sua influência mais fortemente, enquanto os cancerianos e escorpianos são os que mais se beneficiam dela.

O fator Netuno

Netuno foi descoberto em 1846. Devido à distância a que está do Sol, leva aproximadamente 168 anos para percorrer o Zodíaco através dos doze signos, demorando cerca de catorze anos em cada um. Por esse motivo, o planeta tem uma nítida influência "geracional", que se manifesta de modo bastante marcado e interessante. É claro que age a nível pessoal para cada indivíduo, mas sua influência geral também merece séria consideração. Isso se tornará evidente nas interpretações apresentadas a seguir. Vocês vão ver que não há interpretação para Netuno em Áries, Touro, Aquário e Peixes, porque não há pessoas vivas com esse posicionamento. Netuno atravessou Áries e Touro entre as décadas de 1860 e 1880, e só voltará a entrar em Aquário em 1998. As datas indicadas abaixo são aproximadas; para maior exatidão, consulte as tabelas do final do livro.

Netuno em Gêmeos (1888-1901/2)

A influência geral de Netuno neste signo parece ter sido a acentuação da comunicabilidade de Gêmeos. O telefone tornou-se mais amplamente acessível, e as viagens por trem e automóvel tiveram considerável impulso durante esse período. Algumas pessoas idosas, ainda vivas, nasceram quando Netuno se encontrava em Gêmeos, e parece haver sempre um elemento de curiosidade em suas personalidades. São curiosas, mas também confusas a respeito das rápidas mudanças que ocorreram ao longo de suas vidas; podem não confiar totalmente em novas descobertas. Embora esta seja uma tendência freqüente nas gerações mais velhas, nem sempre caminha lado a lado com desconfiança e ceticismo, uma faceta marcante de sua personalidade — principalmente entre os que têm Gêmeos, Virgem ou Peixes como signo dominante.

Netuno em Câncer (1901/2-1915)

Enquanto Netuno atravessava este signo, estourou a Primeira Guerra Mundial, causando rupturas, sofrimento e mágoa na vida familiar. As pessoas nascidas nesse período repetiram mais tarde a experiência de seus pais, pois eles também tiveram e criaram seus filhos durante a Segunda Guerra Mundial. Como Câncer é o signo do lar, da família e da maternidade, não é difícil perceber a triste e sacrificada influência que exerceu sobre essa geração. Sob o ponto de vista individual, houve intensificação da imaginação e da sensibilidade. Muitas pessoas dessa geração são propensas a preocupações, particularmente se o seu signo dominante for Câncer, Capricórnio ou Libra.

Netuno em Leão (1915-1928/29)

Aqui Netuno se encontra num estado muito mais glamouroso e excitante. Foi por volta dessa época que o cinema realmente se firmou. Milhões de pessoas escapavam semanalmente da realidade monótona para entrarem num mundo de ilusão, fascínio e drama, combinando a influência de Netuno com a criatividade e a ostentação de Leão. Parece que Netuno funciona maravilhosamente para quem tem esse posicionamento. É claro que não é um posicionamento poderoso para todos mas, se o indivíduo tiver um mínimo de senso artístico, terá impulso para a sua criatividade e imaginação. Funciona muito bem para quem tem Leão acentuado, e curiosamente dá uma enorme ajuda aos piscianos, porque Netuno rege Peixes e os ajuda a dar forma a suas idéias — em geral lhes proporciona maior confiança do que a habitual nos esforços próprios. Pode causar dissimulação nas pessoas com uma forte ênfase em Aquário ou Touro.

Netuno em Virgem (1928/29-1942/43)

Aqui a crítica virginiana é fortemente acentuada, pois os indivíduos nascidos nesses anos parecem ter uma visão muito mais aguçada sobre as condições sociais e a religião do que seus predecessores. São pessoas que parecem estar sempre prontas a perguntar "por quê?" e a desenvolver atitudes extremamente idealistas, que podem servir de base para uma atitude geral mais compassiva. Há um enorme interesse pela preservação, que desencadeia a ação nesse sentido. Em nível individual, o planeta não funciona bem para quem tem Gêmeos ou Peixes dominantes no mapa, embora possa ser maravilhosamente criativo para eles. Por isso, é preciso tentar usar sua imaginação de forma positiva e não permitir que as tendências negativas ou escapistas os confundam. Tende a tornar os virginianos mais meigos, porque o planeta intensifica seu nível emocional. Os outros conseguem, em geral, fazer suas críticas de um modo mais amável.

Netuno em Libra (1942/43-1956/57)

As pessoas nascidas neste período, ao crescer, formaram a geração *hippie,* amante da paz. Aqui encontramos um exemplo perfeito da influência geracional de Netuno: a sua paz e a renúncia (escolher a linha de menor resistência é uma atitude caracteristicamente netuniana), combinadas com a atitude serena e amante da beleza de Libra. O planeta tem tido uma forte influência pessoal nas pessoas com Libra dominante. Na sua pior expressão, encorajou muitas pessoas ao uso de drogas; mas, na melhor, trouxe aos indivíduos considerável inspiração, embora outras influências devam ser suficientemente fortes para que a inspiração inicial assuma uma forma concreta. Pode trazer aos arianos tendência a serem distraídos e às vezes vagos — uma característica interessante e incomum nesse grupo assertivo —, e pode ser um fator perturbador para cancerianos e capricornianos, provocando um enfraquecimento na personalidade.

Netuno em Escorpião (1956/57-1970/71)

A influência de Netuno é excitante, porém áspera. Existe um toque de mistério e uma sensação meio estranha nesse posicionamento. O perfil dessa geração tem um traço meio cruel, e os indivíduos fortemente influenciados por Netuno (por terem o signo solar, lunar ou Ascendente Escorpião) ficaram conhecidos por usarem alfinetes de segurança espetados no nariz — a imagem do roqueiro *punk* lembra muito Netuno em Escorpião, bem como o próprio cenário do *rock*. O planeta intensifica a imaginação dos escorpianos, e o resultado pode ser intenso e poderoso. Quem tem Netuno em Escorpião certamente deixará sua marca no mundo, e deveria se conscientizar de que precisa usar seu poder, que pode ter um lado sinistro, para o bem. O planeta pode causar conflito para as pessoas com Touro, Leão ou Aquário fortemente acentuados no mapa natal.

Netuno em Sagitário (1970/71-1984/85)

Existe afinidade entre Netuno e Sagitário, por isso o planeta deve funcionar bem ao extremo para esta geração. Aqui temos o Netuno mais inspirado. Muitos indivíduos desenvolverão uma atitude e perspectiva verdadeiramente filosóficas, com capacidade de expressar um senso muito natural de justiça social. Os líderes dessa geração, em particular, poderão fazer muito pela espécie humana. Seu perfil e seu modo de ser são bastante diferentes de quem tem Netuno em Escorpião. O planeta funciona bem para as pessoas com Sagitário dominante, podendo ser muito benéfico para arianos e leoninos, no sentido de torná-los mais entusiásticos do que nunca e de proporcionar-lhes humildade e sensibilidade. Os geminianos e virginianos nascidos neste período tendem a ser dissimulados ou a escolher o caminho mais fácil, porém os piscianos se sentirão fortalecidos.

O fator Plutão

Plutão foi o planeta mais longínquo a ser integrado na estrutura astrológica. Descoberto em 1930, leva cerca de 248 anos para percorrer sua órbita à volta do Sol pelos doze signos do Zodíaco. Fica em alguns signos até trinta anos, mas como sua órbita é muito excêntrica, leva menos da metade desse tempo para percorrer outros. Quando Plutão foi descoberto, a maioria dos países ocidentais atravessava o período da Depressão, com a Lei Seca nos Estados Unidos e a ascensão do movimento nazista na Europa. Assim, Plutão está ligado à violência, à ação extremista e à reação. Agora é o regente reconhecido de Escorpião (até 1930, essa regência era prerrogativa de Marte) e, embora permaneça num signo por um período muito longo, e conseqüentemente ocupe o mesmo signo para todas as pessoas nascidas durante aquele período, sua influência geracional é menos nítida que a de Netuno. Entretanto, tem uma influência dinâmica sobre os indivíduos, como veremos a seguir.

Observem que não demos interpretação para Plutão em Áries, Touro, Sagitário, Capricórnio, Aquário e Peixes, porque não há pessoas vivas ou que estejam para nascer com Plutão nesses signos.

Plutão em Gêmeos (1883/84-1912/13)
Esse posicionamento pode trazer uma certa dose de desassossego mental, se houver indicação nesse sentido por parte de outros planetas mais pessoais. A geração como um todo foi capaz de promover mudanças drásticas. Na Inglaterra, foi o período do reinado de Eduardo VII, cuja influência ajudou o novo século a avançar em direções interessantes e menos repressivas.

Plutão em Câncer (1913/14-1937/38)
Assim que Netuno terminou seu trânsito por Câncer, Plutão entrou nesse signo. Os fatores demolidores de Plutão foram fortemente enfatizados por meio dos efeitos sobre a vida familiar. Houve uma tendência a ocorrer um grande número de períodos de turbulência na vida das pessoas com Câncer, Capricórnio, Áries ou Libra acentuados pelo Sol, pela Lua ou pelo Ascendente. É importante que os cancerianos com esse posicionamento não guardem seus problemas para si, pois há uma forte tendência para isso.

Plutão em Leão (1937/38-1956/57)

Talvez o melhor resultado do efeito geral do trânsito de Plutão por Leão tenha sido a implantação da Organização das Nações Unidas (ONU). A proteção dos interesses de massa também está relacionada com esse trânsito, até certo ponto. A conotação real de Leão e a força de Plutão resultam em poder, mas talvez na realidade seja preciso mais tempo para avaliar o que foi originado durante esse período. Muita coisa positiva pode ser resultado do que foi acionado na época, mas infelizmente o desassossego e os elementos mais dominadores de Leão também estão presentes. É possível que os tipos leoninos nascidos então tenham um tremendo complexo de poder, que devem usar e direcionar positivamente. Há um resíduo de tendências fanáticas nos taurinos, escorpianos e aquarianos, que pode se manifestar como algum tipo de fixação ou de problema psicológico. Bem dirigida, essa força pode ser sumamente vantajosa, gerando ação no indivíduo e nos outros.

Plutão em Virgem (1956/57-1971)

Muitas pessoas nascidas com Plutão em Virgem também têm Urano nesse signo (confira nas tabelas). Aqui temos uma influência geracional operando nele. As pessoas com o Sol, a Lua ou o Ascendente em Virgem encontram-se em posição muito poderosa para liderar sua geração e introduzir mudanças realmente dinâmicas, que não só afetarão sua vida, mas também podem ter conotações de âmbito mundial. Existe uma necessidade de desvendar os fatos e trazer à tona as injustiças. Todos os indivíduos com Plutão em Virgem têm um tipo meio especial de poder, a ser usado a seu próprio modo.

Plutão em Libra (1971-1983/84)

Naturalmente, é impossível avaliar a atuação de Plutão em Libra para as pessoas nascidas durante a década de 70 e começo da de 80; também não é possível calcular qual será a influência geral do planeta. Parece lógico presumir que sua ação terá efeitos mais suaves e sutis sobre as opiniões e atos individuais e de massa — uma espécie de "mão de ferro em luva de seda". Nesse caso, esperamos que a ação se direcione para os vários problemas e injustiças mundiais. O senso de justiça, equilíbrio e harmonia de Libra talvez precise ser seriamente abalado antes de poder se estabilizar de novo. A solução final da situação nuclear internacional deve, necessariamente, vir dessa geração.

Plutão em Escorpião (1983/84-1995)

Plutão rege Escorpião. É provável a ocorrência de mudanças vitais no final do século, que abalarão as estruturas mundiais. Se forem bem direcionadas, nosso planeta sobreviverá por gerações; caso contrário, poderemos não estar aqui para ver.

Auto-expressão

Características gerais dos signos

Nas páginas seguintes apresentamos um guia compacto e resumido do Zodíaco, incluindo, para facilitar, um sumário das características do seu signo. Este capítulo fala das amizades e relacionamentos através do Zodíaco, e ajuda a entender alguns dos signos, além do seu signo solar, que podem estar fortemente enfatizados no seu mapa natal.

Podemos comparar os signos do Zodíaco a lentes por onde passam as forças dos planetas. Cada uma delas dá um colorido especial às influências planetárias, que são enfocadas pela área de vida associada ao signo. Nos seres humanos, os signos correspondem aos doze tipos de pessoas conhecidas dos leitores de horóscopo de jornal. Correspondem também a zonas do corpo: cada uma ressalta uma área específica, dando-lhe maior ou menor força, da mesma forma que um músculo é fortalecido ou prejudicado sob tensão. Daí o fato aparentemente desconcertante de que os arianos, por exemplo, cujo signo rege a cabeça, sejam propensos a dores de cabeça, ou absolutamente não as tenham.

Além dos atributos humanos, os signos têm todo um conjunto de correspondências com outros elementos. Diz-se que os lugares, as ervas, as flores, os animais e assim por diante são regidos por um determinado signo. Isso significa que um dado objeto tem algumas das características de seu signo regente, ou tem com ele uma ligação tradicional. Essas correspondências foram estabelecidas de várias formas e transmitidas de geração a geração, embora estejam em constante desenvolvimento. Em geral há uma razão que explica a correspondência. Por exemplo, acredita-se que Londres seja regida por Gêmeos, devido à longa história da cidade como centro mercantil; Gêmeos é regido por Mercúrio, o planeta das trocas e do comércio. Mas há divergência de opiniões quanto a essas atribuições, principalmente no caso das pedras preciosas. Nas listas de correspondências, levei em consideração várias alternativas e relacionei as atribuições que julgo mais apropriadas. Tradicionalmente, as ervas são atribuídas aos planetas, mas em alguns antigos herbários também são feitas associações zodiacais.

A data do seu signo solar

Você tem dúvidas sobre o signo ocupado pelo Sol no momento em que nasceu? Uma pessoa nascida em 20 de abril às vezes pode ser classificada como ariana, outras como taurina; uma pessoa nascida em 23 de outubro pode aparecer num horóscopo como Libra, noutro como Escorpião. Isso acontece porque nem sempre o Sol deixa um signo e ingressa em outro no mesmo dia todos os anos; se tiver dúvida, talvez seja necessário descobrir não apenas a hora exata em que nasceu, mas também a hora exata em que o Sol passou de um signo para outro. Infelizmente, não há um jeito fácil de descobrir a verdade; vai ser preciso consultar um astrólogo ou verificar a tabela do movimento do Sol nas efemérides ou lista das posições planetárias para cada dia do ano em que nasceu.

Os três últimos planetas descobertos, Urano, Netuno e Plutão, foram gradualmente assimilados ao sistema astrológico e receberam a regência de signos. Relacionei essas regências ao lado das antigas.

Cada signo, tradicionalmente, é positivo ou negativo. Os signos positivos são masculinos, num sentido não-literal, e tendem a ser extrovertidos, enquanto os negativos são femininos e mais introvertidos.

Os signos também se dividem em quatro grupos de três (triplicidades), correspondendo aos quatro elementos tradicionais — Fogo, Terra, Ar e Água —, e em três grupos de quatro (quadruplicidades), denominados "cardeal", "fixo" e "mutável". São os seguintes esses grupos e suas características:

Triplicidades ou elementos

Fogo (Áries, Leão, Sagitário) = entusiasmo
Terra (Touro, Virgem, Capricórnio) = capacidade prática, estabilidade
Ar (Gêmeos, Libra, Aquário) = capacidade intelectual
Água (Câncer, Escorpião, Peixes) = intuição

Quadruplicidades ou qualidades
Cardeal (Áries, Libra, Câncer, Capricórnio) = expansivo por natureza
Fixo (Touro, Escorpião, Leão, Aquário) = rígido nas opiniões
Mutável (Gêmeos, Sagitário, Virgem, Peixes) = flexível por natureza

Polaridades

Outro fator importante é o relacionamento complementar entre signos "polares", o que significa que fazem oposição entre si no Zodíaco. Aqui estão os seis pares de polaridades:

Áries—Libra
Touro—Escorpião
Gêmeos—Sagitário
Câncer—Capricórnio
Leão—Aquário
Virgem—Peixes

Áries

Positivo
Planeta regente: Marte
Triplicidade ou elemento: Fogo
Quadruplicidade ou qualidade: cardeal
Cor: vermelho
Pedra preciosa: diamante
Metal: ferro
Flores: madressilva, cardo
Árvores: todas as que têm espinhos
Ervas e especiarias: alcaparra, mostarda, pimenta-de-caiena
Alimentos: cebola, alho-poró, lúpulo
Animais: carneiro
Países: Inglaterra, França, Alemanha
Cidades: Nápoles, Florença, Cracóvia (Polônia)

A personalidade de Áries é direta e basicamente descomplicada. Os arianos são dotados de uma rara clareza mental, que os ajuda a simplificar questões que, para a maioria das pessoas, seriam enormemente complexas. Os arianos são bastante competitivos, mas qualquer amigo íntimo de um ariano sabe que, embora o tema do signo seja "eu primeiro", ele não se baseia totalmente no egoísmo e sim no desejo de vencer e ser bem-sucedido. É uma expressão natural da energia e da garra arianas.

Na escola e durante a primeira fase da vida, muitas vezes Áries quer vencer nos esportes ou ser o primeiro (embora, ao contrário, muitos deles se entediem com facilidade e não se importem com os estudos). Mais tarde, essa característica vencedora assume uma expressão positiva na carreira ou na realização de ambições, para o progresso pessoal ou o bem da família. Esta é a melhor expressão da necessidade ariana de ser o primeiro, pois eles são grandes defensores da família. As mães arianas, por exemplo, assumem totalmente as causas dos filhos e não abrem mão de seus direitos na escola. Em todo Áries há também um elemento de pioneirismo, que aparece sob uma variedade de formas.

Os arianos são altamente sexuais e aproveitam ao máximo a vida sexual. São excelentes parceiros, desde que consigam controlar suas tendências egoístas. Seu vívido entusiasmo pelo sexo, entretanto, pode ser uma grande vantagem se eles levarem o parceiro em consideração.

A parte do corpo relacionada a Áries é a cabeça, e os arianos podem estar sujeitos a sofrer dores de cabeça. As crianças do signo tendem a bater a cabeça quando levam um tombo, ou a perder prematuramente os dentes de leite. Como os arianos estão sempre em correria, às vezes são descuidados, podendo cortar-se ou queimar-se com mais freqüência que a maioria das pessoas; portanto, é preciso tomar cuidado ao lidar com ferramentas afiadas ou ao trabalhar com metais — como eles geralmente o fazem.

Áries na amizade, no amor e no casamento

Muitas vezes se pergunta aos astrólogos quais são os signos que combinam entre si. Esta é uma pergunta difícil, que deveria ser levada a sério. Entretanto, as indicações gerais podem ser enganosas, e é impossível ser específico, a não ser que o astrólogo possa estudar a carta natal completa. Há alguns anos, num programa de perguntas pelo rádio, lembro-me de uma jovem ariana que queria saber se deveria ou não sair com um rapaz de Peixes. Ela até gostava dele, mas achava que não devia encorajá-lo, porque Áries e Peixes "não servem um para o outro". Fiquei chateada vendo quanto a pobre moça tinha sido mal orientada e tentei afiançar-lhe — e, na verdade, a todos os ouvintes — que nunca deveríamos impedir o desenvolvimento de uma amizade porque achamos que nossos signos solares são incompatíveis.

É claro que há signos solares de convívio mais ou menos fácil entre si, mas não é justo, nem para você nem para um parceiro em potencial, deixar que um conhecimento superficial da astrologia dos signos solares interfira no relacionamento.

Se você aprender as características dos signos solares pode, até certo ponto, saber o que esperar de alguém e ficar atento para perceber essas características, o que é interessante e divertido. Contudo, é só quando se aprofunda na astrologia que você pode usá-la plenamente para avaliar uma personalidade.

Como o escopo deste livro é bem amplo, podemos desenvolver essa área e voltar a algumas generalizações e tradições: a *tendência geral,* nas amizades e no amor, é você se dar melhor com pessoas cujo signo solar pertence à mesma "triplicidade" ou "elemento" que o seu. De acordo com esse critério, os arianos tendem a se harmonizar melhor com os outros dois signos de Fogo, isto é, Leão e Sagitário. A seguir, o outro elemento que seria harmônico é o Ar, cujos signos correspondentes são Gêmeos, Libra e Aquário. Os signos de Terra (Touro, Virgem e Capricórnio) e Água (Câncer, Escorpião e Peixes) não são tão bons, de acordo com a tradição. No entanto, nunca devemos rejeitá-los, pois é bem possível que haja outras conexões que ajudem a neutralizar as indicações tradicionais dos signos solares. Por exemplo, é possível que você tenha Vênus em Peixes, que é bom para a amizade e o relacionamento com pessoas de Sol em Peixes. Da mesma forma, se tiver Vênus em Touro vai se relacionar bem com pessoas com o Sol em Touro. Marte, também, poderia estar em qualquer signo no momento do seu nascimento e, assim, o seu posicionamento pode favorecer uma relação ativa e sexualmente estimulante com alguém que pertença ao seu próprio signo de Marte. E assim por diante. A moral de tudo isso é: nas amizades, nunca leve em conta apenas os signos solares; você pode estar estragando grande parte da brincadeira.

Aplicando isso ao casamento: quem sabe a hora em que nasceu e, portanto, o seu Ascendente, pode levar em consideração outra importante dimensão, associada à interessante teoria da polaridade dos signos. O signo polar de Áries (isto é, aquele que lhe fica em oposição direta no Zodíaco) é Libra. Em nível de signo solar, portanto, é bem possível que você encontre um atraente parceiro libriano. Mas também é possível encontrar alguém de importância especial para você, cujo signo solar seja o signo polar do seu Ascendente, ou vice-versa. A influência da polaridade pode funcionar entre os Ascendentes de vocês dois — mais ou menos como a possibilidade mencionada acima, no caso Sol Áries e Sol Libra. (Veja a lista das polaridades.)

Em astrologia, é freqüente descobrirmos que os melhores relacionamentos permanentes ocorrem entre casais que apresentam essas polaridades importantes. Constatei esse fato, sem sombra de dúvida, pela comparação de muitas cartas natais de pessoas que têm relacionamentos duradouros e bem-sucedidos. É possível que aqui haja uma relação com a proverbial atração dos opostos. Há sempre uma comunicação e, mesmo que os parceiros nem sempre concordem nem tenham, necessariamente, os mesmos interesses, é como se dissessem: "Eu entendo você, entendo o que está querendo". Isto, é claro, dota um relacionamento duradouro de considerável profundidade e tenacidade. Como você vai perceber, a polaridade não é o único fator relevante nesses relacionamentos; outros fatores mais genéricos funcionam extremamente bem, mas uma boa polaridade constitui excelente base.

Áries nas amizades

Se você tem entusiasmo por alguma coisa e deseja estimular seus amigos a partilharem desse entusiasmo, isso não será difícil. Você arrasta os outros para o evento esportivo de sua preferência, mostra-lhes os livros e revistas certos, e em geral desperta-lhes o entusiasmo. O seu entusiasmo natural e vivaz é contagiante, e as pessoas gostam dessa sua característica. Entretanto, há uma coisa de que precisa se lembrar: infelizmente, você é meio egoísta de nascença. Por exemplo, se, depois de ter aceito um convite para jantar ou sair, descobrir que há outra coisa — mais importante, ou apenas mais divertida —, seu egoísmo vai incitá-lo a cancelar o primeiro compromisso com os amigos e ficar com a oferta "melhor". Ótimo para você, mas extremamente doloroso para seus amigos, se eles descobrirem. Agora, é possível que você seja muito hábil na hora de telefonar para eles, usando a desculpa mais encantadora, mais plausível, mais engenhosa que, sem dúvida, será aceita. Mas, se a mesma situação se repetir muito, você será desmascarado, por mais que lance mão do seu considerável charme. E, naturalmente, quanto mais próximo estiver o compromisso, mais a desculpa vai parecer esfarrapada, e maior será a mágoa. Agindo assim, você pode ferir mais do que se dá conta. Portanto, ponha na cabeça que nem todos são tão insuscetíveis quanto você — nem burros!

Tente dar o máximo de si nas suas amizades, e seja paciente quando tiver algum amigo necessitado. É bem possível que os outros precisem de um ombro para chorar — e o seu é bem forte. E, lembre-se, pode ser que algum dia você também esteja um pouco por baixo, e essas mesmas pessoas poderão estar muito dispostas a usar seu tempo e sua energia para ajudá-lo.

Áries no amor

Os arianos se apaixonam depressa e com muito ardor. Para eles, às vezes é a coisa mais fácil tomar a dianteira, na expectativa de que o relacionamento se desenvolva muito depressa. É claro que isso pode acontecer, resultando em diversão para todos. Mas os arianos precisam ser só um pouquinho mais cautelosos, porque precipitar as coisas pode estragar tudo. Um traço muito ariano e realmente encantador que você pode cultivar, se ainda não tiver lhe ocorrido, é dar à pessoa amada um pequeno presente inesperado, de vez em quando, sem motivo aparente. Isso sempre dá prazer a quem recebe, e a simples surpresa, sem dúvida, é um bom começo para a noitada.

Como você é ardente, pode não se preocupar muito com o conforto do seu parceiro. Tem menos propensão a ultrapassar o estágio de fazer amor no banco de trás do carro ou em cima de um cobertor úmido no mato do que muitas outras pessoas. Essa é uma coisa da qual precisa se conscientizar. Os outros podem não estar tão dispostos a aturar o desconforto, e se, por exemplo, a pessoa que você ama for Leão, ela poderá vacilar um pouco. Assim, na hora H, não deixe de levar em conta o conforto do parceiro.

É correto dizer que, independente da posição de Vênus e Marte, com sua poderosa influência na vida amorosa, os arianos são ardentes e, a menos que haja algum problema sério, altamente sexuais. Eles sabem, por instinto, expressar de modo correto sua força sexual, que em geral é muito bonita e positiva. Poucas vezes há problemas de culpa posterior. Devido à sua personalidade simples, direta e descomplicada, conseguem resolver essa esfera da vida ainda jovens, o que é excelente. É importante lembrar, no entanto, que como as necessidades dos arianos nessa área possivelmente estão acima da média, eles precisam de parceiros entusiasmados; quando há dificuldades num relacionamento amoroso, em geral é porque o impulso sexual dos arianos e de seus parceiros não é proporcional. É nesse nível que se deve tomar cuidado na avaliação dos parceiros. Sua vida sexual tem que ser ativa, divertida, absorvente, renovada. E os seus parceiros, por sua vez, precisarão compreender — e logo o farão — que, com você, a vida sexual será puxada, pois nem uma fortíssima dor de cabeça ariana costuma diminuir a sua enérgica libido.

Áries no casamento

Os arianos são bons maridos e boas esposas. Mais uma vez, encontramos a entusiástica necessidade de viver a vida e, de um jeito meio infantil, o desejo e a necessidade de receber apoio de um parceiro, alguém que é bom encontrar quando se volta para casa. Os arianos gostam imensamente de decorar a casa, reservando uma área para a bancada de ferramentas, a costura, os *hobbies* ou seus jogos prediletos. A construção e ampliação da casa significam um desafio intenso, em geral recebido com prazer. O tipo ariano puro, supostamente, não gosta do faça-você-mesmo, mas parece que a maioria dos arianos, sim. É claro que, se o ariano for uma pessoa rica e ocupada, esse mesmo entusiasmo é transferido para a procura de uma firma que faça o serviço!

Como pais, os arianos não se importam muito com o choro dos bebês nem ficam muito ansiosos e preocupados com os filhos. Se as crianças demorarem a aprender a ler, ou se seu progresso na escola não for tão rápido quanto gostariam, eles fazem o possível para dar um jeito na situação. Mas podem perder a paciência com facilidade. Nesse caso, é bom tentar lembrar da sua própria infância e perguntar aos pais qual era o aproveitamento *deles* na escola, se *eles* se cansavam das aulas como está acontecendo com os pequenos Pedro ou Luísa. Com toda a certeza, vai haver resmungos por parte dos avós e um pouco de falatório sobre a necessidade de contar a alguém aquela velha, velha história.

O clichê sobre a necessidade de dar e receber, no casamento, não deve ser esquecido pelos arianos. É importante fazerem uma avaliação de vez em quando. Em todos os casamentos, há períodos de "receber", épocas em que contamos mais do que normalmente com nossos parceiros, épocas em que a impaciência pode nos fazer tomar linhas de ação que, sob outras circunstâncias, não julgaríamos totalmente desejáveis. Mas, da mesma forma, deve haver épocas em que *damos* mais do que o normal, quando o nosso parceiro está com uma carga de trabalho muito puxada, quando está prestes a fazer algum exame ou quando um bebê está para nascer ou acabou de nascer. Durante esses períodos, os arianos devem parar e perguntar a si mesmos, honestamente, se estão dedicando uma dose suficiente de sua abundante energia para facilitar, tanto quanto possível, a vida de seu parceiro.

Também é de fundamental importância lembrar que o defeito maior dos arianos — o egoísmo — costuma fazer sua aparição de tempos em tempos. Quando isso ocorre, o ariano provavelmente é o último a perceber e, quando seu parceiro lhe faz ver esse fato, sua reação é de total surpresa. Talvez a irreflexão esteja na base do problema e é isso, aliado à vontade categórica de se colocar em primeiro lugar, que precisa ser corrigido. Os arianos são descomplicados por natureza e, como sempre, é a essa atitude franca em relação à vida que sempre se pode apelar.

Em resumo, se você é Áries e está comprometido, tem muito a oferecer e a dar no casamento. Sua maravilhosa alegria de viver mistura-se às características positivas de seu parceiro, criando algo especial, digno de ser preservado com muito carinho.

Áries: carreira e finanças

Ao avaliar o potencial ariano do ponto de vista da carreira e sua capacidade financeira, é preciso considerar não apenas a motivação psicológica e o modo de expressão atribuídos a Áries, mas também os processos mentais de Mercúrio, e como esses dois fatores combinados podem ser usados da melhor forma possível nas duas áreas. Em seguida, temos a influência de Vênus, planeta tão fortemente associado às finanças e posses como aos relacionamentos. Esse último aspecto também é importante nessa área, pois vai afetar o modo como a pessoa age com seus colegas, sócios e assim por diante. Marte pode dar algumas indicações sobre o direcionamento da energia, e sem dúvida influencia a parte física — o impulso e a energia empregados no trabalho. Como vamos ver, a influência da combinação dos signos solar e Ascendente é interessante e muito pessoal; mas, se você não souber a hora do seu nascimento e não puder descobrir qual é o seu Ascendente, não fique muito desapontado. Poderá obter informação suficiente sobre essa esfera da vida lendo os parágrafos mais gerais.

As características arianas básicas requerem a mesma expressão positiva na carreira como em qualquer outra área da vida. Assim, no nível mais simples, podemos dizer que na vida profissional os arianos têm necessidade de um trabalho exigente, capaz de consumir grande parte de sua abundante energia, que os mantenha ativos, que seja desafiador, competitivo e, em geral, meio difícil. Essa dificuldade, é claro, pode ser física, mas também pode significar desafios mentais: batalhas intelectuais a travar, concorrentes a serem superados em raciocínio e estratégia, e assim por diante. A motivação "eu primeiro" dos arianos precisa ter muitos canais de expressão; portanto, é bom que essas pessoas, na vida profissional, se forcem a sair a campo, a introduzir algum produto pioneiro, a fazer algum avanço em relação a um cliente estranho, novo e assim por diante. Em outras palavras, *explorar, ser pioneiro* e principalmente *vencer.* Quanto mais competição, melhor — competição essa que estimula tanto o menos graduado operário quanto o enérgico assistente social que incita grupos de jovens a conquistas cada vez maiores, ou que infunde algum entusiasmo num grupo de delinqüentes irresponsáveis.

O que não deixa praticamente nenhum Áries feliz é trabalhar num emprego muito repetitivo e enfadonho, com pouca ou nenhuma chance de promoção ou possibilidade de qualquer forma de progresso. Essa regra tem exceções, mas em geral é preciso haver um bom incentivo para trabalhar, para que haja uma possibilidade real de ver que alguma coisa foi conseguida. Essa realização não precisa, necessariamente, ser uma remuneração maior, embora este seja, é claro, um fator muito importante, que sempre ajuda e dá estímulo. Como regra, os arianos não são totalmente voltados para as finanças; mesmo que precisem muito de dinheiro não se contentarão com um bom salário se o trabalho diário carecer de interesse e entusiasmo.

Em geral, o ambiente silencioso e tenso não faz seu gênero; a maioria dos arianos se sente melhor numa oficina, num *pool* de datilógrafas, numa fábrica, numa garagem ou numa agitada loja de departamentos, enfim, num local ruidoso de preferência a um escritório onde um pequeno grupo de pessoas chega toda manhã pontualmente às nove, pendura os casacos, faz os mesmos comentários sobre o tempo, senta-se às escrivaninhas e não levanta os olhos até a hora do café. Insípido demais. Se os arianos seguirem uma carreira jurídica ou se se dedicarem à área imobiliária, devem ser os encarregados de falar nos tribunais, mostrar os imóveis aos clientes e convencê-los a comprar, deixando, tanto quanto possível, a parte da redação de contratos e de rotina a cargo de outros. Os arianos representam ação, e não o trabalho de formiguinha, no qual revelam uma perigosa inclinação para cortar etapas.

Embora seja possível elaborar uma lista de "empregos e profissões arianos", se olharmos à nossa volta vamos ver, naturalmente, que os arianos (junto com as pessoas de todos os outros signos solares) trabalham em todas as áreas de vida imagináveis; assim, é mais útil sermos um pouco mais precisos e chegarmos a algumas conclusões definitivas associando outras posições planetárias ao Sol em Áries. Antes de entrarmos em detalhes, entretanto, é bom lembrar a posição de Marte e o signo que ocupava no momento do seu nascimento. Esse signo vai ajudá-lo na avaliação do nível do seu impulso e da sua energia, e se o direcionamento desses dois fatores é mais emocional ou físico. Lembre-se, também, de que Marte é muito importante para você, sendo o regente do seu Sol. É até possível que você tenha algumas das características do signo ocupado por Marte no momento do seu nascimento. Essa verificação é feita consultando-se as descrições resumidas dos outros signos. Você pode, no mínimo, sentir alguma identificação com essas características, porque a influência desse planeta, no seu caso, é muito pessoal.

A ação de Mercúrio

Verifique a posição de Mercúrio

Mercúrio em Peixes

Se Mercúrio estava em Peixes quando você nasceu, sentirá mais simpatia pelos outros e terá com eles uma atitude mais amável que a maioria dos arianos. Lembrando que talvez você seja distraído e possivelmente menos assertivo que outros arianos, talvez possa se dar melhor num emprego que não dependa em demasia da sua capaci-

dade de lidar com meticulosidade de organização. Você pode ser muito bom, por exemplo, nas profissões assistenciais como serviço social, pois, além de sentir simpatia, você tem o impulso ariano de passar da teoria à prática e eliminar as injustiças sociais. O trabalho com recursos humanos também pode ser uma possibilidade; enfim, qualquer atividade que requeira sensibilidade em termos de simpatia e compreensão pode ser apropriada. É possível que você trabalhe melhor nos bastidores e que tenha de treinar conscientemente a memória que, do contrário, poderá traí-lo.

Se você está estudando, tente manter em boa ordem e bem catalogados todos os aspectos do assunto em questão. Isso não vai ser fácil, mas vai ajudá-lo a desenvolver a memória e a capacidade de organização. Na época dos exames, esforce-se para aprender conjuntos essenciais de fatos como um ator decora um texto. Isso vai ajudar a tranqüilizar sua mente. Dedique a isso o maior tempo possível, assim diminuirá a sua preocupação sobre os resultados finais. Não deixe para estudar na última hora.

Mercúrio em Áries

Se Mercúrio estava em Áries junto com o Sol, você será capaz de usar, no trabalho, a sua assertiva capacidade de planejamento. Planejar com antecipação deve ser o seu ponto forte, desde que policie sua mente e que sua garra natural não passe por cima de muitos problemas e detalhes. Você deve ser capaz de tomar decisões rápidas. Se o seu trabalho contiver um elemento de perigo, você é a pessoa certa para lidar com as situações à medida que surgem, de maneira extremamente correta e direta. Se você é motorista, piloto ou motociclista, sabe com precisão o que e quando fazer. Será menos propenso a cometer erros, desde que dedique tempo e esforço ao desenvolvimento da sua técnica e de um nível realmente alto de habilidade profissional. Nesse caso, a sua mente rápida dará uma resposta segura, e você poderá ter a certeza de conhecer o serviço de trás para a frente.

Se estiver estudando, lembre-se de que assimila os fatos rapidamente, e provavelmente os esquece com igual rapidez. No seu caso, é bom estudar com mais empenho um pouco antes dos exames, e usar a parte anterior do curso como um período de concentração de energia para o desenvolvimento de uma técnica.

Mercúrio em Touro

Este posicionamento de Mercúrio no momento de seu nascimento provavelmente torna mais equilibrado e mais lento o seu raciocínio. Você tem mais paciência que a maioria dos arianos, e mais capacidade de se desincumbir de trabalho rotineiro, devido à sua propensão à disciplina. Pode dedicar-se a algum trabalho com implicações financeiras, como lidar com projetos desafiadores ou áreas de seguros onde você não precise ficar preso num escritório, por exemplo, avaliando pedidos de reembolso. Pode se sair bem num negócio próprio, pois tem capacidade de lidar com impostos, lucros, etc. Você tem, de fato, uma mente voltada para as finanças. Quanto ao tipo de negócio, uma oficina de automóveis, firma de engenharia ou alguma atividade relacionada com metais será excelente.

Se estiver estudando, lembre-se de que uma pessoa com Mercúrio em Touro, mesmo tendo o Sol em Áries, precisa de tempo para assimilar detalhes; portanto, não deixe para fazer toda a recapitulação (ou mesmo toda a preparação) na véspera de um exame importante. Faça um roteiro meticuloso no começo do curso e não se desvie dele.

Vênus: finanças e relacionamentos

Verifique a posição de Vênus

Vênus em Aquário

Se Vênus estava em Aquário na hora do seu nascimento, é uma provável indicação de que você não tem idéia fixa excessiva com dinheiro. Mas qualquer ênfase no signo de Aquário tem conotações glamourosas, e assim é bem possível que você tenha acentuada predileção por coisas bonitas e originais; o seu entusiasmo ariano vai fazer com que gaste dinheiro comprando os objetos mais modernos, melhores e possivelmente mais caros, sejam roupas, ornamentos originais para o lar ou aparelhagem de som. Não acredito que você fique atolado em problemas financeiros, mas, como acontece com a maioria dos arianos, a sua extravagância pode ser uma fonte de dificuldades. Você trabalha com afinco para ganhar o dinheiro, mas não se preocupa muito com o que acontece a ele. Isso é ótimo sob muitos pontos de vista, mas lembre-se de que os bancos enviam as faturas dos cartões de crédito com muita regularidade. Aviação, espaço, televisão e urânio podem ser áreas potenciais de investimento para você.

Quanto aos colegas, você se sai muito bem: o seu relacionamento com eles é amistoso, frio, mas compreensivo. Você é um chefe acessível, que faz as coisas certas na hora certa.

Vênus em Peixes

Com Vênus em Peixes na hora do seu nascimento, o seu potencial de ganho é excelente, mas é possível que você não seja muito bom para lidar com o seu dinheiro ou planejar sua vida financeira. É importante ter sempre orientação profissional nessa área e contar com alguém experiente para ajudá-lo. Quanto mais você progredir na carreira, tanto mais importante será essa questão. Se dispuser de qualquer esquema financeiro independente do seu emprego, aconselho a contratar um contador. Caso contrário, pelo menos fique em bons termos com o gerente do banco; convença-o de seus talentos e de sua capacidade, e confie nas opiniões dele. Com o seu auxílio, você poderia investir, por exemplo, em empresas de navegação, pesca, exploração de petróleo em alto-mar ou comércio de calçados. Essas áreas são interessantes para você, do ponto de vista financeiro.

É um colega maravilhoso e pode descobrir que os outros vêm chorar no seu ombro, pois, além de simpático, você faz as coisas acontecerem. Quando é chefe, pode dedicar grande parte do seu tempo ao bem-estar da equipe. Se for instrutor ou professor, dar-se-á bem, mas não deixe a sua assertividade ariana se apagar por causa das desgraças alheias. Às vezes, é preciso ser cruel para ser bom. Entretanto, a sua vivacidade ariana vai ajudá-lo a superar essas situações.

Vênus em Áries

Se Vênus estava em Áries no seu nascimento, o dinheiro vai fazer um buraco no seu bolso. Você é assim e assim gosta de viver. Não estou dizendo que você seja obtuso para lidar com dinheiro, mas simplesmente que não consegue segurá-lo por muito tempo (a menos que o seu Ascendente lhe confira qualidades realmente práticas e cautelosas). Mercúrio em Touro significa um certo comedimento previdente. Qualquer que seja o caso, precisará se esforçar para ser promovido e conseguir uma remuneração melhor. Por que não direcionar o seu entusiasmo para o futuro? Compre uma apólice de seguro a longo prazo, ou algo que lhe imponha um compromisso financeiro. Assim, poderá comprar aquele carro grande e confortável dos seus sonhos, quando se aposentar. Poderá investir em empresas de engenharia, na indústria de motores e equipamento pesado.

Em relação aos colegas, é preciso tomar um pouco de cuidado, pois às vezes você os incomoda mais do que percebe. Tente, conscientemente, devotar um pouco mais de tempo a eles e seus problemas, por mais cansativos que lhe pareçam. É bem possível que os incite a tomar providências que, de outra forma, eles não se sentiriam confiantes para fazê-lo. Lembre-se de que os outros, principalmente os subordinados, são menos decididos e ambiciosos que você; portanto, dê-lhes um desconto, por mais difícil que seja.

Vênus em Touro

De todos os arianos, aqueles nascidos com Vênus em Touro são os mais propensos a querer ganhar dinheiro para poder gozar os prazeres materiais da vida. Você vai querer progredir profissionalmente não apenas para ficar à frente, para ser o primeiro, mas para ter uma alta renda. Administra bem o dinheiro e pode ter um talento enérgico e vivo para investir, o que talvez se expresse na sua carreira. Trabalha com um olho no futuro, compra boas apólices de seguro e faz investimentos sólidos. Da mesma forma, gosta de luxo e conforto e é capaz de incluí-los no seu orçamento. Talvez você precise de mais segurança financeira do que a maioria dos arianos. Se for este o caso, cabe a você tomar as medidas necessárias para conquistar essa segurança. Pode ter muito êxito e até fazer fortuna, pois é dono de um sólido senso financeiro e, ao mesmo tempo, não tem medo de correr riscos. Dá conselhos ousados aos outros mas sem fundamento. Pode gostar de investir no ramo de cosméticos, moda, agricultura ou horticultura, ou, principalmente, nos altos negócios.

Você trabalha bem com os outros; um sócio talvez seja melhor do que várias pessoas. Se tiver uma secretária, você a defende ciumentamente e prefere não mudar — funcionárias temporárias não servem para você. Como chefe, é agradável e constante; seus subordinados sabem em que pé estão com você.

Vênus em Gêmeos

Se você é ariano com Vênus em Gêmeos, é bem possível que tenha amargas experiências com dinheiro, e uma tendência a gastar demais em itens tais como livros e discos — embora Mercúrio em Touro ajude a ter uma atitude mais equilibrada. Portanto, seja cauteloso. Você precisa de conselhos de gente bem-informada, pois a sua mente rápida e ativa pode se aborrecer muito com o tédio das questões financeiras.

Pode ser uma boa idéia deixar o orçamento a cargo do seu parceiro. Você tem jeito para vendas, mas também pode ser uma pessoa a quem é fácil vender alguma coisa. Cuidado: no entusiasmo de ajudar um amigo, você pode entrar em algum esquema furado. Faça um esforço consciente para ir mais devagar e examine minuciosamente qualquer proposta. Os seus investimentos podem se direcionar para lojas de departamentos, empresas jornalísticas ou editoriais.

Você é um colega excelente, amistoso e um chefe informal e acessível. Não tem paciência com pessoas enfadonhas e espera muita velocidade e eficiência de todo o seu pessoal, mas é bem possível que precise fazer concessões. A melhor forma de se obter eficiência é o estímulo; use o seu jeito agradável, amistoso, despretensioso, em vez de tentar convencê-los diretamente.

Ascendentes e carreira

Verifique primeiramente, verifique o seu Ascendente

Observação: carreira e Meio-do-Céu

Se você desenvolver o interesse pela astrologia, uma das primeiras coisas que irá estudar — mas que está fora do escopo deste livro — será o Meio-do-Céu. Grosso modo, este é o signo imediatamente acima de sua cabeça, no momento de seu nascimento. É tão importante em relação à carreira, à expressão no mundo exterior e à identificação com objetivos de vida quanto o seu Ascendente em relação à sua personalidade. Combiná-lo com o Ascendente é complicado, e seria impossível num livro com essa dimensão; entretanto, mesmo não sendo possível ajudá-lo a descobrir o seu Meio-do-Céu, esteja certo de que eu pensei nas várias possibilidades ao escrever os parágrafos seguintes, relacionados com a escolha de uma profissão ou ocupação.

Áries com Ascendente Áries

Sua imensa garra e entusiasmo fazem de você um candidato natural a montar um negócio próprio e a fazer as coisas no seu estilo pessoal. Você precisa avançar, a despeito de qualquer coisa. É provável que seja muito ambicioso, individualista e um pouco solitário. Tem excelente capacidade de sobrevivência e dá conta das responsabilidades que caem em suas mãos. Pode sentir-se atraído pela arquitetura ou construção, pela política ou causas humanitárias.

Áries com Ascendente Touro

É possível que você deseje trabalhar nos bastidores, num posto executivo; nesse caso, certifique-se de que haja desafio suficiente. Possui bom senso e bom potencial para negócios, e sua abordagem e seu jeito são personalizados. É ambicioso e precisa mais de segurança do que outros arianos. É provável que sua carreira seja um tanto convencional e que você faça progresso em organizações grandes, até atingir uma alta posição. Qualquer carreira nos negócios, na agricultura ou numa área que envolva investimentos financeiros será apropriada. É possível que você tenha dom para a música; nesse caso, não negligencie esse talento.

Áries com Ascendente Gêmeos

Grande poder de persuasão e capacidade para vendas são o seu forte. É bem possível que exerça uma marcante influência sobre os outros; portanto, se abraçar uma causa, será capaz de apresentar seu ponto de vista e transmitir suas idéias extremamente bem. Você se dá bem em ocupações que exijam movimento, como viajar, por exemplo. Poderá trabalhar numa companhia aérea, numa linha de cruzeiros (talvez como coordenador), ou na área de viagens em geral. A ciência e a química podem despertar o seu interesse. Se tiver jeito para a arte, esta provavelmente será a literatura.

Áries com Ascendente Câncer

Você não deve ter dificuldades em concretizar seus objetivos e obter êxito. Seu impulso protetor instintivo pode aparecer na carreira, no trabalho com crianças, talvez como professor. Também poderá sentir-se atraído pelo ramo de hotelaria e abastecimento de alimentos, pois você tem os ingredientes de um bom *chef*. Se gosta de trabalhar por conta própria, as áreas de restauração e antiquário ser-lhe-ão interessantes. Pode sentir inclinação para história, arqueologia e astronomia. Você precisa envolver-se psicologicamente com o seu trabalho.

Áries com Ascendente Leão

Seu entusiasmo e seu jeito dramático expressam-se melhor numa carreira onde você possa se mostrar. Pode ser porteiro, ou, melhor ainda, recepcionista, informando aos outros o que fazer. Deve chegar ao topo de sua profissão, que pode ser na área de serviços, no teatro, numa grande loja de departamentos, numa firma de computação ou talvez na imprensa. Não negligencie sua capacidade criativa e estimule sempre os outros a usarem ao máximo os seus talentos. Você é um chefe natural, generoso com os empregados e capaz de conquistar sua lealdade.

Áries com Ascendente Virgem

O seu poder de observação é bem desenvolvido e você tem capacidade para trabalhar com afinco. Pode tornar-se um excelente professor, conferencista, secretário ou assistente pessoal. Trabalhar em espaços abertos é excelente para você, como em horticultura, por exemplo. É bem possível que seja um repórter ou jornalista nato, e, se quiser escrever, não subestime a sua capacidade — pode haver um romancista dentro de você. Não assuma demasiada responsabilidade: você precisa de segurança e de ocupação plena.

Áries com Ascendente Libra

Para você, não é bom trabalhar sozinho. Precisa de companhia, talvez de um sócio. Tem garra e tato (menos tato, entretanto, se Mercúrio estava em Áries no momento em que nasceu). Pode se ligar ao ramo da hotelaria, e é bom como contato ou em qualquer trabalho organizacional. Gosta de cuidar do conforto material dos outros, como aeromoça, *barman* ou cabeleireiro. Ou, se possuir talento criativo, pode se dar bem como decorador de interiores.

Áries com Ascendente Escorpião

Você precisa de um emprego que exija muito da sua energia física e emocional. Ao escolher uma carreira, deixe-se guiar pelo instinto — é possível que tenha tomado uma decisão quando ainda era pequeno. Talvez quisesse ser general ou almirante, outra Helena Rubinstein ou outro 007. O que quer que faça, você precisa de excitação. Provavelmente será alguém bem-sucedido, desde que nunca se deixe estagnar.

Áries com Ascendente Sagitário

Você precisa ter desafios no emprego e pode se dar melhor trabalhando com outros, ou numa sociedade, do que sozinho. Pode tornar-se um excelente conferencista, de preferência para um público adulto, e não para escolares. Acompanhante de viagens, organizador de excursões, tradutor ou o trabalho numa editora são funções de interesse para você. Se gosta de esportes e espaços abertos, o trabalho com cavalos de corrida provavelmente vai atraí-lo. Também poderá se realizar como professor de educação física.

Áries com Ascendente Capricórnio

Você é capaz de enfrentar condições realmente difíceis, como trabalhar num clima frio ou no campo. Levantamento topográfico, mineração, engenharia, exército são áreas possíveis. A odontologia ou a osteopatia são assuntos de interesse, e você pode se tornar um excelente massagista. É um ariano muito independente e pode sair-se bem trabalhando por conta própria, possivelmente montando algum tipo de indústria ou um negócio de chalés, que acenda sua imaginação e exija conhecimento especializado.

Áries com Ascendente Aquário

As características habituais de Aquário podem expressar-se na sua opção de carreira. O seu interesse pode se voltar para estudos fora do comum, que mais tarde se reverterão em lucros. Se você tem talento artístico, a sua inclinação pode ser para música, arte antiga ou técnica. A biologia, pesquisa científica ou línguas modernas são áreas de interesse. Não caia na rotina, pois existe o perigo de resistir às mudanças e, com isso, frustrar o seu progresso profissional. A ciência médica vanguardista pode ser uma área apropriada para você, principalmente se envolver pesquisa.

Áries com Ascendente Peixes

É bem possível que você sinta um impulso para começar um pequeno negócio — possivelmente uma empresa de publicações. Nesse caso, vá com calma e firmeza. Não tenha medo de se especializar. Mantenha o negócio sob controle e não force o seu crescimento. É possível que queira dirigir uma loja de calçados. Ou, se for criativo, poderá ser um escritor. Você dá um bom professor; um emprego que envolva viagens a distâncias consideráveis é outra opção. É bom estudar línguas e usar sempre a sua abundante imaginação de forma criativa. Você também é bom para incentivar essa mesma qualidade nos outros — nos seus alunos, talvez.

Touro

Negativo
Planeta regente: Vênus
Triplicidade ou elemento: Terra
Quadruplicidade ou qualidade: fixa
Cor: rosa
Pedra preciosa: safira, às vezes esmeralda
Metal: cobre
Flores: rosa, papoula, dedaleira
Árvores: freixo, cipreste, macieira, videira
Ervas e especiarias: cravo, azeda, hortelã
Alimentos: trigo, frutos de bagas, maçã, pêra, uva
Animais: gado
Países: Irlanda, Suíça, Irã
Cidades: Dublin, Lucerna, Mântua, Leipzig

Dos doze signos, Touro é o que mais necessita de segurança, rotina e certeza de que determinadas coisas vão acontecer em determinados momentos. Isso é de extrema importância. Os taurinos costumam preferir, por exemplo, um salário garantido no fim do mês a alguma forma mais irregular de renda. Assim, de maneira geral, eles encontram um lugar que lhes proporcione essa segurança essencial, que possa assegurar um referencial sólido ao seu estilo individual de vida.

É bom lembrar que os taurinos são trabalhadores lentos e pacientes; as crianças desse signo devem ter a liberdade de se desenvolver no seu ritmo próprio, e seus pais podem precisar refrear a impaciência, se sentirem que os filhos não estão fazendo, na escola, tanto progresso quanto gostariam.

Não é só a segurança financeira que é importante; a segurança emocional também é fundamental. Embora os taurinos sejam parceiros excelentes e estáveis, precisam entender que há neles um traço de possessividade, capaz de fazer seus companheiros sentirem uma certa claustrofobia no relacionamento. São ardentes ao extremo, embora às vezes custem a se ligar — eles gostam de ter tanta certeza quanto possível do resultado final, antes de se comprometerem. São amantes maravilhosamente sensuais e amáveis, e têm fama de possuírem a melhor aparência de todo o Zodíaco. Entretanto, como gostam de comidas ricas, gordurosas e freqüentemente também de doces, podem surgir problemas de peso, assim como a tendência a adiar o regime, o que é um grande erro. Um belo rosto taurino não melhora nada com uma enorme papada.

A área do corpo associada a Touro é a garganta; inflamações nessa região podem ser um problema para muitos. Geralmente, os taurinos têm dons musicais e muitos deles cantam extremamente bem.

Touro na amizade, no amor e no casamento

Talvez uma das generalizações mais comuns que se ouve quando se fala de astrologia em termos gerais é que determinados signos "combinam" entre si. Mas nunca é demais enfatizar que é uma grande bobagem alegar que, como duas pessoas têm signos solares aparentemente incompatíveis, não seriam capazes de criar um relacionamento gratificante. Uma insinuação dessas não é apenas errada — pode levar à destruição de uma união potencialmente feliz e satisfatória, causando, assim, considerável infelicidade.

Dessa forma, é muito importante lembrar que nunca deveríamos julgar a compatibilidade com base apenas no signo do Sol. E isso se aplica tanto aos laços de amizade e sociedades de negócios quanto aos relacionamentos amorosos e sexuais.

É correto dizer que as pessoas de determinados signos solares tendem a se dar melhor entre si do que com pessoas de outros signos, e há como tendência geral uma sensação inicial de facilidade nos relacionamentos de amizade e amor entre pessoas cujos signos solares pertencem ao mesmo *elemento.* Tendo Touro como signo solar, provavelmente você se sente mais à vontade com pessoas que têm elementos dos dois outros signos de Terra: virginianos e capricornianos. As pessoas que têm elementos dos signos de Água (cancerianos, escorpianos e piscianos) também são simpáticas a você; e, só para completar o quadro, você pode achar menos fácil, num nível bem elementar, travar um relacionamento com arianos, leoninos e sagitarianos (signos de Fogo) e com geminianos, librianos e aquarianos (signos de Ar).

Mas lembre-se, por favor, de que é *somente* quando é calculado e interpretado o mapa natal completo de duas pessoas que se pode chegar a quaisquer conclusões positivas (ou negativas!) sobre uma associação entre elas. E mesmo depois de feito esse trabalho por um astrólogo, se ele for bom de fato, em hipótese alguma vai lhe dizer se você deve ou não ter um relacionamento com uma pessoa de qualquer outro signo. Este é um assunto exclusivamente seu — e sempre vale a pena lembrar que, além da astrologia, é preciso levar em conta uma série de outros fatores, como o meio ambiente em que vivem, sua formação e educação. O que o astrólogo pode fazer é avaliar e dizer quais são as áreas de compatibilidade ou incompatibilidade, para que você possa fazer as concessões e ajustes necessários. Por exemplo, o taurino normalmente gosta de conforto material, e sua atitude em relação ao amor é matizada por uma necessidade de permanência e segurança; também pode ser possessivo. Se você estivesse estruturando um relacionamento com um sagitariano, teria de aceitar o fato de que ele, ou ela, poderia estar menos preocupado com conforto e segurança financeira, e precisar de uma certa dose de liberdade de expressão dentro de um relacionamento emocional.

Em alguns livros e revistas a respeito dos signos solares, você poderá encontrar a afirmação de que Touro e Sagitário jamais deveriam "se associar". Entretanto, quando se calculam os mapas completos, é bem possível que haja ligações astrológicas extremamente poderosas entre eles: por exemplo, o Ascendente do seu amigo sagitariano pode ser muito compatível com o seu Sol em Touro.

Usando este manual, você mesmo pode fazer alguns dos cálculos. Se encontrar um ariano ou um geminiano por quem sinta atração, verifique se você tem Vênus ou Mercúrio no respectivo signo solar deles; este seria um maravilhoso ponto de partida, que certamente ajudaria a atenuar a aparente incompatibilidade dos seus signos solares.

Quando se trata de casamento ou relacionamentos permanentes, sempre constatei que o elemento mais importante a considerar na comparação de mapas ("sinastria", como dizem os astrólogos) é um elemento forte no signo oposto ou polar. Se você sabe a hora em que nasceu, a essa altura já sabe qual é o seu Ascendente. Pode ser que o signo solar do seu companheiro seja o signo oposto ou polar no Zodíaco. (Veja a lista de signos polares na página 102.) Se for este o caso, é excelente, pois haverá uma ligação especial entre vocês. E mesmo que, naturalmente, nem sempre vocês concordem sobre todas as questões, pelo menos será possível uma verdadeira compreensão. A polaridade pode operar igualmente bem entre o signo solar e o Ascendente. A Lua, também, pode desempenhar um importante papel: por exemplo, uma pessoa cujo signo lunar seja compatível com o seu reagirá bem a suas sugestões, entenderá o seu estado de espírito. Se a ligação se der por meio de signos lunares compartilhados, vocês poderão captar as mudanças de estado de espírito um do outro de uma forma impressionante.

Touro nas amizades

Você é um amigo muito firme e constante; se uma pessoa lhe pedir para fazer alguma coisa por ela, não se decepcionará. Se o pedido for feito numa época em que está ocupado, você tem a honestidade de dizer francamente que não pode ajudar naquele momento específico, mas faz algumas sugestões práticas sobre alternativas de auxílio.

Pode ser que você relute um pouco em fazer novas amizades, preferindo os amigos antigos, que já conhece bem. Pode haver períodos na sua vida em que seja necessário um esforço consciente para ser um pouco mais aventureiro nesse sentido, por exemplo, se se mudar para longe das pessoas cuja companhia você curte e em quem confia. Se isso acontecer, o melhor a fazer é começar a travar novos conhecimentos no seu próprio território. Depois de estar acomodado numa casa ou num apartamento novo, seria bom dar uma pequena festa para os seus amigos em potencial. Poderá, então, começar a avaliá-los dentro do seu novo ambiente.

Há algo que talvez seja preciso considerar com um certo cuidado em relação a amizades — o ritmo em que os outros vivem a vida. Esse ritmo varia de acordo com o indivíduo, mas é bem possível que o seu seja mais lento que o da grande maioria das pessoas com quem se relaciona. Embora não seja do tipo que deixa seus amigos esperando horas num encontro, você pode parecer-lhes um pouco lento. Se admitir esse fato, poderá ajustar-se mais facilmente.

É claro que as pessoas, em sua maioria, fazem amigos entre aqueles com os quais têm interesses comuns, mas, no seu caso, a base comum é muito importante. Provavelmente você desenvolverá interesses na juventude que durarão a vida toda; se você for mais velho, poderá citar de pronto dois ou três assuntos sobre os quais tenha lido e que o fascinam há anos. O seu entusiasmo cresce devagar e com muita firmeza, e você precisa desfrutar da companhia e do conhecimento mais íntimo de pessoas de gostos semelhantes aos seus, para uma conversa longa, com propriedade e sobre os interesses comuns.

Faça um esforço sério para não se sentir posto de lado se algum de seus amigos verdadeiros se interessar por algo que não o atrai. É óbvio que isso vai colocar o seu amigo em contato com um novo grupo de pessoas, o que poderá deixá-lo um pouco ressentido.

O ponto forte nas amizades é que você está sempre disposto a prestar apoio e ajuda prática, como fazer as compras para alguém que esteja doente, liberando os outros de cuidados materiais em épocas de *stress* ou sofrimento e sendo, em geral, uma fortaleza.

Touro no amor

Quando você, como taurino, se sente atraído por alguém, inicialmente pesa a situação com muita atenção e paciência. Depois, quando sua paixão é despertada, tem a sensação de estar investindo como um touro. Entretanto, com o passar do tempo, provavelmente aprenderá que a cautela constante e o charme são formas melhores para se conseguir o que se quer. Não reluta em fazer avanços verbais, mas tem muito maior probabilidade de ser bem-sucedido apenas sendo charmoso como é do que forçando qualquer questão ou tentando subjugar qualquer pessoa. Numa situação inversa, quando percebe que atraiu alguém, pode ser uma boa idéia simplesmente acompanhar o ritmo do outro, e é possível que você ache essa experiência muito compensadora. Às vezes se diz que os taurinos demoram a se excitar sexualmente mas, quando o fazem, são muito ardentes. Há uma boa dose de verdade nessa afirmação;

se fizer um auto-exame, pode constatar algum fator repressivo na sua constituição psicológica. Pode ser que você se sinta tolhido devido a um certo convencionalismo ou — o que é mais provável — queira ter toda a certeza de que não será rejeitado e, conseqüentemente, ferido.

O pior defeito de Touro, a possessividade, pode entrar em cena bem no início de um caso de amor; se o seu parceiro quiser terminar o relacionamento sem que você entenda exatamente por quê, a razão pode ser a sua possessividade, mesmo que você pense o contrário. Quanto mais gosta do seu amante, maior a probabilidade de ser possessivo; reconhecer essa tendência ajuda a superá-la. Além disso, tenha cuidado para não sufocar o seu parceiro com afeto em demasia.

É bem possível que a sua necessidade de estar com o seu companheiro seja maior que a dele. Se você se empenhar muito em aumentar o espaço que ocupa na vida do outro, pode ser que esteja arrumando encrenca.

Existe também o perigo de, passado o estágio inicial do relacionamento, os seus sentimentos profundos e apaixonados fazerem com que você precise de algo mais permanente e o seu parceiro não esteja disposto a aceitar. Assim, você pode se sentir pronto para casar ou viver junto, e a pessoa amada pode se mostrar um pouco evasiva em relação a um compromisso desses, talvez usando a desculpa de que precisa de mais tempo mas, provavelmente, porque sente a sua liberdade ameaçada.

Resumindo: você é um amante realmente maravilhoso, que tem uma capacidade natural de atrair as pessoas que acha atraentes — mas não tente monopolizar demais a vida do seu parceiro pois, agindo assim, poderá deixá-lo amedrontado.

Touro no casamento

Tendo em mente a importância que atribui ao conforto material, é bem possível que você seja simpático à idéia de economizar para se casar, a fim de possuir uma boa casa para morar depois da lua-de-mel. Isso pode soar um tanto antiquado, mas não há nada de errado em tomar providências para ter o cenário exato que sempre se quis.

Entretanto, essa posição não significa que não possa passar por uns apertos quando jovem, talvez com um companheiro ou uma série deles. No entanto, depois de superar esse estágio e se firmar numa carreira, você se empenha mais do que os outros nos assuntos relativos ao lar, com vistas ao casamento e à aventual formação de uma família. Deseja uma vida estável e sólida, não apenas para você, mas também para seu companheiro e seus filhos — o ambiente certo que servirá de base para seu florescimento e desenvolvimento, exatamente da forma como lhe convém. Por ser taurino, esforçar-se-á para ganhar dinheiro e concretizar esse ideal. Isso feito, pode ter certeza de que você cumpriu a sua parte.

Aqui, novamente, preciso enfatizar a possibilidade de surgir a possessividade: ela pode se infiltrar no seu casamento. Tenha muito cuidado para que seu marido ou esposa não se tornem apenas outra de suas posses favoritas e lembre-se de que ninguém, jamais, pode possuir outra pessoa. Policie-se para sequer pensar no seu parceiro literalmente como "*meu* homem" ou "*minha* mulher". Enquanto as crianças são pequenas, é bom os homens se lembrarem de que a esposa precisará dar muita atenção a elas; seu tempo disponível será menor, e você pode ter a impressão de que está sendo menos amado. Esse fato pode ser contornado, por exemplo, assumindo-se uma parte maior das tarefas domésticas do que tinha sido possível até então, em função das suas ocupações profissionais.

Os taurinos são bons pais, mas podem proceder mal ao mimar muito os filhos, dando-lhes muitos e caros brinquedos, que não são, necessariamente, do tipo que desenvolve e estimula a imaginação. Alguns brinquedos caros, na verdade, são limitadores. Com bloquinhos de montar comuns pode-se fazer um palácio ou um posto de gasolina, mas não é possível transformar um sofisticado brinquedo de plástico.

Quando os filhos chegam à adolescência, o hiato entre as gerações pode se tornar um pouco difícil para você enfrentar. Embora isso aconteça com a maioria dos pais, é possível que você considere seus filhos particularmente não-convencionais. Tente não impor demasiada disciplina se achar que o comportamento deles não está à altura dos seus padrões. Afinal, os tempos mudam muito depressa. Provavelmente o tipo de vida que você levava aos dezesseis anos também não agradava muito aos seus pais. Tenha isso sempre em mente, e a vida de todos se tornará mais fácil, tranqüila e descontraída.

Touro: carreira e finanças

Ao avaliar o potencial taurino sob esse ponto de vista, é preciso considerar não apenas a motivação psicológica e o modo de expressão atribuídos a Touro, mas também os processos mentais de Mercúrio, e como esses dois fatores combinados podem ser usados da melhor forma possível nas duas áreas. Em seguida, temos a influência de Vênus, planeta tão fortemente associado às finanças e posses como aos relacionamentos. Esse último aspecto também é importante nessa área, pois vai afetar o modo como a pessoa age com seus colegas, seus sócios e assim por diante. E como Vênus é o planeta regente de Touro, sua influência é especialmente significativa nas carreiras dos que têm Touro como signo solar.

Marte também nos dá indicações sobre o direcionamento da energia e, sem dúvida, influencia a parte física — o impulso e a energia empregados no trabalho. Como vamos ver, a influência da combinação dos signos solar e Ascendente é interessante e muito pessoal; mas, se você não souber a hora do seu nascimento e não puder descobrir qual é o seu Ascendente, não fique muito desapontado. Poderá obter bastante informação sobre essa esfera da vida lendo os parágrafos de informações gerais.

Estabilidade financeira e emprego garantido são essenciais para os taurinos, que precisam ter certeza de que seu pagamento virá regularmente num prazo certo, para que eles possam planejar o orçamento com bastante antecedência, projetando com cuidado, prudência e precisão as compras, as férias e a educação dos filhos. É claro que encontramos muitos taurinos em profissões com menos estabilidade financeira, mas, quando isso ocorre, eles fazem investimentos, à medida do possível, para extrair daí uma sensação de segurança.

Encontramos taurinos em todas as ocupações como todos os outros tipos do Zodíaco. Entretanto, algumas carreiras predominam. Sem dúvida muitos deles realmente têm jeito para negócios e capacidade de gerar dinheiro — para si e para os outros. O fator segurança muitas vezes desempenha um papel na escolha efetiva do trabalho; os taurinos, por exemplo, freqüentemente trabalham em companhias ou sociedades grandes e imponentes.

São trabalhadores lentos e detestam ser apressados por qualquer meio. Preferem trilhar caminhos familiares e podem sentir um certo medo do desconhecido. Gostam de elaborar rotinas muito bem delineadas: seguir pela mesma estrada até a mesma estação para pegar o mesmo trem todas as manhãs, sentar-se no vagão ao lado do mesmo grupo (fazer as mesmas palavras cruzadas ou ler as mesmas páginas econômicas do mesmo jornal), descer do trem e fazer o mesmo trajeto até o escritório, onde começam tranqüilamente a trabalhar, fazendo a mesma quantidade de leituras, ditados ou reuniões até o intervalo para um café, e assim por diante.

É importante que o taurino trabalhe num ambiente apropriado. Pode ser preciso tolerar um escritório grande, barulhento e devassado, mas ele vai fazer o maior esforço para sair desse escritório e encontrar um cantinho tranqüilo onde possa trabalhar sozinho, longe do bate-papo e da agitação dos outros. Qualquer que seja a profissão, essas são as condições adequadas para o temperamento taurino, um tanto lento mas muito sólido e firme.

Os taurinos trabalham muito e se desincumbem do serviço que lhes cabe, embora seja possível diminuírem o ritmo na parte da tarde, depois de levar um cliente para almoçar e, talvez, comer mais do que seria aconselhável para não comprometer a sua produtividade.

Como os taurinos escolhem com muita freqüência carreiras sedentárias, podem facilmente ficar fora de forma fisicamente; os bem-sucedidos (principalmente os homens) devem tomar cuidado com o peso. Seu peso tem enorme facilidade para aumentar, principalmente se houver com regularidade um bom jantar à sua espera em casa, depois de um substancial e excessivamente rico almoço de negócios. Normalmente, eles apenas não conseguem queimar todas as calorias que consomem. Mesmo os que trabalham em carreiras mais ativas, por exemplo em fazendas, podem sucumbir ao mesmo processo. Portanto, é necessário vigiar atentamente o peso.

Como a necessidade de segurança é um fator tão importante para o taurino na hora de escolher uma carreira, às vezes acontece faltar o desafio da inovação. Na realidade, isso convém a muitos, porque ter de pensar constantemente na possibilidade de abrir novos caminhos ou encontrar outros canais de distribuição de produtos poderia ser uma considerável fonte de preocupações e, a longo prazo, é bem possível que não valesse a pena eles se colocarem em situações onde seu tempo e sua energia fossem exigidos dessa forma. Eles são melhores para acertar os detalhes de algum contrato feito por outros indivíduos mais assertivos. São muito mais capazes de apoiar, dar uma força adicional, aconselhar e consolidar, do que originar. Entretanto, esse quadro pode ser modificado por posicionamentos planetários, gerando uma necessidade maior de desafio, o que deve ser cuidadosamente avaliado ao dar início a uma carreira (vejas as posições de Mercúrio no capítulo seguinte).

A paciência taurina é extremamente útil na vida profissional; qualquer área que exija paciência e longas horas de concentração firme é muito apropriada; por exemplo, o trabalho jurídico detalhado.

É uma pena que, para muitos taurinos, a carreira signifique apenas um meio de ganhar dinheiro. Embora tomem providências para ganhar cada vez mais, à medida que o tempo passa, fazendo uso de suas qualidades confiáveis e firmes, às vezes não há um verdadeiro envolvimento psicológico com o próprio trabalho. Os jovens optam por um estágio, depois do colegial, ou por uma faculdade, de acordo com a orientação vocacional recebida na escola, mas muitas vezes sem sentirem o menor amor pela profissão. Infelizmente, isso pode levar a uma carreira onde não há um verdadeiro envolvimento pessoal, o que, a longo prazo, pode ter um efeito negativo.

A ação de Mercúrio

Verifique a posição de Mercúrio

Mercúrio em Áries

Se Mercúrio estava em Áries quando nasceu, você tem mais capacidade de discutir e maior necessidade de desafio que muitos taurinos; portanto, se o seu trabalho tiver alguma conotação de pioneirismo e ousadia, será gratificante para você. Se, por exemplo, de vez em quando precisar descobrir novos clientes, estará muito capacitado para fazê-lo, e provavelmente vai gostar do planejamento estratégico que antecede uma eventual negociação. Você está à altura dessas exigências e não precisa ter receio de assumir um tipo de trabalho que tenha esse elemento de agitação.

Com esse posicionamento, não creio que você tenha a habitual necessidade taurina de aderir de modo rigoroso a um esquema rígido na vida profissional. Para você, provavelmente é bom ter horários flexíveis; pode ter uma vida muito mais puxada e veloz que a maioria dos taurinos — e gostar.

A rapidez de pensamento e de tomada de decisões, acompanhada pela determinação taurina, vai ser-lhe útil. Você não tem falta de entusiasmo, e se decidir montar um negócio próprio deve sair-se muito bem, pois vai ter a excitação e o desafio de que precisa no trabalho. Provavelmente, não tem medo de correr um certo risco financeiro, porém a sua sólida cautela taurina vai controlar essa tendência. Você é capaz de aprender fatos um pouco mais depressa que muitos taurinos, mas não se fie muito em recapitulações de última hora antes dos exames.

Mercúrio em Touro

Este posicionamento torna você um tanto pesado. Necessita de bastante tempo para assimilar os fatos e, portanto, o seu trabalho deve ser regular. Se, ocasionalmente, você ficar sobrecarregado de trabalho, tente não se alvoroçar, não se preocupar e manter a calma. Não deve ocupar um posto em que precise tomar decisões repentinas, ou onde o ritmo de trabalho seja desigual. Para você, é ruim ter períodos em que tem pouco ou nada para fazer, intercalados com períodos em que é obrigado a agir sem tempo para reflexão.

A confiabilidade é um de seus pontos fortes; verá que as pessoas contam com você, que é uma pessoa capaz de inspirar muita confiança. Provavelmente, tem habilidade natural para a contabilidade, e pode achar estimulante lidar com impostos. Se tiver negócio próprio, não terá dificuldade alguma em manter em ordem seus livros. Este posicionamento de Mercúrio, freqüentemente, revela grande apreciação pela música. Pode ser que você goste de cantar ou tocar algum instrumento, mas também aprecia muito ouvir a interpretação dos outros. O ramo de gravações pode atraí-lo.

Como seus processos mentais são um pouco lentos, planeje com muito cuidado o tempo que dedica aos estudos. Elabore uma programação e fique firme nela. Nunca se fie em recapitulações ou estudos de última hora quando estiver para fazer exames.

Mercúrio em Gêmeos

Se você é uma pessoa de negócios, este posicionamento será muito útil. Tem boa conversa, aprecia a companhia de pessoas relativamente estranhas e gosta de conhecer gente nova. Um trabalho que envolva esse tipo de atividade será muito apropriado. É capaz de expor de modo convincente uma idéia e tem uma natural capacidade — charme e eloqüência — para inspirar confiança. Você é bom para persuadir os outros, seja um cliente em potencial ou o gerente de um banco onde está tentando obter um empréstimo. Sua mente é muito ativa; você deseja usá-la. O trabalho numa loja de departamentos está de acordo com suas capacidades e pode dar-lhe segurança e a perspectiva de uma ascensão constante a algum cargo de responsabilidade, como chefe de compras. O seu prazer em trabalhar com gente, conversando com outras pessoas, não deve ser subestimado. Relações públicas e pesquisas junto a consumidores são possibilidades que vale a pena examinar. Sua mente é muito versátil, mas provavelmente o seu poder de concentração é mais superficial do que o da maioria dos taurinos. Você aprende rapidamente, mas esquece com igual rapidez. Assim, na época de exames, é melhor reservar umas duas semanas de antecedência para repassar a matéria.

Vênus: finanças e relacionamentos

Verifique a posição de Vênus

Vênus em Peixes

Com Vênus em Peixes, é fácil sentir pena das pessoas necessitadas; conseqüentemente, você é generoso. Sendo taurino, você tem um senso inato de responsabilidade em relação às finanças e uma capacidade natural de planejar com cuidado, mas não será capaz de reprimir a emoção quando ouvir, por exemplo, um apelo para a boa causa da semana no rádio ou na televisão. A despeito das suas qualidades taurinas, é uma idéia muito boa procurar aconselhamento profissional para tratar de problemas financeiros, principalmente no começo de sua carreira, pois, de outra forma, é possível que você acabe aprendendo da maneira mais difícil.

Existe algum perigo de ser gentil em demasia com os outros; no seu caso, pode ser bem difícil adotar uma posição dura. Se você for o patrão, sentirá vontade de ajudar todos os empregados com problemas. Qualquer que seja a sua profissão, provavelmente vai sentir prazer organizando eventos para o levantamento de fundos com fins caritativos, além de, também, contribuir de forma generosa. Vênus em Peixes faz de você um colega de trabalho muito agradável; sua simpatia natural cativa as pessoas que trabalham a seu lado. Você é, efetivamente, alguém a quem sempre se pode recorrer, seja o chefe ou a copeira! Pode interessar-se por investimentos em empresas de pesca, produtos líquidos, como tintas, ou no ramo de calçados.

Vênus em Áries

Se você tem Vênus em Áries, então é capaz de ganhar dinheiro. Entretanto, o seu natural entusiasmo e o seu igualmente natural amor pelas coisas bonitas leva a melhor muito mais vezes do que gostaria de admitir, e quando se juntam esses dois fatores, você não consegue resistir: gasta! Pode dizer a si mesmo que todas as compras são bons investimentos — o que pode ser verdade —, mas muitas vezes as suas orgias financeiras não passam do mero prazer de comprar. Se sentir que é esse o caso, tente apelar para as suas qualidades taurinas mais estáveis e práticas a fim de controlar essa tendência, antes de encomendar cegamente aquele valioso conjunto de medalhas comemorativas que, conforme jura o anunciante, vai valorizar dez vezes em três meses!

Olhando pelo lado positivo você tem uma notável capacidade de curtir o seu dinheiro — e por que não? A sua atitude, nesse particular, é menos comedida e cautelosa que a de alguns outros taurinos. Mas por que não usar um pouco da cautela taurina e comprar mais uma apólice de seguro para que seu padrão de vida não caia depois que se aposentar? Ou, se tem jeito para investir em ações, tente a indústria de motores ou uma empresa de engenharia.

É capaz de despertar nas pessoas que trabalham para você a vontade de se esforçar mais. Você mesmo não se poupa e dá um bom exemplo. As pessoas vão gostar de você pelo seu entusiasmo.

Vênus em Touro

Com Vênus em Touro, é provável que você seja ainda mais interessado em dinheiro do que normalmente acontece com os taurinos. No melhor dos casos, essa característica lhe proporciona um maravilhoso talento para lidar com finanças e investimentos. Entretanto, se perder o controle, pode descobrir que o dinheiro se torna importante demais para você e que uma grande parcela de sua energia psicológica é gasta na tarefa de ganhar e guardar dinheiro. O resultado pode ser uma visão supermaterialista da vida, excluindo outros fatores importantes e necessários, que, de formas diferentes, enriquecem a vida. Assim, tente manter a questão do dinheiro numa perspectiva adequada. É possível, também, atribuir importância demasiada à aquisição de propriedades e posses. Na realidade, tudo o que se diz sobre os taurinos e seu amor pelas posses é particularmente significativo no seu caso, como também tudo o que se diz sobre a capacidade para negócios.

Acima de tudo, você dispõe de capacidade de ganhar dinheiro. Terras, imóveis, agricultura e produtos de beleza são boas áreas para investir. É bem possível que goste de misturar negócios e prazer, podendo surgir um interesse amoroso no ambiente de trabalho. Apreciará gente bonita trabalhando à sua volta e, usando o seu charme, conseguirá conquistar para o seu lado qualquer chefe ou empregado.

Vênus em Gêmeos

Com Vênus em Gêmeos é bem provável não considerar o dinheiro e a segurança financeira como o começo e o fim da existência humana. Sem dúvida, acha agradável ter dinheiro e é capaz de pagar suas contas em dia (no seu caso, isso é importante), mas não faz disso uma religião. Gosta de comprar roupas atraentes, na moda, e às vezes descobre que não escolheu peças tão úteis, duráveis e práticas como uma parte de você gostaria. Embora saiba vender, você é facilmente persuadido a comprar. Portanto, seja um pouco cuidadoso; admita que é vulnerável. A mídia — jornais, revistas e telecomunicações — são boas áreas de investimento, e é provável que ache esses produtos e serviços interessantes. Grandes cadeias de lojas de departamentos podem lhe render bons dividendos. Para você, é particularmente bom diversificar o seu capital, concentrando-o menos do que outros investidores o fazem.

Extremamente amistoso e acessível como colega e como chefe, não será esquecido na hora das promoções. Você deve ser ótimo para organizar festas e programas com colegas.

Vênus em Câncer

Este posicionamento lhe dá muita argúcia, que provavelmente se manifesta no tino para finanças e negócios. Na realidade, a sua capacidade nessa área provavelmente não fica a dever nada a ninguém; seria uma pena se, em alguma época de sua vida, você não se dedicasse ao desenvolvimento de um negócio próprio. Se tiver alguma idéia promissora, discuta-a com colegas ou amigos receptivos. É capaz que eles dirão que está no caminho certo. Por exemplo, talvez você compre uma casa em ruínas, reforme-a, viva nela por algum tempo e depois a venda com um lucro mais do que satisfatório. Pode fazer o mesmo em menor escala, com carros ou móveis, usando, porém, o mesmo princípio: comprar barato, restaurar, vender com um bom lucro. Esta será uma fonte de interesse e prazer para você, além de proporcionar um campo para sua habilidade artesanal e criatividade. Faz investimentos criteriosos, talvez em imóveis, produtos para bebês ou antiguidades. Sem dúvida cuida atentamente do capital que tem e garante o seu aumento.

Você é uma pessoa muito simpática e, quando tem empregados, trata-os como se fossem membros da família. Mas não se apegue demais ou fique muito alvoroçado por causa deles. Se você é secretária, cuida muito bem do seu chefe; se é professor, é muito amado pelos alunos. Em outras palavras, é considerado mais ou menos como uma figura paterna.

Ascendentes e carreira

Verifique primeiramente o seu signo Ascendente

Observação: carreira e Meio-do-Céu

Se você desenvolver o interesse pela astrologia, uma das primeiras coisas que irá estudar — mas que está fora do escopo deste livro — será o Meio-do-Céu. Grosso modo, este é o signo imediatamente acima de sua cabeça, no momento de seu nascimento. É tão importante em relação à carreira, à expressão no mundo exterior e à identificação com objetivos de vida, quanto o seu Ascendente em relação à sua personalidade. Combiná-lo com o Ascendente é complicado, e seria impossível num livro deste porte; entretanto, mesmo não sendo possível, aqui, ajudá-lo a descobrir o seu Meio-do-Céu, esteja certo de que eu pensei nas várias possibilidades ao escrever os parágrafos seguintes, relacionados com a escolha de uma profissão ou ocupação.

Touro com Ascendente Áries

Você tem muita garra, energia, ambição, é independente e individualista. Pode ter objetivos um tanto incomuns e originais, e geralmente consegue concretizá-los. Você pode acabar dirigindo um negócio próprio, assim como dar-se bem na indústria pesada, numa companhia aérea ou numa empresa de construções. Alternativamente, pode tornar-se um bom topógrafo ou arquiteto.

Touro com Ascendente Touro

Sua carreira deve ser firme, taurina, com segurança e método. Pode dar-se bem na área científica, ou, se tiver jeito para matemática, o seu trabalho pode ser a contabilidade. É possível que você seja extremamente bem-dotado para música; se tiver vontade de tornar-se músico profissional, não sufoque essa ambição. Você tem prazer em trabalhar para aprimorar qualquer tipo de técnica.

Touro com Ascendente Gêmeos

Pode ser que você queira trabalhar em alguma área das comunicações, porém nos bastidores, talvez em radiodifusão. Para você é melhor o rádio do que a televisão. Também pode tornar-se jornalista, com uma queda para escrever sobre fatos comprovados. A pesquisa poderá atraí-lo, e o seu senso comercial taurino não irá decepcioná-lo. Corretagem de ações, bancos e consultoria de investimentos são outras áreas em que pode se dar bem.

Touro com Ascendente Câncer

As profissões assistenciais, como enfermagem e serviço social, provavelmente são bastante condizentes com você. Há também a possibilidade de dar aulas para crianças pequenas. Se gostar de culinária pode vir a tornar-se um *chef;* se quiser montar negócio próprio, tente abrir um restaurante. Sua imaginação poderosa vai ser muito útil em qualquer empreendimento desse tipo.

Touro com Ascendente Leão

Provavelmente, você se envolve muito com a carreira, do ponto de vista psicológico. Só ganhar dinheiro não lhe é o bastante. Você precisa ter a possibilidade de expressar suas qualidades positivas, expansivas e entusiásticas. Seu emprego pode relacionar-se com arte e criatividade, como o teatro, e precisa ter um elemento de *glamour.* Você tem o dom de colocar vibração e estilo até nas tarefas aparentemente mais rotineiras, o que torna excitante trabalhar a seu lado. Qualquer que seja o seu trabalho, irá se encaminhar de forma natural para uma posição de chefia.

Touro com Ascendente Virgem

Pode ser que você seja forçado pelas circunstâncias a seguir uma vida profissional rotineira, mas talvez se sinta mais feliz trabalhando num espaço aberto, no campo, na agricultura ou horticultura. A alimentação saudável e a medicina alternativa podem atraí-lo; provavelmente você tem muita imaginação. Pode tornar-se um excelente professor, escritor ou crítico. Não reprima qualquer inclinação literária que tenha. Simplesmente comece a escrever. O seu elemento é Terra, portanto faça alguma coisa brotar dela!

Touro com Ascendente Libra

Para você, o melhor é trabalhar com outras pessoas. Não tente se encaminhar sozinho, principalmente nos negócios. Pode ser um excelente esteticista, cabeleireiro, massagista ou fisioterapeuta. A maioria das áreas da hotelaria também podem harmonizar-se com a sua personalidade.

Touro com Ascendente Escorpião

Você é um dos grandes trabalhadores naturais do mundo. Pode ter resultados excelentes em qualquer tipo de pesquisa, assim como ser um bom médico ou psiquiatra. O trabalho como policial ou mesmo detetive particular poderá atraí-lo. Faça o que fizer, você precisa ter um canal de vazão para a sua vigorosa energia; certifique-se, portanto, de escolher uma carreira onde não vegetará.

Touro com Ascendente Sagitário

O seu emprego deve possibilitar-lhe mobilidade, possivelmente em escala mundial. No seu caso, não é bom ficar preso demais a uma mesa de escritório. Se tiver inclinação para línguas, esta pode ser uma área gratificante em termos de educação superior. Pode tornar-se um bom conferencista ou editor, assim como ser atraído pela área jurídica, pois possui uma percepção intuitiva da justiça.

Touro com Ascendente Capricórnio

É possível que você seja bem mais criativo do que acredita; pode ter jeito para cerâmica, tecelagem, escultura ou outro tipo de artesanato. Na realidade, se você se aprimorar numa dessas atividades, pode fazer delas um negócio lucrativo. Poderá ser um bom arquiteto, topógrafo, geólogo ou planejador urbano. A política e o governo local também são áreas de interesse.

Touro com Ascendente Aquário

É bem possível que você sinta profunda atração pelo passado remoto ou pelo futuro distante. Talvez tenha o potencial para tornar-se antropólogo, arqueólogo, cientista pioneiro ou astrônomo. Sua carreira pode abrir um novo caminho; portanto, não tenha medo de examinar idéias não-convencionais, mesmo que à primeira vista pareçam inviáveis.

Touro com Ascendente Peixes

Você pode se sentir feliz trabalhando com afinco como enfermeiro ou médico de pessoas idosas, ou em alguma instituição de caridade, mesmo com salário inferior àquele que você realmente gostaria que fosse. Para você, o importante é a satisfação proporcionada pelo trabalho. Faça que qualquer talento artístico se transforme em dinheiro e nunca negligencie a sua criatividade. A fotografia é um excelente campo para você.

Gêmeos

Positivo
Planeta regente: Mercúrio
Triplicidade ou elemento: Ar
Quadruplicidade ou qualidade: mutável
Cor: atração pela maioria das cores; aparentemente a predileta é o amarelo
Pedra preciosa: ágata
Metal: mercúrio
Flores: lírio-do-vale
Árvores: as que dão nozes
Ervas e especiarias: anis, manjerona, cominho-armênio
Alimentos: nozes, vegetais que crescem acima do solo, cenoura
Animais: pequenos pássaros, papagaio, borboleta, macaco
Países: País de Gales, Bélgica, Estados Unidos
Cidades: Londres, San Francisco, Melbourne (Austrália)

O maior medo que ronda no íntimo de quase todos os geminianos é o do tédio; assim, consciente ou inconscientemente, fazem muita coisa para se certificar de que o tédio seja mantido a distância. A dualidade do signo salienta o fato de, para um geminiano, não ser natural fazer apenas uma coisa de cada vez; os pais de crianças geminianas não devem tentar cercear seu estilo insistindo nesse tipo de padrão de comportamento. É fundamental que os geminianos tenham muitos projetos em andamento, pois assim podem passar de um a outro conforme seu estado de espírito — embora também seja importantíssimo que algum dia eles *completem* todos os seus projetos, coisa que, no seu caso, pode não ser muito fácil. É bom que eles admitam o seu pior defeito: a superficialidade, que, também, pode ser transformada num trunfo, pois muitos geminianos trabalham com a mídia, e, para um atarefado entrevistador ou jornalista, é excelente ter um pouco de conhecimento sobre muitos assuntos. A necessidade de comunicar-se é de fundamental importância para esse tipo zodiacal.

A dualidade geminiana muitas vezes se estende a seus relacionamentos — muitos deles têm mais de um ao mesmo tempo, o que pode ser um tanto desconcertante para seus parceiros, se vierem a descobrir o que se passa. Entretanto, a capacidade geminiana de se safar de situações complicadas pelo uso da palavra vem à tona nessas ocasiões.

As áreas do corpo atribuídas a Gêmeos são os ombros, as mãos e os braços, as quais são vulneráveis; mas talvez a inquietação e a incapacidade de relaxar completamente sejam as piores ameaças para a saúde dos geminianos, fato que eles deveriam reconhecer. Gêmeos tem fama de ser o mais juvenil dos doze signos, tanto de físico quanto de espírito. O ritmo veloz do estilo de vida geminiano é em grande parte responsável por isso.

Gêmeos nas amizades, no amor e no casamento

Por gostar de conversar e ter comprado este livro, você é a pessoa certa para espalhar as boas-novas, da próxima vez que participar de uma conversa sobre astrologia. Provavelmente alguém vai lhe dizer: "Sou Touro; portanto, não combino com você, não é?" E se essa pessoa for aborrecida, bem, vamos encarar os fatos, é claro que você não vai combinar com ela! Mas isso vai acontecer com qualquer pessoa que encontrar que tenha um signo solar aborrecido. Na realidade, você pode começar dizendo que provavelmente elas estão bem longe da verdade. Sem dúvida existe alguma coisa certa na afirmação de que os elementos (veja página 102) têm uma influência menor sobre a compatibilidade, mas simplesmente não é certo dizer que você não deveria ter um relacionamento com um taurino ou um canceriano, ou, na verdade, com alguém de qualquer signo solar.

Somente para fins de registro, são estes os signos solares classificados como signos de Ar, e que deveriam ser "bons" para você: Gêmeos, assim como Libra e Aquário. Áries, Leão e Sagitário — signos de Fogo — também são bastante bons; os signos de Terra (Touro, Virgem e Capricórnio) não são tão bons, e os signos de Água (Câncer, Escorpião e Peixes) são igualmente negativos.

Contudo, os fatos não são assim tão simples, e é muito importante não nos negarmos a possibilidade de um relacionamento com base apenas num conhecimento tão superficial da astrologia. É bem possível que você tenha Vênus ou Mercúrio em Touro ou em Câncer, o que iria ajudar a formar um relacionamento sólido entre você e alguém que tenha o Sol em um desses dois signos. O seu Marte pode estar num signo compatível com um signo fortemente enfatizado, de alguma outra forma, no mapa deles. E assim por diante. Lembre-se sempre de que é só quando se examina um mapa natal completo que é possível avaliar a compatibilidade; os astrólogos dão o nome de *sinastria* a esse tipo de estudo.

Mesmo depois do exame completo de dois mapas, o astrólogo nunca deveria dizer que o relacionamento entre pessoas é impossível, desastroso, ou não deveria ser tentado. Esse é um assunto das pessoas envolvidas. Entretanto, o astrólogo pode lhe dizer onde você e seu amante têm mais probabilidade de serem compatíveis, e em que áreas é mais possível que ocorram choques. Por exemplo, sendo um geminiano solar, provavelmente aborda o amor de uma maneira um tanto descontraída, e a expressão plena de suas emoções depende mais do signo do seu Vênus do que do seu Sol. Com certeza, você é bem namorador; uma pessoa muito possessiva pode levar essa tendência demasiadamente a sério. Portanto, você precisa ter muito cuidado para não perturbá-la. É interessante que a velha regra geral seja infringida no seu caso em relação aos virginianos, pois vocês têm em comum o planeta Mercúrio, como regente do signo solar; portanto, provavelmente há um bom vínculo entre vocês, com o elemento prático (Terra) de Virgem fazendo um interessante relacionamento com as suas qualidades mais leves de Ar. Talvez não inteiramente fácil — mas com certeza não aborrecido —, e você não gostaria de um relacionamento totalmente desprovido de conflitos ou muito simples. Como o seu signo solar é Gêmeos, é necessário ter uma boa comunicação intelectual com seu parceiro, que inclua um vibrante nível de amizade, além da compreensão emocional. Isso é uma coisa que pode não ficar totalmente clara por meio do estudo dos signos solares (embora, para sermos justos, Aquário tradicionalmente demonstre muitas dessas qualidades).

Sempre constatei, no exame de cartas natais completas de casais que desfrutam de um casamento feliz ou de um relacionamento estável, uma forte ênfase nos signos polares ou opostos (veja página 102). Um homem com o Sol em Gêmeos, por exemplo, é um bom companheiro para uma mulher que tenha o Ascendente ou o Sol em Sagitário. Alguém com a Lua em Sagitário também seria um candidato interessante.

E este é o interesse real da astrologia, pois é uma indicação de que, embora absolutamente não haja uma concordância entediante entre os parceiros sobre todos os assuntos, há um vínculo forte e bastante compreensão. Não é o único fator de um bom relacionamento, mas sem dúvida é importante. A essa altura, você já deve saber qual é o seu signo em elevação, ou Ascendente; nunca é demais encorajá-lo a levar este dado em consideração, quando estiver pensando em iniciar uma amizade, uma associação de negócios ou um relacionamento íntimo.

Gêmeos nas amizades

Gêmeos é um dos signos mais amistosos do Zodíaco; você não vai achar difícil fazer inúmeros amigos com uma grande diversidade de interesses e pertencendo a grupos etários e sociais bem diferentes. Isso se deve à sua necessidade de ter muita variedade na vida, além de gostar da companhia de tipos diferentes, de acordo com seu estado de espírito do momento.

Quando somos bem jovens, temos tendência a apresentar qualquer pessoa que conhecemos há poucos minutos como "meu amigo"; pode ser que a sua atitude em relação aos amigos tenha um pouco dessa característica. Embora sob muitos aspectos você seja naturalmente cético, aceita as pessoas pelo que aparentam. Num prazo muito curto, considera como amigas as pessoas que entram em sua vida. Talvez seja preciso pensar um pouco a esse respeito, porque é bem possível que tenha um círculo extremamente diversificado de conhecidos, mas poucos amigos de verdade a quem possa recorrer quando precisa de ajuda.

É uma pena porque você em geral está disposto a ajudar os outros ou a indicar-lhes o caminho certo.

Em resumo, talvez deva dedicar um pouco mais do seu tempo ao desenvolvimento de amizades profundas e significativas, que sejam ao mesmo tempo entusiásticas e divertidas. Se puder, tente ser um pouco mais condescendente com as fraquezas dos outros e não se entediar ou irritar demais quando está com alguém que tenha uma mente mais vagarosa que a sua. Às vezes, uma frase, uma observação bem ponderada ou uma reação lenta e refletida podem ter mais valor do que um dito espirituoso, rápido e inteligente.

Sendo um grande entusiasta, é muito bom que tenha amigos igualmente entusiastas. As pessoas que conservam o entusiasmo que têm por seus *hobbies* ou interesses vão ajudá-lo a fazer o mesmo com os seus. É uma influência benéfica para você e vai ajudá-lo a completar seus projetos e levar a cabo seus planos.

Do mesmo modo, é importante que seus amigos tenham um nível relativamente alto de educação e inteligência. Uma pessoa com mais instrução ou um QI mais alto que o seu vai se constituir num desafio intelectual, fazendo com que examine seus argumentos com mais detalhe e profundidade. Com tais interlocutores, não conseguirá se sair tão facilmente com aquelas afirmações radicais e provocadoras que adora fazer.

Provavelmente você se sente melhor com pessoas um pouquinho mais jovens, que apresentam pontos de vista e aparência joviais, embora também fique fascinado com pessoas mais velhas que tenham, como você, um papo agradável.

Gêmeos no amor

Quando você se apaixona, comunica à pessoa amada os seus sentimentos sem qualquer perda de tempo. Se for um geminiano romântico, não terá dificuldade em expressar seus sentimentos de maneira agradável, desembaraçada e direta. Se for do tipo astucioso, pensará em inúmeras abordagens diferentes para dar início ou fazer avançar o relacionamento. Mas se for um geminiano não muito incisivo, rodeará o assunto com tamanha destreza verbal que em pouco tempo a pessoa amada estará hipnotizada, tendo compreendido o recado com muita clareza.

Lembre-se, contudo, de que você não é muito paciente e pode achar que, no lugar dos outros, poderia dizer a mesma coisa em menos da metade do tempo. Resista à tentação de cortar os outros e colocar palavras em sua boca. Seja paciente uma vez na vida; ouça com atenção. Se for jantar fora, sente-se quietinho sem balançar os pés nem brincar com os talheres. Esse tipo de coisas ergue uma barreira entre as pessoas.

Considerando a sua necessidade de variedade e mudança, a experimentação no campo sexual fica a seu cargo e de seu companheiro. Para manter o relacionamento vivo, ambos, de tempos em tempos, devem inventar algumas surpresas para estimular a vida sexual.

É preciso, também, levar em conta a muito discutida necessidade geminiana de ter mais de um relacionamento. Para ser justo consigo mesmo e com seu parceiro, considere essa possibilidade com algum cuidado. Se for acusado de dom-juanismo, pode ser, simplesmente, que você goste de parceiros diferentes para coisas diferentes. Um relacionamento pode ser predominantemente sexual, outro intelectual, um terceiro pode ter uma ênfase espiritual, e assim por diante. Os geminianos comprometidos que sintam forte necessidade de ter vários relacionamentos deveriam, sem dúvida, discutir a questão honestamente, caso contrário podem acabar em situações bem complicadas. Como geminianos, poderão se safar das encrencas imediatas com a própria lábia, mas, a longo prazo, não há escapatória. Afinal, você não escolheria um parceiro obtuso e, se escolhesse, não iria durar muito!

Dependendo da posição de Vênus e, até certo ponto, da natureza do seu Ascendente, o seu nível emocional varia. Basicamente, Gêmeos é voltado para o intelecto, de modo que, num relacionamento estável, você precisa realmente de um alto nível de afinidade intelectual, além de um poderoso vínculo de amizade e de compatibilidade sexual.

Gêmeos no casamento

É só quando as coisas saem drasticamente erradas que os geminianos correm o risco de se sentirem realmente atolados ou entendiados no casamento. Por serem comunicativos por excelência e tão lógicos, são bastante capazes de desbastar os problemas numa discussão e fazer com que seus companheiros saibam exatamente quais são os seus sentimentos, atitudes e idéias. Além disso, não têm dificuldade em saber o que seus parceiros estão sentindo nem em persuadi-los a falar sobre suas emoções. Dessa forma, conseguem ir diretamente ao âmago do problema, quando é preciso. E avaliam com muita eqüidade qualquer ponto de vista oposto ao seu. Entretanto, são muito espertos na argumentação; podem ser acusados pelos companheiros, e com razão, de embrulhões.

Mesmo assim, a sua natureza entusiasta e despreocupada faz de você uma pessoa extremamente atraente; com sua inata aversão pelo tédio, é capaz de fazer o tempo voar. Muita coisa acontece e muitas experiências são vividas. Você sempre parece mais jovem do que é.

É bom lembrar que saborear os momentos mais tranqüilos da vida também é importante, coisa que você talvez não faça com tanta freqüência quanto deveria. Pode ser um pouco como o turista, tão impaciente para fotografar as paisagens que não tem tempo de olhar para elas de verdade e sentir o ambiente. Até nos momentos mais pungentes da vida ou do amor você tem uma percepção tão intelectual do que está acontecendo que talvez não seja capaz de absorver totalmente a experiência do ponto de vista emocional.

A sua abordagem do casamento é a igualdade de direitos e responsabilidades entre os parceiros, que é exatamente como deveria ser, principalmente no atual clima social. Lembre-se de que as suas necessidades, num relacionamento permanente, são peculiares, e que a igualdade pode ser aplicada em muitos níveis: sexual, intelectual e doméstico. As geminianas, a longo prazo, não se satisfazem com um papel puramente doméstico. E os geminianos não querem uma esposa que seja apenas uma dona-de-casa. Assim, para ambos, o casamento ideal inclui uma certa dose de troca de papéis. É provável que o homem aprecie a culinária ou alguma outra tarefa doméstica. A mulher desejará ter algum interesse profissional, mesmo enquanto os filhos são novos.

Como pais, em geral os geminianos se saem extremamente bem. Se decidirem constituir uma família, serão capazes de manter as crianças na linha e se manterão bem a par dos métodos educacionais atuais, para não confundir os filhos quando eles precisarem de um pouco de ajuda nas lições de casa. Mas, preste atenção: é possível que você seja um crítico muito mais arrasador do que imagina. Um pai geminiano foi apelidado pelos filhos de "sim, mas". Cada vez que as crianças lhe mostravam um desenho, uma pintura ou algum outro trabalho criativo, o pai olhava e dizia: "Bom, sim, mas. . . ", e começava a criticar. As crianças precisam de crítica para desenvolver seu potencial; no entanto, precisam também de muito incentivo.

Gêmeos: carreira e finanças

Ao avaliar o potencial geminiano do ponto de vista da carreira e sua capacidade financeira, é preciso considerar não apenas a motivação psicológica e o modo de expressão atribuídos a Gêmeos, mas também os processos mentais de Mercúrio, e como esses dois fatores combinados podem ser usados da melhor forma possível nas duas áreas. Em seguida, temos a influência de Vênus, planeta tão fortemente associado às finanças e posses como aos relacionamentos. Esse último aspecto é importante nessa área, pois vai afetar o modo como a pessoa age com seus colegas, sócios, e assim por diante. Marte também nos dá indicações sobre o direcionamento da energia, e sem dúvida influencia a parte física — o impulso e a energia empregados no trabalho. Como vamos ver, a ascendência da combinação dos signos solar e Ascendente é interessante e muito pessoal; mas, se você não souber a hora em que nasceu e não puder descobrir qual é o seu Ascendente, não fique muito desapontado. Poderá obter bastante informação sobre essa esfera da vida lendo os parágrafos mais gerais.

Mercúrio, como planeta regente de Gêmeos, tem um peso extremamente grande na motivação psicológica global dos geminianos, fato que, seja qual for o signo ocupado no nascimento por Mercúrio, enfatiza muito a necessidade básica de comunicação. Muitas vezes, isso se manifesta na carreira; uma grande proporção dos geminianos trabalha nos meios de comunicação, onde podemos encontrá-los em todos os níveis — desde os principais entrevistadores da TV até os focas dos jornais de mexericos locais.

Mas a comunicação, naturalmente, não se restringe aos jornais, revistas, rádio e televisão. Muitos geminianos trabalham em editoras, em pesquisa de mercado ou como telefonistas. São excelentes recepcionistas e operadores de mesas telefônicas; em geral, sentem-se bem em áreas onde estejam em contato com o público de uma maneira animada e atarefada. Igualmente, gostam de trabalhar na rua como guias turísticos, mensageiros ou encarregados de trânsito.

Qualquer que seja a carreira escolhida, é preciso que ela mantenha o geminiano em movimento. Deve ser razoavelmente exigente do ponto de vista intelectual, mas não tanto a ponto de causar preocupação ou angústia. Por exemplo, um geminiano não aprecia coletar uma enormidade de fatos, reunir uma grande quantidade de detalhes intricados num relatório, ou fazer um estudo em profundidade sobre uma área limitada de algum assunto. Esse tipo de coisa pode tornar os geminianos impacientes e, em tais circunstâncias, eles começam a cortar caminho — com extrema sagacidade, é claro, para não dar na vista. Entretanto, se algum mortal mais paciente e mais cuidadoso conferir o trabalho, o geminiano pode se meter numa encrenca. Alguns deles, por exemplo, acham difícil ao extremo aprender taquigrafia, e, engenhosamente, inventam um sistema próprio. Para eles, esse sistema é perfeitamente válido e confiável, mas pode criar dificuldades se outra pessoa precisar interpretá-lo. Este é um exemplo de como a engenhosidade geminiana, a longo prazo, pode causar problemas para eles próprios.

Os geminianos sabem vender e tornam-se excelentes representantes ou viajantes comerciais. Sentem-se totalmente à vontade andando por aí no carro da companhia, fazendo visitas regulares, mantendo-se a par — e dando sua contribuição pessoal — do repertório de fofocas sobre a área em que atuam. Não são particularmente exigentes em relação ao tipo de ambiente em que trabalham, embora considerem um horror um escritório completamente formal, onde todos trabalham, de maneira tranqüila, executando o mesmo tipo de tarefa todos os dias. Não se importam de ter algum tipo de padrão na vida profissional, mas uma rotina monótona e totalmente previsível não é com eles. A diversidade de uma carreira jurídica, por exemplo, é provável que proporcionasse o tipo de estimulação de que necessitam. Entretanto, sendo como são, os geminianos conseguem fazer muita coisa em qualquer emprego. Se forem forçados a aceitar um trabalho enfadonho, serão capazes de torná-lo muito menos desagradável, talvez inventando algum passatempo divertido para os colegas, ou observando suas manias e fazendo imitações gozadoras. São capazes de examinar um trabalho em curso e fazer valiosas cogitações paralelas que irão lançar luz e idéias novas sobre alguma coisa rotineira e menos elaborada.

As necessidades psicológicas geminianas, nessa área, se resumem ao anseio de se comunicar, de estar em contato pessoal com os outros no trabalho e de ter espaço e oportunidade para expressar suas opiniões. Naturalmente, essa necessidade pode ser satisfeita em várias profissões, e encontramos geminianos em todas as ocupações, como também acontece com os outros tipos zodiacais.

Outra área em que os geminianos crescem relaciona-se com a parte do corpo associada a eles: as mãos, que são muito ágeis e, normalmente, bem dotadas para o artesanato refinado e rápido (embora, às vezes, aconteça exatamente o contrário, e eles sejam péssimos para lidar com coisas práticas). É freqüente encontrarmos bons artesãos geminianos numa série de áreas.

As necessidades geminianas em relação à carreira podem ser sumariadas na palavra "ar", o elemento do signo. Os geminianos precisam de muito ar, isto é, precisam se sentir livres de restrições e da monotonia. Alguns conseguem suportar um trabalho monótono por anos a fio, fugindo apenas na imaginação, o que, a longo prazo, pode ser prejudicial.

A ação de Mercúrio

Verifique a posição de Mercúrio

Mercúrio em Touro

Se Mercúrio estava em Touro quando nasceu, você tem a capacidade de pensar cuidadosamente e com mais profundidade que muitos geminianos e, se necessário, pode aplicar essa capacidade aos negócios. Na verdade, ter Mercúrio nesse signo lhe confere bom senso nos negócios, de modo que, se trabalhar por conta própria ou quiser dar início a um negócio seu, deve sair-se muito bem. Provavelmente, você se interessa por produtos e mercadorias de alta qualidade; se estiver na área de vendas, terá melhores resultados atuando na faixa superior do mercado, e não com produtos baratos. As mulheres desse grupo possivelmente ficarão muito satisfeitas trabalhando na venda de cosméticos ou como esteticistas. A agricultura e a horticultura também podem ser carreiras gratificantes, bem como, principalmente se Vênus também estiver em Touro, a floricultura ou a jardinagem. A contabilidade (se tiver paciência) também é uma opção, pois você pode gostar de cálculos. Do mesmo modo, pode sentir atração por computadores.

Você tem capacidade de trabalhar com afinco e constância, e possui mais poder de concentração que a maioria dos geminianos. Se estiver estudando, tente montar um meticuloso plano de estudos e não se afastar dele. Assim, não vai se atrapalhar na hora dos exames. Não se esforce muito para impressionar os examinadores: atenha-se aos fatos necessários, mesmo se achar que suas opiniões são mais empolgantes e interessantes.

Mercúrio em Gêmeos

Se Mercúrio estava em Gêmeos junto com o Sol, terá prazer em ser o faz-tudo no jornal ou na estação de rádio, e vai querer aprender tudo sobre todas as áreas da profissão. Talvez sua ambição seja tornar-se *disc-jockey* ou dirigir o seu próprio programa de telefonemas de ouvintes. Nesse caso, que tal adquirir experiência no circuito de rádio particular do hospital ou na discoteca de sua cidade, nas suas horas de folga? Trabalhar com ônibus ou alguma outra forma de transporte também pode lhe ser gratificante, bem como dirigir um táxi numa cidade maior e bater papo com os passageiros. Qualquer ocupação que requeira raciocínio muito rápido e ação imediata será excelente. Você pode tornar-se um entrevistador hábil, com facilidade para se munir dos dados necessários com antecedência; por exemplo, se tiver de entrevistar um autor, poderá ler rapidamente um de seus livros mais ou menos uma hora antes da entrevista. Ou, então, trabalhar na rua, fazendo pesquisa sobre os hábitos de compras das pessoas. A publicidade parece ser uma área natural para você, onde poderia expressar suas idéias vivas e originais.

Nos estudos é capaz de assimilar livros e apostilas com muita rapidez, mas é possível que sua capacidade de reter fatos e conhecimentos não seja muito boa. Durante o período de aulas, programe algumas sessões de estudo intensivo, bom e firme, mas não deixe de reservar bastante tempo para uma revisão no fim do curso, principalmente da matéria vista no começo do período. Não conte com a possibilidade de só lhe fazerem perguntas sobre os tópicos que você leu na última hora.

Mercúrio em Câncer

Se Mercúrio estava em Câncer na hora do seu nascimento, você é dotado de memória excelente e muita imaginação; portanto, tente usar essas qualidades de forma positiva e intensa na sua carreira. É bem possível que goste de trabalhar com crianças, principalmente as mais novinhas. Você consegue motivá-las com muita facilidade; elas vão adorar ouvir as histórias fantásticas que você inventa de uma hora para outra. Usar dessa forma o seu talento de contador de histórias pode dar-lhe muita satisfação.

Você tem um instinto protetor natural e é uma pessoa extremamente solícita. É bem possível haver interesse pelo serviço social ou ajuda às pessoas necessitadas. O trabalho de distribuição de donativos em hospitais pode ser uma boa carreira para você. Seu instinto protetor também pode expressar-se pelas mãos, fazendo osteopatia ou massagens. Pode interessar-se pelo estudo de história e ter um bom desempenho no comércio de antiguidades. É possível que a navegação e o mar representem um apelo especial para você; pode sentir-se bem na marinha ou servindo os passageiros como comissário de cruzeiros.

É dotado de mais tenacidade e melhor capacidade de memorizar fatos que a maioria dos geminianos. Por exemplo, a sua memória registra uma lista de datas importantes sem grandes dificuldades. Lembre-se de que você é muito mais dado a preocupações que a maioria dos geminianos, e precisa tentar evitar essa tendência, principalmente às vesperas dos exames. Uma boa maneira de contrabalançar essa tendência é combinar seus dons lógicos e intuitivos, não deixando que um sufoque o outro.

Vênus: finanças e relacionamentos

Verifique a posição de Vênus

Vênus em Áries

Com esse posicionamento, é provável que ganhar dinheiro seja entusiasmante para você e, para isso, arquitete muitos planos sagazes e originais. Mas o seu entusiasmo pode da mesma forma ser voltado para o gasto; é mais do que possível que seja extravagante. Pode, muito facilmente, deixar-se seduzir por esquemas "aparentemente atraentes", e, mais tarde, ter de arcar com os prejuízos. Deveria usar de bastante cautela; se achar que tem algo bom nas mãos, é aconselhável pedir uma opinião profissional abalizada antes de se comprometer. Pode ser que as estradas de ferro e a engenharia representem bons investimentos. Com Vênus em Áries, você é um colega entusiasmado capaz de injetar entusiasmo nos outros. Se algum colega em dificuldade vier procurá-lo, pedindo a sua ajuda para dar conta de uma sobrecarga de trabalho, tente fazer tudo o que for possível; você tem, às vezes, tendência a colocar os seus interesses em primeiro lugar. É provável que seja uma pessoa extremamente trabalhadora e ocupada, que executa as tarefas bem e com rapidez; mas, às vezes, você mesmo pode vir a precisar de uma certa ajuda e, nesse caso, seu pedido pode ser recusado.

Vênus em Touro

Este posicionamento torna-o bom nos negócios; provavelmente, tem capacidade de ganhar dinheiro e de fazer investimentos sensatos. A segurança financeira talvez tenha maior importância para você do que para os outros geminianos. Pode achar que vale a pena planejar suas compras com bastante antecedência e calcular exatamente os efeitos do aumento do custo de vida sobre suas finanças.

Ao mesmo tempo, Vênus em Touro lhe dá uma forte inclinação por tudo o que é bonito e luxuoso. As posses são tão importantes quanto o dinheiro; assim, é provável que em algumas épocas de sua vida você tenha muitos bens, mas talvez não muito dinheiro. Se investir em objetos materiais, lembre-se de que pode ser forçado a vendêlos, se houver necessidade, coisa de que não gostará nem um pouco. Se quiser investir, poderá achar proveitosas e interessantes as ações de redes de lojas de departamentos. A agricultura, os bancos e seguros também são áreas apropriadas. Seu senso comercial e sua capacidade nessas áreas são excelentes; como Mercúrio, regente do seu signo, rege o comércio em geral, você é muito bom para administrar um negócio próprio.

Apreciará uma vida onde receba os outros no seu território, como uma livraria ou um ateliê de artesanato, sentindo-se gratificado por atendê-los. Daria um chefe excelente e justo, mas depois de se acostumar com algum empregado, poderia facilmente tornar-se um pouco possessivo e não querer que ele fosse embora. Sua cordialidade simpática torna-o uma pessoa com quem é muito fácil trabalhar.

Vênus em Gêmeos

Se nasceu com Vênus em Gêmeos, junto com o Sol, você é bom para vender os produtos dos outros, e poderia ganhar muito dinheiro dessa forma. Talvez arranje um emprego onde precise vender a si mesmo — como modelo, demonstrador, ou talvez trabalhando no ramo de beleza ou maquiagem.

Você mesmo pode ser o seu maior trunfo. Sua personalidade é muito exuberante, é charmoso e conversador, qualidades que vêm à tona naturalmente quando está diante de algum tipo de público. Tem a capacidade de fazer os outros gastar dinheiro. Provavelmente está muito a par da moda, que também pode ser uma boa área de trabalho.

É preciso aprimorar a estabilidade de suas atividades e a perseverança. Não desista muito depressa nem fique desanimado se achar que talvez não esteja ganhando tanto quanto acredita que poderia. A mudança de direção pode lhe parecer natural, mas é possível que você mude rápida e constantemente. Se tiver uma boa idéia, desenvolva-a por completo para aproveitar ao máximo o seu potencial. Tente não gastar demais com ninharias e bobagens em voga.

Você é um colega e chefe animado e amistoso; jamais poderia ser acusado de ser um chefe tacanho e arrogante. Quanto aos investimentos, seria bom colocar seu dinheiro na indústria automobilística ou turística.

Vênus em Câncer

Este posicionamento de Vênus capacita-o a cuidar de seu dinheiro e, calmamente, fazê-lo crescer. Se algum dia receber uma herança, escolherá, com muita sensatez, a melhor forma de usá-la para obter os melhores rendimentos. Para você, talvez o fato de possuir uma casa ou um apartamento tenha uma importância mais que o normal; tomará as providências necessárias nesse sentido mais cedo que a maioria das pessoas. Pode sair-se bem ao extremo investindo em propriedades, algo que parece ser absolutamente natural para você. Entretanto, se quiser comprar ações, pode ter muito bons resultados aplicando em grandes grupos de restaurantes ou hotéis. O ramo de laticínios também pode valer a pena. Se preferir investir em uma coleção, tente escolher objetos realmente especializados. Moedas e medalhas podem atraí-lo. Livros ou prata antiga também são possibilidades. Uma estante de seletas primeiras edições ou de algumas belas peças de prata farão seu coração bater de prazer.

Se algo correr mal com seus colegas de trabalho, é provável que eles o procurem; você é amável e compreensivo, e provavelmente apresenta alguma sugestão lógica para ajudá-los a resolver o problema. Se for empregador, sente uma preocupação verdadeira pelos empregados e interessa-se a fundo por suas condições de trabalho.

Vênus em Leão

Sem dúvida, você conhece o prazer de gastar dinheiro. Fica no sétimo céu quando leva amigos para jantar ou ao teatro, ou quando os recebe em casa para uma noite agradável, animada, com boa conversa, boa comida e bom vinho. Provavelmente acha que o dinheiro existe para ser usado, e se contenta em ter algum quando precisa. É um bom organizador e, portanto, deve ser capaz de administrar muito bem suas finanças. Se tiver uma remuneração regular, poderá planejar cuidadosamente suas despesas e fazer uma previsão para suas diferentes necessidades. É bom que você seja bem organizado do ponto de vista financeiro. Tenha o cuidado de continuar assim, caso contrário o seu gosto pelas boas coisas da vida pode fazê-lo entrar no vermelho.

Para você, a qualidade é importante e deve ser o seu guia quando dispuser de dinheiro para investir. Se estiver pensando em ações, pergunte a si mesmo se os produtos dessa companhia são os melhores do ramo; tradição, qualidade e perfeição devem ser as suas palavras-chaves. É isso o que significa Vênus em Leão. O mesmo se aplica às compras. No trabalho, você é o organizador. Muitas vezes, seus colegas pedirão a sua interferência junto ao chefe; eles sabem que você consegue o que se deseja. Se for empregador, seus subordinados e empregados o considerarão uma pessoa divertida e afetuosa, mas também capaz de, às vezes, ser um pouco dogmática.

Ascendentes e carreira

Verifique seu signo Ascendente

Observação: carreira e Meio-do-Céu

Se você desenvolver o interesse pela astrologia, uma das primeiras coisas que vai estudar — mas que está fora do alcance deste livro — é o Meio-do-Céu. Grosso modo, este é o signo imediatamente acima de sua cabeça no momento de seu nascimento. É tão importante em relação à carreira, à expressão no mundo exterior e à identificação com objetivos de vida quanto o seu Ascendente em relação à sua personalidade. Combiná-lo com o Ascendente é complicado, e seria impossível num livro deste porte; entretanto, mesmo não sendo possível aqui ajudá-lo a descobrir qual é o seu Meio-do-Céu, esteja certo de que pensei nas várias possibilidades ao escrever os parágrafos seguintes, relacionados com a escolha de uma profissão ou ocupação.

Gêmeos com Ascendente Áries

Você é ambicioso e tem tremendas aspirações. Pode ser atraído pela ciência e pela matemática, e talvez ensine essas matérias. A aviação pode ser uma carreira apropriada, ou talvez você possa trabalhar bem com a parte técnica da televisão. Sua maneira de alcançar o sucesso passa por uma escalada gradual e constante. Embora seu progresso possa demorar, o ritmo lento é o que lhe convém e vai ajudá-lo a acabar chegando aonde deseja.

Gêmeos com Ascendente Touro

Se apreciar música, vale a pena se esforçar nessa área, pois você pode se dar bem, profissionalmente. A topografia e a arquitetura também podem ser muito gratificantes. Você precisa de segurança e deve pensar até que ponto conta com a tranqüilidade de uma remuneração regular. Seu senso para negócios é excelente, mas você pode ser brando demais com os credores.

Gêmeos com Ascendente Gêmeos

Tente não ser o homem dos sete instrumentos que não domina nenhum. Provavelmente você se sentirá melhor trabalhando em mídia ou algum tipo de comunicação. A força aérea ou a aviação civil podem ser uma boa opção. Evite o trabalho insípido e repetitivo: não serve para você. É versátil, mas precisa controlar essa qualidade e impedir que ela se transforme em superficialidade, caso contrário o seu progresso pode ser refreado.

Gêmeos com Ascendente Câncer

Você vai querer expressar seu impulso geminiano de comunicação, mas se sairá melhor agindo nos bastidores. Pode tornar-se um bom agente (atuando em nome de outra pessoa para conseguir e negociar contratos). Para você, é preferível o rádio à televisão, ou uma ocupação na área editorial dos jornais, e não a de repórter, que está sempre na rua. A enfermagem e o ramo de abastecimento também podem proporcionar-lhe uma boa carreira.

Gêmeos com Ascendente Leão

É possível que seja muito criativo e artístico. Nesse caso, trabalhe firme e desenvolva totalmente o seu potencial. Você tem uma excelente capacidade de organização e precisa de uma posição importante. Um emprego de bastidores não lhe serve. Se gosta de se mostrar, encontre uma função onde isso seja vantajoso. Pode tornar-se um excelente comprador de alguma loja. Qualquer que seja a sua ocupação, provavelmente chegará a uma posição de comando, no devido tempo.

Gêmeos com Ascendente Virgem

É necessário envolver-se emocionalmente com a carreira, que para você sempre será mais que um emprego. É um candidato natural para trabalhar com os veículos de comunicação, principalmente se puder fazer crítica. A saúde, a dietética e a medicina alternativa podem atraí-lo. Pode tornar-se um excelente horticultor e, se for criativo, seu forte provavelmente serão a tecelagem, a cerâmica e os artesanatos rurais tradicionais. É possível que às vezes você trabalhe demais; portanto, seja cauteloso e não exagere.

Gêmeos com Ascendente Libra

Dá-se bem quando trabalha em alguma função onde sabe que está fazendo outras pessoas felizes: o turismo é um exemplo. Também pode se sentir atraído pelas profissões relacionadas com a beleza, como a moda. Se tiver talento artístico, pode ser desenhista. Procure não entrar por atalhos quando estiver se preparando para uma carreira. Você tem muito charme, mas também precisa de técnica e experiência.

Gêmeos com Ascendente Escorpião

Por natureza, é um investigador; assim, a pesquisa e o trabalho como detetive ou na polícia são excelentes opções de carreira. Pode vir a tornar-se analista ou psiquiatra, ou até sinta atração pela medicina em geral. Você tem um potencial maravilhoso; desenvolva o lado mais profundo de sua personalidade para render ao máximo.

Gêmeos com Ascendente Sagitário

Se for jovem, é bem possível que tenha um interesse sério pelo esporte, principalmente saltos ornamentais ou qualquer esporte que exija rapidez de corpo e mente. Entretanto, também tem uma considerável capacidade de estudar e poderá tornar-se professor universitário ou advogado. Deveria estudar línguas, pois terá facilidade em usá-las profissionalmente, como tradutor ou no setor de viagens. A área editorial pode atraí-lo. Se quiser ter um negócio próprio, trabalhe com um sócio.

Gêmeos com Ascendente Capricórnio

É bem possível que sua capacidade oratória o leve a ingressar na arena política, a nível local, nacional ou internacional. Você é ambicioso e trabalha com extremo empenho, às vezes até demais. Se se interessar por medicina, poderá especializar-se em osteopatia ou dedicar-se à odontologia.

Gêmeos com Ascendente Aquário

Sendo muito individualista, é bem provável que deseje ter uma carreira de certa forma incomum. Você pode se interessar pela ciência e se sentir atraído por astronomia, física avançada ou, em termos mais práticos, engenharia e mineração. É bem possível que tenha uma grande capacidade de estudar e facilidade para dominar línguas. Tente desenvolver o seu senso de disciplina, pois às vezes é possível que seja um pouco dispersivo.

Gêmeos com Ascendente Peixes

O seu potencial é considerável, e a sua necessidade geminiana de comunicação pode assumir uma forma criativa por meio da poesia. Pode tornar-se um excelente fotógrafo ou cineasta. Apreciará trabalhar na mídia, mas provavelmente detestará o noticiário desagradável, com sua exploração do sofrimento. Não se subestime.

Câncer

Negativo
Planeta regente: Lua
Triplicidade ou elemento: Água
Quadruplicidade ou qualidade: cardeal
Cor: cinza-prata
Pedra preciosa: pérola
Metal: prata
Flores: acanto, convolvuláceas, flores brancas em geral
Árvores: as que são ricas em seiva
Ervas e especiarias: saxífraga, verbena, estragão
Alimentos: leite, peixe, frutas e vegetais com alto teor de água
Animais: os que têm concha
Países: Escócia, Holanda
Cidades: Amsterdam, Tóquio

Não há a menor dúvida: os cancerianos são muito parecidos com os ovos: os dois têm casca dura e interior bem macio!

É interessante observar a casca canceriana em ação. Desafie um canceriano, e você imediatamente verá surgir um forte sistema psicológico de defesa. Às vezes, eles assumem uma linha dura, manifestando um elemento quase agressivo; mas é uma agressão diretamente associada à autodefesa ou à defesa de sua família. No fim das contas, entretanto, a casca se despedaça, e conseguimos chegar à criatura maravilhosa, suave e sensível que vive lá dentro.

A unidade familiar é de importância fundamental para os cancerianos. Embora sejam excelentes pais, às vezes sua relutância em deixar os jovens pássaros voarem do ninho causa-lhes considerável sofrimento. São sentimentais e muito nostálgicos, têm excelente memória e uma imaginação fantástica — e todas essas qualidades se expressam positivamente nos filhos. As crianças desse signo podem ser extremamente sensíveis e até irascíveis, mas a motivação psicológica canceriana de cuidar e proteger logo começa a encontrar formas de expressão, principalmente em relação aos membros mais jovens da família ou aos animais domésticos.

No amor, os cancerianos são rabugentos, mas muito sensuais. Podem reagir exageradamente a pequenas ofensas, mas também são capazes de ferir os outros.

A área do corpo atribuída a Câncer é o peito, e o forte caráter materno do signo é enfatizado pela associação com o seio da mulher. A preocupação talvez seja o pior fator de risco de saúde; os amigos dos cancerianos deviam estimulá-los a seguir seus instintos e sua intuição no caso de estarem preocupados com algum problema, pois essas faculdades são poderosas e pode-se confiar nelas para ajudar a resolver as dificuldades.

Câncer na amizade, no amor e no casamento

Alguém, alguma vez, já lhe disse: "É claro que não nos damos bem porque eu sou de Leão"?

Pode ser que você tenha sentido uma certa pertúrbação, ou até mágoa, antes de o seu sistema canceriano de autodefesa acorrer em seu auxílio. Mas, na realidade, você não deveria ter ligado a mínima, pois sempre que alguém lhe disser algo do tipo, será um puro absurdo! Sem dúvida, alguns signos do Zodíaco "se dão" com outros, e alguns não. Mas existe apenas um leve fundo de verdade nessa afirmativa. É interessante notar que, de acordo com a tradição, tendo o signo solar em Câncer, você tem mais facilidade de relacionamento com os escorpianos e piscianos, porque esses dois signos pertencem ao mesmo "elemento" de Câncer: Água. O outro elemento que tradicionalmente se relaciona com Câncer é Terra, e portanto se diz que as pessoas cujo signo solar é Touro, Virgem ou Capricórnio são "boas" para você, enquanto as pessoas de Ar (Gêmeos, Libra e Aquário) e as de Fogo (Áries, Leão e Sagitário) seriam menos adequadas.

Mas essa é uma área triste e até perigosa da astrologia; nunca é possível de fato fazer afirmações tão radicais, mesmo que haja uma tendência a um bem-estar ligeiramente maior entre pessoas que tenham um elemento em comum. Afinal, é bem possível que você tenha Mercúrio em Gêmeos ou Leão, ou Vênus num desses signos, o que, nesse caso, ajudaria a forjar uma excelente amizade ou um relacionamento com alguém que tenha o Sol em Gêmeos ou em Leão. A Lua (que possivelmente é o astro mais forte para as pessoas do seu signo solar, pois é o regente de Câncer) tem um papel preponderante; assim, alguém cujo signo solar seja o mesmo que o seu signo lunar pode ter um forte elemento em comum com você, e vocês serão altamente compatíveis (na realidade, esta é a associação clássica tradicional que qualquer bom astrólogo examinaria, se estivesse comparando o seu mapa com o de um possível companheiro — chamamos esse tipo de trabalho de "sinastria").

Naturalmente, é bem divertido estudar as características dos vários signos solares e usar esse conhecimento, de uma maneira genérica, no primeiro encontro com pessoas que podem tornar-se amigas ou até amantes; mas *nunca* encare esse fator como primordial. Se consultar um astrólogo acerca de um relacionamento, ele vai dedicar bastante tempo ao estudo dos mapas completos das duas pessoas envolvidas, e mesmo assim nunca vai dizer se você deve manter ou romper o relacionamento. Será possível, entretanto, salientar as áreas em que há maior compatibilidade, e aquelas onde é mais provável haver choques. Este é um processo muito interessante e que pode ser bastante revelador. Nas mãos de um bom astrólogo, nunca deve ser motivo de preocupação.

Como canceriano, provavelmente tem sentimentos muito fortes em relação à intimidade dos relacionamentos familiares e à importância que têm em sua vida. Entretanto, uma pessoa muito independente — por exemplo, com o signo solar em Sagitário ou Aquário — precisa garantir um certo nível de independência e liberdade dentro do relacionamento. É preciso que ambos façam as concessões necessárias, e esse é o tipo de coisa que um astrólogo vai lhe dizer.

De todos os vínculos entre casais que têm um bom relacionamento permanente, a ênfase dos signos polares ou opostos é a mais importante. O seu signo solar, por exemplo, funciona particularmente bem com alguém que tenha o Ascendente em Capricórnio, pois este é o signo exatamente oposto a Câncer no Zodíaco. O signo em que estiver a sua importantíssima Lua também é muito relevante; pode estar em exata oposição, no Zodíaco, ao signo solar ou Ascendente de seu parceiro. Não, nem sempre concordarão em tudo; mas haverá uma tremenda ligação entre vocês. Entenderão um ao outro, o que é de máxima importância. E, quando a Lua está envolvida (isto se aplica a todos, não apenas aos que têm Câncer como signo solar), há uma ênfase na resposta a sugestões e nas mudanças de estado de espírito, às vezes ao ponto de um dos companheiros conseguir captar o estado de espírito do outro. Para você, a influência da Lua é profundamente significativa, além de muito bonita. Como em tudo na astrologia, quanto mais se conhece, mais interessante ela se torna. No fim das contas, as generalizações, quase sempre, são bastante aborrecidas.

Câncer na amizade

Os cancerianos costumam ser excelentes amigos. É provável que você seja bastante exigente até considerar de fato uma pessoa como um amigo verdadeiro, mas, depois disso, a amizade será firme e profunda.

Se você é jovem, deseja levar seus amigos para casa; se tem filhos, quer que eles tragam seus amigos para casa, para que todos juntos possam partilhar da inimitável intimidade do círculo familiar canceriano.

Em geral, não precipita as amizades. Com sua cautela natural, quer se certificar de que tem uma relação positiva com alguém antes de admiti-la em seu círculo de amigos.

Você precisa tomar muito cuidado, principalmente se tem amigos um pouco mais jovens, para não projetar uma aura paternal muito forte. Tem instinto para tomar conta dos outros. Naturalmente, é mais provável que isso aconteça no caso de ter algum amigo jovem, que vê cometer os mesmos erros praticados por você há cinco ou seis anos. Tente não ser protetor demais, do contrário é possível que o vejam como uma figura de pai. Provavelmente as pessoas não desejarão magoá-lo reclamando do seu apego demasiado, e assim o relacionamento pode tornar-se muito desequilibrado e claustrofóbico, eliminando o bem-estar.

Se tiver um interesse forte por algum assunto, pode ser um amigo altamente inspirador, e é provável que seja capaz de fazer com que seus amigos também se envolvam. Qualquer amizade cimentada por um interesse comum, obviamente, é firme: o interesse mútuo alicerça a amizade como o cimento une os tijolos.

Você tem um belo talento para transformar um grupo de amigos numa coisa muito parecida com um círculo familiar, uma unidade em que todos, de alguma forma, se sentem ligados. Pode não ser o líder ostensivo do grupo, mas provavelmente é o pivô, e a um nível muito mais importante do que você pensa. Talvez isso se deva à sua grande capacidade de aparar as arestas entre amigos mútuos, quando algo vai mal. Desempenha um papel necessário dentro do seu círculo, e seus amigos lhe são gratos por isso e também por sua incansável disposição para se dar. Finalizando, você vai ser o "meu velho amigo" dos outros, pois não pula de um amigo para outro em questão de semanas ou meses: uma vez amigo, sempre amigo.

Câncer no amor

Quando se sente atraído por alguém, você não parte imediatamente para a ação. Examina cuidadosamente o terreno, mantendo a princípio uma distância razoável e até assumindo atitudes evasivas quando é abordado, para poder estar perfeitamente seguro antes de assumir qualquer tipo de compromisso. Naturalmente o caranguejo tem um par de garras bastante fortes e é capaz de agarrar o que deseja, mas seu sucesso depende em parte do cálculo cuidadoso e de sua capacidade de esgueirar-se cautelosamente até sua presa.

Se for abordado por alguém, a sua reação psicológica imediata é defensiva. A forma de derrubar a barreira que surge nos primeiros cinco minutos é uma questão que depende de você e também, sem dúvida, do grau de atração que sente por seu "caçador". Da próxima vez que surgir uma situação dessas, tente sair de dentro de si e observar a situação — pode ser interessante. Ou, talvez, ao ler estas linhas, você pode ter identificado muita coisa a seu respeito que já sabia!

Você é maravilhosamente sensual. As pessoas com fortes traços cancerianos, como você, são excelentes amantes. É carinhoso e dá atenção ao amor; por exemplo, certifica-se de que o ambiente é adequado para uma noite romântica a dois.

Mas lembre-se de que é temperamental e pode dar a impressão, esta noite, de que está muito diferente da semana passada. Pode ser que você não tenha consciência desse fato. A maioria das pessoas dá um desconto para as suas mudanças de estado de espírito, basta conhecê-lo. Entretanto, se estiver completamente mal-humorado, é capaz de fazer alguns comentários bem picantes e ofensivos, que podem ferir muito mais do que você pensa. Repreendido, talvez fique perturbado, mas tente lembrar-se de que é possível que eles não estejam exagerando. Portanto, dobre a língua e não deixe que ocasiões memoráveis sejam estragadas por pequenas contrariedades.

Muitos relacionamentos bonitos duram bastante tempo, outros a vida toda, mas há alguns que parecem ter um ciclo natural bem curto, porém mesmo assim têm um começo, um meio e um fim. Para você, terminar um relacionamento pode não ser nem um pouco fácil. Sua inclinação natural é se apegar, e, mesmo depois de se encher de coragem para o rompimento final, não descarta a idéia de encontros ocasionais em nome dos velhos tempos.

É claro que, de vez em quando, pode se permitir o luxo de mergulhar na nostalgia; mas investigue com atenção se isso o ajuda a lidar de fato com o presente, para não falar do futuro. Se tiver um novo parceiro, tem certeza de que suas constantes recordações e reminiscências não lhe provocam angústia, mesmo que, por amor a você, ele não reclame? Portanto, se se sentir com muita freqüência arrastado para o passado, pense no outro e nos seus sentimentos. Pense no "agora", pense no "amanhã", não deixe que "o bom tempo de antigamente" se transforme no seu repertório repetitivo e maçante.

Câncer no casamento

É provável que você tenha muito ânimo para casar ou pelo menos fixar-se com um parceiro permanente. Não creio que você se sinta necessariamente insatisfeito quando vive sozinho, porém as palavras "lar" e "família" têm um significado muito especial para você. Realmente, necessita de uma casa sua e de uma família ao seu redor. As mulheres cancerianas, por exemplo, em geral se apegam muito às bonecas quando são bem novinhas, mostrando um forte instinto maternal. Até as mais liberadas não conseguem reprimir esse impulso e combinam a criação dos filhos com a carreira. Seu trabalho pode ser voltado para as crianças: pode ser professora de jardim-de-infância ou trabalhar num hospital infantil.

Você é um excelente parceiro e, naturalmente, um excelente pai/mãe. Trabalha com afinco em benefício do lar e da família, mas se empenha igualmente no emprego ou na profissão. A sua motivação no trabalho provavelmente está associada ao lar: o seu desejo é chegar ao topo para poder proporcionar à família tudo o que há de bom na vida.

As mulheres cancerianas muitas vezes têm de chegar a um acordo com o choque moderno entre a carreira e o casamento. Muitas delas querem as duas coisas, e se esforçam ao extremo para conseguir. Algumas *precisam* agir dessa forma — as mães solteiras, por exemplo. Mas até elas podem ter sentimentos de culpa, pois o instinto lhes diz que deveriam passar o tempo todo com os filhos, e não sair para trabalhar simultaneamente. Às vezes, essa influência é muito forte. Pode ajudar a perceber que esse é um problema comum às mães que trabalham fora, principalmente as cancerianas. Quanto maior o seu sucesso profissional antes da formação de uma família, maior será o problema; quanto maior o nível de educação, mais agudo o senso de culpa.

Na verdade, é uma questão de capacidade e intelecto *versus* instinto e amor. Mas, pelo menos, se continuar trabalhando, não ficará inquieta por não estar usando sua cabeça. Não importa a força dos seus instintos maternais — até a mãe mais canceriana é capaz de ficar com teias de aranha na cabeça e sentir-se calcificada no meio de fraldas e mamadeiras. Envolvendo-se em atividades externas, você será uma mãe muito mais estimulada e menos frustrada, o que é bom para os filhos e para você.

Sendo sensual por natureza, não creio que tenha muita dificuldade em manter em bom estado de saúde e felicidade o lado sexual do seu casamento. Lembre-se, entretanto, de que nada mina tanto a libido sexual como a exaustão, e que as exigências do lar e da família, e talvez também do emprego, podem às vezes deixá-lo esgotado. Se surgirem problemas sexuais, pense neles em relação ao seu bem-estar geral, não aceitando simplesmente o fato de você, por algum motivo, não ficar tão "ligado" como costumava. Provavelmente, você está apenas muito cansado ou preocupado com questões familiares. Um remédio simples: um pouco mais de ajuda do companheiro, mais algumas noites prazerosas longe de tudo — com uma babá de confiança para você se desligar completamente da garotada —, esta é a solução!

Câncer: carreira e finanças

Ao avaliar o potencial canceriano do ponto de vista da carreira e sua capacidade financeira, é preciso considerar não apenas a motivação psicológica e o modo de expressão atribuídos a Câncer, mas também os processos mentais de Mercúrio, e como esses dois fatores combinados podem ser usados da melhor forma possível nas duas áreas. Em seguida, temos a influência de Vênus, planeta tão fortemente associado às finanças e posses como aos relacionamentos. Este último aspecto também é importante nessa área, pois vai afetar o modo como a pessoa age com seus colegas, com seus sócios, e assim por diante. Marte também pode dar algumas indicações sobre a direção da energia, e sem dúvida influencia a parte física — o impulso e a energia empregados no trabalho. Como veremos, a influência da combinação dos signos solar e Ascendente é interessante e muito pessoal; mas, se você não souber a hora em que nasceu e não puder descobrir o seu Ascendente, não fique muito desapontado. Poderá obter bastante informação sobre essa esfera da vida lendo os parágrafos mais gerais.

Os cancerianos têm o instinto da proteção — um instinto tão direto, imediato e profundo que é fundamental em sua natureza. Assim, embora os cancerianos, naturalmente, sejam encontrados em todas as ocupações da vida, como acontece com todos os outros tipos zodiacais, eles têm uma tendência a expressar esse instinto natural em carreiras como a medicina e o serviço social. Porém, há outras formas de expressão de sua natureza protetora; pense, por exemplo, no homem de negócios que toma conta de "seus" fregueses, ou no vendedor de seguros que toma conta de "seus" clientes. O proprietário de um navio de recreação não toma conta só do "seu" navio, mas também de "seus" passageiros. Há muitos exemplos assim. Os cancerianos, como mencionei anteriormente, também são colecionadores compulsivos, característica que pode ser proveitosamente usada na carreira. Como curador de museu, por exemplo, um canceriano consegue satisfazer esse impulso colecionador e ao mesmo tempo prestar um serviço valioso à comunidade. E, naturalmente, estará ao mesmo tempo satisfazendo sua natureza canceriana protetora, tomando conta dos objetos e dos visitantes do museu.

O canceriano típico encontra sua segurança quando expressa esse instinto protetor. Para a maioria das pessoas, segurança significa o recebimento regular de um cheque no fim do mês; mas parece que isso não tem importância fundamental para os cancerianos. É claro que é igualmente necessário para eles, e igualmente apreciado, mas sua verdadeira segurança e realização consiste em ver outras pessoas desfrutando do resultado de seu esforço. Isso os faz sentir-se bem, à vontade e satisfeitos, pois sabem que a satisfação e o prazer dos outros são uma conseqüência de seus previdentes esforços.

Em geral os cancerianos se encaixam em quase todos os ambientes de trabalho, ou por serem suficientemente adaptáveis para não se deixarem sufocar pela atmosfera, ou porque sua natural casca protetora canceriana vem em seu auxílio em ambientes hostis, capacitando-os a afastar tudo o que possa fazê-los sofrer muito.

É necessário tomar cuidado para não deixar sua tendência a se preocupar tornar-se parte integrante do trabalho. Para os cancerianos é fácil preocupar-se com a carreira e com qualquer outro aspecto importante da vida. Naturalmente, não é possível dizer-lhes, simplesmente: "Não se preocupem". Depende deles descobrir a abordagem certa do problema. A maioria dos cancerianos, como todos, precisa de algum tipo de rotina diária que pode, é claro, tornar-se monótona. Entretanto, Câncer, um signo de Água muito influenciado pelo mar, identifica-se com o movimento de enchente e vazante das marés, e talvez essa espécie de regularidade, de alguma forma, represente para eles um tipo de força. Contudo, necessitam de uma oportunidade de expressar seus diferentes estados de espírito e seu gosto pela mudança. Como? É claro que esse é um problema a ser resolvido individualmente. Muitas pessoas conseguem planejar a sua atividade profissional diária em função do estado de espírito, sem prejudicar o seu desempenho. Os que não conseguirem, precisam simplesmente enquadrar-se na rotina, ignorando os caprichos e sentimentos passageiros.

O ambiente de trabalho ideal para o canceriano deveria, se possível, ser um reflexo de uma preocupação com o bem da comunidade como um todo, ou estar afinado com o bem dos indivíduos. Os membros desse signo tendem a fazer alguma espécie de "doação", não necessariamente de maneira extrovertida, e sim usando sua energia e habilidade em benefício dos outros. O professor competente que amplia os horizontes de seus alunos, o *chef* experiente que prepara iguarias soberbas para o prazer de fregueses gratos, o capitão do navio que cuida de seus passageiros — todos eles manifestam o instinto protetor mencionado anteriormente.

Por ser o signo da mãe e da maternidade, Câncer sugere que as mulheres podem ter suas carreiras interrompidas por um período um pouco maior que as outras, devido à atenção que desejam dedicar ao processo de geração e criação de filhos. Aceitam esse fato melhor que muitas outras mães; pelo tanto que representa de sua natureza básica, essas interrupções são uma alegria, não um estorvo. É preciso não esquecer que, se elas quiserem retornar ao trabalho depois de ter formado sua família, será necessário gastar algum tempo se colocando em dia com os progressos de sua área. Pode ser que sintam dificuldades sob esse aspecto, pois embora tenham excelente memória, podem constatar, quando voltam a usar as técnicas aprendidas antes do nascimento dos filhos, que deixaram de se manter a par das últimas teorias ou correntes. Se uma mãe canceriana sabe que vai querer retomar sua carreira depois de um longo intervalo dedicado à maternidade, é bom ficar de olho nas alterações ocorridas no seu antigo emprego e pensar na forma de reagir a situações novas e em desenvolvimento.

A ação de Mercúrio

Verifique a posição de Mercúrio

Mercúrio em Gêmeos

Se Mercúrio estava em Gêmeos quando nasceu, sua mente é rápida e lógica, e muito menos regida pelas emoções do que a de muitos cancerianos. Isso pode ser de considerável ajuda no caso de querer trabalhar nos veículos de comunicação. Se você gosta de escrever e o faz naturalmente, pode manter uma atitude imparcial ao lidar com as "histórias humanas" que tanto ama. Pode ser que sinta a necessidade de transmitir alguma "mensagem"; nesse caso, poderá se sair bem. A publicidade é um ramo adequado para você. Vai gostar de caçar fatos, e deve ser competente em qualquer tipo de pesquisa. É bem possível que tenha sorte nos negócios, vendendo algum produto no qual acredite. Outro ramo bem condizente com você é o das grandes lojas de departamentos.

É capaz de começar servindo café e batalhar a sua ascensão, disposto a se desincumbir de qualquer tarefa que o faça subir na empresa. Você tem capacidade de lidar com o público em geral; portanto, o trabalho como recepcionista de hotel, ou em qualquer outra parte, será adequado. Sua mente versátil lhe é muito útil nos estudos, mas às vezes poderá ter um pouco de dificuldade de concentração, tornando-se necessário um esforço especial antes dos exames. Tente descartar as distrações e ater-se ao trabalho em curso.

Mercúrio em Câncer

Se é do tipo estudioso e tem Mercúrio em Câncer com o Sol, pode sentir atração pela história, e talvez apresente alguma tese sobre uma área dessa matéria. Há uma certa rudeza nessa combinação de influências planetárias, e um bom número de pessoas que a possui gosta do serviço militar ou da engenharia.

Entretanto, o seu instinto protetor é muito forte, favorecendo as ocupações tipicamente cancerianas. Assim, você pode se sair muito bem na medicina, como médico ou enfermeiro, ou se especializar em geriatria. Se quiser lecionar, vai se sentir feliz com as crianças mais novinhas; pode sentir-se especialmente estimulado com as classes de jardim-de-infância. O abastecimento também pode lhe parecer atraente, bem como o ramo farmacêutico. Lembre-se de que, sob vários aspectos, é muito canceriano e tem uma forte necessidade de expressar os seus sentimentos "cuidadores": o trabalho de reeducação de delinqüentes ou outras áreas de serviço social podem ser atraentes para você.

O posicionamento de Mercúrio em Câncer também pode significar que, em relação às atividades mentais, você se sente mais eficaz trabalhando em casa. Portanto, trabalhar como jornalista ou datilógrafa *free lance* pode ser conveniente para você.

Se ainda está estudando, não caia numa rotina preguiçosa, sempre deixando as coisas para amanhã. Necessita de disciplina se quiser obter o máximo do seu potencial. Se os seus amigos estiverem planejando uma festa para o sábado, controle o ímpeto de se oferecer para fazer uma de suas excelentes *paellas* e continue com a cara enfiada nos livros. Para você, não é bom tentar "atropelar" nos últimos minutos antes do exame.

Mercúrio em Leão

Este posicionamento torna-o um dos bons organizadores do mundo canceriano. Gosta de ordem e, embora, sob certos aspectos, "caos organizado" seja uma descrição mais correta da sua vida, você é confiável e respeita os prazos de trabalho. Pode assumir muita responsabilidade e é excelente para cuidar dos subordinados — o que, aos olhos de seus superiores, significa que sabe dirigir os outros e fazê-los trabalhar bem. Se trabalha numa fábrica ou na área de produção, por exemplo, toma providências para unificar, e bem, os esforços de todos. É uma capacidade importante que você tem, e que deveria tentar usar proveitosamente. Se for enfermeira, poderá tornar-se uma boa enfermeira-chefe; em qualquer ambiente, será um bom supervisor. O trabalho com recursos humanos se harmoniza com a sua personalidade. De certa forma, é do tipo "chefe dos garçons" ou *maître,* tomando conta do restaurante de um jeito meio grandioso, pronto a repreender seus subordinados por causa de marcas de dedo nos copos de vinho. De qualquer maneira, você pode, de certa forma, ser o chefe ou o homem-chave.

Se estiver estudando, pode não ter muita flexibilidade para mudar o enfoque de algum assunto, se já estiver acomodado num determinado padrão de trabalho. Você apresenta bem as suas tarefas, o que é uma vantagem. Trabalha bem e com regularidade, sentindo verdadeiro orgulho pelo que faz, mas provavelmente consegue deixar um pouco de espaço para as atividades fora da escola, por mais puxado que seja o seu curso. Deve ser capaz de enfrentar os exames de modo tranqüilo, pois facilmente expressa o que sabe.

Vênus: finanças e relacionamentos

Verifique a posição de Vênus

Vênus em Touro

Se Vênus estava em Touro no seu nascimento, você dá atenção às finanças e tem muita capacidade de ganhar dinheiro. Seu senso de negócios é instintivo; com o acréscimo da sagacidade canceriana, você tem os ingredientes que fazem o arquétipo do homem de negócios. É capaz de fazer seu capital aumentar, tem uma antena para saber quais as poupanças ou investimentos certos que irão ajudá-lo a ter e proporcionar à família as coisas boas que deseja. Ao comprar uma casa ou apartamento, escolherá um bom investimento, decorando-o com belas peças que irão valorizá-lo com o passar do tempo.

Bancos e seguros são áreas particularmente boas para investir, embora também possa demonstrar interesse para a agricultura ou a agroquímica. A área de cosméticos e de produtos de beleza, um pouco diferente dessas, também podem valer a pena. Entre os vários tipos cancerianos, você é o que tem a mais aguda necessidade de segurança financeira; embora tenha um bom senso para negócios, caso seja autônomo, deve procurar garantir uma renda constante.

É um colega de trabalho amável e gentil, considerado pelos outros como uma fonte de força. Você os trata de um jeito caloroso, amigável e afetuoso, tanto dentro do ambiente de trabalho como fora dele.

Vênus em Gêmeos

A mais recente mania ou o *dernier cri* da moda lhe parecem atraentes, se tem Vênus em Gêmeos; pode ser que, no dia do pagamento, você costume enlouquecer na sua butique favorita. É claro que trabalhou duro e tem o direito de aproveitar o seu dinheiro, mas a conseqüência é ficar com um saldo baixo, embora, a essa altura, seja possível que já tenha aprendido essa lição por experiência própria. Todos os cancerianos, entretanto, têm o instinto natural da poupança e, mesmo que esteja começando agora a sua vida profissional, não vai ser muito difícil poupar regularmente uma quantia, para poder usar nas férias, ou para dar de entrada na compra de uma casa. Se quiser investir, poderá comprar ações das grandes lojas de departamentos ou de jornais e revistas — na realidade, de qualquer área das comunicações. A indústria automobilística é outra opção para um investimento lucrativo.

Você é um colega animado; se uma pessoa do seu grupo precisar pedir um favor a um superior, provavelmente você é que terá de ir até o escritório do chefão e pedir. Tem chance de consegui-lo, pois tem um jeito de falar charmoso e convincente, que é útil nessas ocasiões. Como chefe, não encontrará dificuldade para fazer seus subordinados trabalharem mais em épocas de pico.

Vênus em Câncer

Vênus em Câncer junto com o Sol sugere que você trabalha muito pelo seu dinheiro e economiza-o diligentemente. Não é do tipo propenso a esbanjar, embora possa ter um *hobby* dispendioso e agradável: receber amigos. Não é que você, necessariamente, junte dinheiro no banco só pelo prazer de ver os números cada vez mais gordos do extrato mensal; você acumula posses, o que, para um canceriano, significa que provavelmente fará um investimento considerável em alguma coleção, que pode acabar atravancando a sua casa. Para os outros, ela pode parecer assim, mas ela é você; a sagacidade canceriana garante que tudo vai ser de boa qualidade: não é comum você ser enganado e investir em imitações.

Se não for colecionador, pode querer investir em empresas pesqueiras, de produção de alimentos ou em mineração de prata. Se quiser dar um presente a si mesmo ou à pessoa amada, uma jóia de prata ou um colar de pérolas são opções particularmente agradáveis.

Para seus colegas, pode parecer que sucumbe aos humores do signo com mais freqüência do que o normal, mesmo para um canceriano. Tente prestar atenção a isso. Mas você é um bom companheiro, defende os seus direitos e até luta por eles, a favor ou contra os sindicatos! Como chefe, é um indivíduo maravilhosamente solícito, proporcionando, generosamente, todas as comodidades à sua equipe.

Vênus em Leão

Com este posicionamento, você é o grande gastador dos cancerianos. Sabe aproveitar o dinheiro e fazer bom uso dele — o que, no seu caso, significa tornar agradável e confortável a sua vida e a das pessoas que ama. Esse conforto está muito ligado a um bom vinho, uma boa comida e à organização e ao prazer dos eventos sociais. Pode pender para a extravagância, mas não creio que o seu instinto de poupança e sagacidade canceriana jamais o abandonem completamente; dessa forma, você se diverte sem perturbar o seu equilíbrio financeiro.

Se for colecionador, talvez se dedique aos quadros ou gravuras de cores vivas. Acima de tudo, tem prazer com o que compra, seja uma garrafa de vinho ou uma bela obra de arte. Provavelmente, você é um pouco convencional na escolha de investimentos; no seu caso, é melhor investir em companhias que produzam mercadorias de qualidade, bem conceituadas no seu ramo. Tente não exagerar nos compromissos; o seu entusiasmo por algum produto ou algum projeto promissor pode levá-lo a isso.

É um colega muito generoso, do tipo que organiza uma "vaquinha" para comprar um presente para alguém que se aposenta e, se for comprado por você, vai agradar a todos. É um excelente organizador e às vezes pode ser um pouco mandão. Qualquer que seja o seu *status* na firma, demonstra entusiasmo e generosidade. É normal, para você, elogiar seus colegas.

Vênus em Virgem

Quem tem Vênus em Virgem se destaca pelo planejamento meticuloso e pelo cuidado com o orçamento, qualquer que seja a situação individual. Administra bem o dinheiro e, ocasionalmente, pode ser acusado, com razão, de excesso de cautela; nesse caso, tente desfrutar mais do dinheiro que tem. Muitas coisas lhe dão prazer, e os prazeres podem ser dispendiosos; mas lembre-se de que pode valer a pena gastar um pouco mais do que o habitual para obter mais satisfação e felicidade. Se encontrar uma planta exótica e sentir que terá prazer em cuidar dela, e, se a sua sala tem calor suficiente, por que não comprá-la? Pense no prazer que suas magníficas flores vão lhe proporcionar.

Poderá investir em firmas de construção, agricultura, maquinaria ou tinturaria. A indústria de alimentos saudáveis também pode ser atraente e lucrativa.

Você faz parte dos cancerianos que mais trabalham, e seu salário é muitíssimo bem merecido. Pode apresentar tendência a trabalhar mais do que deve; pode ser uma secretária muito solícita. Se algum colega fica doente, você se oferece para ajudar e, de vez em quando, os outros podem se aproveitar desse fato. Quando está no comando, faz o seu pessoal andar na linha, mas é também o primeiro a chegar ao escritório e o último a sair.

Ascendentes e carreira

Verifique primeiramente o seu Ascendente

Observação: carreira e Meio-do-Céu

Se desenvolver o interesse pela astrologia, uma das primeiras coisas que vai estudar — mas que está fora do alcance deste livro — é o Meio-do-Céu. Grosso modo, este é o signo imediatamente acima de sua cabeça, no momento de seu nascimento. É tão importante em relação à carreira, à expressão no mundo exterior e à identificação com objetivos de vida, quanto o seu Ascendente em relação à sua personalidade. Combiná-lo com o Ascendente é complicado, e seria impossível num livro deste porte; entretanto, mesmo não sendo possível ajudá-lo a descobrir o seu Meio-do-Céu aqui, esteja certo de que eu pensei nas várias possibilidades ao escrever os parágrafos seguintes, relacionados com a escolha de uma profissão ou ocupação.

Câncer com Ascendente Áries

Você tem muita garra e energia para usar em sua carreira. Pode achar difícil trabalhar longe de casa. Tem possibilidade de sair-se bem no governo local ou no trabalho político associado a organizações humanitárias ou assistenciais. O trabalho com crianças combina com você, bem como a carreira científica.

Câncer com Ascendente Touro

A sua sensibilidade e imaginação podem ser bem direcionadas numa carreira artística: é possível que você tenha dons musicais. Provavelmente tem um bom senso de negócios e, por outro lado, pode ser atraído para a arquitetura, a topografia ou o ramo imobiliário. Pode apreciar uma carreira como a de esteticista ou dentista.

Câncer com Ascendente Gêmeos

Você muda muitas vezes o rumo de sua carreira; tente evitar a inquietação. É dotado de originalidade, o que é possível que apareça na escolha da sua carreira, principalmente se tiver inclinações científicas. Pode tornar-se um bom professor, conferencista ou trabalhar bem nos meios de comunicação ou em qualquer situação em que precise falar em público, pois Gêmeos lhe dá o dom da palavra.

Câncer com Ascendente Câncer

Pense seriamente em encontrar o seu lugar nas profissões assistenciais, como enfermagem, ensino, aconselhamento e serviço social. É possível que goste de trabalhar nos bastidores, deixando que os resultados de seu esforço falem por você. Provavelmente é um cozinheiro nato, e assim pode considerar o ramo de abastecimento de alimentos, tendo como perspectiva final a cozinha de alta classe.

Câncer com Ascendente Leão

Você precisa de um emprego em que possa se mostrar, mas onde ao mesmo tempo possa trabalhar tranqüilamente e à sua maneira. Pode ser criativo, com jeito para artesanato; portanto, desenvolva qualquer interesse artístico que tiver. Trabalhar em museus ou antiquários pode ser condizente com a sua personalidade, assim como o trabalho com computadores.

Câncer com Ascendente Virgem

Várias possibilidades: você trabalha com afinco e se sente melhor em espaços abertos. Portanto, ser-lhe-ão adequadas as áreas de agricultura, horticultura e floricultura. Pode ser atraído pela medicina alternativa e dietética. Também pode tornar-se uma boa secretária ou assistente pessoal, principalmente em rádios ou jornais.

Câncer com Ascendente Libra

Necessita mais do que simplesmente um emprego qualquer: é vital o envolvimento emocional com a carreira, e você gosta do trabalho que lhe dá oportunidade de ter bastante contato com as pessoas. O ramo de hotéis e restaurantes pode ser adequado; você é capaz de organizar maravilhosamente um acampamento de férias ou um cruzeiro. Pode sentir-se atraído pela área de relações públicas e, por extensão, pelo serviço diplomático.

Câncer com Ascendente Escorpião

A sua tenacidade suporta um treinamento longo; a carreira de analista ou psiquiatra é uma possibilidade. Pode também sentir-se à vontade na área bancária ou nas altas finanças. Outras possibilidades são a cirurgia, o comércio de vinhos e a mineração.

Câncer com Ascendente Sagitário

É bem possível que você tenha as características de um bom veterinário, ou, pelo menos, que aprecie trabalhar com animais. Vale a pena considerar os esportes e a educação física, mas também são atraentes as áreas de direito, editoras ou literatura em geral. As línguas e a religião comparada podem fasciná-lo.

Câncer com Ascendente Capricórnio

Provavelmente você se sente melhor trabalhando em sociedade e não batalhando sozinho. O exército pode ser conveniente para você, assim como a indústria de construção, osteopatia ou fisioterapia. Se estudar geografia ou geologia, poderá usar esse conhecimento como base de uma carreira.

Câncer com Ascendente Aquário

Embora o desenho e as profissões glamourosas possam exercer atração sobre você, o humanitarismo é um elemento forte de sua personalidade, dando-lhe condições de lidar bem com as pessoas menos privilegiadas, talvez sob condições puxadas ou difíceis. Você é original e precisa de espaço para se expressar. Portanto, não se sentirá feliz num emprego onde tenha que seguir ordens à risca.

Câncer com Ascendente Peixes

As carreiras associadas à água podem servir para você: indústria pesqueira, marinha, construção naval, mergulho em alto mar. Se for do tipo atlético, poderá ser professor de natação. Mas sempre se pode contar com você onde as pessoas sofrem e precisam de ajuda: esta combinação é excelente para a medicina. O ramo de petróleo ou de cervejaria são outras possibilidades.

Leão

Positivo
Planeta regente: Sol
Triplicidade ou elemento: Fogo
Quadruplicidade ou qualidade: fixo
Cor: as cores do Sol, do nascente ao poente
Pedra preciosa: rubi
Metal: ouro
Flores: girassol, cravo-de-defunto
Árvores: palmeira, loureiro, laranjeira, limoeiro
Ervas e especiarias: açafrão, hortelã-pimenta, alecrim
Alimentos: arroz, mel, uva, vinho e produtos agrícolas em geral
Animais: caça, principalmente os felinos
Países: França (sul), Itália (incluindo a Sicília), Romênia
Cidades: Roma, Praga, Bombaim, Madri, Filadélfia, Chicago, Los Angeles

O Sol é o planeta regente deste signo; o Sol interior de cada leonino tem necessidade de brilhar no exterior. Em geral, isso acontece, e os amigos se beneficiam com seus raios, pois os leoninos precisam aproveitar e tirar o máximo da vida, e gostam de ver as pessoas que amam fazendo o mesmo.

São pessoas bem organizadas. Gostam de liderar, mas são bastante dispostas a se tornar escravas daqueles por quem sentem respeito e admiração. É bem possível que as pessoas menos exuberantes possam considerá-los, às vezes, um tanto subjugadores; na realidade, seus piores defeitos são a mania de se mostrar e de dar ordens. Mas o autoritarismo, muitas vezes, é resultado de sua excelente capacidade de organizar o que os outros têm de melhor. Um leonino, freqüentemente, é capaz de organizar a vida dos outros muito melhor que eles, e não tem o menor receio em lhes dizer. Entretanto, o leonino dirige pelo afeto e encorajamento simpático, instigando suas vítimas a fazer maiores esforços criativos, aproveitar melhor o tempo, parar de fumar, se embelezar, e assim por diante.

Todo leonino, em alguma área, tem um traço de criatividade que necessita de uma expressão positiva. Os amigos deveriam incentivar todos os esforços do leonino, que precisa de mais estímulo do que a maioria das pessoas. Isso acontece principalmente com as crianças leoninas, capazes de sucumbir à crítica negativa, e de florescer com o incentivo construtivo.

No amor, os leoninos são ardentes e fiéis e expressam sua generosidade com o parceiro de forma grandiosa. Contudo, são mais sensíveis e se magoam com mais facilidade do que a maioria das pessoas o nota.

As áreas do corpo atribuídas a Leão são o coração e a coluna. Muitos leoninos sofrem de dor nas costas e deveriam fazer bastante exercício regularmente. Dançar é o ideal.

Leão nas amizades, no amor e no casamento

"O conhecimento limitado é perigoso" — é isso que você deveria responder quando alguém sugere que não é bom ter uma amizade ou um relacionamento com ele, por ser virginiano ou canceriano, ou ter algum outro signo solar que, conforme ouviu dizer, é incompatível com o seu. O próprio fato de se fazer essa afirmação indica um conhecimento muito pequeno da astrologia, e cabe a você mostrar-lhe o caminho certo!

Existe, entretanto, um leve elemento de verdade no que foi dito; e eu uso a palavra "elemento" de propósito, pois, segundo a tradição, as pessoas que têm o signo solar do mesmo elemento que o seu (arianos e sagitarianos que, como você, têm uma ênfase no elemento Fogo) em geral se dão mais facilmente com você. Em seguida, pela ordem de preferência, vêm as pessoas de signos do elemento Ar (Gêmeos, Libra e Aquário), as pessoas de Terra (Touro, Virgem e Capricórnio) e de Água (cancerianos, escorpianos e piscianos) fechando a fila.

Mas, na realidade, é um absurdo levar as coisas assim tão longe, pois afinal de contas é possível que você tenha Mercúrio ou Vênus em Câncer ou Virgem, que ajudam muito no seu relacionamento com os cancerianos ou virginianos. Talvez o Marte delas esteja num signo tradicionalmente compatível com o seu. Portanto, apenas não é possível fazer esse tipo de generalizações sobre os signos solares, o que, além de tudo, é triste e indelicado; qualquer pessoa com um conhecimento superficial de astrologia (principalmente se for jovem e crédula) pode, dessa forma, perder um relacionamento esplêndido. É só por meio da comparação cuidadosa de dois mapas natais completos que um astrólogo experiente pode fazer conclusões efetivas, e mesmo assim jamais se deveria dizer que uma determinada associação não é conveniente. Um astrólogo, sem dúvida, pode apontar áreas de maior ou menor compatibilidade, áreas de acordo e desacordo. Você, por exemplo, que tem o Sol em Leão, quer muito da vida; provavelmente é extrovertido e dramático, gosta de luxo e de gastar dinheiro. Assim, se se apaixonar por uma pessoa mesquinha com dinheiro, este fato pode tornar-se um pomo de discórdia entre os dois; se compartilhar a vida com uma pessoa tímida, vai tornar-se ainda mais decididamente um leão, rei da selva! E será que a pessoa tímida vai suportar — ou *deseja* suportar essa situação? E será que você, na verdade, não precisa de alguém que possa admirar, alguém com um potencial oculto que possa ajudar a desenvolver? É possível que sim.

À parte as sugestões gerais tradicionais sobre relacionamentos entre signos de elementos diferentes, sempre constatei que os melhores e mais duradouros ocorrem entre pessoas com o Sol ou o Ascendente em Leão e aquelas que têm, no mapa, uma forte ênfase em Peixes. Você pode calcular o seu Ascendente, e, verificando a posição dos outros planetas na hora do seu nascimento, poderá usar esses dados para avaliar a possível ligação entre você e um parceiro. Sempre constatei que uma boa base para a estabilidade de um relacionamento é uma ênfase no seu signo polar — o signo exatamente oposto, no Zodíaco, ao seu signo solar ou Ascendente (veja a lista desses signos na página 102). O seu Ascendente pode estar exatamente oposto, no Zodíaco, ao signo solar do seu companheiro ou vice-versa. A Lua também desempenha importante papel; você "se sintoniza" com alguém cujo signo lunar seja compatível com o seu — se os dois tiverem o mesmo signo lunar, existe uma ligação quase mágica entre vocês; os sentimentos são profundos e individuais, mas um é capaz de captar o estado de espírito do outro. Uma ligação clássica desse tipo é entre a Lua e o Sol, o que, no seu caso, é mais acentuado, pois o Sol rege o seu signo solar.

Contudo, na realidade, a polaridade de signos entre a sua carta e a de seu amante (ou, aliás, de seu sócio) é vital. Quando se tem uma compatibilidade a esse nível, as duas pessoas nem sempre concordam, mas pelo menos sempre *entendem* as motivações e os atos do outro. Há um alto grau de comunicação entre os dois, o que é extremamente importante.

Assim, no futuro, se alguém começar a fazer generalizações radicais em astrologia, faça-a parar imediatamente, com toda a autoridade e dignidade do seu signo solar leonino.

Leão nas amizades

Os leoninos não fazem amigos com muita facilidade. Sempre têm muitos conhecidos e sabem que muita gente os conhece, mas leva tempo até considerarem alguém como amigo. Depois disso, a amizade dura indefinidamente. Se um leonino se encontrar com alguém depois de alguns anos de separação, ele consegue retomar o fio da meada, de modo que parece que o último encontro foi ontem.

Para você as amizades são significativas e importantes, e encara com ceticismo uma pessoa que o chama de "amigo" mais ou menos uma hora depois de lhe ter sido apresentada; pode até ficar um pouco embaraçado. Gosta de conhecer outras pessoas, estudá-las, descobrir alguma coisa a seu respeito. Sua intenção é gostar delas, pois tais contatos são o estofo da vida como um todo e não devem ser ignorados. Mas o título de "amigo" significa tanto que você não pode deixar de ser seletivo.

Está disposto a fazer muito por seus amigos e, quanto mais íntimo, mais durão você é com eles. Por exemplo, se algum amigo seu tem talento, e você sabe que ele pode fazer esse talento render muito mais, faz tudo o que está a seu alcance para encorajá-lo a um esforço maior. É muito bom ouvinte, e provavelmente descobre que várias vezes as pessoas fazem fila para chorar no seu ombro. Desempenha bem o papel de conselheiro, e as pessoas se sentem muito melhor quando fazem de você seu confidente: *você* se sente um farrapo, mas não se importa. Mas tenha muito cuidado ao fazer as vezes da tia simpática — como consegue organizar muito bem a sua vida, pode ter tendência a assumir o controle e dirigir a vida dos outros. Alguém precisa pôr ordem nas coisas, tarefa para a qual você está bem qualificado; mas não se esqueça de usar de discrição e tato de resistir à tentação de assumir completamente as rédeas.

Como você trabalha com afinco e não perde tempo, pode ser que constate, com o passar dos anos, que está fora de ritmo, do ponto de vista profissional e social, em relação a seus amigos de juventude. Esta é outra área em que precisa tomar muito cuidado. Sendo extremamente generoso, gostará de dar presentes extravagantes aos filhos de seus velhos amigos ou levá-los para viajar. Às vezes, isso pode provocar inveja nos seus amigos, e pode ser que eles pensem que está se exibindo ou esparramando o seu dinheiro com uma liberdade inconveniente. Poderá tornar-se menos generoso do que é, apenas porque os outros podem ficar com uma impressão errada ou se sentir infelizes. É uma pena, pois provavelmente você se sente no melhor de sua forma quando está rodeado pelas pessoas que ama e quando as vê se divertindo de verdade, mesmo à custa de uma boa dose do dinheiro que você ganhou merecidamente.

Leão no amor

De maneira geral, quando um leonino se apaixona, é para valer. Na velhice, ao recapitular a vida, vai haver alguns relacionamentos muito memoráveis, cada um com uma qualidade e um colorido diferente, de que o leonino se lembrará com felicidade, nostalgia, divertimento ou às vezes tristeza. Haverá algumas lembranças tristes para ele, pois devido ao seu entusiasmo pela vida, amor e sexo, espera muito dos parceiros, e, assim fazendo, encara-os com respeito. O órgão leonino é o coração, que fica de tempos em tempos muito ferido. Mas este também é um tipo zodiacal dos mais resistentes, que obriga seu Sol de Leão a brilhar por trás das nuvens e que, como terapia, dedica-se a algum de seus múltiplos interesses.

Provavelmente zela muito por seu parceiro e deseja que qualquer amante seu aproveite as mesmas coisas que você. Não vai ser difícil persuadi-los, pois o seu entusiasmo é contagiante. Para você, creio que o entusiasmo partilhado é muito importante, mais do que para muita gente. Partilhar as mesmas emoções, olhar os mesmos quadros prediletos, ver novamente um filme favorito, é algo especial para você. Sendo ardente, a sua sexualidade é uma boa forma de expressão da sua criatividade e exuberância. É bem possível que determine o ritmo de desenvolvimento de seus relacionamentos e organize tudo com esse propósito, tomando providências discretas para que o ambiente convide ao amor e que você não seja perturbado por constantes interrupções. Com seu senso dramático, encenar esse tipo de trama é até uma tarefa agradável. Depois de montar o cenário, sente-se feliz relaxando e se abrindo para o que a ocasião pedir, com a certeza de que fez todo o possível para preparar uma ocasião memorável, seja o início do primeiro caso ou a comemoração das bodas de ouro. Para um leonino, pode haver pouca diferença entre as duas ocasiões.

Por ter uma personalidade tão forte, talvez deva se perguntar, de vez em quando, se não está sendo unilateral na direção do lar. Muitos parceiros gostam de ser dominados, mas você pode levar isso a extremos, portanto tenha cuidado. Lembre-se, também, de que sua personalidade pode ser subjugadora; faça concessões para a moça tímida ou para o homem que pode achar, afinal, que você poderia ser demais para ele. Você é um parceiro maravilhoso: tem muito a dar e o faz com grande desprendimento. Mas também precisa de muito, e saber que é apreciado talvez seja a sua maior prioridade.

Leão no casamento

Os leoninos têm a capacidade natural de aproveitar o casamento, como qualquer outra atividade. Eles querem "agir corretamente", o que talvez signifique uma cerimônia religiosa completa, recepção com champanhe e a lua-de-mel dos seus sonhos. Assim, é possível que só casem depois de ter economizado dinheiro suficiente para agir com classe.

O leonino pode ser uma pessoa difícil de se conviver, e de vez em quando seria bom tentar ver-se através dos olhos do parceiro. Será que estou sendo muito despótico, intolerante ou simplesmente mandão? É preciso ouvir as críticas, mesmo não gostando delas! Entretanto, também há muita coisa na coluna do crédito. Se é casado ou tem um relacionamento permanente, dedica muito esforço, tempo e energia ao casamento, e dá ao companheiro todo o incentivo possível para a realização das ambições. Todavia, não enfatize demais o seu ponto de vista, nem queira impingir as suas opiniões a seu marido ou esposa. Isso pode acontecer com facilidade e, se o seu parceiro for um pouco menos assertivo que você, o seu ponto de vista será imposto com um pouco mais de freqüência do que seria bom para o relacionamento. Para manter o equilíbrio no casamento, pense nas coisas que gosta de receber: elogios e cumprimentos quando faz um prato especial ou deixa o carro da família brilhando de um jeito também especial, ou um tapinha no ombro por alguma realização. Retribua na mesma medida, quando seu parceiro fizer algo especial por você. No seu entusiasmo pela vida, é possível que se envolva tanto com as suas atividades que o seu parceiro acabe passando despercebido ou fique sem crédito.

O leonino nunca se esquece do seu tempo de criança — quando não respondiam às suas perguntas direito, quando não explicavam as coisas difíceis. Por esse motivo, os leoninos tratam as crianças como gente — do mesmo modo, aliás, como fazem com todas as pessoas que amam. Não é culpa das crianças se elas são mais jovens ou menores que os outros. Com isso, conquistam o respeito das crianças e até dos bebês, que diferenciam os leoninos dos outros adultos que lhes balbuciam coisas sem sentido. Se amam seus filhos, eles lhes dizem — sem beijocas nem caretas —, e funciona. Os pais de Leão não gostam de conversar na língua dos bebês; desde logo forma-se um relacionamento bom e sensato. Possuem uma maravilhosa capacidade de despertar o interesse das crianças pela natureza, pela arte e pelo mundo em geral.

Tome cuidado para não se tornar um pai/mãe muito dominador. A mãe que sonhava se tornar bailarina e força a pequena Mariana a tomar aulas de balé, quando a garota preferiria subir nas árvores com os amigos, pode muito bem ser uma leonina que não deu certo. Os leoninos deveriam orientar os filhos na direção indicada pelo potencial das crianças, e não pelos próprios anseios. Os bons pais leoninos estimulam seus filhos a viver a própria vida, não fazendo deles extensões do seu ego.

Leão: carreira e finanças

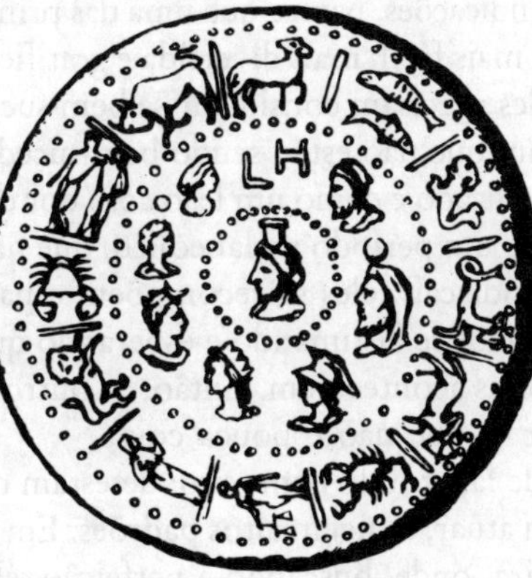

Ao avaliar o potencial leonino, do ponto de vista da carreira, e sua capacidade financeira, é preciso considerar não apenas a motivação psicológica e o modo de expressão atribuídos a Leão, mas também os processos mentais de Mercúrio, e como esses dois fatores combinados podem ser usados da melhor forma possível nas duas áreas. Em seguida, temos a influência de Vênus, planeta tão fortemente associado às finanças e posses como aos relacionamentos. Esse último aspecto também é importante nessa área, pois vai afetar o modo como a pessoa age com seus colegas, sócios e assim por diante. Marte também nos dá indicações sobre o direcionamento da energia, e sem dúvida influencia a parte física — o impulso e a energia empregados no trabalho. Como vamos ver, a influência da combinação dos signos solar e Ascendente é interessante e muito pessoal; mas, se não souber a hora em que nasceu e não puder descobrir qual o seu Ascendente, não fique muito desapontado. Poderá obter bastante informação sobre essa esfera da vida lendo os parágrafos mais gerais.

Seja qual for a carreira escolhida, é importante que todo leonino tenha oportunidade de brilhar, de alguma forma: se trabalhar numa loja de departamentos, ele precisa ter orgulho da sua seção e dos produtos vendidos; se trabalhar na recepção de um hotel, será particularmente competente ao dar as boas-vindas aos hóspedes e fazê-los sentir-se em casa; se for no teatro, o leonino literalmente ocupará o centro do palco. Basicamente, precisa de um emprego onde possa estender sua auto-expressão ao trabalho e ter alguma oportunidade de "se mostrar" (no melhor sentido) — mostrar o que faz, o que tem para vender, tudo. A maioria dos leoninos não se sente bem trabalhando isolado ou num emprego onde tenha de esconder sua capacidade. Para eles, a admiração e a apreciação demonstradas pelos outros é um alimento: uma atitude perfeitamente saudável, desde que usada de forma positiva. A sociedade precisa tanto das pessoas que vibram na luz da ribalta quanto daquelas que preferem assumir um papel mais apagado.

Naturalmente, os leoninos são encontrados em todas as ocupações, porém sua mensagem é: "Estou aqui, isso é o que tenho a oferecer, não é bom?" ou "Isso é o que posso e gosto de fazer, espero que lhe dê prazer!" Naturalmente, podemos substituir "lhe dê prazer" por "faça você se sentir bem, ou feliz, ou menos faminto, ou mais descontraído. . . " dependendo de qual for, efetivamente, a sua ocupação.

Juntando todas essas indicações, parece que uma das principais motivações de Leão é tornar a vida um pouco mais fácil, mais divertida e gratificante, devido a seu esforço e considerável energia. Eles precisam considerar-se bem-sucedidos, segundo seu critério próprio; quando acham que não estão sendo bem-sucedidos, sentem-se muito infelizes. Um leonino não-realizado é como um leão com dor de cabeça — triste, inquieto e miserável. Mas, depois de um período melancólico, que não dura muito em comparação com outros tipos zodiacais, eles se recompõem e partem para a ação. Sabem que não adianta ficar sentados se lastimando e esperando que aconteça alguma coisa: a gente precisa fazer as coisas acontecerem. Então, os outros podem aproveitar o que o leonino tem a oferecer — que não é pouca coisa.

Os leoninos gostam de fazer tudo bem feito; detestam o amadorismo e, em qualquer área em que decidam atuar, atingem altos padrões. Em lugar nenhum isso é mais evidente do que na carreira, onde, buscando a perfeição, eles dão um exemplo para as pessoas menos exigentes. Lutam pelo melhor. Uma moça leonina que trabalhe numa padaria, por exemplo, arruma lindamente os bolos toda manhã, desperta a atenção dos patrões e, depois de algum tempo, passa a gerente — e coitada da subordinada que deixar sujeira de migalhas ou manchas de creme na vitrine! A secretária leonina dirige a vida profissional do seu patrão e é muito mais chefe do departamento do que ele. Ela não apenas quer, mas também *precisa*, trabalhar bem, e assim fazendo expressa ao máximo o seu potencial.

Quando um leonino está empregado, e seu "superior" é ilógico, obtuso ou rude, mas exige "respeito" e quer ser reverenciado, o leonino se rebela. Detesta tarefas maçantes, desnecessárias e que consomem muito tempo, e nessas circunstâncias não costuma brilhar nem desabrochar. Só existe uma coisa que o leonino pode fazer numa situação dessas: dar o fora. Quando é reprimido pelo chefe, ou não consegue trabalhar direito sob suas ordens, é bem possível que isso se deva ao fato de o chefe estar amedrontado, sentindo-se ameaçado pela exuberância leonina e por seu amor à vida. Nenhum leonino deveria permanecer numa situação dessas. Imagine um animado professor leonino numa escola limitada, com um diretor de mente estreita, sem criatividade, dominado por um conselho de administração e morto de medo de perder o emprego. O talentoso e criativo leonino quer fundar uma orquestra escolar e produzir um excitante musical ou uma ópera, mas encontra oposição em toda parte: "Nunca fizemos *isso* antes, os pais não vão gostar". Esta seria uma situação horrível para o alegre leonino, que nunca deveria persistir em tais circunstâncias, mesmo que o emprego fosse, sob outros pontos de vista, desejável. Os leoninos jamais deveriam permitir que seu estilo e sua capacidade fossem tolhidos pela estreiteza mental e fraqueza de caráter, ou simplesmente pelo medo. Os leoninos que assim procedem agem contra sua própria natureza e mais tarde se arrependem.

Os leoninos podem escolher uma ampla gama de carreiras e encontram um lugar em muitas áreas da vida. A natureza do trabalho em si é menos importante do que as oportunidades de auto-expressão no emprego. Isso é mais importante para Leão do que para a maioria dos tipos zodiacais. Mesmo concordando em se submeter e realizar qualquer tipo de tarefa, as condições de trabalho têm muita importância, assim como o tipo de pessoas que estão acima deles e suas atitudes, pois não têm paciência com pessoas enfadonhas e, naturalmente, não querem receber ordens delas. Também não toleram situações onde eles e seus colegas não possam falar e fazer sugestões para a melhoria das condições de trabalho. Quando a situação é satisfatória, o leonino trabalha bem e aproveita todas as oportunidades de fazer horas-extras em projetos interessantes. Tudo o que precisam fazer — mesmo que seja apenas varrer a rua ou dirigir um caminhão — eles fazem bem-feito e com empenho.

A ação de Mercúrio

Verifique a posição de Mercúrio

Mercúrio em Câncer

Sua memória é excelente. Isso pode ser muito útil na carreira, e se aplica a muitos tipos de trabalho. Você pode sentir-se atraído pela história e pelo passado em geral, e gostar de trabalhar no comércio de antigüidades, em biblioteca, arquivo ou museu.

Mercúrio em Câncer aumenta a sua imaginação e, assim, é possível que tenha uma inclinação real pelo trabalho artístico. Você é sensível e tem o instinto de cuidar e proteger, podendo ficar muito satisfeito com a enfermagem ou cuidando de crianças. Por outro lado, qualquer tipo de trabalho de restauração pode interessá-lo.

Se lidar profissionalmente com adolescentes e for bem mais velho do que eles, creio que precisará desenvolver um interesse consciente pela situação e preocupações deles; caso contrário, sua tendência será sempre a de comparar os padrões atuais com os do passado, não acompanhando a evolução dos tempos tanto quanto deveria.

Quando estuda, sabe organizar muito bem o tempo de que dispõe. Como tem boa memória, pode preparar-se com bastante antecedência, e não é provável que esqueça os fatos de importância fundamental na época dos exames.

Mercúrio em Leão

Se Mercúrio estava em Leão com o Sol, provavelmente você gosta de uma rotina constante e pode achar difícil ser flexível. Gosta de saber em que pé está e o que precisa fazer e, sendo leonino, você mesmo determina isso.

Orgulha-se muito do que faz e não hesita em dizer a todos qual o seu trabalho e a sua empresa. Tem simpatia por empresas que fabricam ou vendem produtos de qualidade. Ou, por exemplo, se leciona, seu desejo é trabalhar na melhor escola da cidade. Sua visão é ampla, mas para você é particularmente importante pensar em *qualidade* e trabalhar sempre em lugares que mantenham altos padrões; sua atitude em relação ao trabalho não fica a dever nada a ninguém, pois seu senso leonino de orgulho é muito forte. Tente arrumar um emprego onde possa usar sua capacidade de organização, mas lute, conscientemente, contra suas tendências à rigidez e à teimosia.

Sua atitude em relação aos estudos é menos aventureira que a de muitos de seus colegas, mas seus trabalhos têm uma fundamentação que impressiona os professores. Seu pensamento pode ser construtivo e criativo. Na época dos exames, se se preparar tendo em mente o alto padrão que se espera de você, deverá sair-se muito bem.

Mercúrio em Virgem

Você possui a capacidade de trabalhar minuciosamente em tarefas que exigem atenção e engenhosidade. Pode ter jeito para cálculos, e portanto a contabilidade será conveniente para você, assim como a eletrônica. A computação também pode ser gratificante. Você é por natureza crítico e não tem dificuldade em preparar relatórios e estudos de tempo e movimento, reorganizar arquivos e qualquer espécie de sistema de estocagem de dados. Sua criatividade pode muito bem voltar-se para a literatura e o jornalismo, ou pode ter uma excelente evolução na pesquisa científica. Qualquer carreira especializada voltada para a descoberta de fatos é adequada. Também pode tornar-se um bom professor ou conferencista. Talvez o campo da saúde o atraia: dietas, vegetarianismo, ginástica. . . tudo isso pode ser a sua área. É autocrítico e em geral investiga todas as possibilidades para chegar à raiz das coisas.

O estudo, sem dúvida, lhe dá prazer. Mas, se puder, tente não se prender muito a detalhes, pois poderá perder com uma certa facilidade a visão geral do projeto. Você impressiona pela limpeza e boa apresentação dos trabalhos. Entretanto, tente descansar um pouco antes dos exames, pois o nervosismo pode prejudicar o seu rendimento.

Vênus: finanças e relacionamentos

Verifique a posição de Vênus

Vênus em Gêmeos

Se Vênus está em Gêmeos na sua carta astral, é preciso controlar a tendência a gastar demais com roupas, pois você quer andar na moda. Tem vontade de ganhar dinheiro, mas isso absolutamente não é o que mais importa em sua vida. Gosta de gastar bastante em divertimentos, viagens, livros, música, discos. Ótimo, mas tente ser prático; assim, quando tiver um compromisso a longo prazo, poderá abordar o gerente do banco com uma certa confiança.

Gosta de investir e especular, e é bem possível que o ramo das lojas de departamentos e do comércio varejista seja lucrativo para você. Demonstra interesse pelas empresas nas quais investe, e, em vez de se aborrecer, fica fascinado ao ler os seus relatórios anuais.

Você é um colega entusiasmado e maravilhoso: as pessoas próximas gostam da sua companhia. Se for empregador, terá fama de se dar bem com os funcionários adolescentes; os outros dirão a seu respeito: "Fulano sabe como lidar com eles!", e repetirão um trecho de conversa ou uma brincadeira que você fez com o caçula do escritório na última semana.

Vênus em Câncer

Com esse posicionamento, você se encontra entre os mais sagazes leoninos. Tem um senso natural para negócios e é possível que seja arguto para lidar com dinheiro. Desenvolverá um faro excelente para negócios e oportunidades; portanto, se decidir trabalhar por conta própria ou fundar uma firma, com todas essas qualidades mais a sua capacidade leonina de organização, deverá ser bem-sucedido. Se você tiver vontade de iniciar um negócio em qualquer época de sua vida, não descarte a idéia, mas lembre-se de que é possível que pense grande demais, principalmente se Mercúrio também estava em Leão quando você nasceu.

Poderá se interessar por investimentos na indústria pesqueira, de laticínios ou de produtos para mães e filhos. O ramo de hotelaria e abastecimento pode ser muito interessante e compensador, e você poderá montar seu negócio nessa área.

Sendo amável, quer tomar conta de seus empregados, e essa sua qualidade é apreciada. Se trabalhar como empregado, seus colegas possivelmente verão em você uma figura de mãe ou pai, a despeito da idade. Digamos, por exemplo, que alguém se machuque; a tendência geral será chamá-lo.

Vênus em Leão

Se Vênus estava em Leão com o Sol no seu nascimento, é preciso ganhar bastante dinheiro para manter seu estilo de vida dispendioso e agradável. Você compra o melhor, e desde criança seus olhos iam direto para o brinquedo mais caro da loja, quando lhe pediam para escolher um presente. Não dá para evitar: você é assim. Realmente aprecia tudo o que é bonito e bem-feito, e gosta de ter artigos de qualidade para usar e vestir. Com seu gosto apurado, deveria investir em firmas de alta qualidade. Por exemplo, se escolher a indústria automobilística, compre ações de empresas que fabricam carros de luxo, e não das que produzam pequenos carros familiares. Ouro e jóias também servem como investimento. Entretanto, lembre-se de que o seguro desses itens é caro.

Para seus colegas, provavelmente você é o "chefe da turma", e gosta desse papel. E, se for o chefe, é do tipo generoso: os programas com o pessoal serão memoráveis, mesmo que custem uma fortuna. Mas isso vai fazer com que seus empregados gostem imensamente de você.

Vênus em Virgem

Este posicionamento lhe dá uma capacidade natural para economizar e fazer seu dinheiro aumentar. Você não desperdiça muito em bobagens, embora goste de belos utensílios para cozinha e seja capaz de gastar uma grande quantia em lençóis de boa qualidade, seda pura, lã ou produtos nacionais típicos. Seu gosto é menos exuberante do que o de muitos leoninos, o que é bom do ponto de vista econômico.

É possível que você deposite seu dinheiro no banco ou invista numa área de crescimento lento, porém constante. A agricultura e a horticultura são áreas muito apropriadas para você, bem como as comunicações e empresas jornalísticas.

Provavelmente é a pessoa que mais trabalha no seu departamento, e às vezes os outros podem se aproveitar desse fato; portanto tome um pouco de cuidado para que seus colegas, que conhecem seu bom gênio, não sobrecarreguem a tal ponto a sua cota de trabalho que você acabe constantemente fazendo mais do que deveria.

Como chefe, é amável e generoso, mas às vezes pode exagerar na crítica e tornar-se um pouco implicante. Se estiver descontente, tem a capacidade de explicar por que precisa de um alto padrão e espera que ele seja atingido; depois disso, pague um drinque para o seu empregado.

Vênus em Libra

Com Vênus em Libra, provavelmente você está bem colocado na lista dos leoninos extravagantes. Entretanto, como logo aprende que a vida é chata sem os confortos materiais, aprende igualmente depressa que, para garantir o conforto, é preciso saber esticar o dinheiro.

Como iniciativa é o que não lhe falta, pode usar sutilmente essa qualidade para organizar suas finanças; para você pode ser muito melhor trabalhar com um sócio do que sozinho, e talvez acabe desempenhando o papel de uma espécie de patrocinador ou sócio passivo de alguém que tenha algum plano interessante em mente, ou em cujo trabalho você confie. Até chegar esse dia, sugiro que converse com o gerente de seu banco sobre a possibilidade de deixar de lado uma parcela regular da sua renda — quanto *menos* ficar em suas mãos, melhor! — para que você tenha algo seu, e para que o seu dinheiro não passe totalmente para o bolso dos donos dos restaurantes aonde você leva seus amigos!

Você consegue fazer com que as pessoas trabalhem muito por você, pois seu charme é irresistível. Isso também se aplica quando é o empregador; você realmente obtém o máximo de seus empregados, e eles o apreciam por isso.

Ascendentes e carreira

Verifique primeiramente o seu signo Ascendente

Observação: carreira e Meio-do-Céu

Se você desenvolver o interesse pela astrologia, uma das primeiras coisas que vai estudar — mas que está fora do alcance deste livro — é o Meio-do-Céu. Grosso modo, este é o signo imediatamente acima de sua cabeça, no momento de seu nascimento. É tão importante em relação à carreira, à expressão no mundo exterior e à identificação com objetivos de vida, quanto o seu Ascendente em relação à sua personalidade. Combiná-lo com o Ascendente é complicado, e seria impossível num livro deste porte; entretanto, esteja certo de que pensei nas várias possibilidades, ao escrever os parágrafos seguintes, relacionadas com a escolha de uma profissão ou ocupação.

Leão com Ascendente Áries

Você é ambicioso e bom para organizar. Pode se enquadrar bem no exército e tem potencial para se tornar oficial. Se estiver numa grande empresa, terá uma ascensão contínua. A arquitetura, a ciência, a matemática ou o esporte profissional podem se harmonizar com o seu esquema de vida. Domine a impaciência: não seja agressivo demais.

Leão com Ascendente Touro

Se for criativo, provavelmente se expressará por meio da escultura e da música, que podem até tornar-se a sua profissão. Mas você é dotado de excelente tino comercial e pode dirigir um negócio próprio. Bancos, finanças e imóveis são convenientes para você. O trabalho como esteticista ou em qualquer área luxuosa também é uma possibilidade. É muito disciplinado e necessita de segurança financeira.

Leão com Ascendente Gêmeos

Você pode ter êxito trabalhando nos meios de comunicação ou como empresário de artistas. A área de viagens e o setor de vendas são muito apropriados. O correio e as telecomunicações também são convenientes, assim como qualquer área agitada onde você tenha mobilidade e onde haja bastante variedade. Cuidado com a rotina e os trabalhos maçantes, mas não tente fazer mudanças demais.

Leão com Ascendente Câncer

Se desejar, abra um restaurante; provavelmente vai dar certo. Você pode ser um excelente professor de crianças pequenas, enfermeiro, lidar com o comércio de antigüidades ou o trabalho em museus. Igualmente a navegação, a marinha — na verdade, qualquer carreira relacionada com o mar — poderão ser satisfatórias.

Leão com Ascendente Leão

Você precisa ocupar o centro do palco e estar num lugar onde possa se mostrar! Não necessariamente no teatro, mas talvez como um cirurgião muito conceituado, ou o comprador-chefe numa grande loja. Pode ser o chefe dos garçons, o gerente de um hotel, o guia — pode escolher. Mas não escolha nada que coíba o seu estilo.

Leão com Ascendente Virgem

Provavelmente você precisa trabalhar nos bastidores e deixar que o seu trabalho fale por você. Pode ser escritor ou jornalista, mas não repórter, que tem de se locomover muito. Embora necessite de segurança, pode dirigir um negócio próprio, possivelmente vendendo artigos feitos a mão, talvez por você mesmo. A floricultura, a horticultura, os alimentos naturais e a agricultura são possibilidades.

Leão com Ascendente Libra

Você se daria bem trabalhando com recursos humanos ou relações públicas; o Ministério do Exterior é uma possibilidade, mas o salão de cabeleireiro é outra! Possui aquele jeito especial com os clientes e inspira confiança. Tente não arranjar um trabalho onde você não tenha contato com as pessoas. Pode ser um excelente representante de qualquer grande empresa.

Leão com Ascendente Escorpião

Para você, é necessário envolver-se emocionalmente com o trabalho. Não escolha nada que seja apenas um emprego. Pesquisa, medicina, psiquiatria, análise, comércio de vinho e petróleo são excelentes áreas. Também podem ser fascinantes os altos negócios e as finanças, a indústria de computadores e a mineração.

Leão com Ascendente Sagitário

O ensino (talvez de arte), a literatura, as publicações, viagens, traduções, o direito e a Igreja são possibilidades. Você precisa de desafios, atividades variadas e de liberdade de expressão. Poderá trabalhar com animais — a carreira de veterinário ser-lhe-á muito estimulante. Não negligencie, contudo, a sua criatividade.

Leão com Ascendente Capricórnio

Você pode acabar numa posição isolada, pois é ambicioso, e é bem possível que chegue ao topo de alguma grande empresa. O ensino e a política a nível local ou nacional podem ser boas escolhas. A sua carreira pode tomar um rumo convencional; você precisa de segurança financeira.

Leão com Ascendente Aquário

O seu desejo não é ter um emprego medíocre; é preciso um tempero de originalidade no trabalho. Gostará de ser comissário de bordo ou ocupar algum outro cargo numa empresa de aviação. A televisão (técnica ou trabalho em estúdio) pode absorvê-lo, e, se for louco por teatro, estará no caminho certo. Você é humanitário e pode ser atraído pelo trabalho assistencial, mas o mesmo pode acontecer com a arqueologia, a astronomia. . . e a astrologia!

Leão com Ascendente Peixes

Provavelmente você daria um fotógrafo maravilhoso, pois é criativo e deveria expressar esse talento no trabalho. Pode passar de modelo a fotógrafo, assim como ser enfermeiro ou assistente social. Ilustração de livros, publicações e comércio de calçados são outras possibilidades.

Virgem

Negativo
Planeta regente: Mercúrio
Triplicidade ou elemento: Terra
Quadruplicidade ou qualidade: mutável
Cores: azul-marinho, marrom-escuro, verde
Pedra preciosa: sardônix
Metal: mercúrio ou níquel
Flores: todas as de cores vivas, as pequenas flores como a anêmona
Árvores: as que dão nozes (junto com Gêmeos)
Ervas e especiarias: as de coloração ou flores de tom amarelo-brilhante e azul
Alimentos: vegetais que crescem debaixo da terra
Animais: todos os animais domésticos
Países: Grécia, Turquia, EUA (Estado da Virgínia), Brasil, Nova Zelândia
Cidades: Boston, Heidelberg, Paris, Atenas

Dos doze signos é Virgem provavelmente o mais atarefado e o que tem mais a fazer durante o trabalho. Mas os virginianos nem sempre são bem organizados e às vezes costumam fazer mais do que é preciso para obter o resultado desejado.

De maneira geral, os virginianos fazem o possível para agradar os amigos e a família; às vezes tornam-se quase escravos das pessoas que amam, e a tradição astrológica que diz "Virgem serve" não deixa de ser verdadeira. Sob muitos aspectos, eles gostam de servir, característica ligada a uma de suas motivações psicológicas básicas. Os amigos deveriam incentivá-los a expressar suas capacidades um pouco mais livremente, pois eles têm tendência a esconder seus maravilhosos talentos debaixo de uma capa de autêntica modéstia.

Os virginianos são muito críticos, de si mesmos e dos outros, e muitas vezes encontram uma expressão para essa característica no trabalho — são excelentes críticos, jornalistas, investigadores e professores. São versáteis e têm a mente muito rápida, mas são dados a se preocupar.

No amor, os virginianos são muito modestos, muitas vezes demonstrando uma maravilhosa e autêntica timidez; mas sua tendência crítica pode prejudicar o relacionamento, pois pequenas manias do companheiro podem irritar um virginiano e assumir uma grande importância.

Os pais de filhos virginianos sabem quando eles estão preocupados com problemas escolares. O estômago e os intestinos são as áreas do corpo associadas a Virgem, e tanto as crianças como os adultos sofrem de desarranjos nessa área, sintomáticos da preocupação. Os amigos podem incentivar os virginianos a usar seu talento prático e analítico para vencer as dificuldades.

Virgem nas amizades, no amor e no casamento

Uma das coisas de que você menos gosta nos outros é a tendência a fazer generalizações radicais. Suas faculdades críticas e analíticas virginianas entram em cena, e você começa a questioná-los até descobrir em que baseiam suas afirmações. Freqüentemente, é claro, você descobre que não há base alguma.

Pode ser que você já tenha dado uma resposta assim a alguém que tenha dito que vocês não poderiam se dar bem porque os seus "signos" são incompatíveis. Bem, em primeiro lugar, todos nós somos uma combinação dos doze signos do Zodíaco, enfatizados de várias formas; em segundo lugar, qualquer afirmação desse gênero, baseada apenas nos signos solares, é quase um total disparate. Eu digo "quase", porque é bem possível existir um certo grau de bem-estar entre pessoas que têm signos solares do mesmo elemento (veja a página 102); no seu caso, os taurinos e os capricornianos também são do elemento Terra. As pessoas cujo elemento é Água (Câncer, Escorpião e Peixes) também podem facilmente fazer amizade com você, enquanto Gêmeos, Libra e Aquário (Ar) e Áries, Leão e Sagitário (Fogo) são signos que têm uma leve tendência a ficar menos à vontade com Virgem.

Porém, pode ser que você tenha Mercúrio (planeta regente do seu signo solar) em Leão ou Libra, ou Vênus em um desses dois signos; nesse caso, este poderia tornar-se um vínculo muito agradável entre você e alguém com o Sol num desses dois signos. E sem dúvida um geminiano seria um amigo ou amante interessante, pois Gêmeos também tem Mercúrio como planeta regente (embora, de vez em quando, você possa achar os geminianos bastante exasperantes!).

É tolo, e um pouco lamentável, evitar ou deixar fenecer um relacionamento simplesmente devido a essa espécie de suposta incompatibilidade. Somente quando um mapa natal completo é avaliado e comparado com o de outra pessoa é que se pode tirar uma conclusão segura; e, mesmo assim, nenhum bom astrólogo jamais o aconselharia a deixar de ver alguém. O que se pode fazer é ressaltar áreas de compatibilidade e outras onde se podem esperar dificuldades. Por exemplo, você, como um virginiano, é naturalmente modesto, o que o torna um pouco tímido; também tem uma tendência a se preocupar e é meio crítico. Será que suporta uma pessoa espalhafatosa ou preguiçosa, que gaste muito em luxo e goste de viver com extravagância? Será que suporta alguém que exija muito de você do ponto de vista sexual? Tudo isso pode ser avaliado por meio do estudo da carta astral completa, e é o tipo de coisa que um astrólogo pode encorajá-lo a considerar, para que você possa fazer os ajustes necessários, talvez desenvolvendo interesses e *hobbies* comuns para uni-los mais, e assim por diante.

O que conta é o estudo detalhado dos mapas natais. Lendo este livro, você vai entender isso; usando as tabelas nas páginas finais, poderá encontrar as posições dos seus planetas e do seu amante em potencial (ou, aliás, do seu sócio) e descobrir quais são as suas reações e as dele nas várias áreas da vida. A essa altura, você já descobriu o seu Ascendente, que é muito importante, porque alguns dos melhores relacionamentos permanentes ocorrem entre casais que têm ênfase nos signos opostos ou polares: signos que ficam em oposição no Zodíaco (veja página 102). Por exemplo, se o seu Ascendente é Virgem e o do seu parceiro, é Peixes, é um bom começo. Ou talvez a sua Lua esteja em Capricórnio, enquanto o Ascendente do seu parceiro é Câncer.

Lembre-se, também: se o signo lunar do seu parceiro for Virgem, haverá uma relação muito profunda e instintiva entre vocês; serão capazes de captar o estado de espírito um do outro, e, do ponto de vista psicológico, terão uma poderosa base para construir algo. Marte pode ser uma boa indicação de compatibilidade sexual e de expressão da energia. Se houver indícios de negatividade, se aparentemente houver intervenção de raiva ou agressão, talvez você possa usar outras áreas do mapa para melhorar o fluxo de comunicação entre os dois, para que ele se manifeste por meio de um esforço mútuo positivo ou de uma reação sexual ativa.

Na realidade, comparar apenas os signos solares é de uma incrível estreiteza mental. Com a ajuda deste livro, você pode fazer muito mais do que isso, e verá que vale a pena tentar.

Virgem nas amizades

Empenha-se para manter suas amizades, da mesma forma que age em outras esferas da vida. Seu desejo é tornar seus amigos felizes, e não se contenta enquanto não faz tudo o que pode para ter certeza de tê-los aliviado do maior número de tarefas e ansiedades possível.

Com tudo isso, é provável que você se ocupe demais, proporcionando-lhes conforto material, e que não tire tanto prazer de sua companhia e de sua conversa quanto, talvez, deveria. Tende a se agitar à volta dos amigos, puxando um banquinho para eles colocarem os pés, correndo para buscar um livro pelo qual demonstraram interesse, trazendo uma xícara de café, e, nesse processo, você deixa de ver *as pessoas.* É uma delícia ser servido, mas nós, dos outros signos zodiacais, queremos que nossos amigos virginianos fiquem conosco, queremos curtir sua companhia, e não simplesmente vê-los correr para nos servir. Não pense que não é apreciado; você é. Mas deixe que *nós* tenhamos uma chance de ajudá-lo, principalmente quando precisa dessa ajuda; logo imagina que seus amigos, possivelmente, não disporão nem de tempo nem de energia, e que você precisa batalhar sozinho. Não é verdade! A maioria dos seus amigos está em débito com você. Não siga em frente aos tropeços quando necessita de um braço para se apoiar. Aprenda a se apoiar, de vez em quando, que lhe fará bem.

As pessoas atarefadas em geral são interessantes, e você consegue despertar o interesse dos outros. Você os incita a agir, a aprender uma nova técnica, a se interessar ativamente por um novo esporte ou exercício, seja o que for. . . eis outro motivo para as pessoas gostarem de você! Mas tome um pouco de cuidado para não criticar demais os seus amigos. Quando lhe perguntarem sua opinião, aprenda a aprimorar o seu tato e assuma, conscientemente, uma postura mais branda. Embora saiba que a sua crítica aos esforços de algum amigo não tenha qualquer significado pessoal, é quase inevitável que a interpretação dos outros seja pessoal. É dotado de uma capacidade virginiana de crítica meio especial, excelente e fundamentada, mas que os outros podem ter dificuldade em aceitar. Tente sempre fazer comentários construtivos, e diga primeiro as coisas boas e positivas.

Você conserva os amigos por muito tempo, uma excelente qualidade. Adora ter uma grande variedade de *hobbies* e atividades para as horas de lazer que, por serem pontos focais da sua vida, devem ser compartilhados, pelo menos em parte, por seus amigos. Tem facilidade para ensinar ou ajudar os outros, caso decidam exercer um *hobby* parecido com um dos seus. Mais uma vez, lembre-se de elogiar e ser construtivo quando é preciso mostrar os pontos falhos. E não se sinta sempre na obrigação de fornecer o almoço; pode ser que *eles* queiram alimentá-lo de vez em quando!

Virgem no amor

A modéstia de Virgem pode fazê-lo conter-se um pouco e subestimar seus poderes de atração. Se você achar que o máximo que pode conseguir de uma pessoa atraente é um aceno de cabeça, com toda a certeza está se desmerecendo. Se constatar que esse pensamento é freqüente, é preciso aumentar sua autoconfiança. A sua modéstia, em si, é extremamente atraente e deixa passar um enorme charme, que o ajuda a ter uma vida amorosa gratificante.

Mas é claro que as coisas podem não ser assim tão simples. Se a sua relutância em se envolver sexual ou emocionalmente parecer de fato estar impedindo o desenvolvimento de um relacionamento, é bom fazer um pouco de auto-análise. Será que você está com medo do sexo, ou de suas possíveis conseqüências? Será que a sua apreensão inerente tem raízes no receio de que talvez qualquer parceiro, inevitavelmente, irá considerá-lo menos atraente ou menos satisfatório na cama do que outras pessoas que possa ter conhecido no passado? Será que a rejeição iria acabar completamente com você? Tente, se possível, determinar se há alguma área predominante nas suas atitudes ou na sua personalidade que o impede de relaxar num relacionamento. Se houver, e se não puder resolver sozinho a questão, converse com algum amigo compreensivo ou talvez com um conselheiro profissional, tal como um astrólogo.

Vamos olhar, no entanto, o lado brilhante e supor que você já superou qualquer timidez infantil que possa tê-lo atormentado. Assim, supomos que o seu interesse e entusiasmo por sexo sejam normais. Nesse caso, só é preciso tomar cuidado com uma ou duas coisas, principalmente a possibilidade de seu parceiro se entediar. Faça experiências, explore as várias possibilidades do ato do amor, mantenha tudo vivo. Qualquer parceiro gostará se você aprimorar a sua técnica. Afinal de contas, é o perfeccionista do Zodíaco; por que não mirar alto na área sexual? É o que você faz? Bom, então tudo bem!

Necessita de segurança e permanência nos relacionamentos pessoais. Como Mercúrio é o seu planeta regente, você também precisa de um forte elemento de amizade para complementar o vínculo sexual. A *comunicação* intelectual é essencial, para dar à parceria uma qualidade de vida e interesse o tempo todo em que estão juntos. É preciso que tenham muito assunto para conversar, e é bom que o seu parceiro esteja um pouco à sua frente intelectualmente para estimulá-lo sempre com novas idéias, sem você se entediar nem se extenuar. Mas, mesmo assim, precisa ser um interlocutor à altura. Você sempre foi do tipo que faz *e* responde às perguntas. Continue assim!

Virgem no casamento

Depois de ter decidido assumir o compromisso de um casamento ou de um relacionamento permanente, sentirá um cálido senso de segurança, uma certa curiosidade e uma leve apreensão. Tente fazer com que predomine a segurança. Nesse caso, verá florescerem os sentimentos positivos que tem por seu companheiro, e perceberá que descobriu algo muito gratificante e satisfatório.

É importante você relaxar no casamento. Não fique se censurando pelo que *deveria* ter feito para o jantar, se o seu chefe não o tivesse feito trabalhar naquele relatório até a loja de frios ter fechado. É muito melhor seu parceiro encontrá-la relaxada e tranqüila, do que completamente fora de si por causa de algum detalhe insignificante não resolvido.

Estou enfatizando esse aspecto porque é bem possível que os seus traços virginianos o tornem muito alvoroçado com a aparência da casa e consumam demais o seu tempo. Se o seu companheiro acusá-lo de colocar as coisas materiais acima dele, considere a validade da acusação.

Os maridos virginianos se consideram o "chefe da casa" e têm a mesma propensão a se sobrecarregar de trabalho no escritório, com o objetivo de ganhar dinheiro — naturalmente, para poder manter uma "boa" casa —, como as esposas se tornam superenvolvidas com o trabalho doméstico. Quando uma esposa se sente negligenciada pelo marido virginiano, preocupado demais com algum novo contrato, é provável que ela fique impaciente; quando os esforços da esposa virginiana para manter a casa limpa passam despercebidos, ela começa a reclamar de pegadas lamacentas no piso limpo da cozinha. No casamento, os virginianos precisam lembrar-se de que o seu ardente interesse pelo que parecem ser questões pressionantes pode ser muito menos justificável aos olhos do companheiro.

Como pais, os virginianos são estimulantes. Sempre têm, em casa, muitos livros de referência para satisfazer a curiosidade dos filhos, cujas pesquisas são incentivadas. Contudo, preciso enfatizar mais uma vez o elemento virginiano de crítica, que pode ser muito áspera em relação às crianças. Você dá valor aos esforços delas, mas se a pintura "sai da margem" naquele esplêndido cartão de aniversário feito com tanto esforço, é o primeiro a chamar a atenção. Tente seriamente ignorar o fato, mostre um pouco de entusiasmo real, elogie. Mantenha a crítica em bases construtivas, e as crianças, por sua vez, desenvolverão atitudes e perspectivas positivas e construtivas em relação a projetos e interesses.

Outros pais podem considerar a sua atitude com os filhos um pouco fria e distante. Pergunte a si mesmo se é verdade, se não precisaria tentar ser um pouco mais brando e emocional. Isso se aplica principalmente ao caso da criança sensível ou emotiva, que talvez tenha o signo solar no elemento Fogo ou Água (veja página 102). Filhos de signos de Ar ou Terra provavelmente reagirão melhor à sua personalidade. De qualquer forma, não terá dificuldade em estabelecer uma excelente comunicação com seus filhos, pois é capaz de ter uma amizade significativa com eles, criando um relacionamento gratificante, coroado por um entusiasmado intelectualismo.

Virgem: carreira e finanças

Ao avaliar o potencial virginiano do ponto de vista profissional e de sua capacidade financeira, é preciso considerar não apenas a motivação psicológica e o modo de expressão atribuídos a Virgem, como também os processos mentais de Mercúrio, e como esses dois fatores combinados podem ser usados da melhor forma possível nas duas áreas. Em seguida, temos a influência de Vênus, planeta tão fortemente associado às finanças e posses como aos relacionamentos. Esse último aspecto também é importante nessa área, pois vai afetar o modo como a pessoa age com seus colegas, com seus sócios e assim por diante. Marte também nos dá indicações sobre o direcionamento da energia, e sem dúvida influencia a parte física — o impulso e a energia empregados no trabalho. Como vamos ver, a influência da combinação dos signos solar e Ascendente é interessante e muito pessoal; mas, se não souber a hora do seu nascimento e não puder descobrir o seu Ascendente, não fique muito desapontado. Poderá obter bastante informação sobre essa esfera da vida lendo os parágrafos mais gerais.

Como acontece com todos os signos zodiacais, é claro que encontramos virginianos em todas as profissões; mas, evidentemente, eles se sentem mais à vontade em alguns empregos do que em outros. Um cargo onde haja pouca atividade não serve para eles. Por exemplo, um virginiano logo se cansaria se tivesse de tomar conta de um antiquário de alta classe com poucos clientes e pouco a fazer, além de tirar o pó e fazer arrumação. Numa situação dessas, qualquer virginiano, na realidade, encontraria formas de se ocupar, por exemplo, estudando; mas provavelmente teria problemas de consciência por estar usando o horário de trabalho para fins pessoais, mesmo que não houvesse mais nada a fazer, e se sentiria muito melhor se o emprego exigisse mais do seu tempo e de sua energia.

Os virginianos gostam de muita agitação e inventam trabalho onde não existe. Num escritório, é muito provável ver-se um virginiano limpando o arquivo enquanto todo mundo está no intervalo para o café. São eles que regam as plantas, que tanto dão prazer a todas as pessoas do departamento.

O virginiano é o secretário ou assistente pessoal ideal e, nesse papel, faz mais do que se esperaria de qualquer um. Depois de saber o que se espera deles, os virginianos são maravilhosamente eficientes; mas é preciso dizer-lhes exatamente em que pé estão e o que têm, precisamente, a fazer. Depois de receber instruções precisas, eles deslancham, e todos, do diretor à copeira, podem ter certeza de que estarão sempre lá, dirigindo a estrutura toda como uma máquina bem lubrificada, controlando o nível de óleo ou, se necessário, levando a lubrificação até as pessoas menos eficientes.

Muitos virginianos trabalham em veículos de comunicação por influência de Mercúrio, seu planeta regente, que lhes dá uma forte necessidade de se comunicar. Destacam-se como críticos, jornalistas investigativos e escritores de todo tipo — o número de romancistas virginianos, por exemplo, está muito acima da média. Sentem-se bem no ambiente escolar ou universitário e gostam de lecionar e fazer conferências, o que possibilita a expressão positiva de suas bem-desenvolvidas faculdades críticas. Muitas vezes têm fama de severos com os alunos ou os empregados. Mas essa aparente severidade é, de fato, vontade de ser eficiente: apresentação limpa dos trabalhos e cumprimento do cronograma. Por fazerem questão desse tipo de coisas, muitos virginianos, provavelmente, ficam com a fama meio indesejável de caxias.

Os virginianos se sentem bem em espaços abertos. Embora muitos deles se envolvam com a corrida de ratos das cidades e fiquem presos atrás de escrivaninhas, na realidade é muito mais natural, para eles, trabalhar ao ar livre, por exemplo, na agricultura, horticultura ou em topografia. Gostam de ver o crescimento, seja de uma planta ou de um prédio.

Ao escolher uma carreira, os virginianos deveriam considerar seriamente o campo da saúde e da medicina. Mesmo que eles não sejam feitos para a medicina convencional, há muitas outras áreas em que podem se realizar. Podem, por exemplo, estudar alguma área da medicina alternativa, como a acupuntura ou a homeopatia, métodos que estão se tornando cada vez mais populares. Os centros de saúde também podem ser um ambiente de trabalho condizente com eles, na prática de alguma forma de terapia ou simplesmente tomando conta da recepção. Os virginianos gostam de servir, ajudar as pessoas a chegar à melhor forma física, aliviar a dor e o sofrimento dos doentes. É algo que lhes é satisfatório e gratificante.

Há muitos virginianos criativos; os que estiverem pensando em fazer um curso de arte provavelmente se sairão melhor especializando-se em alguma atividade que empregue materiais naturais, como cerâmica ou tecelagem. Como Virgem é um signo de Terra, a terra e seus produtos muitas vezes são uma considerável fonte de inspiração.

Os virginianos precisam ter em mente sua tendência à preocupação e que não são eles os melhores líderes e organizadores entre os doze signos solares. Se, no começo da carreira, tiverem um cargo que implique muita responsabilidade, podem ficar extremamente preocupados com o emprego e com sua capacidade de dar conta, possivelmente a ponto de prejudicar sua saúde. No tempo devido, com a experiência, tudo dará certo; mas eles necessitam de tempo para se aclimatar a uma posição de responsabilidade. Também é preciso que se perguntem se desejam, na realidade, o cargo de chefe, o centro das atenções. Com muita freqüência, este simplesmente não é o cenário do virginiano.

Não é preciso se subestimarem, nem acreditarem que os cargos proeminentes estejam fora de questão; mas também não deveriam se sentir inferiores se acreditarem, realmente, que seria melhor trabalhar como subordinado e não como chefe. Eles podem obter muito mais satisfação na carreira se não se empoleirarem no galho mais alto da árvore. Muitas vezes, no alto, há uma ênfase na administração, o que significa abdicar de grande parte do trabalho que a pessoa está capacitada a fazer. Eu disse que muitos virginianos gostam de lecionar. Entretanto, como diretores, eles ficariam felizes se pudessem dar duas ou três aulas por semana, passando o resto do tempo às voltas com orçamentos, reuniões de diretoria e organização de cronogramas. Esse tipo de coisa pode acontecer em muitas profissões e nem sempre é do agrado dos virginianos. São dedicados à sua ocupação, qualquer que seja ela, e a recompensa financeira adicional pode não compensar o distanciamento da prática efetiva.

A ação de Mercúrio

Verifique a posição de Mercúrio

Mercúrio em Leão

Se Mercúrio estava em Leão quando você nasceu, sua mente percebe rapidamente as situações de uma forma ampla e abrangente. Isso é excelente, e creio que terá mais facilidade que a maioria dos virginianos em se adaptar a um cargo proeminente e de responsabilidade, se tiver oportunidade. Você é resoluto, o que o ajudará ao longo do caminho. Tente admitir que às vezes pode parecer meio teimoso, e lembre-se de desenvolver conscientemente a flexibilidade, ouvindo os outros com atenção e respeitando suas opiniões, sem medo de reconhecer quando está errado.

É dotado de boa capacidade de organização e pode usá-la proveitosamente. Tem mais facilidade em controlar uma situação do que a maioria dos virginianos e não deve ter medo de assim proceder. Se estiver estudando na época dos exames, não terá dificuldade em elaborar e seguir uma rotina bem-planejada. Mesmo assim, você gosta de aproveitar a vida e deve se esforçar um pouco às vésperas da prova. Mas a maratona de última hora não é para você; continue trabalhando devagar e firme, com organização.

Mercúrio em Virgem

Se Mercúrio estava junto com o Sol em Virgem no seu nascimento, é preciso ter muito cuidado para não se prender demais a detalhes, porque, cortando todos os "tês" e pondo os pingos em todos os "is", pode perder a perspectiva de conjunto do que está tentando transmitir. Você é de grande valia para qualquer organização: toda estrutura precisa ter alguém com a sua personalidade. Mas, às vezes, pode ser que os outros fiquem mais do que saturados com a sua implicância com coisas pequenas, o que, finalmente, pode retardar o progresso. É possível que precise fazer concessões. Aqui vai algum material para fazê-lo pensar. Você é cuidadoso *demais*? Às vezes, olhando as árvores, deixa de ver a floresta? Como estudante, de toda a turma é você quem apresenta os trabalhos escritos com melhor aparência de clareza, o que, naturalmente, conta muito a seu favor; os professores terão um texto agradável de se ler, em vez de garranchos desleixados e incoerentes, inclinando-se, assim, em seu favor. Mesmo que haja erros, você conserva essa vantagem. Mas enquanto recorda e observa os fatos, não deixando de manter um amplo senso de perspectiva e a capacidade de teorizar sobre eles, seus sentimentos e opiniões também desempenham um papel: tente analisar suas reações e descobrir como você se sairia se não pudesse contar com estatísticas cuidadosamente anotadas ou relatórios atualizados.

Mercúrio em Libra

Com este posicionamento, talvez precise desenvolver a firmeza e tenha um pouco de dificuldade em tomar decisões rápidas, ao trabalhar sob pressão. Tente lembrar-se de que os outros podem estar à espera de que você assuma um compromisso. Pode não ser fácil; não faça tentativas nesse sentido quando estiver muito preocupado ou agitado, caso contrário demorará ainda mais. Quando puder, isole-se e pense tranqüilamente, num ambiente calmo. Aí será muito mais fácil chegar a uma conclusão definitiva. Depois disso, não mude mais de idéia! Você tem excelente capacidade de compreensão e é capaz de ver todos os lados de um problema. Se estiver como encarregado dos outros, não é provável que seja acusado de fazer uma distribuição injusta do serviço. Nos estudos, pode tender a adiar o trabalho em função de outras atividades mais agradáveis. Não estou dizendo que você viva apenas para se divertir, mas que algumas matérias vão interessá-lo mais que outras, e que você poderia, com muita facilidade, negligenciar as menos atraentes. Provavelmente irá esquecê-las com o tempo, mas não faça isso até a véspera do exame: não vale a pena!

Vênus: finanças e relacionamentos

Verifique a posição de Vênus

Vênus em Câncer

Sua atitude em relação ao dinheiro é bastante sagaz, se Vênus estava em Câncer quando você nasceu: provavelmente fará investimentos sensatos e cautelosos. Pode ficar feliz só em pensar que os números pretos do seu extrato bancário ficam cada vez maiores; não obstante, tendo o Sol em Virgem, é mais provável que faça seu dinheiro render. Se se interessar pelo estudo das antiguidades, é bem possível que faça uma coleção especializada, que lhe dará muito prazer e também se valorizará com o passar do tempo. No seu caso, a prata pode ser particularmente gratificante. A indústria pesqueira, de laticínios e a navegação podem ser boas áreas de investimento, bem como os produtos infantis: brinquedos, roupas, e assim por diante. Você pode ser o tipo de pessoa que monta um negócio próprio. Nesse caso, a sua capacidade virginiana de trabalhar com afinco, somada à sagacidade de Vênus em Câncer, fornecerá uma considerável contribuição para o seu sucesso. Entretanto, tente agir devagar e com cuidado, sem se pressionar demais; não trabalhe 24 horas por dia *todos* os dias. Você é atencioso com os colegas e demonstra, naturalmente, uma atitude protetora e cuidadosa com eles. Se estiver na chefia, os outros terão um bom conceito seu e de suas atitudes. Você é do tipo que providencia uma boa assistência médica para eles e garante que o refeitório do pessoal seja algo digno de constar numa carta para a família, com refeições tão boas quanto a melhor comida caseira.

Vênus em Leão

Com Vênus em Leão, você terá de se empenhar para obter um bom cargo na sua empresa e ganhar dinheiro suficiente para poder ter as boas coisas da vida, que tanto aprecia. Mas seu prazer pode ser um pouco dissimulado, pois é bem possível que você se sinta ligeiramente culpado ao gastar dinheiro no que acha bonito. Tente não se sentir assim, reconhecendo uma parte muito própria de sua natureza. Se você gosta de gastar, faça-o com objetos bonitos que possa *usar:* utensílios de cozinha, escovas e espelhos de qualidade para sua penteadeira, boas ferramentas para os seus vários *hobbies.* Se investir em ouro, ficará orgulhoso (lembre-se, entretanto, de que o seguro sobre as jóias é necessário, mas muito caro). Se quiser comprar ações, escolha as empresas que produzem mercadorias de alta qualidade, com tradição e anos de experiência. Verá que é interessante e financeiramente compensador. No trabalho, é você quem organiza os programas com a turma, as festas de Natal, as funções de teatro. Consegue fazer render ao máximo o dinheiro dos colegas, que apreciam muito os seus esforços; na realidade, você é extremamente popular. Como empregador, o que quer acima de tudo é ver seus empregados felizes, e toma providências para que o ambiente de trabalho seja bonito, alegre e agradável.

Vênus em Virgem

O senso de economia e uma boa dose de cautela com o dinheiro caracterizam quem nasce com Vênus em Virgem com o Sol. Você gosta de gastar dinheiro com seus amigos, dando-lhes presentes caros, sofisticados e avaliando cuidadosamente a escolha. Mas não é do tipo que gasta consigo mesmo na compra de um equipamento novo que lhe agrada, porém está acima de suas posses. Também pode ser um hábil artesão e, dessa forma, economizar uma boa quantia. É excelente para projetos do tipo faça-você-mesmo; suas despesas com decoração e manutenção serão mínimas. Se quiser investir, escolha produtos agrícolas, cereais ou maquinaria agrícola. Se desejar montar um negócio, pense numa loja de alimentos naturais, materiais para artesanato ou produtos artísticos feitos a mão. No trabalho, poderá ter dificuldade em não fazer o serviço dos outros, além do seu. Tenha cuidado: é tão disposto a ajudar que os outros podem se aproveitar de você. Se for empregador, tente deixar os outros fazerem seu serviço do jeito deles: você tem muita facilidade para interferir. Se precisar fazer críticas, tenha tato; pode dar a impressão de estar censurando o esforço alheio.

Vênus em Libra

Com Vênus em Libra, signo que rege, sem dúvida você quer aproveitar as coisas boas da vida, e não tem grandes problemas de consciência ao gastar muito dinheiro para receber os amigos. Gosta de possuir objetos atraentes e quer ter uma casa bonita. Pode querer investir em produtos de beleza, cobre, na indústria leve, assim como em lojas de departamentos. Você, um virginiano atarefado, não tem a menor dificuldade em convencer os outros a ajudá-lo, quando percebe que tem coisas demais a fazer; na verdade, cerca-se de um pequeno grupo de ajudantes, que admiram sua perícia e querem aprender com você. Excelente, funciona dos dois lados: você os inspira, e eles o ajudam a terminar tudo o que precisa ser feito. Como empregador, seu objetivo é garantir que todos sejam tratados com justiça; talvez se interesse por esquemas de participação dos empregados nos lucros. É possível que se sinta indeciso, principalmente na hora de fazer promoções; se necessário, peça ajuda ao seu assistente. Mais do que outros virginianos, você precisa trabalhar com um sócio. Faça o possível para nunca trabalhar só.

Vênus em Escorpião

Se tem Vênus em Escorpião, sua capacidade para ganhar dinheiro é excelente, mas sua capacidade para gastar também é! Você pode ser muito astuto com o dinheiro, fato que deve funcionar bem e ativamente a seu favor, assim como trabalha bem e ativamente para quem o emprega (e para você próprio). Apreciará todas as tramas do mundo dos investimentos, e provavelmente terá bons resultados com mineração, petróleo, vinhos ou qualquer atividade relacionada ao mar ou aos esportes marítimos. Os altos negócios e os seguros também podem ser a sua área (para investimentos ou como carreira), e os planos de poupança a eles associados podem proporcionar-lhe uma sensação de segurança, se você não se sentir tentado a arriscar o seu capital arduamente conquistado. É possível sentir um pouco de ciúme se algum colega seu for promovido antes de você. Se isso acontecer, faça um esforço extra, que não deixará de ser notado. É ótimo tê-lo por perto, pois você aproveita a vida e cresce com os problemas que surgem. Como empregador, quer que seus empregados rendam o máximo, oferecendo os melhores salários e gratificações possíveis. Tente não ser muito sigiloso sobre os contratos futuros: mantenha sempre seus empregados informados. Pode relutar em fazer isso, mas, se o fizer, eles se sentirão muito mais participantes da firma e ser-lhe-ão mais leais.

Ascendentes e carreira

Verifique primeiramente o seu Ascendente

Observação: carreira e Meio-do-Céu

Se você desenvolver o interesse por astrologia, um dos primeiros tópicos que estudará — mas que está fora do objetivo deste livro — será o Meio-do-Céu. Grosso modo, este é o signo imediatamente acima de sua cabeça, no momento de seu nascimento. É tão importante em relação à carreira, à expressão no mundo exterior e à identificação com objetivos de vida quanto o seu Ascendente em relação à sua personalidade. Combiná-lo com o Ascendente é complicado, e seria impossível num livro deste porte; entretanto, esteja certo de que pensei nas várias possibilidades ao escrever os parágrafos seguintes relacionados com a escolha de uma profissão ou ocupação.

Virgem com Ascendente Áries

Você é dono de uma poderosa garra natural e é muito ambicioso. Pode interessar-se pela política, a nível local ou nacional. Tem senso comercial e dá o que fazer à concorrência. A arquitetura, o ramo imobiliário e o exército também são carreiras condizentes com você.

Virgem com Ascendente Touro

A segurança financeira lhe é necessária, e sua ascensão profissional é firme e gradual. Os bancos, a agricultura e a horticultura são áreas adequadas para você. Pode deslanchar numa empresa grande, mas tem bom tino comercial e também pode sair-se bem montando negócio próprio, desde que comece por baixo e cresça aos poucos. Pode ter talento artístico ou inclinação científica.

Virgem com Ascendente Gêmeos

Por natureza, é uma pessoa da comunicação e pode se realizar trabalhando em jornais, revistas ou na radiodifusão. Do mesmo modo, pode sair-se bem na área educativa, principalmente como professor de adolescentes. Procure um trabalho não-repetitivo e que não o mantenha num lugar só — expresse a sua vívida versatilidade em movimento.

Virgem com Ascendente Câncer

Pode obter resultados realmente muito bons nas profissões assistenciais, sendo um bom médico, enfermeiro, supervisor de delinqüentes em liberdade condicional ou funcionário do juizado de menores. Suas características virginianas podem fazê-lo interessar-se pela medicina alternativa ou pela homeopatia. O ramo de hotéis ou de abastecimento também pode lhe ser adequado, assim como as áreas de biblioteconomia e pesquisa histórica.

Virgem com Ascendente Leão

Você se empenha para ganhar dinheiro e pode sair-se bem trabalhando por conta própria, o que pode, entretanto, conflitar com sua necessidade de segurança. Um emprego numa loja de departamentos, com o objetivo de atingir o cargo de comprador, pode lhe ser apropriado, assim como a indústria de computadores, a contabilidade e as finanças em geral. Você pode tornar-se um professor entusiástico.

Virgem com Ascendente Virgem

É importante decidir se deseja trabalhar à vista do público ou nos bastidores. Muitas das pessoas do seu grupo trabalham na mídia e são excelentes jornalistas. Se estiver interessado, pegue qualquer emprego modesto na estação de rádio de sua cidade, como ponto de partida. Você pode ter jeito para vendas. Também podem lhe ser apropriados o trabalho nas telecomunicações ou a carreira de secretária.

Virgem com Ascendente Libra

Você se dá bem nas profissões relacionadas com o luxo, a beleza, o cuidado com os cabelos. É possível que seja bastante criativo e talentoso na confecção, desenho e modelagem de roupas. Você é diplomático. Por que não aprender línguas e pensar no Ministério do Exterior ou em algum trabalho semelhante? É capaz de trabalhar com afinco, mas precisa desenvolver o senso de iniciativa. Provavelmente tem capacidade para realizar coisas mais grandiosas do que imagina.

Virgem com Ascendente Escorpião

Para você, é fundamental o envolvimento emocional com o trabalho. Um simples ganha-pão não é o suficiente. Escolha sua carreira com cuidado e mantenha-se nela. Seu potencial é maravilhoso. A psiquiatria, a patologia médica, o trabalho de detetive — qualquer forma de pesquisa em profundidade será esplêndida para você. O ramo de petróleo ou vinhos também pode lhe ser conveniente, bem como a engenharia.

Virgem com Ascendente Sagitário

Você tem potencial para estudar e, provavelmente, jeito para línguas. Daria um bom professor ou conferencista de nível universitário. Os ramos de viagens, publicação e venda de livros e papelaria também são apropriados. Não hesite em escrever, se tiver um livro em mente. O esporte profissional pode ser a sua área, ou o trabalho com animais, talvez como veterinário.

Virgem com Ascendente Capricórnio

Você precisa de segurança. É um tanto lento e pode tornar-se um excelente arquiteto, construtor, corretor de imóveis; da mesma forma, pode dar-se bem no planejamento urbano. Se tiver jeito para a música, aprimore sua técnica e tenha persistência. O cenário político pode atraí-lo. Você não tem medo de pegar no batente.

Virgem com Ascendente Aquário

Pode dar-se bem trabalhando numa empresa aérea ou em pesquisa científica. É bem possível que o seu forte seja a matemática. A engenharia, a mineração e a indústria do aço são possibilidades. Você gosta de empregos que sejam diferentes. Tente não mudar muitas vezes de rumo. Mantenha o senso de propósito em relação à carreira.

Virgem com Ascendente Peixes

Você precisa encontrar um trabalho criativo com um produto final definido. Pode tornar-se um excelente fotógrafo e se sair bem nas profissões assistenciais, principalmente a enfermagem. Desenvolva sua autoconfiança. É dotado de várias habilidades: não as desperdice num emprego sem possibilidades de desenvolvimento. Pode se interessar pelo mundo das publicações ou o trabalho com animais.

Libra

Positivo
Planeta regente: Vênus
Triplicidade ou elemento: Ar
Quadruplicidade ou qualidade: cardeal
Cor: tons de azul, do claro ao marinho; rosa e verdes suaves
Pedra preciosa: safira, jade
Metal: cobre, às vezes bronze
Flores: flores azuis, hortênsias, rosas grandes
Árvores: freixo, álamo
Ervas e especiarias: hortelã, araçá, pimenta-de-caiena
Alimentos: tomate, pêra, aspargo, feijão
Animais: lagartos e pequenos répteis
Países: Áustria, Birmânia, Japão, Argentina, Egito (norte), Canadá
Cidades: Copenhague, Johannesburg, Viena, Lisboa, Frankfurt

Antigamente, os astrólogos costumavam dizer: "A Libra preguiçosa detesta o espanador!" — e quem poderia culpar Libra por isso? Assim, este signo ganhou uma certa fama de preguiçoso, o que, sob vários aspectos, não se justifica. Os librianos freqüentemente trabalham com muito afinco, mas também conhecem o segredo de saber relaxar de verdade. Para Libra, sempre há tempo: tempo para se arrumar para sair (mesmo que os amigos e parceiros estejam impacientemente esperando lá embaixo), tempo para conversar, para tomar café ou simplesmente para ficar por aí — mas isso, quase sempre, depois que as atividades profissionais estão bem sob controle.

Que os librianos são românticos, não há dúvida; sua necessidade de um relacionamento permanente é de fundamental importância. A maioria deles não atinge um desenvolvimento total, do ponto de vista psicológico ou emocional, antes de resolver essa questão importantíssima. É uma motivação psicológica básica e, por isso, é muito fácil acontecer de um libriano envolver-se em um relacionamento antes, talvez, de ter idade para assumir completamente um compromisso.

Às vezes, as pessoas mais fechadas consideram os librianos um pouco efusivos demais. Seu pior defeito pode ser o ressentimento; apesar de sua necessidade de harmonia total, eles apresentam uma impertinente tendência a entornar o caldo.

As crianças librianas são muito amadas por seus professores graças ao seu charme natural e a seus bons modos.

A área do corpo atribuída a Libra são os rins; às vezes, pequenas perturbações nesses órgãos podem causar dores de cabeça. Os librianos podem não ser muito chegados aos exercícios; se seus amigos puderem incentivá-los a jogar tênis ou golfe, estarão lhes prestando um importante serviço.

Libra nas amizades, no amor e no casamento

Como libriano de signo solar, sua natureza é muito romântica. Precisa de um relacionamento pessoal gratificante, e com muita razão faz tudo ao seu alcance para se realizar nessa esfera importantíssima de sua vida.

Mas, se você está pensando em recorrer ao auxílio da astrologia, é preciso tomar cuidado para não cair no erro comum de achar que, como os signos são agrupados em quatro elementos (veja página 102), só as pessoas do mesmo elemento podem ser amigas ou amantes em harmonia, e que as pessoas cujo elemento é Fogo também combinam com o seu signo, enquanto as de Terra e Água, não. Esta é uma crença comum, e às vezes as pessoas chegam a ponto de dizer: "Você não serve para mim; Ar e Terra não se misturam".

Isso é uma grande tolice, embora eu deva admitir que haja alguma verdade na tradição, pois, sem dúvida, se você e outra pessoa são do mesmo elemento, com freqüência há um certo bem-estar e simpatia entre vocês. Mas precisamos ir um pouco mais longe. Só para recordar — e, mais uma vez, por favor não leve a sério demais essa tradição realmente muito superficial —, os outros signos de Ar são Gêmeos e Aquário; os signos de Fogo são Áries, Leão e Sagitário, e tradicionalmente, deveria ser fácil para você conviver com as pessoas desses signos. Câncer, Escorpião e Peixes (Água) e Touro, Virgem e Capricórnio (Terra) são considerados signos de contato um pouco mais difícil.

Porém *nunca* descarte um relacionamento que está começando devido a esse tipo de tradição, baseado num conhecimento superficial da astrologia e dos elementos. É igualmente negativo tentar forçar o desenvolvimento de um relacionamento só porque alguém tem o elemento em comum com o seu. Na verdade, é preciso tomar cuidado sob todos os pontos de vista.

De qualquer forma, lembre-se de que você pode ter Mercúrio ouVênus (este último, regente do seu signo solar) em Virgem ou Escorpião, o que o ajudaria a diminuir qualquer incompatibilidade com alguém que tenha o Sol em um desses dois signos. Vênus é especialmente útil nesse particular, pois exerce forte influência psicológica sobre a sua personalidade. Lembre-se, também, de que até mesmo o astrólogo que tenha calculado a sua carta astral completa e a de mais alguém jamais irá aconselhá-los a deixarem de se ver. O que ele fará é mostrar em que pontos o relacionamento pode ser difícil, e em quais pode ser particularmente bom. Por exemplo, você precisa de um relacionamento especial com a pessoa que ama; como pode ser muito indeciso, precisará de um amigo ou amante que o ajude a tomar decisões importantes. Precisa de alguém vibrante e romântico; seu parceiro deve apreciar o que você tem a oferecer no sentido de ajudá-lo a relaxar, desafogar a tensão, e assim por diante.

Como você comprou este livro, provavelmente já preencheu há muito tempo a página 102, anotando as posições dos planetas na hora do seu nascimento — o lugar ocupado por eles no seu mapa natal. Os elos mais gratificantes entre casais em relacionamentos duradouros são os que acentuam os signos polares ou opostos nos mapas — signos opostos um ao outro no Zodíaco (veja a lista na página 103). O caso mais óbvio é quando o seu parceiro tem o Sol no signo de Áries; você percebe a polaridade dos signos de uma maneira muito nítida. Mas será que o seu Ascendente está em oposição ao signo solar do seu parceiro? Ou será que a sua Lua está oposta, no Zodíaco, à Lua do seu parceiro? Este é um elo muito importante, que afeta a maneira como um capta os estados de espírito do outro, a maneira como um reage ao outro. Se vocês tiverem o mesmo signo lunar, pode ser que reflita totalmente o estado de espírito do seu parceiro, sabendo, instintivamente, qual é.

Quando existem polaridades entre um casal, há sempre uma boa compreensão e uma excelente comunicação. Não há, necessariamente, acordo total sobre todas as questões que surgirem, mas o relacionamento é muito vivo.

Reserve algum tempo, portanto, para se aprofundar nessa área particular da astrologia; a esfera de vida ilustrada por ela é de grande importância (não apenas nas amizades, no amor e no casamento, mas também nas associações de negócios) e vai ajudá-lo a aprender muito mais sobre si próprio, sobre suas necessidades numa parceria e sua atitude em relação ao seu parceiro.

Libra nas amizades

Você é um amigo maravilhoso sob muitos aspectos, mas talvez um pouco mais de participação na amizade não esteja fora de propósito. Deveria, ocasionalmente, tomar a iniciativa de sugerir o que fazer. Você é tão condescendente que é bem capaz de deixar todas as decisões desse tipo a cargo de seus amigos. Isso pode entediá-los um pouco, mesmo que você sempre retribua demonstrando um grande entusiasmo pela atividade. Por que não tomar a decisão sobre o programa de um dia, por exemplo?

É importante que você tenha muitos interesses compartilhados com os amigos. É um sócio interessado de qualquer clube a que pertença e gosta de ajudar a organizar eventos sociais. Você não é um solitário; gosta de estar com outras pessoas num ambiente descontraído e afável. Na realidade isso é essencial para o seu bem-estar, e deveria fazer um esforço consciente para formar um círculo de amigos com interesses semelhantes, mesmo que tenha algum amigo especial. Consegue incitar seus amigos a prosseguirem com seus projetos, mas também deveria estar disposto a deixar que eles o encorajassem. Você pode ser tão bom quanto eles, por exemplo, para tocar violão ou jogar uma animada partida de tênis. Depois de despertado o seu interesse, poderá ficar muito grato aos amigos que o estimularam.

Quando as coisas vão mal entre você e seus amigos, é capaz de guardar rancor e ter dificuldade em perdoar e esquecer. Lembre-se de que os outros não são, necessariamente, tão efusivos quanto você; um leve sorriso ou um aceno de cabeça vindos de alguém com quem você brigou podem equivaler a um pequeno presente vindo de você. Da mesma forma, os outros nem sempre mostram sua gratidão por uma gentileza recebida tão enfaticamente quanto você. Na verdade, algumas pessoas podem até considerá-lo sentimental e invasor demais, exatamente como você pode considerá-las frias e introvertidas. Esta é uma lição difícil, mas é preciso aprendê-la, pois essas diferenças podem prejudicar as amizades, se não se der o desconto necessário.

Libra no amor

Com toda a probabilidade, em geral o libriano ou está amando e curtindo cada momento, ou está no rastro de um novo amor. Os dois estados lhe fazem bem.

Sem dúvida, tem muito a oferecer a um parceiro, que aprecia o afeto verdadeiro, o calor e a emoção que derrama sobre ele. Você torna mais fácil para o parceiro retribuir o afeto, pois o amor é muito contagioso; sua atenção constante por seu amante gera seus próprios dividendos. Muitos astrólogos acusam os librianos de se apaixonar com enorme facilidade pelo próprio amor. Pode haver um pouco mais que um vestígio de verdade nessa afirmação, portanto pense nesse perigo. Você será vulnerável, principalmente na juventude; afinal, os jovens, em sua maioria, tendem a ficar meio enfeitiçados com o primeiro caso de amor. Se você é jovem e está apaixonado, tente olhar-se pelo lado de fora e avaliar os seus sentimentos com objetividade, por mais difícil que seja. Pense na perspectiva a longo prazo em relação a você e à pessoa que ama; imagine-se daqui a dez anos. Pergunte-se se ambos têm um temperamento harmônico e se combinam na cama. A sua necessidade de um relacionamento permanente — uma forte característica libriana — pode fazê-lo casar-se ou passar a viver junto com alguém antes do tempo. É necessário estar bem certo de que você e seu par combinam. Também é bom experimentar relacionamentos com várias pessoas. Isso vai lhe dar força interior e capacidade de lidar com o seu futuro parceiro fixo de um modo muito mais pleno e satisfatório, passando antes por esse período de experiências. Assim, pense nos seus primeiros relacionamentos como possíveis degraus para o relacionamento verdadeiro. Divirta-se, explore o terreno. Sim, você precisa, e muito, de um relacionamento pessoal; mas empenhe-se para não cometer erros, pois um erro poderia prejudicá-lo, psicologicamente, muito mais do que a maioria das pessoas. Só vai aprender com a experiência, e muitas coisas que eu disse podem parecer bem insípidas e convencionais. Entretanto, os librianos mais velhos poderão reconhecer a sua veracidade.

Você é ardente, mas talvez de um jeito meio lânguido. Para aproveitar plenamente o sexo, precisa de um ambiente confortável e descontraído e de todo o tempo do mundo. É claro que, na maioria dos casos, não disporá de todo esse tempo, mesmo que esteja casado ou morando com alguém. Portanto, pode ser preciso ajustar o seu ritmo no amor ao de seu parceiro, e os dois lados têm de fazer concessões. Pode haver ocasiões em que simplesmente você não está com vontade de fazer amor; nesse caso, seja franco com o seu parceiro. Não invente dor de cabeça ou trabalho a fazer. E pergunte a si mesmo por que não está com vontade. Será que é só preguiça? Ou será que algum problema está bloqueando-o? Vá ao fundo de qualquer sentimento negativo e discuta-o com seu companheiro; pode ser bastante importante.

Libra no casamento

Se estiver casado há algum tempo, acho que vai concordar que se desenvolveu psicologicamente e se tornou uma pessoa muito mais completa depois de ter passado a viver um relacionamento permanente. O seu signo solar lhe dá uma forte necessidade de ter um par. Mas tome cuidado para não fazer desaparecer a sua personalidade na do seu companheiro. Lembre-se de que é uma pessoa por direito próprio e precisa conservar sua personalidade e individualidade, além de uma certa independência. Para você, é muito fácil adquirir o hábito de pensar em tudo em função de seu parceiro. É bom até certo ponto, mas pode ser limitante; se for mulher, poderá estar fazendo sacrifícios demais por seu marido, anulando suas opiniões, seus sentimentos e talvez desistindo do emprego em benefício do relacionamento. Pode ser, é claro, que você adore abrir mão da labuta diária atrás do balcão da loja de departamentos ou atrás de uma mesa de escritório; é gostoso poder encontrar suas amigas para um cafezinho de manhã, dar uma espiada nas butiques e levar séculos para decidir o cardápio do jantar. Mas não exagere. Se as coisas forem mal no relacionamento, é você quem vai lembrar ao seu parceiro a grande carreira a que renunciou para criar um lar para ele.

Da mesma forma, se for homem pode ter renunciado a alguma promoção que implicaria desmanchar a casa e mudar para outra cidade, quando a sua esposa preferiria ficar onde estava. Nesse caso pode ser que você esteja abrindo mão de muita coisa e não tenha argumentado tanto quanto gostaria, para manter a paz a qualquer preço. E pode ter dito a si mesmo que a mudança teria sido muito puxada, pois costuma usar esse tipo de desculpa. O que eu estou dizendo aos homens e mulheres é: não escolham sempre o caminho mais fácil.

Quanto aos filhos, é preciso se conscientizar de que, desde pequenos, provavelmente conseguem fazer o que querem de você. Você diz não, mas sem convicção. Ou, então, foge ao problema dizendo-lhes para irem perguntar ao seu companheiro. Lembre-se de que as crianças precisam saber quais são os seus limites. Detestam indecisão e vão berrar e subir pelas paredes se você disser a toda hora: "bom, querido, vamos ver". Elas sabem muito bem que isso significa que você *não* vai ver, pelo menos não durante um século, e que quando tomar uma decisão, por exemplo, sobre um passeio da escola, a excursão já estará completa, e elas não poderão ir. Se quiser que elas vão, ou se simplesmente não tem dinheiro, diga-lhes francamente. Não seja evasivo, simplesmente não funciona, e o fato de fugir sempre da questão não aumentará o respeito delas por você.

Libra: carreira e finanças

Ao avaliar o potencial libriano do ponto de vista profissional e financeiro, é preciso considerar não apenas a motivação psicológica e o modo de expressão atribuídos a Libra, mas também os processos mentais de Mercúrio, e como esses dois fatores combinados podem ser usados da melhor forma possível nas duas áreas. Em seguida, temos a influência de Vênus, planeta tão fortemente associado às finanças e posses como aos relacionamentos. Este último aspecto é importante nessa área, pois vai afetar o modo como a pessoa age com os colegas, os sócios e assim por diante. Marte também nos dá indicações sobre o direcionamento da energia e, sem dúvida, influencia a parte física — o impulso e a energia empregados no trabalho. Como veremos, a influência da combinação dos signos solar e Ascendente é interessante e muito pessoal; mas, se não souber a hora do seu nascimento e não puder descobrir qual é o seu Ascendente, não fique muito desapontado. Poderá obter bastante informação sobre essa esfera da vida lendo os parágrafos mais gerais.

Quando pensamos nas necessidades de um libriano no tocante à carreira, não precisamos, naturalmente, supor que ele só possa ter sucesso em um tipo de emprego ou profissão: como acontece com todos os outros signos, pode ser bem-sucedido e deixar sua marca em muitas ocupações. Existem, entretanto, alguns fatores muito importantes para a felicidade do libriano no trabalho, por mais corriqueiros que pareçam a outras pessoas. Um deles é o ambiente geral: os librianos necessitam de um ambiente feliz e aceitável, de um clima amistoso e preferivelmente pacífico e tranqüilo. Se forem forçados pelas circunstâncias a trabalhar, por exemplo, numa fábrica barulhenta com um ruído de máquinas constante, podem desempenhar bem, mas nunca ficarão totalmente satisfeitos. Na verdade, um ambiente desses pode causar-lhes mais estresse e tensão, dentro de alguns anos, do que eles podem perceber, originando reações exageradas a pequenos contratempos ou atrasos irritantes. Provavelmente não se importam em trabalhar com a música ambiente, tão difundida hoje em dia, mesmo que seja um pouco alta, mas algum tipo de ruído constante pode irritá-los, sendo tanto mais angustiante quanto menos óbvio o for.

Se um libriano for colocado num cargo de autoridade, que por isso mesmo é um pouco solitário, ele pode sentir-se menos satisfeito do que numa posição inferior, achando que a responsabilidade traz o estresse e sentindo, talvez, que não toma decisões com naturalidade. Os librianos que chegam ao topo deveriam cercar-se de uma equipe de especialistas ou colegas dignos de confiança a quem possam recorrer para obter informações ou respaldo, no momento de tomar decisões. Os librianos sentem-se melhor quando trabalham em associação íntima com outras pessoas pelo bem da firma, como fazem os arquitetos e advogados. Em outras palavras, gostam de um ambiente onde a responsabilidade seja partilhada e as decisões, tomadas em conjunto.

Em geral são atenciosos, amáveis, solícitos e compreensivos. Estão sempre dispostos a ouvir sugestões dos colegas, o que é uma grande vantagem. Suas próprias decisões são muito mais eficientes depois que assimilam os conselhos dos outros. Muita gente, hoje em dia, trabalha em condições estressantes, com prazos a cumprir e serviço se acumulando constantemente durante o dia todo. Podem acontecer duas coisas com os librianos em tais circunstâncias: ou não resistem ao ritmo e são obrigados a cair fora, ou mantêm a frieza e acalmam as pessoas mais alvoroçadas, ajudando todo mundo a adquirir uma sensação de equilíbrio e um quadro geral do serviço a ser feito.

O tato e a diplomacia provavelmente são as duas maiores credenciais librianas em relação à vida profissional, e podem ser utilizados em empregos onde essas qualidades são necessárias e podem ser expressas ao máximo. Na realidade, na hora de escolher a carreira, é bom que todo libriano considere o tipo de trabalho em que essas qualidades possam ser empregadas com maior repercussão, pois, ao exercitá-las, eles se sentem psicologicamente preenchidos. Encontramos librianos que representam seus países de todas as maneiras possíveis, desde o embaixador até a rainha da beleza. Em outra área, os librianos se saem extremamente bem trabalhando com recursos humanos em grandes firmas. Aqui, sua habitual consideração pelos outros e sua capacidade de ouvir o que têm a dizer são de grande valia. Também vemos que eles têm um desempenho muito bom nos departamentos de reclamações das empresas ou das repartições públicas. Esse tipo de ocupação, que poderia parecer extenuante ou desgastante para muitos outros signos solares, proporciona exatamente o tipo de desafio que os librianos são capazes de enfrentar. Ao ouvir diplomaticamente uma queixa e, em seguida, tomar alguma providência a esse respeito, conseguem deslizar por dificuldades e problemas — insuperáveis para outras pessoas —, como um esquiador bem-treinado. É claro que eles não resolvem todas as situações difíceis com um bocado de conversa macia; tomam providências e fazem com que a pessoa injustiçada se sinta melhor. É importante, para os librianos, saber que possuem essas valiosas qualidades.

O planeta regente de Libra é Vênus, e, juntamente com Touro (o outro signo regido por Vênus), há uma grande ênfase na beleza. Assim, rainhas de beleza à parte, um grande número de librianos faz sucesso nas profissões relacionadas à beleza e ao luxo, tornando-se excelentes cabeleireiros, maquiadores, modelos, costureiros e desenhistas. Podem começar como subalternos no departamento de *lingerie* de uma grande loja e subir até o cargo de comprador ou algo semelhante, com a ajuda de uma boa noção do que fica bem numa cliente e um jeito ágil e lisonjeiro de dizer exatamente a coisa certa na hora certa. Quando não ficam intimidados pelos empregados mais velhos nos primeiros meses de sua vida profissional, podem progredir rapidamente e acrescentar substanciais comissões ao seu salário.

Em geral, dão a impressão de dispor de muito tempo, não havendo necessidade de correr nem se agitar. As coisas se resolvem sozinhas quando chega a hora. Isto é Libra na sua melhor versão: trabalha com afinco e torna a vida e o trabalho de todos mais fácil e agradável. O escritório do libriano é um refúgio que as pessoas procuram para um momento de descontração, para respirar fundo e tomar um café (em geral café de verdade, não instantâneo, e certamente não vindo da abominável máquina de café do corredor; ele tem uma garrafa térmica escondida em algum cantinho). Dessa forma, os librianos são importantes na maioria dos ambientes de trabalho. Eles ajudam a manter o equilíbrio de que tanto precisam, e que todos nós necessitamos mais do que percebemos. Entretanto, para conseguir o que há de melhor neles, os outros precisam demonstrar gratidão pelo tempo e energia gastos, e fazê-los sentir-se apreciados. De vez em quando, os colegas devem tomar a iniciativa, acalmando o libriano quando alguma coisa vai mal de verdade e ele se vê obrigado a falar sobre o assunto.

Em resumo: os librianos precisam se relacionar com os outros, tanto pessoal quanto profissionalmente. O processo de partilha também é muito importante: partilhar o trabalho, as decisões, as dificuldades e as responsabilidades.

A ação de Mercúrio

Verifique a posição de Mercúrio

Mercúrio em Virgem

Você tem uma notável capacidade de raciocínio cuidadoso e analítico. Seu trabalho é extremamente limpo — uma vantagem excelente para as secretárias. Diplomático, consegue trabalhar de maneira ordeira e disciplinada.

Pode vir a se preocupar com o trabalho e levar problemas para casa — dentro da sua cabeça ou numa pasta cheia de documentos. Se isso estiver acontecendo com uma certa freqüência, vale a pena verificar a sua rotina de trabalho. Talvez seja bom fazer um certo remanejamento, possivelmente com a ajuda de alguém que tenha um emprego semelhante. Você estuda bem e meticulosamente. Tente manter um plano de estudos equilibrado, sem deixar que a parte social da vida estudantil prejudique suas chances na época dos exames. Suas notas vão baixar e, além disso, você acabará se sentindo culpado por não ter estudado regularmente quando teve oportunidade.

Mercúrio em Libra

Com Mercúrio em Libra ao lado do Sol, precisará desenvolver a sua determinação. Ouve o que os outros têm a dizer e pondera tudo muito cuidadosamente. Mas lembre-se de que, no fim, terá de agir, mesmo que isso signifique contrariar alguém. Tente não deixar sua confusão durar muito tempo, principalmente se estiver chefiando outras pessoas, que podem se impacientar e, a longo prazo, perder, em parte, o respeito por você. Sua gentileza e consideração pelos outros contam a seu favor, mas é preciso tomar cuidado. Mercúrio em Libra não favorece muito a capacidade de concentração, mas é bem possível que outros planetas ajudem nesse sentido. Se tiver dificuldade de concentração, faça um pequeno treinamento, iniciando por concentrar-se por um período bem curto, e depois, muito gradualmente, vá aumentando esse intervalo. Como estudante, provavelmente *não* gosta muito do lema: "Não deixe para amanhã o que pode fazer hoje". É claro que isso torna a vida mais agradável, mas será que você consegue realmente dar conta do estudo de um ano inteiro uma semana antes dos exames?

Mercúrio em Escorpião

Este posicionamento lhe dá um impulso adicional e capacidade de concentração. Dispõe de energia intelectual de sobra, podendo ser extremamente bem-sucedido com esse potencial. Seu charme natural ajuda-o a ingressar em qualquer profissão, e o respaldo de Mercúrio num signo forte e intenso enfatiza a sua seriedade, o que impressionará os seus superiores. Você é muito bom para descobrir fatos. Às vezes pode parecer teimoso, e tem muito mais possibilidade de ser determinado do que a maioria dos librianos. As pessoas sabem exatamente em que pé estão com você: diz o que pensa, mesmo que por dentro esteja bem zangado. Se ainda estiver estudando, está numa posição privilegiada, pois é capaz de estudar e se divertir a valer, dirigindo sua energia entusiasticamente nas duas direções. Boa sorte!

Vênus: finanças e relacionamentos

Verifique a posição de Vênus

Vênus em Leão

Com esse posicionamento, é preciso ganhar muito dinheiro para poder financiar seu estilo de vida naturalmente extravagante. Você gasta mais do que deveria. Seu gosto talvez seja um pouco exibido, mas você compra produtos de qualidade e durabilidade. Provavelmente acha que o dinheiro existe para ser usado, e não só para ser visto no extrato de sua conta bancária. Nesse caso, estou certa de que curte cada tostão que ganha e faz que os outros participem do seu prazer, recebendo amigos, por exemplo. Se tiver dinheiro para investir, será bom considerar empresas bem-estabelecidas, com produtos de alta qualidade. Mas tenha cuidado: pode investir demais, levado por seu natural entusiasmo. Portanto, peça orientação de um profissional. É possível que, se seus colegas precisarem de algum favor do chefe, pedirão que fale por eles, o que você faz extremamente bem. Com o tempo, pode chefiar um grupo de pessoas, pois tem boa capacidade de organização. Como empregador, é carinhoso e gosta de ver seus empregados felizes e se divertindo. Toma providências para que não faltem atividades para o pessoal fora do escritório e proporciona outros benefícios, granjeando a fama de generoso e atencioso.

Vênus em Virgem

Empenha-se bastante para ganhar dinheiro e é menos extravagante que vários outros librianos. Você é econômico, sendo capaz de fazer muito com pouco; em suas mãos hábeis, um corte de fazenda barata se transforma num modelo parisiense. Planeja cuidadosamente seu orçamento, de modo que as compras para os feriados sempre são feitas com antecedência. Nos investimentos, experimente a área de cereais, agricultura ou maquinaria agrícola. Pode ser interessante abrir um pequeno negócio, talvez dedicado à venda de alimentos naturais ou produtos artesanais, como tecidos feitos a mão ou cerâmica. É bem possível que seus colegas às vezes se aproveitem de você, pois é do tipo que ajuda as pessoas a sair de situações difíceis e gosta de explicar as coisas. Como empregador, é muito atencioso, sempre disposto a ouvir sugestões. Entretanto, seus empregados podem considerá-lo demasiado crítico ou até ranheta. Tente ser construtivo nas críticas e incentive seus empregados; dessa forma, eles renderão o máximo.

Vênus em Libra

Você pode ser propenso a desejar que o destino sorridente ou a loteria joguem uma fortuna em seu colo. Continue com o emprego que tem e esqueça essas fantasias. Então, nas próximas férias, quer ir para uma ilha do Caribe? Bem, que tal aceitar a proposta de fazer hora extra para aumentar sua poupança? Aproveitará mais as férias se forem resultado de seu próprio esforço. Se tiver dinheiro para investir, por que não pensar em aplicar numa rede de lojas de departamentos ou numa empresa de cosméticos? Se quiser investir em metais, lembre-se de que o metal de Vênus é o cobre, e o seu Vênus é muito forte. Essa, portanto, pode ser uma área lucrativa.

As pessoas gostam de você no trabalho, mas se seus colegas o amolarem porque não se empenha muito nas tarefas chatas, podem estar com a razão. Não recorra muito ao seu charme na hora em que há algo a ser feito. Se for empregador, as pessoas vão admirá-lo pela maneira como está sempre disposto a consultar a equipe sobre questões importantes, embora possa adiar a tomada de decisões — e isso é algo que você precisa aprender a combater.

Vênus em Escorpião

Geralmente propicia um excelente senso para negócios. Provavelmente você sabe ganhar dinheiro e também gastar. Tem, por natureza, bom senso para negócios e é trabalhador. Pode sair-se extremamente bem se decidir montar negócio próprio ou desenvolver outra atividade rendosa paralela à sua profissão. É o tipo de pessoa que precisa trabalhar em projetos difíceis; se sentir que sua carreira não é muito absorvente, exerça alguma atividade paralela. Pode vir a se dedicar à vinicultura, que é, também, uma boa opção para investimentos. Outras boas áreas para aplicar dinheiro são a mineração e todos os tipos de seguros.

No trabalho, provavelmente você sabe idealizar planos de participação nos lucros para os seus empregados e adota incentivos interessantes para encorajar o trabalho. Seus empregados apreciam a sua capacidade, tanto de trabalhar como de se divertir, e possivelmente aprendem muito a esse respeito com você.

Vênus em Sagitário

É bem possível que você tenha uma atitude meio descuidada com dinheiro. Se não tem, não pode gastar. Isso é bem verdade, mas você também tem um certo instinto de jogo e é capaz de assumir riscos financeiros ou, pior ainda, cair em esquemas de enriquecimento rápido. É bom dar-se conta de que qualquer um pode persuadi-lo a fazer um determinado investimento, mas, pelo amor de Deus, não assine nada antes de ouvir uma opinião profissional abalizada sobre o investimento em perspectiva. Você é amável e charmoso, mas pode cair no conto de outra pessoa charmosa! Sendo particularmente vulnerável quando tem qualquer tipo de envolvimento emocional com a pessoa que está propondo o negócio, pense duas vezes antes de fazer negócios com ela. Poderá investir no mercado de publicações ou de viagens. No trabalho, provavelmente é você quem anima o ambiente e encontra algum jeito de divertir os outros, principalmente quando todos estão se sentindo presos a uma rotina mais ou menos previsível. Esse é um aspecto que os outros apreciam muito em você. É bem possível que tenha uma veia filosófica e seja capaz de dar alguns bons conselhos aos mais jovens. Como empregador, estou certa de que seus empregados o consideram um chefe legal, animado e acessível. Este posicionamento planetário pode ajudá-lo a explorar mercados no exterior.

Ascendentes e carreira

Verifique primeiramente o seu Ascendente

Observação: carreira e Meio-do-Céu

Se desenvolver o interesse pela astrologia, uma das primeiras coisas que estudará — mas que está fora do alcance deste livro — será o Meio-do-Céu. Grosso modo, este é o signo imediatamente acima de sua cabeça, no momento de seu nascimento. É tão importante em relação à carreira, à expressão no mundo exterior e à identificação com objetivos de vida quanto o seu Ascendente em relação à sua personalidade. Combiná-lo com o Ascendente é complicado, e seria impossível num livro deste porte; entretanto, esteja certo de que pensei nas várias possibilidades ao escrever os parágrafos seguintes, relacionados com a escolha de uma profissão ou ocupação.

Libra com Ascendente Áries

Pode assumir responsabilidades e tem altas ambições, porém tem mais chance de ser bem-sucedido se aprender a trabalhar com os outros, principalmente nos negócios. A parceria, no seu caso, é o melhor. Pode dar-se bem nas forças armadas, no serviço público ou em qualquer grande empresa onde possa fazer uma ascensão gradual.

Libra com Ascendente Touro

Você precisa de segurança financeira no trabalho. É ambicioso, mas poderia ser mais assertivo. Provavelmente tem um bom senso para negócios e capacidade de ganhar dinheiro. A área bancária, de seguros ou dos altos negócios de qualquer espécie é conveniente. O mesmo acontece com a arquitetura, a agricultura e a ciência. Touro, freqüentemente, confere uma excelente voz de cantor ou algum outro tipo de capacidade musical. Se tiver talento para música, pode fazer dela uma carreira.

Libra com Ascendente Gêmeos

Indubitavelmente quer agir no mundo, mas ao mesmo tempo não tem vontade de se prender muito à carreira. Pode dar-se bem trabalhando na aviação, numa loja de departamentos ou na mídia. Um emprego de recepcionista também pode ser adequado. Pode cansar-se com uma certa facilidade e, portanto, o seu trabalho deve oferecer muita mudança e variedade.

Libra com Ascendente Câncer

O seu instinto natural para tomar conta dos outros pode muito bem expressar-se no ramo de hotéis ou abastecimento. A enfermagem ou outra profissão assistencial são áreas compatíveis, assim como o trabalho com crianças. O setor de antiguidades, bibliotecas e museus são outras boas possibilidades. Tente não introduzir mudanças demais na sua carreira, pois elas podem ser muito perturbadoras.

Libra com Ascendente Leão

Seu trabalho deve ter um toque de *glamour,* e você precisa estar num cargo onde possa se mostrar um pouco. Pode ser bom como demonstrador ou modelo, gostará de qualquer trabalho onde possa expressar sua capacidade de organização. A indústria de computação é uma forte possibilidade no seu caso. Desenvolva ao máximo qualquer talento criativo que tenha. Quanto mais trabalhar, mais realizado vai se sentir.

Libra com Ascendente Virgem

Pode tornar-se um excelente professor e ter um bom desempenho trabalhando com a mídia. Gosta de trabalhar com afinco e isso o faz crescer. Pode ser atraído pela medicina alternativa ou pela área de alimentos naturais. A horticultura, a agricultura e a enfermagem podem ser condizentes com você. O seu talento para o artesanato pode ser grande: por que não tentar a cerâmica?

Libra com Ascendente Libra

Para você, é importante decidir se quer marcar sua presença pessoal no trabalho, ou se prefere trabalhar nos bastidores. Pode ter muito jeito para ser representante de sua firma ou trabalhar com recursos humanos. Outra escolha é o trabalho tranqüilo em pesquisa ou em alguma obra criativa, longe das vistas do público. Pode ser excelente como contato ou nas profissões assistenciais. Se achar que tem capacidade de organização, use-a.

Libra com Ascendente Escorpião

Você tem algo de detetive. Trabalhar como policial, detetive, analista ou fazendo qualquer tipo de pesquisa pode ser um bom caminho para você. Provavelmente tem bom senso para negócios e pode sair-se bem numa grande empresa. É provável que se sinta melhor trabalhando nos bastidores, deixando que seu trabalho fale por você.

Libra com Ascendente Sagitário

Tem chance de se dar extremamente bem na profissão que escolher e tem necessidade de envolvimento emocional com o trabalho. Direito, publicações e ensino universitário são condizentes com você. O ramo de viagens e o serviço diplomático também são possibilidades. Você pode ter potencial para escrever e aprender línguas. Não faça mudanças demais na sua vida.

Libra com Ascendente Capricórnio

De todas as pessoas que têm o Sol em Libra, você é do tipo mais capaz de lidar com posições solitárias. Pode tornar-se diretor de algum departamento ou instituição, como uma escola. Os negócios, direito, imóveis e a contabilidade são áreas possíveis para você. Continue desenvolvendo com seriedade qualquer aptidão musical que tenha.

Libra com Ascendente Aquário

Você precisa de bastante liberdade de expressão. Pode dar-se bem na televisão, publicidade ou na aviação. A astronomia, a tecnologia espacial e a ciência em geral são boas possibilidades. Mas não negligencie qualquer potencial artístico que tenha: você precisa de um trabalho original e ligeiramente incomum.

Libra com Ascendente Peixes

Tem muito potencial criativo, mas precisa de uma orientação firme. Seu trabalho deve ter um lado glamouroso. Pode tornar-se um excelente fotógrafo e ter jeito para desenho de moda. Entretanto, as profissões assistenciais também condizem com você. Tente adotar uma postura disciplinada em relação ao trabalho e desenvolva sua autoconfiança.

Escorpião

Negativo
Planeta regente: Plutão (antigo regente: Marte)
Triplicidade ou elemento: Água
Quadruplicidade ou qualidade: fixo
Cor: vermelho-escuro e castanho-avermelhado
Pedra preciosa: opala
Metal: aço ou ferro
Flor: gerânio, azaléia
Árvore: abrunheiro, árvores espessas
Ervas e especiarias: aloé, hamamélis, erva-dos-gatos
Alimentos: a maioria dos alimentos de gosto forte
Animais: crustáceos, a maioria dos insetos
Países: Marrocos, Noruega, África do Sul (Transvaal), Argélia
Cidades: Nova Orleans, Fez

Escorpião tem fama de ser a personalidade mais vigorosa do Zodíaco. Em todo escorpiano existe uma forte e intensa fonte de energia que necessita de um direcionamento positivo. Às vezes, encontramos escorpianos que negam esse fato. "Mas eu não sou nem um pouco assim!", berram eles, antes de voltar aos acontecimentos do seu dia atarefado queimando uma incrível energia da forma que lhes parece mais satisfatória. Essa energia pode ser direcionada de muitas formas, das tramas e transações da grande indústria e das altas finanças até a dona-de-casa que mantém uma casa impecável para sua família.

Já se escreveu muito sobre o poderoso impulso sexual dos escorpianos, e com freqüência, embora não invariavelmente, uma boa dose de sua energia é gasta dessa forma. De qualquer maneira, é preciso haver um canal de vazão importante para a sua energia, pois um escorpiano que não disponha de um grande número de formas positivas de usar o alto nível de energia emocional e física do signo é negativo e, nesse caso, as coisas podem ir mal. Os amigos dos escorpianos devem estar atentos a possíveis sinais de perigo: tendência a se retrair e uma expressão de rancor cobrindo a intensidade habitual. Como este signo em geral é sigiloso, é difícil fazer um amigo escorpiano desabafar; mas, se possível, consiga que ele se abra garantindo a sua discrição, e estará lhe prestando um grande serviço. A sigilosidade das crianças escorpianas deve ser direcionada para expressões positivas, como o planejamento de surpresas para os pais no dia do aniversário, e assim por diante.

A área genital, no corpo, é atribuída a Escorpião. Os escorpianos tendem a abusar de boa comida e bom vinho; por isso, é bom incentivar os regimes e os exercícios vigorosos, como natação ou esporte submarino. O boxe e o caratê também são populares entre os escorpianos.

Escorpião nas amizades, no amor e no casamento

Creio que não ficará muito impressionado se alguém lhe disser que o signo solar dele não combina com o seu, e que, portanto, não faz muito sentido desenvolver um laço de amizade ou um relacionamento emocional. Você, provavelmente, teria uma suspeita instintiva de que essa pessoa só tem um conhecimento muito superficial da astrologia, ou que está fazendo uma generalização disparatada. E tem toda a razão.

Por outro lado, poderia ter curiosidade de saber o que levou essa pessoa a fazer tal afirmação. Bem, na verdade existe uma velha tradição astrológica que diz que os tipos zodiacais que partilham um certo "elemento" (veja página 102) naturalmente se dão bem. Até aí, tudo bem; mas há muita gente que leva a tradição longe demais, principalmente alguns astrólogos que escrevem colunas em jornais e revistas. Para usar de justiça com eles, e também com a tradição, existe mesmo um certo bem-estar entre pessoas de signos do mesmo elemento — Câncer e Peixes partilham com você o elemento Água, portanto você deveria dar-se bem com eles; Touro, Virgem e Capricórnio são signos de Terra, e você também deveria achá-los bem simpáticos. Mas os signos de Fogo (Áries, Leão e Sagitário) e os de Ar (Gêmeos, Libra e Aquário,) são menos simpáticos a você, de acordo com a tradição.

Entretanto, o conhecimento astrológico um pouco maior nos mostra quanto essas informações são ilusórias, exceto no nível mais superficial. Por exemplo, você pode ter Mercúrio ou Vênus, ou ambos, em Libra ou Sagitário, o que certamente ajudaria a abrandar quaisquer conflitos que possam surgir com alguém que tenha o Sol posicionado em um desses dois signos. A posição de Marte (até a descoberta de Plutão, o "regente" do seu signo solar) acrescenta vigor a qualquer relacionamento entre você e alguém que partilhe o seu signo de Marte; em geral, a ênfase é num relacionamento cheio de energia ou intensamente sexual.

Só quando dois mapas natais completos são estudados por um astrólogo competente é que se pode dizer algo, com segurança, sobre um possível relacionamento entre as duas pessoas. E, mesmo assim, nenhum astrólogo jamais está em condições de dizer se um casal deve romper ou prosseguir num relacionamento. Essa é uma decisão do casal. O que se pode dizer é onde pode haver choques, e onde é possível usar suas respectivas características para contornar os problemas. Por exemplo: como escorpiano, realmente você precisa viver de modo intenso, queimar, da forma mais positiva, muita energia física e emocional. Essa energia muitas vezes se manifesta no sexo, mas também deve ser canalizada para interesses conjuntos. Assim, você precisa de uma pessoa semelhante, que o entenda e, o que é mais importante, que *goste* do que você tem a oferecer: alguém igualmente cheio de energia.

É possível ter uma boa noção da personalidade de uma pessoa pelo conhecimento dos signos solares. Mas nunca se esqueça de que uma pessoa com um signo solar que aparentemente "não combina" com o seu pode ter as qualidades necessárias graças à posição de outros planetas ou ao Ascendente. Seria uma pena descartar um relacionamento potencialmente bom antes de dar-lhe uma chance de desenvolvimento!

Os vínculos mais importantes entre casais que desfrutam de relacionamentos gratificantes, de acordo com minha experiência, sempre se baseiam numa acentuação dos signos polares ou opostos, no Zodíaco. Por exemplo, Escorpião teria uma bela complementação com o Ascendente Touro de outra pessoa. Às vezes, também, as pessoas têm algum signo em comum. Talvez você conheça e ame alguém com a Lua em Escorpião; nesse caso, sem dúvida o relacionamento é poderoso e intenso, digno de ser cultivado. É muito forte e não se deveria deixá-lo estagnar.

Como sempre acontece com a astrologia, quanto mais descobrimos sobre o assunto, mais fascinante ele se torna. As generalizações, em qualquer área, são maçantes, e o conhecimento superficial pode levar a atos ou decisões tolas e lamentáveis. É bom que os escorpianos investiguem profundamente os assuntos que os fascinam, e quanto mais você estudar essa área da astrologia — por falar nisso, a comparação de mapas se chama "sinastria" —, melhor. Necessita de relacionamentos intensamente significativos, e a astrologia, usada corretamente, sem dúvida pode ajudá-lo nesse sentido.

Escorpião nas amizades

Como escorpiano, provavelmente conserva seus amigos por muito tempo, quando não pela vida toda. Esforça-se muito por eles e procura fazer com que, juntos, tenham o máximo prazer e diversão. Gosta de organizar atividades comunitárias, do tipo que envolve bastante planejamento, assim como entretenimentos para as pessoas idosas da vizinhança, atividades esportivas, passeios e jantares comemorativos, tudo envolvendo um grande número de pessoas. Dispõe de enorme capacidade de gozar a vida, e quer aproveitá-la ao máximo. Você incentiva uma atitude semelhante nos seus amigos e participa tanto do trabalho árduo da organização de eventos como do prazer resultante.

Os seus laços de amizade são fortes e conduzem a um considerável prazer. Mas deve lembrar-se de que seus sentimentos são invulgarmente fortes, e pode ficar com ciúmes se algum de seus amigos parecer estar se entendendo com outro e deixando-o de lado. As desfeitas o afetam mais do que à maioria das pessoas, e o resultado pode ser uma explosão de raiva. É possível que você esteja com a razão, mas também pode não estar. Pode ser, simplesmente, que suas emoções altamente insufladas façam com que leve a sério demais os atos ou comentários de algum de seus amigos. Reflita sobre isso. É possível que tenha perdido o senso de proporções e esteja vendo as coisas fora de perspectiva. Digamos, por exemplo, que tenha sido um membro muito participante de um comitê durante alguns anos, e com um encargo regular. De repente, o comitê apresenta outro nome para ocupar essa posição. A intenção dos outros membros talvez seja deixá-lo descansar um pouco ou simplesmente mudá-lo de atividade; mas você é capaz de imaginar que se trata de uma clara censura e ser tentado a esbravejar, retirando-se dramaticamente. Pense de novo. É claro que pode haver um acordo. Não seria bem agradável ter um pouco mais de tempo livre para empregar seu talento num tipo diferente de trabalho? Embora todos saibam que não é dado a grandes mudanças, talvez esta lhe faça bem, alargando seus horizontes e dando margem a novas manifestações das suas capacidades. Portanto, seja cauteloso antes de começar a fazer um escarcéu e talvez ofender seus amigos; em outras palavras, não se exceda nas reações. Pense nos sentimentos dos outros. Você tem um potencial tão admirável que, mesmo que tenha dúvidas quanto a assumir um papel novo e diferente, tem o que é preciso para um bom desempenho.

Escorpião no amor

O Escorpião, no amor, usa a emoção mais profunda e mais intensa de todo o Zodíaco. É uma força maravilhosa que precisa ser cuidadosamente canalizada, para que as emoções se expressem de forma plena e gratificante. Caso contrário, essa força pode ficar fora de controle e tornar-se até um pouco assustadora.

Você move céus e terra pelo parceiro e deseja provar seu amor da maneira mais completa, embora, ao mesmo tempo, possa parecer que procura meios de provar a si mesmo a intensidade do seu amor.

A própria intensidade de suas emoções, juntamente com a sua necessidade de expressão sexual, pode levar a algumas situações bem difíceis. Por exemplo, pode ser que você e seu parceiro precisem se separar por algum tempo. A sua paixão, muito verdadeira, continua forte e firme, mas o seu impulso sexual é muito intenso e pode levá-lo a relações ocasionais. O resultado talvez seja o sentimento de culpa. Portanto, examine com muito cuidado seus verdadeiros sentimentos por seus amantes, principalmente em relação às necessidades sexuais. Um escorpiano é capaz de procurar alívio em outra parte, conservando um autêntico amor por seu companheiro, mas parece incapaz de aceitar o mesmo comportamento por parte dos outros — situação que pode levar a grandes dificuldades, em vista da natureza ciumenta do signo. É claro que o ciúme é uma emoção muito destrutiva, e você é capaz de senti-lo sem o menor motivo. Mesmo quando há alguma base, ele pode ser desproporcional.

Suas pequenas aventuras são envoltas numa nuvem tipicamente escorpiana de segredo e engano, ao mesmo tempo em que você fica muito ressentido com a simples possibilidade de o seu amante ser infiel em palavras ou pensamentos, para não falar em atos. Se alguma vez for acusado de ciumento ou possessivo, a acusação pode ser válida.

Um pouco de auto-análise pode ser uma idéia muito boa em matéria de amor e sexo. Quando você se interessa por alguém, é só atração sexual? O sexo é, na verdade, o fator mais importante nas suas associações? Qual a importância de outros atributos do seu companheiro, além do apelo sexual? Se você for jovem, é bem possível que o impulso sexual seja de importância fundamental. Não há nada de errado com isso, e naturalmente é importante que tenha uma vida sexual satisfatória e plena. Mas a sua preocupação pode se tornar desproporcionalmente forte, e aí está o perigo. Portanto, pense um pouco sobre o assunto, principalmente quando estiver considerando a possibilidade de uma associação duradoura. A compatibilidade sexual entre os parceiros não precisa diminuir com o tempo; nos bons casamentos, é bem possível que ocorra o inverso. Quando se vive junto com alguém, o sexo é apenas um dos elementos da associação. É preciso haver uma boa comunicação entre os dois, uma ligação ou pelo menos alguns interesses comuns. Como escorpiano, seus interesses são dinâmicos e absorventes; assim, evidentemente é bom que seu parceiro possa ser persuadido a demonstrar um certo grau de simpatia em relação a eles.

Escorpião no casamento

Muitas das observações que fiz em "Escorpião no amor" se aplicam aqui, com força extra. Lembre-se de que, como escorpiano, para você não há meias medidas. Espera muito do casamento e está disposto a investir muito nele. Fica decepcionado quando seu parceiro não se equipara a você em termos de energia e de ambições em relação ao casamento e ao sucesso. Portanto, é muito importante que tenha um companheiro tão entusiasmado quanto você, e que sinta a mesma disposição de se esforçar pelo bem do casamento. Isto se aplica a muitos níveis. Você quer ganhar dinheiro para poder ter o conforto material de uma bela casa, um bom carro e assim por diante, e espera que seu parceiro contribua com sua parte para as finanças da família. Você precisa ter uma vida sexual estimulante e não gostará nem um pouco de um parceiro que perde o interesse pelo sexo. Precisa de reciprocidade, devendo receber tanto quanto dá, sob todos os aspectos. Tem de sentir que seu esforço vale a pena. Um parceiro com falta de energia ou determinação na vida não serve para você, nem tampouco alguém sem brilho e personalidade. Deve ser alguém que o estimule constantemente, e você, em troca, prazerosamente oferece o seu amparo.

É óbvio que é capaz de exagerar na ambição. Tome cuidado para que a perspectiva de uma possível promoção não o incentive a trabalhar até altas horas da noite durante semanas a fio. Uma atitude dessas rapidamente faz estragos num casamento. Lembre-se, também, de que quando o seu companheiro chega tarde em casa várias noites seguidas, provavelmente ele está trabalhando extra e não tendo algum caso. O ciúme escorpiano nem sempre tem uma causa sexual; pode aparecer quando o companheiro tem um progresso maior que o seu, por exemplo, quando consegue mais depressa uma promoção na carreira ou ganha dinheiro com mais facilidade. Seja qual for a razão, não deixe que o ciúme prejudique o seu casamento.

Os escorpianos são pais autoritários e fazem o possível para garantir que os filhos sejam aplicados nos estudos e tenham muitos *hobbies* ou interesses envolventes em casa. Têm muita disposição para levá-los a passeios e férias em grande estilo, e, em troca, esperam muito deles. Isso é excelente. As crianças ficam com uma mentalidade viva e interessada, porque você as estimula em várias direções e elas, certamente, também herdarão um pouco da sua independência mental. Mas tome cuidado para não pressioná-las demais nem tentar interessá-las em algo só porque você, antigamente, se interessava. Não as obrigue a aprender piano ou balé se elas não demonstram nenhuma inclinação nesse sentido. Pode ser que elas gostem muito mais de andar a cavalo ou de jogar futebol. Se você insistir, acabará tendo um filho completamente entediado e mal-humorado.

Escorpião: carreira e finanças

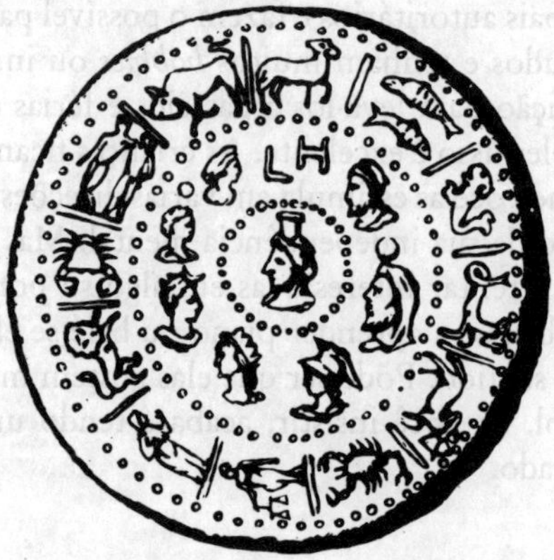

Ao avaliar o potencial escorpiano dos pontos de vista profissional e financeiro, é preciso considerar não apenas a motivação psicológica e o modo de expressão atribuídos a Escorpião, mas também os processos mentais de Mercúrio, e como esses dois fatores combinados podem ser usados da melhor forma possível nas duas áreas. Em seguida, temos a influência de Vênus, planeta tão fortemente associado às finanças e posses como aos relacionamentos. Esse último aspecto também é importante nessa área, pois vai afetar o modo como a pessoa age com os colegas, sócios, e assim por diante. Marte também nos dá indicações sobre o direcionamento da energia, e sem dúvida influencia a parte física, o impulso e a energia empregados no trabalho. Como veremos, a influência da combinação dos signos solar e Ascendente é interessante e muito pessoal; mas, se não souber a hora em que nasceu, nem puder descobrir qual é o seu Ascendente, não fique desapontado. Você poderá obter bastante informação sobre essa esfera da vida lendo os parágrafos mais gerais.

Para os escorpianos, é importante ter um emprego que exija muito deles, não só porque sentem necessidade e prazer em se manter ocupados e envolvidos, mas também porque se cansam muito depressa de um trabalho que não amplie suas capacidades, que tanto pode ser abrir uma estrada como dirigir um gigantesco império financeiro. Desde que o escorpiano sinta, ao fim de cada dia, que venceu algum desafio e fez progresso, consegue tomar seu drinque à noite descontraidamente, com uma sensação de realização.

Mas, mesmo quando tudo corre bem durante o dia, o escorpiano pode levar um longo tempo para se desligar mentalmente do trabalho e relaxar, principalmente se atuar na área intelectual. Os escorpianos se envolvem tanto no que fazem que, muitas vezes, precisam fazer exercícios de relaxamento para se libertar dos vínculos do dia. Para eles, o relaxamento é tão árduo quanto o trabalho para adquirir as habilidades necessárias em seu cargo.

Se fizermos uma lista do que é importante para um escorpiano, o dinheiro estará num dos primeiros lugares. Gosta da segurança financeira e sente necessidade de estruturar seus recursos. Ao mesmo tempo, tem prazer em gastar, pois, para ele, aproveitar a vida também é muito importante. O dinheiro em si o fascina e muitas vezes escolhe uma carreira que não só seja bem remunerada mas também envolva altas finanças. Muitos gostam do mercado de ações ou da contabilidade de grandes empresas. Trabalham bem em firmas altamente competitivas, onde podem chegar a um bom cargo. Negociam para conseguir os melhores acordos para a empresa, em qualquer tipo de transação.

Muitos escorpianos gostam de disciplina e rotina. Portanto, muitos deles se sentem atraídos pelas forças armadas. (Montgomery, o general inglês da Segunda Grande Guerra, e Rommel, seu equivalente alemão, nasceram no mesmo dia, com o Sol em Escorpião.) Mas os escorpianos também podem se desenvolver em ocupações mais corriqueiras e lidam bem com a rotina de um dia cheio de trabalho. Ao mesmo tempo, sua tendência a cristalizar os hábitos pode ter um efeito limitador e tirar a aventura de suas vidas, mesmo que eles sejam muito capazes de lidar com novas experiências. Em outras palavras, podem tender a cair numa rotina de muito trabalho. Num caso desses, o parceiro deveria tentar incitá-lo a partir para atividades mais aventureiras.

O poder, na ordem das coisas, é extremamente importante para o escorpiano, principalmente em relação à carreira. Eles lidam bem com o poder, e o apreciam. Às vezes, usam-no maliciosamente, como uma forma de diversão inocente, mas outras, infelizmente, podem abusar. Entretanto, quando usam o poder com responsabilidade, os escorpianos são capazes de fazê-lo com grande determinação, tomando decisões rápidas, lançando mão do conhecimento acumulado durante anos. Quando o poder é respaldado pelo saber e pela experiência, pode ser uma grande força benéfica. Quanto ao abuso do poder, os escorpianos com Plutão em Leão, em especial, precisam estar cientes de que podem sofrer esse tipo de tentação, e devem certificar-se de usar qualquer poder que tenham com justiça e responsabilidade. Caso contrário, podem tornar-se autocráticos, fazendo vir à tona muitas facetas negativas de sua personalidade.

A tradição associa o ferro a Escorpião, mas hoje em dia também consideramos o aço como um metal escorpiano, o que se confirma quando consideramos o tipo de carreiras seguidas pelos nativos desse signo. Muitos são atraídos para a engenharia, mineração e construção civil. Os armamentos pesados também podem atraí-los, o que pode explicar por que tantos escorpianos entram nas forças armadas. Embora, naturalmente, encontremos escorpianos em todos os tipos de carreira, parece efetivamente haver uma ênfase nessa direção.

Ao mesmo tempo, é preciso lembrar que Escorpião é um signo de Água, e que também os líquidos, freqüentemente, fazem parte de seu trabalho. Por exemplo, o ramo de vinhos e petróleo parece atraí-los (e o último também se harmoniza com seu interesse pela mineração). Eles se adaptam bem às atividades relacionadas com a água, sendo bons professores de natação, por exemplo. Também podemos encontrá-los como mergulhadores em plataformas petrolíferas, pois têm a força e a resistência necessárias para uma atividade puxada como essa.

Os escorpianos não se preocupam muito com a atmosfera onde trabalham. Aturam reclamações, no escritório ou no salão do cabeleireiro; conseguem trabalhar com o barulho de máquinas, com a interferência de música ambiente — eles curtem ou se abstraem. Sua capacidade de concentração, em geral, é excelente. Têm a resistência necessária para lidar com trabalhos fisicamente exigentes ou com o tipo de pressão que se forma num teatro ou num estúdio de televisão um pouco antes de o noticiário da noite entrar no ar.

Resumindo: os escorpianos têm muita força interior. Esforçam-se bastante, e geralmente conseguem muito. Na carreira, seguem um rumo que leva diretamente ao seu objetivo, sem se deixarem levar nem desviar.

A ação de Mercúrio

Verifique a posição de Mercúrio

Mercúrio em Libra

Se Mercúrio estava em Libra quando você nasceu, sente-se mais à vontade quando trabalha com os outros e compartilha o processo de tomada de decisões. Provavelmente não gosta de trabalhar sozinho num escritório pequeno, isolado dos colegas, nem de dirigir um departamento inteiro sem qualquer apoio por parte deles. Pode se sentir muito bem numa sala aberta. Se tiver um negócio próprio, você prefere dirigi lo em sociedade com alguém. Alternativamente, precisa saber que tem algum empregado em quem pode confiar e com quem pode contar. Sua energia vai lhe dar todo o impulso necessário para fazer um bom progresso, mas evite ficar só. Pode dar-se bem numa loja de roupas ou de departamentos, uma vez que sente prazer em lidar com o público e ajudar os fregueses a encontrar exatamente o que procuram. Trabalhar como cabeleireiro também pode ser uma opção muito boa. Sua simpatia e capacidade de ouvir os outros são qualidades importantes que poderá usar, proveitosamente, em recursos humanos. Nos estudos, pode tender a deixar tudo para a última hora. Mesmo assimilando os fatos com facilidade, você precisa de tempo. Tente manter um ritmo de estudos estável o ano todo, sem adiamentos.

Mercúrio em Escorpião

Os escorpianos com esse posicionamento têm a mente muito apropriada para qualquer trabalho de natureza investigativa. Portanto, se pertence a esse grupo, você é por natureza um pesquisador. Pode ter um bom desempenho como repórter, pesquisador químico, historiador, bibliotecário que auxilia o estudo de outras pessoas, ou em muitos outros campos que envolvam a investigação. Tem capacidade para realizar trabalhos muito meticulosos e, se tiver uma fascinação especial por algum assunto, dedique-se a ele com toda a sua determinação e força interior. Você tem o temperamento do especialista, portanto não tenha medo de escolher um campo limitado, mesmo que já tenha sido exaustivamente estudado por outra pessoa porque, a menos que essa pessoa também tenha o Sol e Mercúrio em Escorpião, com certeza ainda resta alguma coisa nova para você descobrir. Protege com muito cuidado as suas descobertas até se sentir pronto para falar ou escrever a esse respeito. Nos estudos, interessa-se em profundidade e pode surpreender seus professores ou monitores dando opiniões sobre o assunto predileto deles. Entretanto, você sempre fundamenta seus argumentos, pois tem as informações na palma das mãos. Seu desempenho nos exames deve ser excelente, pois, além de meticuloso, você tem intuição.

Mercúrio em Sagitário

Se você é um escorpiano com Mercúrio em Sagitário, consegue apreender as situações com rapidez e amplitude. Se aplicarmos isso ao trabalho, parece provável que seja talhado para uma carreira onde a vivacidade mental é uma vantagem. O mundo acadêmico é uma possibilidade. Também pode se dar bem em qualquer emprego que exija agilidade para lidar com mudanças súbitas nos acontecimentos e reagir a jogadas imprevistas das pessoas com as quais estiver lidando. Por exemplo, se estiver numa concorrência importante e o seu cliente em potencial mencionar o nome de um de seus competidores, você consegue desorientá-lo na mesma hora, expondo pelo menos três razões convincentes pelas quais a outra firma seria um desastre total. É capaz de se dedicar a qualquer tipo de estudo ou de negócio e ter muito bons resultados, de modo que o seu trabalho, seja qual for, vai se tornando mais e mais importante para a firma ou instituição que o empregar. Por exemplo, você pode ser um professor júnior numa grande escola; seus esforços, talvez relacionados a alguma atividade extracurricular, são notados, e seus métodos provavelmente adotados em escala maior. Você precisa de desafios, e o desafio é uma excelente forma de direcionar sua energia. Nos estudos, você se desenvolve com o trabalho acadêmico, mas pode demonstrar uma tendência a não dar muita importância aos exames. Se levá-los mais a sério, poderá sair-se muito bem.

Vênus: finanças e relacionamentos

Verifique a posição de Vênus

Vênus em Virgem

Com Vênus em Virgem, você tem uma veia econômica que não é muito característica do seu signo. Em geral, os escorpianos gostam tanto de gastar quanto de ganhar dinheiro. Mas você o administra com cuidado e economia para poder ter o suficiente nos cofres e dar presentes generosos no Natal ou fazer uma viagem excitante nas férias. Não é por ter um bom saldo no banco que você se sente animado a sair por aí gastando como um louco. Tem gosto em ver o dinheiro render e faz investimentos criteriosos. Os investimentos que fizer no ramo de alimentos dietéticos ou naturais podem ser compensadores, pois pode haver interesse financeiro e pessoal na área. Se for um desses escorpianos que adoram artesanato, pode fazer disso um *hobby* financeiramente compensador. Também pode ter lucros investindo na agricultura, horticultura, mídia ou nas telecomunicações.

Trabalha com afinco e está sempre disposto a grandes esforços para ajudar os colegas. Assim, sempre que alguma coisa precisa ser feita, a tendência é pedir a você. Como empregador, pode parecer um pouco agitado: é perfeccionista e espera que os outros também o sejam.

Vênus em Libra

Com Vênus em Libra, precisará ganhar um bom dinheiro para poder gozar a vida de acordo com suas expectativas. Há alguns pequenos luxos que você aprecia e de que precisa, pois detesta passar sem eles. Mesmo se ainda for jovem, seus gostos já são dispendiosos. Tem vontade de comprar o que acha atraente, mesmo que custe uma fortuna. Mas os escorpianos não são nem um pouco bobos em matéria de dinheiro; seu senso de negócios é excelente, e provavelmente seu faro para investimentos é bom. Assim, mesmo que seu Vênus libriano seja uma fonte de muitas extravagâncias, você é capaz de compensar por meio de aplicações criteriosas do seu dinheiro. As lojas de departamentos, as áreas de beleza e hotelaria são possibilidades para investimento. No seu caso, também vale a pena considerar um simples plano de seguros que acrescente juros ao capital, como um meio descomplicado de aumentar sua poupança.

No trabalho, é o tipo de pessoa que todo mundo procura para despejar os problemas; é bom ouvinte e amável com as pessoas em dificuldades. Como empregador, faz com que seus empregados sejam tratados com justiça e disponham de uma boa estrutura social e de lazer. Tudo isso é muito apreciado.

Vênus em Escorpião

Com Vênus em Escorpião ao lado do Sol no seu nascimento, você deve dar bastante importância ao dinheiro e ter um excelente tino comercial. Suas qualidades escorpianas de cautela e disposição de fazer muito trabalho preparatório deixam-no em condições excelentes para decidir o que fazer com o dinheiro. De todos os escorpianos, provavelmente você é o que melhor pode montar um negócio próprio, pois trabalha com empenho e tem jeito para isso. Pode ser um excelente fornecedor de vinhos (mesmo que tenha dificuldade em não deixar os melhores na sua adega). Petróleo, mineração ou indústria pesada são áreas possíveis para investimento. Mas não exagere: você é capaz de aplicar tanto que pode não sobrar nada para pagar alguma conta grande e inesperada.

Costuma manter sua vida social bem separada da profissional; se se envolver emocionalmente com alguém no trabalho, tentará manter sigilo. Como empregador, pode guardar tanto para si que seus empregados acabam achando que têm pouca informação sobre o progresso da empresa. Mas você é um empregador generoso.

Vênus em Sagitário

Vênus em Sagitário torna-o menos preocupado com dinheiro que a maioria dos escorpianos. Você tem bastante bom senso e uma atitude filosófica e, assim, quando deseja alguma coisa que é cara demais para ser comprada na hora, não fica frustrado por precisar esperar um pouco ou perder tempo pensando numa forma de arrumar o dinheiro necessário. Provavelmente gosta de especular, o que tanto pode significar apostar um pouco nas corridas, como fazer especulação em larga escala no mercado de ações. Aprecia um certo grau de desafio e risco nas questões financeiras. Quando um investimento não dá certo, sua reação é: "Terei mais sorte da próxima vez". E pode ter razão. Mas, como seu instinto de jogo é bem forte, e você é um otimista por natureza e cheio de entusiasmo positivo, pode ser preciso colocar em cena seu lado escorpiano mais cauteloso. No seu caso, o investimento em empresas de viagens ou em mineração e produtos de estanho pode ser lucrativo. Nos negócios, não deixe de considerar os mercados de exportação.

Você tem um talento natural para animar os colegas, pois gosta de ver as pessoas se divertindo, no trabalho e depois dele. Como empregador, incentiva muito a sua equipe.

Vênus em Capricórnio

Para você, ganhar dinheiro é um assunto sério, pois a presença de Vênus em Capricórnio, no seu nascimento, faz com que seja o mais cauteloso e mais sagaz dos escorpianos, no tocante a finanças. Você não corre riscos, mas aumenta gradualmente seus recursos. Isso acontece quer você viva de mesada dos pais ou seja o chefe de uma grande empresa que montou depois de anos de meticuloso planejamento. Você impressiona as pessoas — as pessoas certas — e, naturalmente, desperta a sua confiança; com isso, não precisa recorrer a almoços caros para conquistar seus clientes. O que, entretanto, não significa que você não goste dessas ocasiões, ao menos pelo prazer de uma boa refeição. Se precisar de meus conselhos sobre investimentos (o que não é muito provável), eu sugeriria os imóveis ou qualquer plano confiável de poupança. Ou, então, invista em você mesmo, montando um negócio próprio. Seus colegas podem considerá-lo um pouco isolacionista, um tipo silencioso e forte; tente não ser muito distante, pois pode dar a impressão de esnobe. Da mesma forma, como empregador, um certo distanciamento ou inacessibilidade podem fazer com que seus empregados escondam de você suas verdadeiras opiniões.

Ascendentes e carreira

Verifique primeiramente o seu Ascendente

Observação: carreira e Meio-do-Céu

Se você desenvolver o interesse pela astrologia, uma das primeiras coisas que vai estudar — mas que está fora do alcance deste livro — é o Meio-do-Céu. Grosso modo, este é o signo imediatamente acima de sua cabeça, no momento de seu nascimento. É tão importante em relação à carreira, à expressão no mundo exterior e à identificação com objetivos de vida, quanto o seu Ascendente em relação à sua personalidade. Combiná-lo com o Ascendente é complexo e seria impossível num livro deste porte; entretanto, mesmo não sendo possível ajudá-lo a descobrir o seu Meio-do-Céu, esteja certo de que pensei nas várias possibilidades ao escrever os parágrafos seguintes, relacionados com a escolha de uma profissão ou ocupação.

Escorpião com Ascendente Áries

Você precisa de um trabalho exigente do ponto de vista físico ou intelectual. Dependendo do seu talento específico, pode ficar satisfeito abrindo estradas, lutando na política ou nos altos negócios, ou seja, tirando o máximo proveito de sua garra implacável. Pode seguir uma boa carreira como esportista profissional ou dublê.

Escorpião com Ascendente Touro

Tem necessidade de estabilidade financeira. As áreas bancária, financeira e contábil são compatíveis, pois você tem tino comercial. O ramo da beleza e da moda também são adequados. A música pode ser importante em sua vida; nesse caso, desenvolva seu potencial. Tente não trabalhar sozinho; entre em sociedade com alguém ao fazer negócios.

Escorpião com Ascendente Gêmeos

Pode ter um bom desempenho como vendedor. Trabalha com muita energia. Trabalhar na mídia ou como repórter pode ser bom para você, assim como ser recepcionista ou telefonista. Você dispõe de muita energia no trabalho e precisa de muita variedade e mudança, podendo dar conta de mais de um interesse profissional. A publicidade também é uma forte possibilidade.

Escorpião com Ascendente Câncer

Você daria um excelente professor de crianças pequenas. A profissão médica pode ser apropriada, talvez na especialidade de obstetrícia ou ginecologia. Também pode tornar-se um *chef* maravilhoso. Na realidade, o ramo de abastecimento e hotelaria em geral podem ser um excelente negócio para você. Outras áreas possíveis são o comércio de antiguidades e a criação de gado leiteiro.

Escorpião com Ascendente Leão

Você pode ter um bom desempenho na indústria de computação. Se tiver talento criativo, desenvolva ao máximo qualquer habilidade que possua. Encontre também alguma forma de usar sua capacidade de organização. Lembre-se de que é capaz de assumir responsabilidades e pode gostar de se mostrar, no bom sentido. Se escolher ser modelo ou trabalhar em teatro, poderá contar com a sua resistência escorpiana.

Escorpião com Ascendente Virgem

Pode se sair bem trabalhando na mídia; por que não tentar a estação de rádio ou televisão de sua cidade? Também pode ser um excelente pesquisador em qualquer área, ou uma secretária ideal. Em outra esfera, pode tornar-se um profissional de primeira classe nas áreas de massagem, fisioterapia, dietética ou alimentos naturais. A horticultura e a agricultura podem ser condizentes com você. Se acha que pode escrever um livro, por que não tenta?

Escorpião com Ascendente Libra

Seu tato e diplomacia podem ser-lhe muito úteis no serviço diplomático ou no trato com clientes difíceis em qualquer profissão. O trabalho em recursos humanos ou relações públicas pode proporcionar-lhe carreiras gratificantes. Também pode se interessar pelo trabalho em cruzeiros ou como mensageiro, nas férias. Outra possibilidade é a de você tornar-se um excelente cabeleireiro.

Escorpião com Ascendente Escorpião

Ou você quer trabalhar nos bastidores ou quer mostrar sua capacidade em público — sem meios-termos. Pode tornar-se um psiquiatra muito bem-sucedido. Se vier a ocupar um cargo de chefia, tome cuidado para não deixar o poder subir à sua cabeça. Mineração, marinha, cirurgia e patologia são áreas condizentes. De qualquer forma, você precisa de uma carreira exigente.

Escorpião com Ascendente Sagitário

Normalmente, tem talento natural para línguas, podendo tornar-se um bom editor ou advogado. O esporte profissional ou o ensino universitário são áreas condizentes. Você precisa de desafios e é muito versátil. O trabalho com animais pode ser-lhe conveniente, talvez como cirurgião veterinário. Turismo, exportação e religião são outras possibilidades.

Escorpião com Ascendente Capricórnio

Possui um grande potencial e uma enorme capacidade para trabalhar com afinco. Pode lutar em qualquer área, mas a política e os negócios (principalmente os seguros) podem ser excelentes carreiras. Arquiteto, construtor, administrador ou corretor de imóveis são profissões condizentes com a sua personalidade. A agricultura pode ser sua área, assim como a matemática ou as ciências. Deve ser muito bem-sucedido.

Escorpião com Ascendente Aquário

Necessita sentir-se independente. Pode gostar de atividades que envolvam o passado, como a arqueologia. Também pode ser conveniente atuar numa grande organização de caridade, ou talvez trabalhar no campo. Você pode se realizar como comissário de bordo, trabalhando com astronomia ou qualquer área associada ao espaço. A televisão é outra possibilidade. Na sua carreira precisa haver alguma coisa que desperte a originalidade de sua personalidade.

Escorpião com Ascendente Peixes

Você pode se sentir muito à vontade nas profissões assistenciais, desde que consiga controlar seus sentimentos pessoais. Há possibilidade de ser um enfermeiro maravilhoso, assistente social ou encarregado de donativos. Também pode gostar de trabalhar na indústria de calçados ou pesca. Não negligencie qualquer capacidade artística que possua. Tem necessidade de uma carreira um tanto original e pode sair-se bem como fotógrafo.

Sagitário

Positivo
Planeta regente: Júpiter
Triplicidade ou elemento: Fogo
Quadruplicidade ou qualidade: mutável
Cores: marinho, púrpura
Pedra preciosa: topázio
Metal: estanho
Flores: cravos e cravinas
Árvores: tília, bétula, amoreira, carvalho
Ervas e especiarias: salva, anis, balsâmina
Alimentos: vegetais de bulbo, *grapefruit,* groselha, sultanina
Animais: cavalos, animais de caça
Países: Espanha, Austrália, Hungria, África do Sul
Cidades: Toledo, Stuttgart, Budapeste, Colônia, Washington

A primeira impressão que geralmente se tem de um sagitariano é a de uma maravilhosa franqueza e um jeito aberto, características ligadas à amplitude de visão e apreensão fácil, imediata, surpreendente e positiva de um projeto ou um problema. Entretanto, nem sempre os sagitarianos sabem lidar com detalhes monótonos, e é bom evitar incomodá-los com qualquer coisa com um tom de implicância ou mesquinharia.

Os sagitarianos são dados a uma considerável inquietação, relacionada com duas características diferentes: uma é a sensação de que a grama é sempre mais verde além da cerca; a outra é uma necessidade psicológica de desafios, que enfrentam e dominam com aquele entusiasmo que sempre estão prontos a demonstrar.

Os sagitarianos têm uma considerável capacidade de amar e uma atitude entusiástica em relação aos parceiros, que pode lembrar a de um jovem estudante (muitos deles, na verdade, parecem eternos estudantes, sob alguns aspectos, pois seu apetite pelo conhecimento é quase insaciável). Num relacionamento, necessitam de bastante liberdade de expressão e, por esse motivo, seus companheiros devem ser realmente compreensivos e tolerantes. Simplesmente não aturam a possessividade, que, para eles, cheira a claustrofobia, o que mais odeiam.

As crianças são levadas e precisam de controle. Quando crescem, envolvem-se muito com os esportes ou voltam-se seriamente para os estudos. É aconselhável chegar a um equilíbrio entre ambos.

As áreas do corpo de Sagitário são os quadris, as coxas e o fígado. Sagitário é outro signo que gosta de boa comida, mas também precisa fazer exercícios: seria bom seus amigos se encarregarem disso! A estagnação intelectual é outra coisa a ser evitada.

Sagitário nas amizades, no amor e no casamento

Tendo o Sol em Sagitário, você, em geral, é de fácil convívio, aceitando os outros pelo que demonstram ser; assim, se alguém lhe disser que não é provável que se tornem bons amigos, pois seus signos solares são incompatíveis, provavelmente vai achar que é uma brincadeira.

A crença de que alguns signos não "combinam" com outros, infelizmente, é sempre difundida pelos artigos de astrologia popular das revistas e jornais. Tem um pequenino fundo de verdade e faz parte de uma antiga tradição, mas assumiu proporções absurdas e precisa urgentemente ser reenquadrada.

A verdade é que existe uma certa tendência de as pessoas com o signo solar do mesmo elemento (veja página 102) descobrirem que há um certo bem-estar entre elas — uma espécie de acordo descontraído, de entusiasmo e perspectivas comuns. Sagitário é um signo de Fogo; portanto, de acordo com essa teoria, deveria dar-se bem com arianos e leoninos, que são signos do mesmo elemento. Os signos de Ar — Gêmeos, Libra e Aquário — também são considerados "bons". Dizem que as pessoas de Terra — taurinos, virginianos e capricornianos — e de Água — cancerianos, escorpianos e piscianos — "não são boas" do ponto de vista de amizades ou relacionamentos amorosos. Se você levar isso a sério, pode cortar relações com metade da população da Terra!

O furo dessa teoria é que é bem possível que você tenha Mercúrio ou Vênus em Escorpião ou Capricórnio, o que, em cada caso, ajudaria a aproximá-lo de alguém com o Sol num desses signos. Graças à posição de Marte, pode haver uma intensa ligação sexual, ou talvez um gosto semelhante por esportes ou exercícios.

Evidentemente, seria mesmo muito tolo impedir o desenvolvimento de um relacionamento — de amizade ou emocional — só porque os signos solares, segundo a tradição, são incompatíveis! Há muitíssimos outros fatores envolvidos. É só quando um astrólogo experiente calcula e estuda dois mapas completos que se pode chegar a conclusões definitivas. E, mesmo assim, nenhum astrólogo recomendaria a seus clientes que terminassem um relacionamento; esta decisão cabe aos indivíduos. O que pode ser feito é mostrar áreas de incompatibilidade, para que o casal possa fazer as concessões necessárias e evitar problemas.

Para você, que tem o Sol em Sagitário, o posicionamento de Júpiter, planeta regente do signo, é um fator importante: no seu caso, além de ter seu significado habitual, este planeta tem uma influência especial na sua personalidade como um todo.

Mas o que eu achei mais esclarecedor na comparação de mapas de pessoas (processo a que os astrólogos dão o nome de "sinastria") é que em geral há uma ênfase nos signos polares ou opostos das pessoas que têm um relacionamento emocional profundo e satisfatório. O Ascendente de seu parceiro, por exemplo, pode ser Gêmeos, signo oposto a Sagitário (veja a lista dos signos opostos na página 102). Ou o signo solar de seu parceiro pode estar em oposição frontal, no Zodíaco, ao seu Ascendente. A Lua também desempenha papel importante: talvez a Lua de seu parceiro esteja no seu signo solar. Ou talvez haja uma polaridade entre o signo solar ou Ascendente do outro e o seu signo lunar.

Tudo isso precisa ser examinado em detalhe, além de se estudar atentamente os vários níveis das personalidades individuais. Por exemplo, você, com o Sol em Sagitário, sem dúvida prefere um companheiro animado. Até aí, uma pessoa de signo de Fogo é apropriada. O seu nível emocional é alto, e não quer ter um parceiro frio e pouco expressivo. Deve ser alguém que se equipare a você também intelectualmente — alguém que lhe represente um desafio intelectual.

As possibilidades suplantam em muito a simples classificação em relacionamentos "bons" ou "maus" conforme os elementos, por mais interessante que seja como ponto de partida, ou como assunto de conversa numa festa. Nesta área, ou em qualquer outra, quanto mais aprofundar o conhecimento da astrologia, mais fascinante ela se tornará. As características básicas dos signos solares, depois de algum tempo, começam a parecer um tanto maçantes, principalmente para os sagitarianos, que gostam tanto de desafios e da exploração de todos os tipos de teorias.

Sagitário nas amizades

Talvez a melhor qualidade, como amigo, seja a sua capacidade natural de animar as pessoas deprimidas. Está sempre disposto a encorajar e incentivá-las a não desistir. O seu entusiasmo é tanto que contagia a vida de seus amigos. Sente enorme prazer quando vê que eles retomam seus esforços e voltam ao seu estado normal, devido a sua ajuda.

Com toda essa animação, às vezes deveria procurar ser um pouco mais comedido. Por exemplo, quando algum amigo está desabafando, é melhor ouvir calmamente, sem se intrometer demais; quando ele terminar, você entrará com seu apoio e incentivo para tirá-lo da depressão ou ajudá-lo nos problemas.

Por outro lado, você mesmo não tem dificuldades em falar com os amigos sobre seus problemas. E isso é necessário, pois enrustir as preocupações não faz bem a ninguém e é particularmente contrário à sua natureza.

Para você, é útil conhecer pessoas que estejam à sua frente, até certo ponto, em matéria de interesses. Ao mesmo tempo que é uma maravilhosa fonte de inspiração para os outros, sua vida também necessita de desafios. Não há melhor amigo para um sagitariano que esteja aprendendo a trotar na escola de equitação do que um campeão de saltos. O mesmo se aplica a qualquer área. Lembre-se de que os desafios são necessários e que a sua motivação básica é enfrentá-los, o que o ajudará a usar plenamente o abundante potencial e talento que possui.

Seus amigos deveriam ser pessoas ativas, com uma vida cheia e ocupada, e não o tipo de gente que aborda tudo de um jeito desinteressado, sem convicção. Esqueça as pessoas desse tipo, que logo vão entediá-lo até as lágrimas. Mantenha também a distância o tédio e a impaciência.

Tradicionalmente, Sagitário é um signo associado às terras longínquas. Assim, pode ser que você se dê particularmente bem com pessoas de outros países e de outros grupos étnicos. Pode fazer muito para promover a comunicação entre os povos de diferentes nações, mas tenha cuidado para que, ao expressar suas fortes opiniões, não incomode os outros nem entre em conflito com algum sistema político com o qual, por enquanto, precise conviver.

Sagitário no amor

Quando uma voz interior lhe diz que está apaixonado, uma outra pode estar advertindo: "É só um entusiasmo passageiro, seu bobo". Não que isso vá dissuadi-lo de continuar o relacionamento e aproveitá-lo ao máximo. É que você, basicamente, é uma pessoa independente ao extremo, que detesta ficar presa; assim, quando sabe, por dentro, que está enamorado, um outro pedaço de você o faz imaginar se o caso atual não é "só mais um", e não "o grande caso". Mas vai chegar o dia em que a experiência da vida e do amor superarão a sua relutância e você estará pronto para um relacionamento permanente.

No amor, assim como nas amizades, tem necessidade de bastante desafio e comunicação intelectual. Você é muito sensual, de um jeito vivo e entusiasmado, mas pode se cansar de um relacionamento se, por um lado, seu parceiro não tiver imaginação nem espírito de aventura na área sexual, ou, por outro, se o sexo for o único elo entre vocês. Depois da empolgação inicial, um relacionamento desses pode se esvaziar rapidamente. Como você é versátil e tem mais propensão do que as outras pessoas a se sentir entediado em qualquer área da vida, o tédio sexual de um relacionamento é um dos grandes perigos. Fica inquieto quando seu parceiro só consegue pensar na novela das oito, ou, pior ainda, quando não tem nada para conversar. Se a atração sexual for realmente forte e os dois, às vezes, tiverem uma vida paralela, podem chegar a um modo de vida satisfatório para ambos. Entretanto, para um relacionamento total e completo, só o sexo não basta para você.

O signo ocupado por Vênus no seu nascimento pode matizar de várias formas diferentes a sua atitude e o seu comportamento no amor, mas é provável a existência de uma certa dualidade: você gosta de mais de um relacionamento ao mesmo tempo, apreciando cada parceiro por uma razão diferente. Esta pode ser uma manifestação indireta e mais sutil da sua necessidade de independência — você é capaz de arranjar uma segunda amante só para provar a si mesmo que não está amarrado à primeira.

Talvez tenha se persuadido de que, na realidade, não precisa de um parceiro permanente. Será que é assim mesmo, ou isso não passa de uma reação infantil, de uma adesão ao carrossel da "liberação"? Não se esqueça de que nem sempre você pode sentir o que sente agora, e que seria uma pena estragar um relacionamento promissor e perceber, tarde demais, que perdeu a oportunidade de uma parceria bonita, gratificante, para a vida toda, que deixou escapar a pessoa com quem poderia ter encontrado a felicidade.

Você tem muito a dar a um companheiro. Se puder encontrar alguém animado e sexualmente efusivo, com muitos aspectos em comum, terá mais possibilidades de desenvolver-se, realizar-se e descobrir o seu verdadeiro potencial.

Sagitário no casamento

Não parece provável que um sagitariano permita que o casamento o imobilize. Suas necessidades são intensas e, à primeira vista, incompatíveis com um relacionamento permanente, mas a consciência de que é preciso satisfazer essas necessidades torna mais fácil lidar com elas.

Provavelmente concordará comigo se eu opinar que você precisa de um companheiro tão ocupado e versátil quanto você; ou, se não for versátil, que pelo menos tenha um grande interesse por alguma coisa de que também goste. Isso é muito importante porque, se você se entediar com os interesses do seu companheiro, em breve entediar-se-á com o próprio companheiro, e isso é algo muito difícil de lidar.

Uma ótima coisa a seu favor é que você tem muito menos propensão a sentir ciúmes dos interesses externos do seu parceiro que qualquer outro tipo zodiacal. Na verdade, você não suporta o ciúme, mesmo se tiver Vênus em Escorpião. Mas você detesta, principalmente, que seu parceiro sinta ciúmes de você. É bom deixar isso claro desde o começo: ele precisa entender que você necessita de uma certa liberdade dentro do casamento, e não tolera condições claustrofóbicas. Para retribuir essa atenção, deveria tentar se moderar, não trabalhando até tarde no escritório, nem saindo muitas vezes à noite com seus colegas ou clientes, para não levantar suspeitas no parceiro.

A jovem mãe sagitariana provavelmente quer ter uma família e ama os filhos. Mas, depois de superar a agitação do período inicial, deveria reservar ao menos algumas horas toda semana para algum tipo de atividade longe dos bebês. Talvez possa começar um *hobby* novo e interessante ou retomar um antigo. Dessa forma, a sra. Sagitário aceita prazerosamente a maternidade, sem se sentir frustrada com as limitações impostas pelo cuidado aos filhos. Mesmo que se canse com as solicitações das crianças, deve tentar sair de casa de vez em quando. Quanto maior a sua instrução, maior a necessidade de um interesse externo. Para equilibrar as provas e tribulações do papel de mãe e poder gozar as delícias da maternidade, seria bom um *hobby* exigente do ponto de vista físico, como patinação ou equitação, ou talvez algum esporte de equipe.

Para o pai sagitariano, em geral esse problema não é tão pressionante, pois é mais provável que ele fique longe dos filhos durante o dia. Mas sua esposa deve lembrar que, ao voltar para casa, ele pode facilmente se chatear com a torrente constante de gracinhas que o bebê fez ou não naquele dia. Fora isso, os sagitarianos são excelentes pais, principalmente quando as crianças crescem um pouco. Nessa época, eles se esforçam por estimular os interesses dos filhos, de todas as maneiras possíveis. O desafio constante da paternidade lhes dá muito prazer. Para eles, não é difícil acompanhar a evolução dos filhos, e a "diferença de gerações", mais tarde, não deve trazer muitos problemas.

Sagitário: carreira e finanças

Ao avaliar o potencial sagitariano do ponto de vista profissional e financeiro, é preciso considerar não apenas a motivação psicológica e o modo de expressão atribuídos a Sagitário, mas também os processos mentais de Mercúrio, e como esses dois fatores combinados podem ser usados da melhor forma possível nas duas áreas. Em seguida, temos a influência de Vênus, planeta tão fortemente associado às finanças e posses como aos relacionamentos. Esse último aspecto também é importante nessa área, pois vai afetar o modo como a pessoa age com seus colegas, sócios e assim por diante. Marte igualmente nos dá indicações sobre o direcionamento da energia, e sem dúvida influencia a parte física, o impulso e a energia empregados no trabalho. Como veremos, a influência da combinação dos signos solar e Ascendente é interessante e muito pessoal; mas, se você não souber a hora em que nasceu, nem puder descobrir o seu Ascendente, não se desaponte. Poderá obter muitas informações sobre essa esfera da vida lendo os parágrafos mais gerais.

As oportunidades de carreira para os sagitarianos são bastante amplas, pois seu potencial é muito vigoroso e variado. Obviamente, as características básicas deste grupo necessitam de uma expressão tão positiva no trabalho como em qualquer outra esfera da vida.

Como acontece com todos os outros signos solares, encontramos sagitarianos em todas as profissões, vindos de todos os estratos sociais. Mas isso não quer dizer que não haja uma tendência a eles se sentirem mais felizes em algumas carreiras do que em outras. Examinando o tipo sagitariano em geral, eu diria que provavelmente eles precisam de liberdade de expressão em qualquer emprego, e da possibilidade de fazer as coisas a seu modo, dentro do possível. A interferência e as censuras dos superiores, principalmente se o sagitariano considerá-los obtusos ou tolos, gera uma considerável desarmonia em sua vida, e prejudica seu desempenho no trabalho. Entretanto, se eles tiverem uma razoável liberdade de ação, dedicam-se às tarefas com muita energia e entusiasmo.

O sagitariano deveria ter em mente o fato de que a principal limitação a enfrentar (avaliando apenas as características do signo solar, como estamos fazendo neste capítulo) é sua incapacidade de lidar com pequenos detalhes. Os sagitarianos são planejadores de esquemas globais, pessoas capazes de deduzir reações gerais, e não se sobressaem pela capacidade de decidir a melhor ordem para os parágrafos de um relatório, nem de dar os pequenos toques finais num produto a ser embalado para exportação.

Muita coisa já foi dita sobre os dois tipos de sagitariano — um que expressa a energia fisicamente, e outro que tende a ser intelectual por natureza. Existe muita validade nessa divisão, mas o que muitas vezes se ignora é o fato de que o esportista sagitariano de vinte anos pode tornar-se o intelectual sagitariano de 45, que já cultivou a evolução mental. Parece, efetivamente, que há qualquer coisa do eterno estudante nos sagitarianos, e isso deveria ser levado em conta na escolha da carreira. É possível que eles pensem no emprego, consciente ou inconscientemente, como um aspecto evolutivo e criativo da vida. Sua tendência não é pensar em termos de uma carreira que gere recompensas quando se trabalha com afinco. Preferem tentar progredir estudando nas horas de folga, contentando-se muitas vezes com uma posição humilde nessa época, na crença de que esse esquema possa conduzi-los a coisas melhores. Sua forma de abordar a carreira tem um elemento de excitação, mesclado ao gosto por aventuras e pelo desconhecido. Nessa esfera da vida, como em tudo mais, os sagitarianos criam desafios para si, em vez de apenas aceitá-los, à medida que surgem na ordem natural das coisas.

Também é possível haver inquietação, que deve permanecer sob controle. Ao pensar numa mudança de rumo, os sagitarianos deveriam perguntar a si mesmos se é uma mudança progressista e construtiva, ou se eles não estão simplesmente se sentindo irrequietos, querendo a mudança pela mudança. Mesmo sendo versáteis, gostam de dominar um trabalho antes de passar a outro. Mudanças demais podem gerar insatisfação, um estado de espírito mais fatal para os sagitarianos do que para as outras pessoas.

A rotina previsível não faz bem aos sagitarianos, e os que são obrigados a trabalhar numa bancada de fábrica ou numa linha de produção devem combater o perigo do tédio cultivando interesses absorventes nas horas de folga. Para eles, é vital passar o tempo de lazer de maneira construtiva: exercitando-se numa academia de ginástica, freqüentando cursos noturnos, jogando futebol ou realizando qualquer outra atividade que dê vazão a seu potencial energético. Os interesses devem ser intensos e exigentes. Se, no devido tempo, puderem se profissionalizar numa dessas áreas, permitindo que escapem de um emprego restritivo e frustrante, tanto melhor para um futuro de realizações.

Muitas vezes os sagitarianos têm mais de uma fonte de renda. É possível que haja um emprego principal e outras ocupações ativas, ao mesmo tempo divertidas e lucrativas. Pode ser um *hobby*, como a restauração de antiguidades, o conserto de relógios ou traduções, quando o sagitariano gosta de línguas — muitos deles têm realmente aptidão para elas —, e esta pode ser uma maneira de compensar um trabalho monótono. Os sagitarianos precisam lembrar sempre que podem desenvolver mais de uma ocupação e, se isso significa aprimorar alguma habilidade nas horas de folga, esse desafio deve ser aceito. Eu lhes diria: diversifiquem, sejam versáteis, descubram e invistam em alguns interesses gratificantes, mas não dispersem demasiadamente a energia, o que, por sua vez, pode provocar inquietação, com possíveis repercussões na saúde.

A ação de Mercúrio

Verifique a posição de Mercúrio

Mercúrio em Escorpião

Se Mercúrio estava em Escorpião quando nasceu, você é dotado de boa capacidade para o trabalho intelectualmente exigente. Gosta de descobrir fatos, e talvez tenha jeito para pesquisa. É capaz de guardar segredos e pode ser atraído por uma carreira na polícia ou como detetive particular. Para você, é mais fácil do que para a maioria dos sagitarianos lidar com detalhes complicados, desde que estejam ligados a algum estudo fascinante ou tenham um objetivo compensador. Deve ter excelente memória e uma considerável queda para negócios. Com sua personalidade agradável e aberta, pode ser bem-sucedido em vendas ou numa empresa própria, pois tem astúcia e sabe distribuir o capital criteriosamente dentro da empresa. Se estiver estudando, o estudo deve fazê-lo crescer; quando se envolve, é preciso muito para distraí-lo. Não deve ter muita dificuldade na época dos exames, pois é capaz de reter os fatos e sabe fundamentar suas opiniões com os resultados de sua própria pesquisa.

Mercúrio em Sagitário

Pensa com muita clareza, mas de maneira tão ampla que pode ignorar dificuldades e detalhes. Seu potencial intelectual é enorme, mas você precisa organizar de modo tranqüilo o seu trabalho e não se deixar levar muito facilmente por idéias paralelas, novos projetos ou mesmo algum aspecto mais amplo de sua carreira. Talvez deva trabalhar no departamento de exportações de sua firma. Ou, se gosta de ensinar, dê aulas para alunos mais velhos; você vai gostar dos desafios que eles apresentam com freqüência. Isso deve mantê-lo intelectualmente alerta e dar-lhe o estímulo mental de que tanto precisa. Deve fazer concessões às pessoas que não têm a mesma agilidade mental que você. Dê-lhes tempo para assimilar suas afirmações e, se ocupar um cargo de autoridade, não se irrite quando descobrir que todas as outras pessoas parecem muito mais lentas que você. Acontece, apenas, que quase todo mundo leva mais tempo do que você para entender um problema. Tenha muito cuidado com a inquietação; é possível que necessite de mais variedade e mudança que a maioria dos sagitarianos, e se pular demais pode acabar prejudicando o seu progresso. Como estudante (e é quase certo que, de uma forma ou de outra, você estude a vida toda), seu interesse e sua atitude animada impressionam os professores. Não se distraia com outros interesses na época dos exames.

Mercúrio em Capricórnio

Com Mercúrio em Capricórnio, você é capaz de trabalhar firmemente, com mais paciência, e de pensar de maneira mais construtiva que a maioria das pessoas de outros signos solares. Faz progressos constantes e não costuma se deixar dominar pela inquietação. Sob muitos aspectos, é entusiasmado, mas mantém um bom controle sobre sua animação e não costuma se deixar levar com facilidade. Está entre os sagitarianos mais ambiciosos, e é capaz de assumir uma posição de poder e possível isolamento. Mas não é provável que você se torne um chefe empolado ou distante. Pode ser que seja menos versátil que a maioria dos sagitarianos, portanto desenvolva algum interesse por uma área específica do seu trabalho; se se concentrar nela, é provável que faça excelentes progressos. Seu padrão de pensamento é cauteloso, e provavelmente você nunca faz afirmações definitivas sem fundamento. Todas as suas afirmações e decisões são consideradas com muito cuidado. Como estudante, pode sentir-se um pouco culpado se andou negligenciando o estudo para curtir alguma das muitas outras atividades extra-escolares da vida estudantil; quanto mais você se diverte, mais culpado se sente. Em geral, não tem dificuldades para estudar com afinco e estruturar um sólido alicerce de conhecimentos, que irão deixá-lo numa boa situação na época das provas.

Vênus: finanças e relacionamentos

Verifique a posição de Vênus

Vênus em Libra

Vênus em Libra com Sol em Sagitário pode propiciar-lhe uma atitude bem descontraída e condescendente em relação ao dinheiro. Em geral, você gasta pelas melhores causas, em benefício dos amigos ou pela felicidade da família, porém de vez em quando deveria pensar não apenas na maneira de gastar a sua renda, mas também na forma de aumentá-la. Pode considerar isso meio insípido, embora seja muito necessário para você se sustentar, simplesmente por causa da sua generosidade e do seu gosto pela vida. Os investimentos em produtos de beleza e no ramo da hotelaria podem ser interessantes e lucrativos.

É muito importante procurar uma boa orientação prática em relação à sua situação financeira, principalmente se for autônomo. Pode não dar muita atenção aos impostos, se se defrontar com alguma conta enorme ou perder algum bom abatimento. Portanto, é melhor contratar um contador de confiança. É provável que seja muito popular no trabalho; sua presença tem um brilho cálido. Você anima seus colegas quase inconscientemente e ilumina o dia de todos. Como empregador, consegue o máximo dos outros, pois está sempre disposto a dar um incentivo verbal, e também é acessível na hora de distribuir os bônus.

Vênus em Escorpião

Com Vênus em Escorpião, você dispõe de um excelente tino comercial e em geral deve ser muito astuto nos investimentos que faz. Portanto, se quiser montar negócio próprio, suas chances de sucesso estão acima da média. Mas lembre-se de que, se o seu Sol sagitariano o incentiva a aceitar desafios e gostar deles, também o incentiva a jogar. Deixe que esse Vênus em Escorpião, profundo e previdente, entre em cena nesse processo, e, ao agir assim, estará se concedendo um bom tempo para pensar com cuidado em qualquer projeto promissor ou idéia brilhante. Se tiver dinheiro para investir, pode se interessar pela área da engenharia, petróleo ou vinhos.

No trabalho, você é a pessoa em quem os outros confiam. Talvez, às vezes, tenha dificuldade em guardar segredos, pois Sagitário faz de você uma pessoa muito aberta. Mas é preciso resistir à tentação de dar com a língua entre os dentes, caso contrário seu conceito com os colegas vai cair, o que seria uma pena. Como empregador, você tem uma excelente capacidade de dar a seus empregados condições de investir na empresa, num esquema de participação nos lucros. Também lhes assegura um generoso plano médico e qualquer outro esquema que, na sua opinião, possa tornar suas vidas mais agradáveis e seguras.

Vênus em Sagitário

Se você pertence a esse grupo, precisa tomar cuidado com dinheiro: ele pode escorregar de seus dedos com muita facilidade. É preciso lançar mão de todo o senso prático que tiver para controlar sua generosidade e o seu prazer em assumir riscos financeiros e jogar. Você não quer ficar muito preso a nenhuma área de investimentos e gosta de especular no mercado de ações. Mas não se empolgue muito com a promessa de lucros futuros, nem perca tempo sonhando com o que fará com os dividendos. Muitas pessoas diriam que você tem sorte com dinheiro. Talvez ele venha com uma certa facilidade para as suas mãos, mas provavelmente vai embora da mesma forma.

No trabalho, você é popular, e sua presença alegre ilumina até o ambiente mais sombrio. Levanta o ânimo dos colegas. Se for empregador, a sua *bonhomie* contagia todo mundo, e ninguém jamais pode acusá-lo de ser esquivo ou empolado. Muito pelo contrário, brinca com todos, de um jeito divertido e delicioso. Quando precisar impor disciplina, faça-o de modo direto e firme, caso contrário as pessoas não o levarão a sério. Mas depois, na hora do almoço, convide-as para uma cervejinha amiga.

Vênus em Capricórnio

Você está entre os sagitarianos mais sérios e tem uma atitude cuidadosa com o dinheiro. Pode apostar no certo e simplesmente ver o dinheiro crescer com segurança em algum fundo de investimentos. Como alternativa o investimento na agricultura pode ser compensador e interessante. Os imóveis e as empresas de construção civil também são uma boa idéia. A área de investimento não importa, você fica satisfeito desde que o risco seja mínimo, a despeito do seu gosto sagitariano pelos jogos de azar. Que tal pensar um pouco nisso? Veja se se inclina pela atitude cautelosa em relação a dinheiro (Vênus em Capricórnio) ou se o curte sem inibições (Sol em Sagitário).

No trabalho, apesar de suas características sagitarianas, você pode ser considerado um pouco solitário. Talvez sinta-se melhor numa sala pequena e retirada ou num canto afastado da agitação geral. Se você realmente sentir, em qualquer nível de sua personalidade, que prefere um ambiente de trabalho mais tranqüilo, faça o possível para consegui-lo, porque é provável que assim você trabalhe com mais eficiência e satisfação. É capaz de assumir responsabilidades e ajudar a resolver problemas surgidos entre empregados e empregadores. Como empregador seu senso de humor estimula a produtividade de seus empregados. Também é capaz de bancar o chefão com muita convicção e imponência, na hora de lidar com os clientes.

Vênus em Aquário

Gosta de ser independente e pode se dar bem trabalhando como autônomo, pois nesse caso arranjará tudo do seu jeito individual e original. Se o dinheiro for uma chateação (pelo menos no que diz respeito à sua administração), contrate um contador de confiança para tratar dos assuntos financeiros, liberando-se totalmente para se concentrar nos negócios, estruturá-los e desenvolvê-los, devotando seu tempo, na realidade, à tarefa de ganhar dinheiro. Como empregado, você precisa tomar um pouco de cuidado com o seu salário e à propensão às compras de impulso, principalmente no tocante a coisas bonitas mas desnecessárias, como peças decorativas para casa. Mesmo que você esteja convencido de que os objetos que compra são interessantes e compensadores, podem não ser investimentos a longo prazo. Poderá investir em televisão, seja nos fabricantes de aparelhos ou nas produtoras de programas. As companhias aéreas também podem ser apropriadas, ou qualquer empresa ligada ao desenvolvimento científico e ao futuro distante — por exemplo, a indústria de *chips* de sílica.

Seus colegas podem achá-lo um tanto excêntrico, e você possivelmente gosta de chocá-los de vez em quando. Não há nada de errado nisso: você lhes dá assunto para conversa e, ao mesmo tempo, se diverte. Como empregador, tenha um pouco de cuidado para não fazer esforços muito evidentes para diminuir o hiato entre as gerações, pois as traquinagens joviais de um gerente de meia-idade podem deixar os jovens embaraçados. Mas você é um chefe carinhoso e humanitário.

Ascendentes e carreira

Verifique primeiramente seu Ascendente

Observação: carreira e Meio-do-Céu

Se vier a desenvolver o interesse pela astrologia, uma das primeiras coisas que vai estudar — mas que está fora do alcance deste livro — é o Meio-do-Céu. Grosso modo, este é o signo imediatamente acima de sua cabeça, no momento de seu nascimento. É tão importante em relação à carreira, à expressão no mundo exterior e à identificação com objetivos de vida, quanto o seu Ascendente em relação à sua personalidade. Combiná-lo com o Ascendente é complexo e seria impossível num livro deste porte; entretanto, esteja certo de que pensei nas várias possibilidades ao escrever os parágrafos seguintes, relacionados com a escolha de uma profissão ou ocupação.

Sagitário com Ascendente Áries

Para você, é importante poder expressar seu forte espírito pioneiro e, de alguma forma, ser líder. Explore as idéias novas no seu campo de atuação. Pode realizar-se no esporte profissional, na política ou na ciência, ou trabalhando em prol de uma causa na qual acredite convictamente. Tente evitar os empregos repetitivos com uma rotina muito rígida, e mantenha-se sempre ocupado.

Sagitário com Ascendente Touro

Necessita de desafio e excitação, mas também de considerável segurança financeira. Os altos negócios, talvez na área de exportação, são adequados. Mesmo que precise trabalhar numa cidade grande, não se esqueça de sua necessidade de ar fresco. A agricultura e a horticultura são apropriadas, assim como a topografia e a arquitetura. Não negligencie qualquer talento musical que possua.

Sagitário com Ascendente Gêmeos

Sendo versátil, precisa de um trabalho com bastante variedade e mudança. O jornalismo e as publicações são condizentes com você. Da mesma forma, um trabalho que envolva viagens, como o de vendas. Montar um negócio em sociedade com alguém também seria gratificante para você. Outras possibilidades são as telecomunicações ou o serviço postal. Se tiver aptidão para escrever ou para línguas, desenvolva-a.

Sagitário com Ascendente Câncer

Pode realizar-se na profissão médica, especialmente como enfermeiro, parteiro ou ginecologista. A história e o comércio de antiguidades podem lhe assentar muito bem. O mesmo acontece com o ensino ou o cuidado de crianças pequenas. Você pode ser um cozinheiro maravilhoso, com o potencial de *chef* profissional. Por que não montar um restaurante? Expresse, onde puder, seu instinto cuidador e protetor.

Sagitário com Ascendente Leão

Provavelmente você é muito criativo e artístico, com capacidade de liderança e organização. Se ingressar nas forças armadas, por exemplo, subirá rapidamente na hierarquia. Gosta de se mostrar, portanto pode sair-se bem como modelo ou no teatro. Também daria um bom guia ou organizador de excursões. O ensino é outra área possível para você.

Sagitário com Ascendente Virgem

O espaço ao ar livre pode ser importante para o seu bem-estar, e você, portanto, será um bom horticultor ou fazendeiro. Poderá dirigir um negócio de venda de alimentos naturais ou tornar-se nutricionista. Também pode ter excelente desempenho na mídia, como entrevistador, jornalista ou pesquisador. Se achar que pode escrever um livro, não deixe que nada, nem ninguém, o desestimule. Nunca subestime sua capacidade.

Sagitário com Ascendente Libra

Tem muito charme e pode usá-lo vantajosamente na carreira. Pode tornar-se um bom esteticista ou cabeleireiro, dar-se bem na hotelaria e turismo ou numa linha de cruzeiros. Seu trabalho precisa de *glamour* e excitação. Reaja contra a preguiça e o adiamento.

Sagitário com Ascendente Escorpião

Você tem capacidade para realizar trabalhos muito exigentes e pode ser atraído para uma carreira religiosa ou jurídica. Os livros o fascinam, e você mesmo pode ser um escritor em potencial; nesse caso, não se reprima. Da mesma forma, a venda e publicação de livros ou o comércio de papelaria são áreas condizentes. Possivelmente você gosta de animais; nesse caso, poderia tornar-se cirurgião veterinário, trabalhar com animais de corrida ou criar cães. De qualquer forma, precisa de bastante excitação.

Sagitário com Ascendente Escorpião

Seu potencial para negócios é grande, assim como para ser detetive ou investigador particular. Também pode ser atraído pela profissão médica, e daria um bom cirurgião ou psicanalista. Qualquer forma de pesquisa o fascina. Se tiver interesse por esportes, é provável poder sobressair-se nessa área, profissionalizando-se. O seu trabalho deve ser emocionalmente satisfatório e muito exigente.

Sagitário com Ascendente Capricórnio

Você é ambicioso e tem potencial para chegar ao alto, mas pode sentir-se melhor trabalhando nos bastidores. Uma das profissões assistenciais pode ser adequada para você, que gosta de ajudar os outros de alguma forma e trabalhar pelo bem da comunidade. Pode ser um excelente osteopata, massagista, radioterapeuta ou dentista. Também pode sentir atração pela política.

Sagitário com Ascendente Aquário

Precisa sentir-se independente e trabalhar à sua maneira. Mas tenha cuidado para não prejudicar seu progresso na vida, tornando-se um excêntrico. Poderá trabalhar no campo para alguma grande organização filantrópica. A televisão, a tecnologia espacial ou algum outro ramo da ciência são campos adequados para você. Também pode estudar astronomia, geografia ou arqueologia.

Sagitário com Ascendente Peixes

Provavelmente você é criativo e artístico, podendo ter uma veia poética. Pode ganhar a vida vendendo suas próprias obras ou sentir-se realizado trabalhando para uma editora como ilustrador ou fotógrafo. Tem um grande potencial e precisa se envolver emocionalmente em tudo o que fizer. Não desperdice sua energia implementando muitas mudanças de direção.

Capricórnio

Negativo
Planeta regente: Saturno
Triplicidade ou elemento: Terra
Quadruplicidade ou qualidade: cardeal
Cores: cinza-escuro, preto, marrom-escuro
Pedra preciosa: turquesa, ametista
Metal: chumbo
Flores: hera, cicuta, nespereira, amor-perfeito
Árvores: pinheiro, olmo, teixo
Ervas e especiarias: cânhamo, confrei, centáurea
Alimentos: batata, cevada, beterraba, espinafre, malte
Animais: cabra, todos os animais de casco fendido
Países: Índia, México, Afeganistão
Cidades: Oxford, Delhi, Cidade do México e as áreas administrativas das capitais

Qualquer pessoa que tenha estudado os doze signos concordará imediatamente que há dois tipos de capricornianos — a vertiginosa cabra-selvagem, sempre escalando a montanha, e o triste animal doméstico amarrado a uma estaca no vale. Entretanto, os dois tipos têm traços em comum, principalmente em relação aos resmungos. Até o mais ambicioso e bem-sucedido capricorniano tem sua hora de resmungos, e em geral não é preciso esperar muito!

Falando sério, existe uma certa solidão em muitos capricornianos, e é nessa área sensível que podemos ajudá-los, às vezes, sem que eles percebam. A realização das suas ambições freqüentemente coloca os capricornianos na posição solitária de quem chegou ao topo e detém a responsabilidade final. Lidam muito bem com essa situação, mas sem dúvida podem ficar separados de todas as outras pessoas.

Os capricornianos muitas vezes parecem ser duros e um tanto insensíveis, mas, depois de assumirem o compromisso de um relacionamento, são muito fiéis. Como gostam das coisas certas nos lugares certos, podem dar a impressão de muita formalidade. Muitas vezes há uma tendência ao arrivismo e à necessidade de impressionar, mas somos capazes de perdoar tudo quando eles mostram o seu maravilhoso e excêntrico senso de humor e dão um sorriso largo, com os cantos dos lábios curvados para baixo.

Os capricornianos devem se conscientizar de que podem ser muito severos e convencionais com os filhos; e as crianças desse signo podem precisar aprender a não se levarem tão a sério.

As áreas do corpo de Capricórnio são os joelhos e as tíbias, com uma tendência ao reumatismo, que se pode evitar com calor e exercícios. A pele, os dentes e os ossos também são regidos por este signo.

Capricórnio nas amizades, no amor e no casamento

Se você começou a se interessar por astrologia por ter lido um artigo numa revista ou por ter comprado um livrinho numa banca de jornais, é provável que tenha lido "quais signos combinam com quais signos". Como capricorniano, provavelmente lhe disseram que você se dá muito bem com taurinos e virginianos, e também é feliz com cancerianos, escorpianos e piscianos. Mas também pode ter sido advertido contra arianos, leoninos, sagitarianos, geminianos, librianos e aquarianos. A razão disso (não sei se foi mencionada) é que você partilha o elemento Terra com as pessoas que têm o signo solar em Virgem e Touro; as pessoas do elemento Água também lhe são um pouco simpáticas, e as pessoas de signos de Fogo e de Ar são menos simpáticas a você (veja a lista dos elementos na página 103).

Até aí, tudo bem, mas não vá muito longe. Sem dúvida existe uma certa afinidade natural entre determinados signos, mas na verdade seria muito tolo, e um pouco triste, não permitir o desenvolvimento de uma amizade ou de um relacionamento mais íntimo porque a pessoa envolvida tem um signo solar classificado como incompatível. Os capricornianos, com certeza, têm algumas necessidades especiais num relacionamento que podem parecer sem importância para alguns outros signos. Você admira a constância e a lealdade, mas pode não expressar suas emoções com muito vigor; tem ambições para o relacionamento, e gostaria do apoio do seu parceiro nesse sentido. Você pode ou não encontrar essas qualidades em alguém que tenha um signo solar "compatível".

Lembre-se de que somente quando um astrólogo trabalha com os mapas completos de dois indivíduos (os astrólogos chamam esse trabalho de "sinastria") é que qualquer pronunciamento efetivo pode ser feito; e, mesmo assim, nenhum astrólogo vai dizer a um casal se eles devem ou não se casar, continuar ou terminar o relacionamento. Esta é uma decisão deles. E, afinal, é possível que você tenha Mercúrio ou Vênus em Sagitário ou Aquário, o que significa que esses planetas ajudariam a abrandar quaisquer diferenças entre você e alguém que tenha os signos Ascendente ou solar em Sagitário ou Aquário. A Lua também desempenha papel importante; talvez você tenha a Lua no mesmo signo ou no mesmo elemento de seu companheiro.

Como Saturno rege Capricórnio, a influência desse planeta é importante para você, e pode ser um fator interessante e revelador na comparação do seu mapa com o do seu parceiro. Entretanto, as mais importantes indicações que constatei nos mapas de pessoas que desfrutam de um relacionamento gratificante é uma acentuação nos signos polares ou opostos no Zodíaco (veja página 103). Por exemplo, Capricórnio, o seu signo solar, é uma combinação perfeita para alguém que tenha Câncer como signo solar, Ascendente ou lunar. Alguém cujo signo solar esteja em oposição direta, no Zodíaco, ao seu Ascendente poderá ser muito importante para você. Essas ligações, na realidade, são as mais reveladoras. Nem sempre concorda com uma dessas pessoas, mas, sem dúvida, existe entre vocês uma excelente comunicação — uma resposta natural e compreensiva.

Tudo isso está bem longe do tipo de generalização que se faz quando as pessoas falam apenas dos signos solares, e baseiam seus pronunciamentos no papel tradicional dos elementos. Apenas não é possível dizer nada realmente significativo (ou mesmo muito interessante) sobre alguém, com base apenas no signo solar. Precisamos trabalhar com muito mais do que isso, e à medida que descobrimos mais e mais sobre a astrologia, veremos que a carta astral individual é uma fonte de muitas, muitas indicações do perfil de uma determinada personalidade. Portanto, qualquer pessoa que deseje examinar as complexidades de um relacionamento que funciona bem entre duas pessoas — seja um relacionamento emocional, uma amizade ou uma sociedade de negócios — precisa examinar as cartas completas (com progressões de efemérides).

Você, em particular, com o Sol em Capricórnio, gostará disso, pois se há uma generalização que se pode fazer com segurança é que uma pessoa com um forte elemento de Capricórnio aprecia a abordagem inquisitiva, atenta e científica a qualquer problema. E é bem possível que lucre com isso, pois aumentará sua confiança num relacionamento pessoal; e se há uma qualidade capricorniana que surge nos estágios iniciais de uma parceria, essa qualidade é a cautela, a cautela natural!

Portanto, eis aqui uma área especialmente compensadora da astrologia. Aprenda tudo o que puder sobre ela: em breve você estará bem longe daquele primeiro artigo de revista e de suas generalidades primárias.

Capricórnio nas amizades

Você é leal e fiel aos amigos, e pode ser capaz de conservar as amizades por muitos anos. Gosta de ver seus amigos progredirem na vida e faz muito para incentivá-los no seu caminho para o sucesso. O tempo não afeta as suas amizades; mesmo que você perca o contato com alguém durante longo tempo, verá que, ao encontrar novamente essa pessoa, desfruta de tanta intimidade com ela quanto antes. Entretanto, Capricórnio e seu planeta regente, Saturno, tradicionalmente estão ligados ao Pai Tempo, e o tempo pode ter uma influência na sua atitude em relação à amizade, no sentido de capacitá-lo a estabelecer vínculos com pessoas de outras gerações. Possui o afortunado talento de parecer contemporâneo de qualquer pessoa de quem goste ou lhe interesse. Isto é particularmente verdadeiro enquanto é jovem. Você se dá muito bem com pessoas mais velhas, que o consideram atencioso e amável.

Porém, mudando de perspectiva, como os seus amigos o vêem? As virtudes que mencionei são muitíssimo apreciadas: lealdade, confiabilidade, constância, fidelidade. Você também demonstra imediatamente o seu estado de espírito, quando encontra um amigo; eles sabem na mesma hora se você está no alto da montanha ou lá embaixo no vale. Sua expressão, sua aparência geral e o tom de sua voz são muito reveladores. Se estiver se sentindo miserável, pára no bar mais próximo e passa uma hora tomando café ou cerveja e contando, a quem estiver disposto a ouvir, tudo sobre o tratamento horrível que acabaram de lhe dar no trabalho, ou sobre alguma outra experiência dolorosa. Daí você passa para considerações sobre como o mundo em geral é uma droga completa, e como ele está judiando de você, em particular. Mas, se estiver lá em cima no pico ensolarado, você também o demonstra. Se tiver acabado de saber que está sendo cogitado para uma promoção, ou se recebeu alguma outra boa notícia, tem vontade de partilhar sua alegria.

Assim, lembre-se de que precisa de amigos simpáticos, que gostem de se lamentar ou se rejubilar com você; e embora tenha muita força interior — muito mais que outros tipos de signos solares —, sem dúvida necessita de um ombro para se lamentar, resmungar e às vezes chorar. Uma das vantagens de sua capacidade de manter uma amizade durante décadas, e não meses, é que seus amigos têm bastante oportunidade de vir a conhecê-lo muito bem. Devido às suas excelentes qualidades e ao afeto e respeito que conquista, eles estão dispostos a compartilhar seus sentimentos e dar conselhos práticos nas épocas duras.

Capricórnio no amor

Você anseia por se apaixonar; entretanto, um cantinho da sua mente reluta sempre em reconhecer o fato, quando se apaixona. Pode ser simplesmente a cautela capricorniana mostrando presença. Com relação ao sexo, gosta de encontros íntimos de curta duração; mas na hora de tomar uma decisão sobre o compromisso de um relacionamento permanente ou de um casamento, você é uma pessoa realmente bem exigente. No que diz respeito ao seu signo solar, seu parceiro pode ter a impressão de que você é frio e até desinteressado. De fato, é bem possível que não seja assim, mas creio que sempre vale a pena pensar se você é efusivo o bastante a ponto de deixar seu companheiro feliz. A sua praticidade, de certa forma, pode atrapalhar o lado romântico da sua vida, pois ela aparece até nos momentos mais sentimentais, tirando o ânimo e estragando a brincadeira. Mas poderá expressar seus sentimentos calorosamente, se conceder a si mesmo a liberdade emocional necessária. Obviamente, o signo ocupado por Vênus no momento em que nasceu tem grande influência na sua atitude; procure se lembrar, porém, de que as suas reações com seus amantes podem tender para a frieza, o que é um fato negativo num romance. Isso pode ser particularmente verdadeiro quando se é jovem e relativamente inexperiente, quando a atitude distante funciona como um disfarce para a timidez, a incerteza e a dificuldade de ser tão caloroso e afetuoso quanto você, na realidade, gostaria. A rejeição pode feri-lo profundamente, e essa perspectiva o aterroriza.

Na tentativa de impressionar a amante, pode se tornar um pouco solene. Faça uma marquinha na sua cabeça e tome cuidado para não ultrapassá-la. Você é um excelente organizador, que planeja cada programa com um raro cuidado; mas não deixe de verificar, com antecedência, se o que tem em mente agradará sua parceira, para não jogar dinheiro fora com muita ostentação só para impressionar.

Descobrirá que seu desejo é poder olhar sua companheira com respeito e admiração. Escolha alguém que queira subir com você, se interesse pelos mesmos assuntos e queira ajudá-lo na sua trajetória para o sucesso, com amor e carinho. Mas, se encontrar alguém assim, antes de aprofundar o relacionamento, pergunte a si mesmo se está realmente apaixonado ou se essa parceria é só uma questão de ascensão social. Todos nós, até certo ponto, queremos parceiros especiais, mas não vá usá-los apenas como um degrau na escalada do sucesso.

Capricórnio no casamento

Sem dúvida alguma, você está disposto a se esforçar muitíssimo pelo casamento ou por seu companheiro permanente. Quer que o relacionamento se desenvolva, e observa-o assim, à medida que os anos passam, com uma certa fascinação especial, fazendo de vez em quando uma reavaliação, repassando mentalmente as realizações conjuntas, os fatos e as mudanças que o ajudaram a vencer o teste do tempo. O casamento, para você, significa mais do que para a maioria das pessoas — é uma parceria da qual você quer se orgulhar. Mas também é uma boa idéia partilhar esse sentimento com a família. De vez em quando, por que não descansar sobre os louros e ficar sozinho com a companheira, longe dos filhos, compartilhando as lembranças nostálgicas do progresso que fizeram juntos?

Os capricornianos dos dois sexos devem tomar cuidado para não se sobrecarregarem de trabalho por causa do lar e da família. Mesmo que todo mundo, de vez em quando, tenha de trabalhar sob tensão e pressão, o instinto capricorniano de mergulhar no trabalho é capaz de dominá-los, o que pode fazer mal aos nervos. As mães capricornianas querem voltar ao trabalho logo que possível para ganhar dinheiro e comprar roupas boas para os filhos, dar a eles a melhor educação possível ou matriculá-los em aulas particulares. O homem pode voltar para casa trazendo do escritório uma gorda pasta cheia de trabalho para impressionar seus superiores e progredir na firma. Tudo isso é admirável, mas pode destruir o casamento, e as pessoas dos dois sexos deveriam pensar se estão dando atenção suficiente aos companheiros e filhos, além do dinheiro que gastam com eles. Tempo, afeto e energia, nos relacionamentos humanos, são tão importantes quanto dinheiro, e não há cruzados novos, dólares ou francos capazes de consolidar um casamento. É muito importante que nenhum membro da família de um capricorniano fique com a impressão de que a mãe ou o pai não ligam ou são distantes, porque estão sempre atentos às perspectivas sociais ou comerciais, bem como ao progresso material.

Sob muitos aspectos, os capricornianos são excelentes pais, porém às vezes adotam uma linha disciplinar mais dura do que o necessário. Se um filho fizer uma pintura ou um poema, se participar de uma montagem teatral na escola, faça um esforço para apreciar, ouvir ou assistir, e lembre-se também de que você tem padrões muito elevados e pode julgar os filhos do ponto de vista de um adulto. Não precisa ser condescendente; eles crescem por meio do incentivo. Mas a crítica condenatória ou a falta de interesse podem fazê-los murchar; portanto, o tempo gasto generosamente e o entusiasmo trazem muitas recompensas em termos de solidariedade familiar. Lembre-se de que, a longo prazo, seus esforços se transformarão em orgulho pelas realizações deles.

Sua inata necessidade de qualidade aumenta no casamento. Quer um parceiro requintado, inteligente, socialmente bem educado e capaz de lidar com qualquer situação. Mas você também é um dos grandes trabalhadores do Zodíaco. Não precisa de nenhum empurrão para empenhar-se no casamento, mas deve aprender a desfrutá-lo. Não perca o seu senso de humor em relação a isso, e, acima de tudo, mantenha abertas e ativas as linhas de comunicação com o seu parceiro.

Capricórnio: carreira e finanças

Ao avaliar o potencial capricorniano do ponto de vista profissional e financeiro, é preciso considerar não apenas a motivação psicológica e o modo de expressão atribuídos a Capricórnio, mas também os processos mentais de Mercúrio, e como esses dois fatores combinados podem ser usados da melhor forma possível nas duas áreas. Em seguida, temos a influência de Vênus, planeta tão fortemente associado às finanças e posses como aos relacionamentos. Esse último aspecto também é importante nessa área, pois vai afetar o modo como a pessoa age com seus colegas, sócios e assim por diante. Marte também nos dá indicações sobre o direcionamento da energia, e sem dúvida influencia a parte física — o impulso e a energia empregados no trabalho. Como veremos, a influência da combinação dos signos solar e Ascendente é interessante e muito pessoal; mas, se não souber a hora em que nasceu, nem puder descobrir qual o seu Ascendente, não se desaponte. Poderá obter bastante informação sobre essa esfera da vida lendo os parágrafos mais gerais.

O potencial para chegar até o topo faz parte integrante do caráter de todo capricorniano, e o signo é motivado por um impulso profundo e poderoso. Para os capricornianos, a carreira ou profissão constitui um elemento central da vida, muito mais do que ocorre com os outros signos solares. É preciso dar-lhe uma expressão positiva e, acima de tudo, deve haver um preenchimento total. O capricorniano tem o poder de consegui-lo.

Entretanto, o seu potencial pode ser seriamente inibido e nem sempre expresso e desenvolvido de modo adequado. Há obstáculos, principalmente quando o capricorniano é muito ambicioso. Com muita freqüência, quando não progride tanto quanto esperava, é devido à falta de autoconfiança e alguma forma de inibição. Quando se vê um capricorniano deprimido, resmungando sobre o que está errado no trabalho, sobre a forma como está sendo mal tratado, em geral está disfarçando a falta de autoconfiança. Muitas vezes, quando se examinam os fatos, vê-se que o que está causando a reclamação não é, afinal, tão importante. O capricorniano pega algum pequeno incidente insignificante e lhe dá proporções desmedidas só para arranjar uma desculpa pelo fracasso diante de alguma dificuldade. Essa faceta, muitas vezes, tem um efeito desnecessariamente castrador sobre as características bastante positivas e ambiciosas desse signo admirável. É comum ouvir-se tais afirmações de um capricorniano: "Bom, eu poderia ter feito isso se. . . " ou: "Se aquele tonto tivesse me avisado a tempo. . . " Mas o capricorniano poderia ter dominado perfeitamente bem qualquer situação, com bastante iniciativa. É preciso que eles percebam que têm muito potencial e não devem ter medo de tomar as rédeas das situações com um pouco mais de freqüência. Então, se as coisas não derem certo, poderão se culpar, pelo menos, em vez de culpar a situação política, as questões internacionais, o tempo ou os outros em geral.

"Fazer suas obrigações" é uma frase sempre sublinhada no caderno dos capricornianos: muitas vezes acontece que, embora eles possam negligenciar ocasionalmente a família em benefício da carreira ou do prestígio, para chegar ao topo (para o bem daquela mesma família), também são capazes de sacrificar a carreira por motivos domésticos. Por exemplo, um capricorniano é capaz de desistir de um emprego para tomar conta de um pai idoso; ou trabalhar para conservar uma firma familiar, quando preferiria estar trabalhando numa profissão totalmente diferente. Os capricornianos são leais e dão muita importância à tradição, mas às vezes essas características os forçam a permanecer num nível humilde, por razões familiares, em vez de lutar para chegar ao topo de alguma profissão, como deveriam. Se houver possibilidade, tente fazer alguma conciliação num caso desses; a falta de realização, a longo prazo, pode ter um efeito deprimente sobre todos nós, mas para um capricorniano, pode ser realmente terrível.

Capricórnio é um signo de Terra, e embora encontremos capricornianos em todos os tipos de carreira (como todos os signos solares), eles tendem a se dirigir para ocupações com qualidades "de terra": topografia, agricultura, arquitetura, geologia ou geografia, por exemplo. A política e a administração local também podem atraí-los, assim como os cargos máximos da área acadêmica: presidente de conselho, diretor ou reitor. Os capricornianos lidam muito bem com a solidão das posições de mando quando chegam ao alto, talvez depois de muitos anos. E lá permanecem em perfeita segurança, aceitando prazerosamente a responsabilidade máxima, a tomada das decisões finais, sentindo-se perfeitamente felizes no alto. Disciplina e rotina não constituem problema, embora às vezes possam se amoldar a alguma rotina fixa e ter uma certa inflexibilidade nos métodos de trabalho.

Muitas vezes há inclinação natural e amor pela ciência e matemática, o que deve ser incentivado pelos pais dos jovens capricornianos. Se houver inclinação musical, também não deve ser ignorada; quando uma criança manifestar desejo de aprender a tocar um instrumento, seus pais devem atendê-la, na medida do possível. *Porém*, é preciso que a vontade seja da criança; os capricornianos amantes da música deveriam, naturalmente, levar seus filhos a concertos, incentivá-los a ouvir discos e assim por diante, mas há uma diferença entre incentivar e forçar um interesse! Aplicando o mesmo critério aos adultos, o capricorniano de qualquer idade que sentir vontade, de repente, de desligar o aparelho de som e começar a aprender a tocar algum instrumento, deve fazê-lo. Qualquer talento deve ser desenvolvido, seja com professor ou fazendo experiência com algum instrumento não muito caro. Mais tarde, talvez, possam tornar-se mais aventureiros e gastar muito tempo e dinheiro tendo aulas com um bom professor. A música vai propiciar-lhes, além de prazer, considerável alívio emocional.

A ação de Mercúrio

Verifique a posição de Mercúrio

Mercúrio em Sagitário

Com Mercúrio em Sagitário no seu nascimento, você deve ser muito bom para conceber esquemas amplos e fazer o planejamento de projetos. No entanto, pode não saber lidar com detalhes; se isso for maçante, tente escapar envolvendo-se principalmente com planejamento, no sentido mais amplo da palavra. Ficará contente enfrentando desafios; se alguém lhe fizer uma sugestão, sentirá vontade de partir imediatamente para a ação. De todos os capricornianos, você é o menos cauteloso, e é provável que fique muito excitado com qualquer chance de lucro que apareça. Entretanto, apesar do seu alto grau de otimismo, você olha antes de saltar; mas, em geral, sua mentalidade é tão positiva e voltada para o futuro que consegue extrair o máximo de qualquer situação que surgir. Provavelmente tem uma imperiosa vontade de estudar e considerável capacidade nesse sentido; poderia ser feliz escrevendo ensaios, freqüentando palestras, contribuindo tanto quanto possível para a sua vida escolar ou universitária. Seu ritmo de trabalho pode ser irregular — talvez você se envolva com projetos demais; — portanto, se puder, procure ser um pouco mais seletivo. Na época dos exames, pode contar com seu entusiasmo forte e resoluto.

Mercúrio em Capricórnio

Se Mercúrio estava em Capricórnio com o Sol quando nasceu, você trabalha bem e com cuidado, embora talvez um tanto devagar. Sua cautela natural regula o seu ritmo, pois você detesta cometer descuidos que possam prejudicar a sua eficiência e diminuir a sua bem merecida reputação de confiabilidade e atenção. Para você, é muito natural conferir e reconferir item por item; não é do tipo que corta caminho em nenhuma área da vida, muito menos no trabalho. Na verdade, se qualquer outra área do mapa empurrá-lo nessa direção, ignore a tentação; cortar caminho, a longo prazo, só vai preocupá-lo. Para você, o caminho lento é realmente o mais rápido. Pode se adaptar muito bem a uma grande empresa, pois isso lhe dará segurança e ao mesmo tempo uma oportunidade de excelente e constante progresso nas promoções. Qualquer área dos altos negócios que o atraia pode ser adequada — talvez seguros ou contabilidade. Seja qual for a carreira escolhida, o seu progresso deve ser gradual e não meteórico, e você sempre deve ter em vista alguma ambição a longo prazo. Como estudante, é meticuloso e cuidadoso. Entretanto, se tiver idéias provocadoras e incomuns, não hesite em expressá-las. Os exames não devem constituir problema; as pessoas esforçadas como você em geral se saem bem.

Mercúrio em Aquário

Idéias brilhantes e pensamentos originais ocorrem com uma rapidez incomparável à sua mente, o que é extremamente vantajoso. Entretanto, como capricorniano cauteloso, você pode às vezes tender a rejeitá-las como simples "bobagens", descartá-las e esquecê-las. Preste atenção nos seus *flashes* de originalidade. Entretanto, mesmo que seus padrões de raciocínio de vez em quando produzam surpreendentes idéias novas, você também pode tender a ser extremamente teimoso, e se *outra pessoa* tiver uma idéia e quiser aplicá-la ao trabalho que *você* está desenvolvendo, é possível que se oponha a ela bem depressa, e se ressinta com o que lhe parece uma interferência não solicitada. Aquário é um signo de Ar, e Mercúrio aí colocado realmente usa ao máximo as asas dos seus pés. Decole com elas, seja positivo e gentil com as idéias dos outros — pode ser que a centelha inicial tenha vindo de você, portanto divida o crédito com eles! Se for estudante, pode estar consideravelmente à frente do resto da sua turma. Continue assim. Você tem facilidade em conduzir e influenciar a opinião dos outros.

Vênus: finanças e relacionamentos

Verifique a posição de Vênus

Vênus em Escorpião

Vênus em Escorpião pode fazer de você uma pessoa muito viva em relação a dinheiro, com um possível talento instintivo para negócios. Se tiver algum capital, pode fazê-lo render muito bem investindo em companhias de petróleo, em mineração e no comércio de vinhos, por exemplo. Mas lembre-se de que qualquer ênfase em Escorpião dá vontade de aproveitar bem a vida, e assim é possível que às vezes suas despesas sejam bem altas. Entretanto, seu Sol em Capricórnio pode cobrir Vênus de um leve sentimento de culpa por causa de uma conta alta no restaurante, ou devido a um investimento num equipamento ousado; isso pode contê-lo um pouco. Você é muito apreciado no trabalho, mas pode, secretamente, gostar de um pouco de agitação. Tenha cuidado, principalmente quando os outros lhe fazem confidências, porque, mesmo sabendo naturalmente guardar segredos, de vez em quando pode acreditar que vai ajudar, dando algumas dicas às pessoas que acha "certas". Maravilhoso, se você tiver razão; pavoroso, se estiver errado, e você pode errar, mesmo tendo as melhores intenções. Como empregador, pode ser considerado meio enigmático pelos empregados. Para conseguir deles o melhor rendimento, será preciso mantê-los mais informados sobre o que você julga estritamente necessário; mas eles vão adorar as festas do escritório!

Vênus em Sagitário

Vênus em Sagitário lhe dá gosto pela especulação, e talvez talento nessa área. Mas estou usando a palavra especulação no sentido mais amplo, pois você tanto pode gostar de assumir riscos financeiros apostando tudo o que tem num cavalo, como fazendo uma "fezinha". O seu signo solar deve torná-lo capaz de controlar qualquer loucura nessa área, dando-lhe bom senso para só arriscar o que pode perder e, mesmo assim, curtir a excitação da corrida, dos resultados do futebol ou das oscilações de preços na Bolsa de Valores. Isso é excelente para você. Devido ao bom senso inato, deve conseguir dividendos razoáveis em suas várias aventuras financeiras. Áreas em que pode gostar de investir: estanho, publicações, viagens; mas você não quer se limitar e vai procurar excitação em campos novos e diferentes. Você faz parte dos capricornianos mais joviais, capazes de animar e alegrar os colegas quando há pressão no trabalho. Como empregador, está disposto a ouvir as idéias dos empregados e lhes dá boas oportunidades de pôr em prática aquelas que parecerem benéficas à empresa ou aos funcionários.

Vênus em Capricórnio

Vênus em Capricórnio junto com o Sol provavelmente lhe dá uma atitude muito cautelosa em relação ao dinheiro; não está muito disposto a gastar com frivolidades, nem a desperdiçar, e talvez, na verdade, aproveite a vida menos do que merece. Afinal de contas, você ganhou esse dinheiro com seu esforço! Talvez deva relaxar de vez em quando e gastar em alguns luxos. Mas não vá despender demais com jantares magníficos para pessoas que não são nem muito próximas nem muito queridas; elas podem ficar impressionadas, mas a sua família e seus amigos gostariam muito mais de toda essa pompa.

Nos investimentos, é bom aplicar suas reservas em firmas bem estabelecidas, que fabriquem produtos de alta qualidade: isso combina com a sua personalidade. As empresas estabelecidas há tempo e as firmas de seguros — ou seja, os tipos convencionais de investimentos — são as melhores. No trabalho, pode ser considerado um tanto solitário; mesmo que isso o torne mais interessante, às vezes pode provocar uma distância indesejável, quando necessitar de ajuda para você mesmo ou para a empresa. Como empregador, certifique-se de que seus empregados têm acesso a você quando preciso. Não se esqueça: você os escolheu, e a experiência deles pode ajudá-lo a longo prazo.

Vênus em Aquário

Mesmo com um Sol sensato e firme em Capricórnio, Vênus em Aquário pode tentá-lo a gastar mais do que deveria com a última moda, que, na verdade, de tão passageira e chamativa, pode nem combinar muito com o seu estilo. Ah, sim, você vai causar impacto, mas não vai poder dar bis, e pode ter de gastar ainda mais para aprimorar a sua entrada grandiosa. Devido a essa tendência e outras mais ou menos parecidas (gosto por uma iluminação espetacular ou espelhos charmosos em casa, por exemplo), o dinheiro pode escorregar de seus dedos com bastante rapidez. É claro, você curte todo esse sensacionalismo excitante, mas talvez necessite de um pouco de ajuda para planejar suas finanças. Se algum dia puder investir, poderá vir a adquirir ações de televisores — fabricantes ou varejistas —, de aviação ou da indústria aeroespacial. Essas áreas podem ser particularmente interessantes e compensadoras. No trabalho, é apreciado pela amabilidade e disposição em ajudar os outros. Pode não gostar de rotina, mas procure andar na linha e evite ficar contra o resto do departamento. Como empregador, suas idéias são vanguardistas e seus funcionários apreciam sua simpatia e amabilidade. E você sempre é compreensivo quando alguém precisa faltar por problemas pessoais.

Vênus em Peixes

Você tem, talvez, o signo solar mais prático de todos, mas Vênus não é *absolutamente* prático quando está em Peixes. Embora trabalhe muito e economize bastante, é só aparecer um amante precisando de um pouco de dinheiro extra ou uma obra de caridade que o empolgue para você distribuir tudo. É muito filantrópico, e sem dúvida você está marcando pontos no céu, mas às vezes será preciso recorrer à firmeza capricorniana para seguir uma linha mais prática. Por que não assumir o compromisso de um plano regular de poupança, de modo que o banco reserve automaticamente para depósito uma parte do seu pagamento? Se, em vez disso, preferir investir, pense em linhas de navegação, na indústria pesqueira, ou talvez no comércio de calçados; essas áreas podem ser interessantes e compensadoras. No trabalho, você é realmente amável. Espera séculos até a lanchonete mais próxima preparar os lanches na hora do almoço, toma conta dos filhos de uma colega quando ela está desanimada, e ajuda quando as coisas vão mal. Por exemplo, sabe disfarçar a ausência de alguém quando o chefe aparece e começa a fazer perguntas estranhas. Como empregador, você é popular entre os funcionários e, ao mesmo tempo, capaz de manter uma distância razoável, quando necessário.

Ascendentes e carreira

Verifique primeiramente o seu Ascendente

Observação: carreira e Meio-do-Céu

Se você desenvolver o interesse pela astrologia, um dos primeiros itens que irá estudar — mas que está fora do alcance deste livro — será o Meio-do-Céu. Grosso modo, este é o signo imediatamente acima de sua cabeça, no momento de seu nascimento. É tão importante em relação à carreira, à expressão no mundo exterior e à identificação com objetivos de vida, quanto o seu Ascendente em relação à sua personalidade. Combiná-lo com o Ascendente é complexo, e seria impossível num livro deste porte; entretanto, esteja certo de que pensei nas várias possibilidades, ao escrever os parágrafos seguintes, relacionadas com a escolha de uma profissão ou ocupação.

Capricórnio com Ascendente Áries

Tem muita garra e energia para usar na sua profissão, e é muito ambicioso. Precisa se envolver emocionalmente com o trabalho. A política, a nível local ou nacional, a engenharia e a ciência são apropriadas para você. Consegue trabalhar sozinho e pode ser bem-sucedido, mas cuidado com a rudeza; use de forma positiva o seu espírito pioneiro.

Capricórnio com Ascendente Touro

Precisa de segurança financeira e pode se sair bem nos bancos, finanças ou em qualquer empresa *grande.* As áreas de beleza e de luxo podem ser compatíveis. Você pode ter sucesso montando um negócio próprio; que tal a horticultura ou a agricultura? E também pode se interessar pelo lado técnico da televisão. Não negligencie o talento musical, se o tiver.

Capricórnio com Ascendente Gêmeos

Você tem necessidade de se comunicar e pode se sair bem na mídia. Provavelmente é um bom vendedor e gosta de um ambiente de trabalho agitado, animado. Pode vir a ser professor ou treinador de esportes; a fisioterapia também pode servir para você, assim como o serviço social ou a química. Tome cuidado para não mudar demais de rumo.

Capricórnio com Ascendente Câncer

Para você, é melhor trabalhar em parceria e em contato direto com os outros, do que sozinho. Pode dar-se bem como enfermeiro ou trabalhando com crianças pequenas, mas o seu talento também pode ser voltado para a culinária e o ramo de restaurantes. A história, as antiguidades e as bibliotecas são possibilidades. É sagaz e tem um bom tino comercial.

Capricórnio com Ascendente Leão

Provavelmente, gostará de ser o chefe de qualquer empresa em que trabalhar, pois precisa de um cargo em que possa se mostrar e usar a sua capacidade de organização. Pode dar um bom recepcionista, modelo ou organizador de excursões. Que tal a indústria de computação? Pode ser muito criativo ou gostar de fabricar e/ou vender jóias ou roupas. Os altos negócios também podem ser compatíveis. Tem capacidade de ganhar muito dinheiro.

Capricórnio com Ascendente Virgem

Seu potencial é excelente; você é muito prático e até trabalha *demais*, desabrochando nos grandes espaços ao ar livre, também podendo ser um esplêndido secretário ou assistente pessoal. Pode interessar-se por dietética, vegetarianismo e pela medicina alternativa. Pode sair-se bem na mídia: jornais, revistas e rádio.

Capricórnio com Ascendente Libra

Provavelmente você precisa trabalhar com pessoas e gosta de agradá-las; tem tato natural e consegue lidar com situações difíceis. Assim, o trabalho em hotelaria, salão de cabeleireiro, grandes lojas e recursos humanos pode ser conveniente para você, bem como o serviço diplomático ou o serviço social em hospitais.

Capricórnio com Ascendente Escorpião

Necessita de uma carreira exigente, e sua grande determinação lhe dá boas condições para isso. A profissão médica, principalmente na área de pesquisa, ou o trabalho que exija muita atenção (em qualquer área) pode ser conveniente para você. O mesmo acontece com a engenharia mecânica, o ramo de petróleo ou vinho, e o campo da psiquiatria e psicologia. O trabalho como detetive policial é uma clara possibilidade.

Capricórnio com Ascendente Sagitário

Não despreze a aptidão para línguas que possa ter; pode tornar-se um excelente professor, gostar de publicações ou direito, assim como ser atraído para o sacerdócio. O esporte profissional e a carreira de veterinário são outras possibilidades. O ramo de viagens pode ser gratificante, e não se esqueça de seus talentos literários!

Capricórnio com Ascendente Capricórnio

Você pode se sair bem como agente ou administrador de imóveis. Consegue lidar com as situações rudes, e o ramo da construção civil ou de estradas também são possibilidades. Pode tornar-se um excelente arquiteto ou planejador urbano, ou se interessar por geologia e geografia. Que tal a arqueologia industrial? A odontologia e a osteopatia são fortes possibilidades.

Capricórnio com Ascendente Aquário

Pode suspirar por luzes brilhantes e uma carreira fascinante como o teatro e a profissão de modelo: você tem a resistência necessária. Mas pode ter aptidão para ciências e gostar de estudar astronomia ou meteorologia. Que tal trabalhar numa companhia de aviação ou numa grande instituição de caridade?

Capricórnio com Ascendente Peixes

Não se subestime! Você se realiza bem nas profissões assistenciais, talvez enfermagem ou quiropodia. É provável que também venda calçados. Pode se interessar pela área literária; que tal as publicações? Ou a fotografia? As linhas de navegação, a indústria pesqueira e a marinha são possibilidades.

Aquário

Positivo
Planeta regente: Urano (regente antigo: Saturno)
Triplicidade ou elemento: Ar
Quadruplicidade ou qualidade: fixo
Cor: turquesa
Pedra preciosa: água-marinha
Metal: alumínio
Flores: orquídea, laburno
Árvores: as frutíferas em geral
Ervas e especiarias: aquelas que têm um gosto acentuado ou incomum
Alimentos: os de fácil preservação, como as frutas secas e os alimentos que podem ser congelados
Animais: aves grandes com longa autonomia de vôo
Países: União Soviética, Suécia
Cidades: Moscou, Salzburgo, Hamburgo, Leningrado

Não há dúvida de que Aquário é o individualista do Zodíaco. Diga a dois aquarianos as características de seu signo, e nenhum dos dois vai admitir que tem *qualquer* uma delas, o que revela muita coisa sobre a impertinência aquariana!

Os aquarianos podem concordar que são os líderes de sua geração, mas, por outro lado (expressão muito necessária quando se descrevem os aquarianos), muitas vezes têm opiniões rígidas que, por serem em geral firmadas durante a juventude, demandam um terrível esforço para mudar na maturidade. Os amigos dos aquarianos provavelmente têm razão quando acham que esses indivíduos, outrora bem por dentro das tendências, agora precisam de um pouco de estímulo para acompanhar a evolução dos tempos. Mesmo sendo muitas vezes emocionalmente frios, os aquarianos são maravilhosos pelas boas ações que fazem, e um amigo aquariano é amigo de verdade, feliz em se interessar pelas dificuldades dos outros, sempre disposto a tomar medidas práticas quando necessário.

Muitas vezes acontece de um aquariano dar uma importância descomunal a um determinado estilo de vida, tanto assim que eles adiam o compromisso de um relacionamento emocional ou do casamento. Adoram sentir-se livres, fato que pode ser uma fonte de conflitos ao se apaixonarem. Há um traço incrivelmente romântico neles, que, em geral, têm um certo charme de estrela de cinema: bonitos, mas distantes.

As crianças aquarianas são geralmente bastante independentes, mas não é preciso que seus pais tolerem um envolvimento acima da média com os "ídolos" da época.

A área do corpo atribuída a Aquário são os tornozelos; a circulação também é regida por Aquário, de modo que é bom os aquarianos se aquecerem bem no inverno, mesmo que em geral gostem dessa estação.

Aquário nas amizades, no amor e no casamento

O mais independente de todos os tipos zodiacais, você também é o individualista entre eles, e, assim, é improvável que tenha aceito a teoria muito comum de que um signo "combina" ou não com outro. Mas pode querer saber a origem dessa teoria para poder responder se alguém o interpelar sobre o assunto.

Basicamente, a teoria (divulgada de maneira desmedida nos jornais e revistas populares) se relaciona com os elementos (veja a página 102), e com o fato de cada signo pertencer a uma das quatro classificações. Aquário, por exemplo, é um signo de Ar, portanto se diz que se dá bem com os outros signos de Ar, Gêmeos e Libra. Os signos de Fogo, Áries, Leão e Sagitário, também são compatíveis com Aquário, enquanto os signos de Terra (Touro, Virgem e Capricórnio) e os signos de Água (Câncer, Escorpião e Peixes) simplesmente são considerados "maus" para você.

Obviamente, isso é uma bobagem: você não é basicamente incompatível com a metade da população do mundo! Mas há uma pequena parcela de verdade nessa teoria, na medida em que um indivíduo em geral se sente imediatamente à vontade com alguém do mesmo elemento. Entretanto, o que se deve lembrar é que a astrologia vai além dos signos solares. Por exemplo, você pode ter Mercúrio ou Vênus em Peixes, e qualquer um desses planetas ajuda a afrouxar a tensão que pode ser ocasionada pelos elementos incompatíveis de um Sol em Peixes e um Sol em Aquário! Portanto, é tolo e lamentável sufocar o início de uma relação por causa de um conhecimento tão superficial da astrologia.

A formação de relacionamentos emocionais pode ser complicada para os aquarianos, pois a maioria adota um estilo de vida extremamente independente, que lhes assenta muito bem; e sua necessidade de independência freqüentemente ocorre antes da necessidade de partilhar a vida com um parceiro. Não se comprometa num relacionamento antes de se sentir preparado; e não se preocupe se tiver a impressão de que está conservando a independência por mais tempo que os outros.

Com isso em mente, verá que é vital, para você, não dar qualquer atenção às generalizações baseadas na astrologia popular dos signos solares. Lembre-se de que um pronunciamento verdadeiro só pode ser feito com base nos mapas natais completos (cuja comparação é conhecida como "sinastria"). Mesmo depois de examinar todos os componentes de um par de mapas, nenhum astrólogo chegaria ao ponto de dizer que um casal deveria terminar ou desenvolver ainda mais um relacionamento. Esse é um problema deles, e há outros fatores a considerar, além dos astrológicos. Mas um astrólogo pode ressaltar áreas de compatibilidade e incompatibilidade, para que as duas pessoas envolvidas possam aprender a fazer as concessões necessárias. O seu parceiro, por exemplo, precisa aprender a respeitar o seu espírito de independência.

Constatei que os relacionamentos com boa chance de permanência e verdadeira realização freqüentemente se baseiam na ênfase dos signos polares ou opostos do Zodíaco, nos dois mapas envolvidos (veja a lista dos signos polares na página 102). O seu Sol em Aquário, por exemplo, pode funcionar muito bem com alguém que tenha Leão no Ascendente. Ou alguém cujo signo solar seja oposto ao seu Ascendente pode ser um parceiro interessante. O signo da Lua também é muito importante e pode funcionar por polaridade. Urano, embora em geral considerado uma influência de "geração", tem um efeito pessoal no seu mapa, pois é o planeta regente do seu signo, e precisa ser cuidadosamente considerado na avaliação do seu mapa e do de seu parceiro.

Você vê, portanto, que existe uma diferença muito grande entre a simples avaliação dos signos solares e um estudo completo de sinastria. Por que não levar adiante os seus conhecimentos astrológicos? É interessante que muitos aquarianos tornam-se astrólogos bem-sucedidos. E isso nos leva diretamente às verdades básicas que sem dúvida constituem as características dos signos solares, mas que não devem ser levadas demasiadamente a sério. Com todos os relacionamentos, nada supera um exame aprofundado das cartas astrais completas.

Aquário nas amizades

Acho que há concordância entre os astrólogos quanto ao fato de os aquarianos estarem muito bem colocados na lista dos "melhores amigos" do Zodíaco. Eles têm uma clara tendência a ajudar e estão sempre dispostos a mostrar interesse e a ouvir o que os outros dizem. A disposição a ajudar é interessante quando se manifesta da mais pura forma aquariana. Não oferecem ajuda por razões sentimentais, nem por conta da emoção arrebatada, ou ainda por pena, mas simplesmente porque parece ser a reação lógica e adequada. Os aquarianos têm uma poderosa característica humanitária, e muitos deles se realizam no trabalho comunitário ou nas causas filantrópicas. Num nível mais pessoal, chegamos ao jovial "tio" ou "tia" que ajuda os pais exaustos levando as crianças para passear. Esse passeio — no típico estilo aquariano — não é só muito original e divertido, mas provavelmente também muito educativo, e desperta interesses novos nas crianças. Os aquarianos nunca têm medo de falar, fazer sugestões úteis e realizá-las. Seus atos em geral tornam os outros mais felizes.

Você é, portanto, um bom e fiel amigo, e conserva os laços de amizade por muitos anos. Também é capaz de retomar uma amizade depois de uma longa separação.

Entretanto, a sua necessidade aquariana de independência nunca se afasta muito, e seus amigos podem estar mais cientes desse elemento da sua personalidade do que imagina. Até certo ponto, gera um distanciamento entre vocês, mesmo que lhe seja difícil acreditar. Seus amigos o vêem como uma pessoa bem reservada. Isso não é necessariamente mau e, sem dúvida, nada ofensivo; mas lembre-se de que pode chegar o dia em que vai necessitar da ajuda dos amigos, e precisa não ter medo de pedir. Uma decisão de não recorrer à ajuda dos amigos, numa hora de necessidade real, não é tanto a independência aquariana — é sua teimosia. Incidentalmente, você pode ser um membro valioso de qualquer clube ou sociedade, fazendo muito por ele e aproveitando plenamente a companhia das pessoas que partilham interesses. Se vier a ser dirigente ou presidente, a sua imparcialidade no comitê será admirada. Você também consegue lidar eficientemente com quaisquer dramas que possam surgir.

Aquário no amor

No amor, as estrelas brilham de verdade para o aquariano. Parece que você imediatamente se torna mais encantador do que nunca, e no mais sombrio dos dias de inverno o Sol brilha e as flores da primavera desabrocham, pelo menos, na sua cabeça.

Curta a experiência, porque quando você tiver tempo para refletir melhor, é capaz de cair outra vez na realidade e começar a analisar suas emoções. Será que você realmente quer mudar de estilo de vida e se envolver num relacionamento emocional que vai amarrá-lo a alguém? Será capaz de lidar com um compromisso constante, pensando continuamente em termos da sua "metade" e compartilhando a vida com alguém em todos os níveis? É claro que, se estiver realmente apaixonado, estará ansioso para fazer exatamente isso, mas sua necessidade de independência é tão forte que é preciso uma emoção e paixão muito intensas para que consiga se dar completamente a alguém.

Na maioria dos casos, o resultado é, na verdade, um compromisso cauteloso. O parceiro reconhece que você é um tipo independente e amante da liberdade, e aceita esse fato como parte da sua personalidade. Poderá continuar sentindo prazer em algum interesse particular ou no desenvolvimento da sua carreira, que pode não ter nada a ver com a vida do parceiro. Mas pode haver momentos complicados, em conseqüência disso: uma conciliação desse tipo não é fácil para ninguém, nem mesmo para um aquariano. Se achar que não será possível adaptar-se às necessidades de alguém ou modelar sua vida para que o outro possa sentir que ocupa um lugar adequado nela, talvez seja o caso de reavaliar todo o relacionamento.

É importante que qualquer parceiro seu tenha uma boa cabeça e interesses com os quais simpatize e que possa estimular. Vocês não precisam ter todos os mesmos interesses, mas uma base comum ajuda a comunicação no dia-a-dia e pode ser tão importante como uma compreensão sensível e completa da personalidade do outro, num relacionamento pessoal profundo.

Seu senso de drama é bastante forte, o que pode ajudá-lo a tornar realmente memoráveis as ocasiões especiais. Seu amante é cortejado na atmosfera certa e apropriada, mas excitantemente "diferente". Esse talento vivo e envolvente para intensificar o momento vai ajudá-lo a curtir a sua vida amorosa, e é uma coisa que você não deve se esquecer de fazer. Não se censure por ser ocasionalmente sentimental e romântico; pelo contrário, deixe-se levar, só para variar. Sob muitos aspectos, as suas características aquarianas enfatizam a necessidade de dar liberdade de expressão às suas emoções; portanto, não faça sacrifícios desnecessários nessa esfera da vida. Não se deixe inibir pela relutância em mudar seu estilo de vida.

Aquário no casamento

O aquariano casado ou comprometido pode tornar-se um companheiro extremamente fiel, mas é muito improvável que se case ou assuma um relacionamento de longo prazo sem antes avaliar cabalmente a situação e decidir se deseja perder a independência.

Esse tipo de cuidado e respeito pelo parceiro é algo muito especial. Você pode brincar sobre isso numa conversa informal, mas lá no fundo respeita totalmente os princípios do parceiro, por mais que sejam diferentes dos seus. Também é muito consciente deles como pessoa, e provavelmente nunca pensa num amante como um objeto que é "possuído".

Como afirmei em outra parte deste livro, a influência do planeta Vênus tem forte impacto na sua reação numa parceria, e seu posicionamento matiza a sua atitude. Mas, basicamente, mesmo que as reações e necessidades aquarianas variem muito de pessoa para pessoa, dependendo da posição de Vênus e, em certa medida, de Marte, todos os elementos mencionados são de fundamental importância para você no seu relacionamento.

Para você, é muito importante conservar a individualidade, não perder sua identidade no casamento. Como mulher, pode ser que tenha de sacrificar uma carreira gratificante e bem-sucedida durante vários anos, enquanto desempenha o papel de mãe. É importante que consiga aceitar esse papel sem amargura. Até que ponto essa aceitação será difícil é, basicamente, uma questão de personalidade; mas, logo que possível, e sem dúvida quando as crianças forem para a escola, deve tentar reconstruir sua carreira no tempo que tiver disponível. Também será bom, mesmo enquanto as crianças forem pequenas, reservar algumas horas por semana para sair de casa e talvez entrar num curso noturno ou num grupo de estudos. É importante que você tenha meios de se envolver intensamente com algo que não tenha nada a ver com o seu casamento e a família.

Esse tipo de problema pode ser menos importante para os homens, que em geral não precisam interromper a carreira indevidamente ou fazer sacrifícios semelhantes pelo bem dos filhos, ou mesmo pelo bem das esposas. Entretanto, é bem possível que o pai e marido aquariano sejam uma exceção. Se reconhecer o potencial da esposa, é muito provável que ele renuncie temporariamente à carreira para cuidar dos filhos.

A atitude aquariana com os filhos é admirável e esplêndida. Se você é um pai/mãe aquariano, não vai achar nem um pouco difícil manter alerta e ativa a mente de seus filhos. Eles não ficam sentados, de olhos fixos na televisão o dia inteiro. Na sua casa, lêem-se livros, desenha-se, para não falar da conversa animada que deixa todo mundo estimulado. No tempo livre, as crianças fazem escotismo ou participam ativamente de algum grupo de teatro. Na realidade, o período mais atarefado delas é fora da escola! Entretanto, falando dos filhos, lembre-se das observações que fiz sobre a sua tendência a se tornar um pouco rígido nas opiniões, à medida que vai ficando mais velho. Muitos aquarianos acham que não existe diferença de gerações entre eles e os filhos. Mas, algumas vezes, a qualidade "fixa" do signo leva a um esclerosamento de perspectivas que pode deixar o aquariano sem sintonia com os jovens.

Aquário: carreira e finanças

Ao avaliar o potencial aquariano do ponto de vista profissional e financeiro, é preciso considerar não apenas a motivação psicológica e o modo de expressão atribuídos a Aquário, mas também os processos mentais de Mercúrio, e como esses dois fatores combinados podem ser usados da melhor forma possível nas duas áreas. Em seguida, temos a influência de Vênus, planeta tão fortemente associado às finanças e posses como aos relacionamentos. Esse último aspecto também é importante nessa área, pois vai afetar o modo como a pessoa age com seus colegas, sócios, e assim por diante. Marte também nos dá indicações sobre o direcionamento da energia, e sem dúvida influencia a parte física — o impulso e a energia empregados no trabalho. Como veremos, a influência da combinação dos signos solar e Ascendente é interessante e muito pessoal; mas, se você não souber a hora em que nasceu, nem puder descobrir qual é o seu Ascendente, não fique desapontado. Poderá obter bastante informação sobre essa esfera da vida lendo os parágrafos mais gerais.

A abordagem aquariana da carreira é semelhante à sua abordagem em outras áreas da vida, e pode ser resumida em uma palavra: originalidade. Os aquarianos, naturalmente, são encontrados em todas as ocupações, assim como as pessoas de todos os signos solares. Entretanto, eles dão a qualquer emprego uma qualidade especial e individual, e uma abordagem nitidamente pessoal.

Como a maioria de nós, gostam de saber exatamente o que se espera deles, antes de iniciar uma atividade. Ao mesmo tempo, querem realizar o trabalho do seu jeito particular, e é aconselhável que os seus supervisores sejam tão discretos quanto possível, pois os aquarianos sempre conseguem o melhor desempenho quando não há interferência nos seus métodos de trabalho. Eles detestam que alguém fique olhando por cima do seu ombro ou dando conselhos desnecessários. Com rédea solta, são trabalhadores excelentes e confiáveis. Sua originalidade e talento são uma grande contribuição a qualquer empreendimento. Mas se você lhes disser que "isso nunca foi feito assim antes", sua reação bem pode ser a rejeição total da tarefa a ser feita.

É claro que os aquarianos, como todos nós, às vezes se defrontam com trabalho rotineiro e cansativo. Numa situação dessas, a sua necessidade de liberdade e independência de espírito não os impede de arregaçar as mangas e injetar entusiasmo até na tarefa mais monótona. Essa adaptabilidade e disposição conta muito a seu favor e ajuda o seu progresso, em qualquer profissão.

Os aquarianos não devem desperdiçar a capacidade que têm de conceber idéias relacionadas com o trabalho. Devem pensar nelas criteriosamente até o fim e depois apresentá-las a seus empregadores, pois têm muita criatividade e é bem possível que suas sugestões sejam excelentes. Também devem procurar pensar em formas de tornar o trabalho mais rápido, eficiente e interessante. Por exemplo, se estiverem trabalhando na linha de montagem de alguma fábrica, sem um canal de vazão para sua inventividade, podem voltar sua atenção para a vida social da empresa. Podem encontrar muita satisfação na descoberta de áreas de interesse comum com os colegas e na formação de sociedades e clubes. Alternativamente, podem devotar suas energias às questões sindicais e tornar-se esforçados representantes. Esse tipo de atividade pode injetar uma boa dose de ânimo no trabalho. Freqüentemente, quando se trata de algum problema humano, o aquariano está lá para ajudar, seja visitando algum colega doente no hospital, seja tomando providências para que algum colega aposentado não fique esquecido.

Em geral, os aquarianos não se preocupam muito com seu ambiente de trabalho. São capazes de concentrar-se numa sala barulhenta, conseguindo abstrair-se de altercações ou discussões. Aceitam prazerosamente a promoção, quando ela ocorre, em geral com a convicção de que estão à altura das responsabilidades adicionais. Quando alguém se comporta de maneira ofensiva, os aquarianos costumam ficar acima dos sentimentos pessoais de injúria e aguardar o momento em que tudo esteja perdoado e esquecido, ou que o conflito seja resolvido de outra forma.

Os aquarianos, em geral, detestam perder tempo com qualquer espécie de pequenas distrações que os desviem do trabalho que estão executando. Gostam dos intervalos para o café e dos almoços de negócios, mas ficam igualmente contentes com um dia cheio de trabalho.

Costumam destacar-se das massas, e quando essa massa é um conjunto de trabalhadores da mesma equipe, sua capacidade de brilhar e chamar a atenção dos superiores é ainda mais pronunciada. O próprio aquariano pode ficar um pouco surpreso com esse fato, e reage com autêntico assombro quando alguém lhe diz: "É claro que sabíamos que você ia conseguir: você é *diferente!*" Do ponto de vista do aquariano, ele estava simplesmente prosseguindo com o trabalho, sem interferir em ninguém nem se aproveitar dos outros. O que faz com que os outros os notem? Os astrólogos diriam que é uma questão de características básicas do signo solar e da influência de Urano e de outros planetas. Não é fácil descrever isso a um leigo, mas, como exemplo, pense num professor aquariano. Ele segue o roteiro adequado dentro do cronograma, preparando seus alunos para os exames, mas são das conversas, debates e excursões fora de aula que esses alunos se lembrarão pelo resto da vida. Na ficção, a diretora de escola de Muriel Spark, em *The prime of Miss Jean Brodie*, é, acredito, a personagem mais completamente aquariana que já vi. Ela incorpora as virtudes e também os defeitos do signo. Qualquer aquariano, ao ler esse livro, vai sentir muita identificação com a personagem e aprenderá muito sobre Aquário, sem precisar se preocupar em recorrer aos manuais de astrologia.

A ação de Mercúrio

Verifique a posição de Mercúrio

Mercúrio em Capricórnio

Se Mercúrio estava em Capricórnio quando nasceu, você está entre os mais conscienciosos aquarianos de signo solar. Tem muita determinação, altas ambições e uma forte necessidade de realizar seus objetivos. Provavelmente é um trabalhador meio pesado e lento, e pode ter se desenvolvido um pouco mais devagar que a média, ao longo dos anos. Mesmo que nunca tenha sido o primeiro da classe na escola, é bem possível que tenha claras tendências para matemática e ciência. Se tiver inclinações artísticas, seu forte pode ser a música. É capaz de aceitar a disciplina, e dá mais importância à segurança na carreira do que a maioria dos aquarianos. É um pensador sério, formando suas opiniões com muito cuidado. Pode ser atraído pelo inconvencional (devido ao seu Sol em Aquário), mas, por mais contraditório que pareça, seu Mercúrio em Capricórnio também pode propiciar-lhe uma secreta simpatia pelas atitudes estritamente convencionais. Portanto, você poderá seguir uma carreira bem-sucedida dentro da estrutura de uma grande empresa ou em alguma área da administração pública. Mas, provavelmente, conseguirá dar um jeito de adotar uma postura independente dentro dos limites de sua profissão.

Se for estudante, você trabalha bem e com regularidade, sendo capaz de seguir planos de estudo e evitar as distrações. Não reprima sua originalidade inata ao escrever ensaios ou responder a perguntas, nos exames, que não requeiram uma abordagem estritamente factual.

Mercúrio em Aquário

Se Mercúrio estava em Aquário com o Sol quando nasceu, você deve dar a si mesmo muitas oportunidades de expressar sua originalidade no trabalho. É bem possível que sua mente seja brilhante e tenha *flashes* de inspiração, e é importante que suas faculdades mentais tenham boa chance de aplicação no trabalho. Pode sentir-se atraído por algum assunto um tanto especializado: a arqueologia pode ser uma opção. Ou, então, pode escolher algum ramo desafiador da ciência ou tecnologia, como radioastronomia ou microprocessadores. Assim, no tempo devido, pode ser que você acabe num cargo isolado de alguma universidade importante, explorando um campo de estudos original e interessante, que vai lhe trazer considerável satisfação.

Na universidade, você pode estudar de forma errática, podendo ter dificuldade em se disciplinar e seguir uma rotina regular. Procure fazê-lo; caso contrário, se ficar estudando a noite inteira antes dos exames, sua saúde pode ser afetada.

Mercúrio em Peixes

Com Mercúrio em Peixes, você está entre os aquarianos mais humanitários. Portanto, pode sair-se extremamente bem na medicina ou em uma profissão assistencial. Você sente forte necessidade de combater as injustiças sociais e aliviar a carga dos outros.

Às vezes, é possível que tenha dificuldade em colocar em ordem seus pensamentos, com clareza e precisão. O esquecimento é característico de Mercúrio em Peixes e pode acontecer quando estiver trabalhando sob pressão. Não tem muita facilidade em aceitar uma disciplina meio rígida, mas se estiver trabalhando apressadamente com um supervisor duro, procure ficar calmo e ser prático. Faça uma lista de tudo o que precisa realizar e trabalhe de acordo com ela, concedendo-se tempo suficiente, mas seguindo rigorosamente o seu cronograma. Se estiver trabalhando num ambiente mais livre, use a imaginação e a intuição para prever as tarefas, pois assim poderá manter-se em dia. Se tiver qualquer talento criativo, não deixe de desenvolvê-lo. Você pode descobrir que tem talento para escrever histórias e, possivelmente, com um toque meio estranho ou sinistro. Sua gentileza e simpatia são fatores importantes, e você pode ser bom na área de aconselhamento ou no trabalho educacional com crianças anormais ou deficientes.

Se ainda estiver estudando, procure dar uma ordem a seus rascunhos e não se esqueça de terminar os trabalhos em tempo. Pode se aborrecer com a revisão, ficando impaciente por ampliar seus horizontes no assunto que estuda. Mas, na época dos exames, procure focalizar sua mente nos requisitos específicos.

Vênus: finanças e relacionamento

Verifique a posição de Vênus

Vênus em Sagitário

Vênus em Sagitário lhe dá uma atitude extremamente aventureira em relação a dinheiro. Você gosta do seu trabalho e de ganhar o seu dinheiro, mas também de gastar o que ganha! Pode ter uma queda para especulações e ser atraído por sedutoras propostas financeiras. Procure desenvolver um pouco mais a cautela que tem, por natureza, caso contrário pode acabar descobrindo que seu entusiasmo leva a melhor sobre o seu bom senso, principalmente se gosta da pessoa que está tentando vender-lhe algum projeto. É possível que você aprecie os jogos de azar, apostando regularmente na loteria ou nos cavalos. Procure não aplicar dinheiro demais nessas atividades ou em especulações mais sérias. Os produtos em cuja composição entra o estanho podem ser uma área de investimento lucrativa, bem como publicações e viagens. No trabalho, é capaz de animar os outros, sendo extremamente popular entre os colegas. Você sabe organizar programas e outras atividades sociais. É provável que seja a pessoa encarregada de receber compradores do exterior, pois tem aptidão para línguas.

Como empregador, ouve os empregados com simpatia, demonstrando um autêntico interesse pelo que eles têm a dizer sobre a administração. Nunca deixe de lado os contatos com o exterior ou o comércio de exportação — é possível que seus produtos façam mais sucesso no exterior do que no seu país.

Vênus em Capricórnio

É possível que você seja bem cauteloso com o dinheiro, e gosta de vê-lo crescer solidamente na sua conta bancária. Embora seja um exagero chamá-lo de avarento, talvez possa ser descrito como uma pessoa preocupada demais com o seu dinheiro. Uma boa idéia é lembrar, ocasionalmente, que, já que trabalha duro para ganhar esse dinheiro, você merece aproveitá-lo um pouco! Os melhores tipos de investimento para você são os de baixo risco, embora, é claro, o retorno possa ser menor do que os de alto risco. Procure segurança no emprego de seu capital, pois aí poderá ter certeza de que seu dinheiro está a salvo, mas ao mesmo tempo rendendo o suficiente para não ficar irremediavelmente abaixo da taxa de inflação. No seu caso, os imóveis podem ser a melhor forma de investimento. A idéia de progredir com regularidade em direção a um objetivo substancial lhe agrada, e existe objetivo melhor do que possuir uma bela casa?

No trabalho, seus colegas podem considerá-lo um tanto solitário; você pode dar a impressão de ser reservado demais. Embora, sem dúvida, seja uma pessoa amigável quando abordada, tem mais tendência a manter distância do que muitas outras pessoas do seu signo solar.

Se for empregador, procure não se tornar uma figura afastada no seu escritório. Esse tipo de distância entre você e seus funcionários pode minar o respeito e a lealdade que eles, de outra forma, prazerosamente lhe devotariam. Tente, conscientemente, aproximar-se um pouco mais dos empregados. Quando surgem problemas de natureza humana, você tem facilidade em se aproximar, pois sabe ouvir e dar ajuda prática.

Vênus em Aquário

Pode sentir forte atração pelo charme e ser tentado a gastar uma boa quantia em objetos atraentes para sua casa, como espelhos e luminárias. Conseqüentemente, o dinheiro pode voar muito depressa do seu bolso, quando visita as lojas de sua preferência. É preciso tomar cuidado para não ficar sem um tostão no momento em que quiser viajar de férias para uma estação de esportes de inverno, ou quando estiver querendo achar um meio de comprar os equipamentos necessários. Um plano básico de poupança pode ser uma boa idéia. A solução seria fazer com que uma parte do seu salário fosse imediatamente reservada para depósito. Por outro lado, talvez lucre investindo em televisão ou companhias de aviação. No trabalho, é amigável e solícito. É você quem empresta roupas para a colega que tem um belo programa em perspectiva, mas não tem nada decente para vestir. Quando é preciso fazer uma reclamação à gerência, você é o candidato mais votado para a tarefa. Seu sorriso e seu encanto natural vêm em seu auxílio.

Como empregador, é afável e amistoso, sabendo manter distância da forma correta, sem parecer arrogante.

Vênus em Peixes

Esta combinação lhe dá fortes impulsos filantrópicos, pois Vênus em Peixes acrescenta piedade ao seu humanitarismo aquariano. Quando você se comove com o sofrimento humano, é bem capaz de enviar todo o seu saldo bancário para atender a algum apelo da TV. Procure encontrar algum forte apoio financeiro, alguém que lhe dê bons conselhos com a mesma liberalidade com que você se dispõe a abrir mão do seu suado dinheiro. Em matéria de finanças, precisa de muita orientação. Sua gentileza não fica a dever nada a ninguém, mas por mais admirável que seja, a caridade, até certo ponto, deve ficar em casa. Seja caridoso, também, com você mesmo e sua família. Uma poupança pode ser útil para você: por que não pedir conselhos nesse sentido ao gerente do seu banco? Com um pouco de dinheiro para investir, pode lucrar com a indústria pesqueira, as linhas de navegação ou o comércio de calçados. Tome cuidado para não se aproveitarem indevidamente de você no trabalho: mesmo como executivo, é possível que traga o café para sua secretária e execute todo tipo de tarefas fora de suas atribuições principais. Essa solicitude torna-o uma pessoa popular.

Como empregador, pode ser um pouco brando com os empregados. Procure fazer um esforço para ser mais severo, por exemplo, com um empregado que se atrasa continuamente no trabalho, sem motivo válido.

Vênus em Áries

Você trabalha duro para ganhar dinheiro, mas pode não conservá-lo por muito tempo! O problema é que você sempre está ansioso para gastar, não só para aproveitar a vida, mas também para tornar felizes as pessoas que ama. É um desses tipos entusiásticos de aquariano, e pode ser tentado pelos esquemas de enriquecimento rápido, se lhe forem propostos de maneira persuasiva. Todavia, você sempre se certifica de que esses esquemas serão lucrativos, o que o ajuda a impedir de aplicar seu dinheiro impulsivamente. Você é empreendedor e poderia ter interesses comerciais além de sua profissão principal. Pode sair-se bem investindo na engenharia mecânica, nas empresas de construção de estradas ou na indústria de motores, mas também seria uma boa idéia aplicar seu dinheiro num investimento de crescimento constante, como uma boa apólice de seguros.

No trabalho, está entre os empregados mais aventureiros. Pode ter uma tendência a correr demais, sem paciência com os colegas cujo ritmo é mais lento. Não perca a calma quando o *office boy* derruba o café ou demora tanto a trazê-lo que já chega frio. Você trabalha muito, e como empregador espera o mesmo comportamento de seus funcionários.

Ascendentes e carreira

Verifique primeiramente o seu Ascendente

Observação: carreira e Meio-do-Céu

Se você desenvolver o interesse pela astrologia, uma das primeiras coisas que vai estudar — mas que está fora do alcance deste livro — é o Meio-do-Céu. Grosso modo, este é o signo imediatamente acima de sua cabeça, no momento de seu nascimento. É tão importante em relação à carreira, à expressão no mundo exterior e à identificação com objetivos de vida, quanto o seu Ascendente em relação à sua personalidade. Combiná-lo com o Ascendente é complicado, e seria impossível num livro deste porte; entretanto, esteja certo de que pensei nas várias possibilidades, ao escrever os parágrafos seguintes, relacionadas com a escolha de uma profissão ou ocupação.

Aquário com Ascendente Áries

Você precisa de uma carreira excitante e com espaço para a introdução de novas idéias e métodos de trabalho. O trabalho de rotina pode aborrecê-lo. Se tiver inclinação para a ciência, pode se realizar em algum tipo de pesquisa. Necessita de envolvimento emocional no trabalho; procure algo que realmente o interesse, e não apenas um emprego com um bom salário.

Aquário com Ascendente Touro

O seu emprego precisa lhe proporcionar segurança financeira. A rotina não o aborrece, mas você tem de se envolver emocionalmente com o trabalho. Pode sair-se bem na arquitetura, topografia ou planejamento urbano. Se tiver talento artístico, seu *métier* pode ser a escultura ou a música. É possível que tenha talento financeiro e tino comercial. Pode montar uma firma própria.

Aquário com Ascendente Gêmeos

As telecomunicações podem ser a sua área; também pode dar-se bem trabalhando na área técnica da televisão ou do rádio. Provavelmente tem jeito para vendas. Você precisa de um trabalho que o coloque em contato com gente e o mantenha ocupado e ativo. Por exemplo, pode se interessar em ser comissário de bordo.

Aquário com Ascendente Câncer

Você tem um forte instinto protetor, que pode explorar no trabalho. Pode dar-se bem em enfermagem, obstetrícia ou como professor de jardim-de-infância. Também pode tornar-se um maravilhoso *chef.* Você se interessa pelo passado, e isso poderia levá-lo a tornar-se historiador ou antiquário. Também se sente atraído pelo mar e poderia se dar bem na marinha ou trabalhando numa linha particular de navegação.

Aquário com Ascendente Leão

Você precisa se mostrar um pouco no trabalho, e poderia sair-se bem como recepcionista de uma firma de *status.* Pode se dedicar a vender jóias ou à alta moda. É possível que seja criativo; nesse caso, esforce-se para desenvolver seu potencial. Se tiver talento para interpretar, faça uma experiência, mas aprenda também algum outro ofício para poder se sustentar enquanto estiver "descansando". Você sabe assumir responsabilidades e é um bom organizador.

Aquário com Ascendente Virgem

É possível que você se interesse por assuntos de saúde e dieta. Pode tornar-se um excelente massagista, e talvez se interesse pela medicina alternativa. Pode dar-se muito bem na mídia, trabalhando talvez como assistente pessoal ou pesquisador. Se for secretário, seu chefe tem sorte, pois você tem capacidade de trabalhar com afinco. A agricultura também pode ser adequada para você.

Aquário com Ascendente Libra

Você é diplomático e poderia realizar-se no serviço diplomático ou na área de recursos humanos. Também pode tornar-se um excelente esteticista ou cabeleireiro. Você trabalha melhor em equipe, com outras pessoas; uma posição isolada não lhe serve. Se montar um negócio, arranje um sócio. Você também precisa de um ambiente agradável de trabalho.

Aquário com Ascendente Escorpião

Consegue trabalhar com muito empenho, desde que esteja envolvido emocionalmente com o trabalho. Também tem excelente tino comercial e é bom negociador. Pode gostar do tipo de vida das forças armadas, especialmente da marinha. A área de seguros e de engenharia de minas também pode atraí-lo, assim como a indústria petrolífera ou o comércio de vinhos.

Aquário com Ascendente Sagitário

Você ama os animais e pode acabar se tornando veterinário. Não despreze sua aptidão possível para línguas ou literatura. A área de comunicações e viagens pode atraí-lo, e provavelmente você gostará de ser um professor universitário. Existe a possibilidade de entrar para o esporte profissional. Tente não fazer muitas mudanças de direção, apesar da sua versatilidade.

Aquário com Ascendente Capricórnio

É bem possível que você seja atraído pela política. Nesse caso, comece a nível local para ver como se sai. Pode se interessar por osteopatia, psicoterapia ou odontologia. Também pode ter um considerável tino comercial. É ambicioso e vai chegar ao topo de qualquer atividade. Poderá se realizar trabalhando em grandes organizações.

Aquário com Ascendente Aquário

Use sua originalidade no trabalho e procure atuar com afinco e regularidade. Você pode dar-se bem na área de serviço social ou nas profissões assistenciais. A ciência (astronomia, talvez) ou o trabalho em aviação podem atraí-lo. Pode sentir necessidade de fascínio e fazer sucesso como modelo ou na área da publicidade.

Aquário com Ascendente Peixes

Se você for criativo, talvez seja bom considerar a fotografia. Outras alternativas são as associações de caridade ou a enfermagem. Pode realizar-se trabalhando numa editora, talvez como tradutor. É bem provável que seja um bailarino ou um patinador talentoso. Nesse caso, continue treinando. Faça o que fizer, não se subestime: seu potencial é enorme!

Peixes

Negativo
Planeta regente: Netuno (antigo regente: Júpiter)
Triplicidade ou elemento: Água
Quadruplicidade ou qualidade: mutável
Cor: verde-mar
Pedra preciosa: selenita ou hematita
Metal: platina ou estanho
Flor: nenúfar
Árvores: salgueiro, figueira, as que crescem perto da água
Ervas e especiarias: chicória, flores da tília (líber), musgo
Alimentos: pepino, moranga, nabo, alface, melão
Animais: mamíferos que gostam da água; todas as espécies de peixes
País: Portugal
Regiões: desertos do Saara e de Gobi
Cidades: Jerusalém, Varsóvia, Sevilha, Alexandria, Santiago de Compostela

Todos os piscianos têm uma aparência especificamente pisciana — jamais eternamente tristes, mas dando a entender que logo abaixo da superfície existem lágrimas prontas a rolar: lágrimas de emoção positiva, de felicidade, de amor, de apreço por qualquer forma de arte. Os piscianos, freqüentemente, se subestimam. Eles nos dizem que não podem fazer nada, quando acabaram de fazer um maravilhoso vestido, um belo vaso ou mostrar uma foto deslumbrante tirada no último verão, mas que só agora foi revelada.

Entretanto, eles realmente precisam de ajuda, mais do que qualquer outro signo do Zodíaco. Seu potencial é excelente, mas precisa haver estímulo e apoio para ajudálos a render seus melhores frutos. Eles mesmos dão um maravilhoso apoio aos outros, por exemplo, quando seus amigos passam por necessidades. E às vezes podem ser muito enganosos, freqüentemente sem uma razão válida, mas apenas porque, na ocasião, esta parecia ser a linha de menor resistência; porém, a longo prazo, teria sido muito mais simples ficar com a verdade. Se um pisciano tiver problemas com drogas ou bebidas, precisará de mais ajuda para se livrar do hábito do que a maioria dos outros signos, devido à sua tendência constante a fazer de conta que o problema vai se resolver sozinho.

Os piscianos se apaixonam muito fácil e profundamente, mas esta pode ser uma esfera confusa de sua vida: são amantes maravilhosos, mas aprendem do jeito difícil, errando.

As crianças piscianas são muito amáveis e gentis; entretanto, seus pais não deveriam ser muito brandos em relação às mentiras que ocasionalmente contam.

A área do corpo de Peixes são os pés. Eles andam descalços no parque, vivem de sandálias esportivas ou sapatilhas de balé — ou, então, podem ter uma vasta coleção de requintados sapatos!

Peixes na amizade, no amor e no casamento

Existe uma suposição comum de que os piscianos costumam ter mais harmonia com as pessoas cujo signo solar pertence ao mesmo "elemento" deles, isto é, cancerianos e escorpianos. As pessoas de signos solares do elemento seguinte, Terra, são razoavelmente compatíveis (taurinos, virginianos e capricornianos); as dos signos de Fogo (arianos, leoninos e sagitarianos) e de Ar (geminianos, librianos e aquarianos) são consideradas incompatíveis.

Mas, na realidade, nenhum astrólogo jamais afirmaria que um pisciano não deve desenvolver uma amizade ou um relacionamento com um aquariano só por esse motivo, porque há muitas outras ligações possíveis que podem anular um sentimento ligeiramente negativo entre os elementos do signo solar. Pode ser que você tenha Vênus em Aquário, que possibilita uma boa amizade com um aquariano; ou Vênus em Áries, do mesmo modo positivo para um relacionamento com um ariano. Marte, também — que naturalmente pode estar em qualquer um dos doze signos na hora do nascimento —, pode ajudar no sentido de um relacionamento sexual muito vivo e satisfatório com alguém do signo de Marte. Portanto, jamais considere apenas o signo solar, quando conhecer alguém interessante.

É sempre divertido ter em mente as características dos signos solares; pode ser muito engraçado ficar atento e ver como elas combinam ou são diferentes das características do seu signo. Mas seria tolo não deixar uma amizade se desenvolver apenas porque uma pessoa com o Sol em Libra simplesmente nunca vai ter força real para lhe dar o apoio de que você acredita precisar. A tendência libriana à efusividade, a ligeira suspeita de que os librianos podem estar dizendo muito mais do que realmente pensam, pode ser contrabalançada por outras áreas do mapa natal deles, e não há motivo para você não encontrar neles verdadeiros amigos ou amantes. Naturalmente, é verdade que alguns signos solares são de convívio mais fácil entre si do que outros; mas seria completamente injusto deixar que o conhecimento superficial da astrologia interferisse entre você e alguém cujo signo solar possa ser classificado como "não favorável" para você por um astrólogo amador.

Se usar corretamente este livro, consultando as tabelas na sua parte final, poderá reunir um conhecimento astrológico suficiente para ficar em melhores condições de definir as possíveis fraquezas e pontos fortes de uma amizade ou um caso amoroso em desenvolvimento.

Sem dúvida é conveniente começar com o que os astrólogos chamam de "triplicidades" ou "elementos": a divisão dos doze signos em Fogo, Ar, Terra e Água. Depois, se souber a hora do seu nascimento (e, portanto, o seu Ascendente), você pode levar em conta outra importante dimensão. É o que chamamos de "polaridade"; signo polar é aquele que fica em oposição direta, exatamente do outro lado do Zodíaco, a um determinado signo solar. Assim, o signo polar de Peixes é Virgem, e, sem dúvida, parece ser verdade que o pisciano pode sentir uma forte atração pelo virginiano à primeira vista. Mas, novamente, você pode vir a ter uma amizade ou relacionamento memorável com uma pessoa cujo signo solar seja o signo polar do *seu* Ascendente: isto é, se o seu Ascendente for Gêmeos, um sagitariano pode vir a representar muito para você. Ou pode haver uma forte atração entre pessoas cujos Ascendentes sejam polares. Para ajudá-lo a definir essas possibilidades, veja a lista de polaridades.

Trabalhei muito nessa área da astrologia, conhecida como "sinastria", que envolve a comparação dos mapas natais completos de duas pessoas, para examinar as delícias ou as dificuldades da amizade ou parceria entre elas (naturalmente, também é possível comparar dessa forma os mapas de pais e filhos). Sempre constatei que os relacionamentos melhores e mais permanentes ocorrem entre pessoas com importantes polaridades operando. Isso pode nos remeter, de certa forma, à bem conhecida "atração dos opostos", cujo efeito, com tanta freqüência, é manter vivo e desperto um relacionamento interessante. Parece invariavelmente haver uma forte ligação entre duas pessoas com o tipo de polaridade mencionada. É claro que, como ocorre em qualquer parceria, nem sempre elas concordam sobre todos os assuntos; mas parece que uma é sempre capaz de acompanhar o raciocínio da outra e enxergar o ponto de vista oposto, mesmo que haja um desacordo fundamental. Isso é importante para o sucesso de um relacionamento de longo prazo.

Este, devo repetir, não é o único fator capaz de favorecer um relacionamento a longo prazo. Entretanto, a polaridade acrescenta profundidade e tenacidade. Outras conexões entre as cartas astrais podem ajudar, mas uma boa polaridade é, na verdade, excelente.

Peixes nas amizades

Não há dúvida de que você tem o que é preciso para ser um amigo maravilhoso. Está disposto a doar muito de seu tempo e energia para ajudar os amigos, a ponto de, nesse processo, se envolver emocionalmente com os problemas deles. Você compartilha de suas dificuldades, oferece intermináveis xícaras de café, vai até a casa deles cozinhar quando as coisas vão mal, etc., etc., etc. É capaz de fazer muitos sacrifícios pelos amigos, e a maioria deles aprecia tudo o que você faz; mas, às vezes, pode ser um pouco crédulo, e deveria ser extremamente cuidadoso para não se aproveitarem de você. Por exemplo, pode definir mal as suas prioridades; é maravilhoso oferecer ajuda a quem precisa, mas o seu empregador pode não ter o mesmo ponto de vista quando isso significa um atraso diário no escritório. Dê no mínimo tanta atenção ao trabalho quanto dá a seus amigos.

E como eles podem retribuir? Deveriam fazer questão de incentivá-lo em tudo o que faz, pois, nesse particular, você precisa de toda a ajuda possível. Para haver uma boa chance de isso ocorrer, você deveria estimular os laços de amizade com gente que seja simpática aos seus próprios interesses. Para o pisciano, a amizade baseada em interesses comuns é particularmente valiosa, pois ele tem mais facilidade em se aproximar de alguém que está no mesmo patamar que o seu. Terá menos timidez para mostrar-lhes as suas obras, e eles, por sua vez, podem ajudá-lo a aumentar a sua autoconfiança. Amigos que não se interessam pelo que você faz quando não está com eles tendem a incentivá-lo a permanecer na sua casca e até ter medo de mencionar suas atividades das horas de folga.

Pode ser necessário fazer um esforço consciente para se disciplinar em relação aos amigos. Quando receber um convite para jantar fora, veja se tem tempo suficiente para se preparar. Não deixe para passar a roupa no último minuto, e não se esqueça de calcular o tempo que vai gastar no trânsito. Caso contrário, pode chegar ao encontro tenso e nervoso, fazendo o seu anfitrião esperar e a comida secar no forno. Você é um amigo tão maravilhoso e amável que muitos dos seus defeitos são desculpados, mas alguns deles são mais irritantes do que outros — principalmente para pessoas bem organizadas que levam uma vida agitada e não podem perder tempo esperando por você.

Peixes no amor

No amor, os piscianos, ouvem a cadência de cordas harmoniosas compondo um fundo musical melodioso e mágico em todas as cenas românticas. Eles estão no sétimo céu. "Sim", dizem aos amigos, "sim, desta vez aconteceu; encontrei finalmente 'a' pessoa." Você se identifica com essa cena? Provavelmente sabe do que estou falando! Mas é bem possível que, no amor, você aprenda pelas experiências amargas. Seu nível emocional é tão elevado e prestes a extravasar quando surge um novo amante que, depois de abertas as comportas, você tem extrema dificuldade em controlar seus sentimentos. É bastante fácil abrir essas comportas na juventude, mas depois que fica mais velho e sofre um pouco por causa do amor, tende a se tornar mais cauteloso. Entretanto, pode ter muita dificuldade em assumir uma postura prática e objetiva com seus amantes: seus instintos e intuições sempre tentam governá-lo. Separe um tempo para pensar com clareza. Se isso significa viajar sozinho durante alguns dias, é melhor do que cometer outro erro. Eu sugeriria, veementemente, um pouco de introspecção tranqüila a esse respeito. A ausência talvez aumente o afeto, mas também existe aquele ditado: "Longe dos olhos, longe do coração". Se agir assim, poderá se poupar muitas dificuldades e sofrimentos.

Com a experiência, aprenderá a forma de controlar as explosões emotivas, para que suas qualidades realmente excelentes e carinhosas predominem. Depois de passar por duras provas, será capaz de expressar seus sentimentos por um amante exatamente da forma que é mais apreciada.

Acho que deveria tomar cuidado com a tendência a fazer contínuos sacrifícios por seus amantes. Ouve-se falar da necessidade de "dar e receber" numa parceria, mas para você é muito fácil — principalmente nos estágios iniciais do relacionamento — dar tudo e não receber nada. Você se dispõe a mudar de cidade porque seu companheiro vai trabalhar lá; desiste de um interesse ou *hobby* absorvente porque seu amante exige a sua companhia por mais tempo. Entretanto, esse tipo de atitude pode acabar saturando. Se conversarem sobre o assunto, poderá ver que seu amante pode nem sempre querer que você renuncie, que desista de seus interesses por causa dele, e preferiria que os conservasse, mesmo às custas da diminuição do tempo que passam juntos. Portanto, procure conservar a identidade e não se anule demais no relacionamento.

Talvez eu possa ter exagerado essas possibilidades. Mas pense sobre o assunto. A menos que outros fatores de seu mapa sejam contrários, é bastante provável que se encontre na situação que descrevi. É aí que precisa se defender.

Peixes no casamento

Se é importante conservar a sua identidade no amor, é ainda mais importante no casamento. A mulher pisciana menos positiva pode, com enorme facilidade, ficar tão preocupada em considerar as necessidades do companheiro que acaba se fundindo no estilo de vida dele. Em casos extremos, acaba se tornando a porta-voz de suas opiniões sobre os assuntos importantes do momento: "Bem, meu marido sempre diz. . . " Se estiver entrando nessa onda, está bem na hora de sair dela vigorosamente. Independente de qualquer outra coisa, é provável que você não seja uma companhia muito animada para o seu marido/mulher se não fizer outra coisa além de refletir sua glória o tempo todo!

A ternura e o verdadeiro afeto são as qualidades dominantes do pisciano casado de ambos os sexos. Sob muitos aspectos, você é a pessoa mais fácil do mundo para se conviver. Seu parceiro pode se queixar do seu desleixo, do seu jeito improvisador com a vida, mas não é uma questão de preguiça: você simplesmente tem dificuldade em se organizar. Na sua casa, as contas de rotina podem deixar de ser pagas, mas não é negligência proposital; é que há tantas outras coisas mais interessantes e mais gratificantes para fazer. . .

Pode acontecer de, às vezes, projetar algumas das qualidades do seu signo oposto, Virgem, no seu marido ou na sua mulher, sem que os outros o percebam. Você pode ser supercrítico com seu cônjuge, demonstrando um desagrado injustificado quando a cara-metade pisa com sapatos sujos no chão que acabou de ser limpo. É tudo meio insignificante, mas *muito* desagradável para quem recebe a crítica. Também não é característico do seu verdadeiro eu pisciano.

As crianças se lembram dos pais piscianos com o maior amor e afeto possíveis. A tendência a estragar os filhos é onipresente, mesmo assumindo a melhor forma: elas não ganham muitos brinquedos caros, mas recebem amor em abundância. Pode ser, simplesmente, que, a seus olhos, os filhos não façam nada errado. A desvantagem disso é a possibilidade de um choque terrível se elas não forem tão bem na escola quanto pensava. Você também cede com muita facilidade, deixando que elas fiquem em casa com uma desculpa de doença quando o caso é que não se prepararam para uma aula. Por outro lado, o pai pisciano pode acabar levando o filho para passear no zoológico ou no museu (a dor de cabeça ou a garganta inflamada saram miraculosamente quando toca o sinal de saída na escola), e nesse passeio a criança acaba aprendendo muito mais do que teria aprendido se tivesse ido à escola nesse dia!

Mas, tome cuidado para não criar problemas futuros para seus filhos, minando a sua capacidade de autodisciplina. Faltar às aulas pode significar que elas fiquem mais confusas a respeito das matérias do que já estão. Mas talvez um ser humano bem equilibrado e bem amado seja mais benéfico à humanidade do que o sabe-tudo! Os piscianos têm um dom especial de criar filhos que se tornam membros totalmente participantes da sociedade e pessoas maravilhosas.

Peixes: carreira e finanças

Ao avaliar o potencial pisciano do ponto de vista profissional e financeiro, é preciso considerar não apenas a motivação psicológica e o modo de expressão atribuídos a Peixes, mas também os processos mentais de Mercúrio, e como esses dois fatores combinados podem ser usados da melhor forma possível nas duas áreas. Em seguida, temos a influência de Vênus, planeta tão fortemente associado às finanças e posses como aos relacionamentos. Esse último aspecto também é importante nessa área, pois vai afetar o modo como a pessoa age com seus colegas, sócios e assim por diante. Marte também nos dá indicações sobre o direcionamento da energia, e sem dúvida influencia a parte física — o impulso e a energia empregados no trabalho. Como veremos, a influência da combinação dos signos solar e Ascendente é interessante e muito pessoal; mas, se você não souber a hora em que nasceu, nem puder descobrir qual é o seu Ascendente, não fique desapontado. Poderá obter bastante informação sobre essa esfera da vida lendo os parágrafos mais gerais.

Os piscianos são um fascinante objeto de estudo no tocante à carreira, porque suas necessidades nessa área tendem a ser muito personalizadas. Eles não se adaptam facilmente a ocupações compartimentadas. Todos os piscianos, portanto, deveriam pensar cuidadosamente antes de optar por uma carreira, se quiserem tirar o máximo proveito da vida.

Mencionei anteriormente o sentido de vocação pisciano, que pode ser muito potente. Os piscianos também têm um forte senso de dedicação e são mais capazes que as pessoas de outros tipos solares de se concentrarem numa área de trabalho especializada.

Há muitas formas em que essas qualidades podem se expressar, porém a carreira que vem imediatamente à nossa mente é a enfermagem. O enfermeiro pisciano não ajuda seus pacientes só pela prática cuidadosa das habilidades adquiridas durante a sua formação, mas simplesmente sendo pisciano, fazendo entrar em cena as melhores qualidades desse signo. Para o enfermeiro dedicado, sua profissão não é apenas um emprego que tem para ganhar um salário, e sim uma ocupação onde os pacientes ocupam sempre o primeiro lugar.

É claro que não vou chegar ao ponto de dizer que todo pisciano, homem ou mulher, tem o temperamento certo, ou o talento para a enfermagem; para começar, nem todos eles têm a dedicação total, tão indispensável nessa profissão. Mas a maioria dos piscianos possui alguma coisa da atitude cuidadosa que encontra sua expressão mais completa e plena na enfermagem. Às vezes, também, os piscianos têm uma forte fé religiosa. Muitos se tornam padres e freiras, ou sentem-se atraídos, de alguma forma, para uma vida com conotações sacerdotais ou monásticas. Outro conceito pisciano importante é o do sacrifício. Todo pisciano está disposto e até ansioso por fazer sacrifícios por aquilo em que acredita (como já ressaltei no capítulo "Peixes no amor"). Mas também é possível fazer sacrifícios pela carreira. Por exemplo, um pisciano pode decidir sacrificar por completo a idéia de casamento em benefício da profissão. De forma diferente, um artista faz sacrifícios colocando o desenvolvimento de sua arte acima da idéia de lar e filhos. O bailarino e o cantor pisciano, obstinadamente, suportam a vida puxada das turnês, para desenvolver sua carreira. A mãe pisciana, por outro lado, sacrifica sua carreira para gerar e criar os filhos. Tudo isso faz parte da natureza pisciana. E a humanidade se beneficia, direta ou indiretamente, apreciando as obras de arte piscianas ou recebendo os cuidados de amorosos médicos, enfermeiras e mães piscianos.

É claro que não se pode esperar que todos os piscianos levem vidas ideais de sacrifício e espetacular ternura amorosa! Muitos deles caem na ratoeira. Entretanto, esses piscianos precisam perceber (como provavelmente o fazem, instintivamente) que esta, realmente, não é a vida adequada para eles. Quando forçados pelas circunstâncias a trabalhar numa atmosfera barulhenta e tensa, com pessoas diferentes sob todos os aspectos e que talvez sejam insensíveis aos seus sentimentos mais delicados, deveriam examinar qualquer alternativa capaz de levá-los a um ambiente mais apropriado. Os piscianos que trabalham em condições hostis fariam bem em se concentrar no progresso de suas carreiras, não tanto pelas vantagens financeiras, mas porque a promoção permitirá que eles trabalhem do seu jeito, conquistando um lugar tranqüilo dentro da organização, longe da agitação do escritório geral. Logo no começo da carreira dos piscianos, seus superiores deveriam se conscientizar de que vale a pena deixá-los trabalhar tranqüilamente, do seu jeito. Seus superiores verão que compensa, pois há um grande aumento da produtividade e da eficiência do pisciano. Num ambiente com uma "trilha sonora" de ruídos perturbadores ou quando há uma correria desnecessária à sua volta, o pisciano perde a concentração e pode começar a acumular uma tensão prejudicial.

Não posso enfatizar suficientemente o potencial criativo da maioria dos piscianos. É pena, mas há vários casos em que não ocorre sua expressão plena. Os jovens piscianos deveriam procurar não desperdiçar o seu talento, pensando com seriedade se há algo que gostariam muito de fazer, enquanto ainda estão estudando. Não pense imediatamente em todas as dificuldades, por exemplo, se seus pais vão poder sustentá-lo durante o longo período de treinamento. O importante é se fixar numa atividade que *realmente* signifique alguma coisa, que realmente represente um apelo muito forte, por mais diferente que seja de todas as opções dos outros. Qualquer anseio verdadeiro por uma determinada carreira deve ser incentivado de todas as formas possíveis. Todas as pessoas que tiverem contato com os jovens piscianos devem procurar ser tão positivas quanto possível em relação a eles, pois a crítica, que apenas mexeria com os brios de alguém de outro signo solar, pode fazer profundos estragos na autoconfiança de um pisciano, sendo capaz de sufocar uma ambição muito desejável. Quando recebem verdadeiro encorajamento, cabe aos piscianos superar quaisquer dificuldades que possam estar no seu caminho.

A ação de Mercúrio

Verifique a posição de Mercúrio

Mercúrio em Aquário

Se Mercúrio estava em Aquário quando nasceu, você é capaz de pensar com rapidez e ter muitas idéias originais e brilhantes. Esforce-se ao máximo para explorá-las e não tenha muita modéstia para apresentá-las em reuniões ou em qualquer outra ocasião. Caso contrário, suas tendências piscianas podem levar a melhor, fazendo-o rejeitar as idéias por "não prestarem", antes de dar-lhes uma chance. Supere essa tendência, pois você tem muito a oferecer e é bem possível que pense em alguma abordagem nova, que pode não ter ocorrido aos outros. Da mesma forma, procure ficar aberto às sugestões dos outros, ser flexível e receptivo às idéias que eles têm sobre as suas propostas, pois você pode, por natureza, se ressentir com a intervenção alheia. Tente reconhecer que, freqüentemente, os outros estão dispostos a oferecer ajuda e apoio, em vez de só estarem preocupados em criticar.

Se o seu trabalho tem índole científica, ou se você é artista, sua originalidade vai lhe ser de muita valia. Caso contrário, o humanitarismo e a simpatia de Peixes podem determinar a sua opção de carreira. Nos estudos, procure disciplinar-se dentro de uma rotina regular, pois a sua tendência natural pode ser a de trabalhar de forma irregular e ficar desnecessariamente tenso e apreensivo às vésperas dos exames.

Mercúrio em Peixes

Sua intensa simpatia e compreensão dos problemas humanos desempenham importante papel na sua carreira, se Mercúrio estava em Peixes com o Sol na hora do seu nascimento. É importante desenvolver essas qualidades, muito naturais em você, e se certificar de dar a elas a expressão mais completa possível. Talvez só as exercite de forma paralela, por exemplo, ajudando o departamento de serviço social da firma onde trabalha; por outro lado, você pode ser levado para as profissões assistenciais, educação a nível de jardim-de-infância ou cuidado com os animais. Seus processos mentais sempre são predominantemente *carinhosos*, e é bem possível que uma pequena voz interior sempre pergunte: "O que *eu* posso fazer a esse respeito?", toda vez que fica sabendo de algum problema pessoal de alguém.

Para você, não é tão bom se envolver com trabalhos que dependem muito de precisão, ou onde seja necessário realizar trabalhos extremamente limpos e meticulosos muito depressa. Pode sentir-se mais à vontade num emprego que lhe dê maior flexibilidade e diversificação. Provavelmente, precisa se disciplinar para não ser descuidado.

Nos estudos, é aconselhável manter um ritmo realmente regular durante o curso todo. Nunca ceda a pensamentos do tipo: "Não estou com vontade de fazer isso *hoje*". Recapitule constantemente toda a matéria até o último minuto. Nunca se acomode.

Mercúrio em Áries

Mercúrio em Áries pode torná-lo mais positivo e progressista que muitos de seus companheiros piscianos. Você é mais capaz de enfrentar os rigores da competição e menos propenso a ficar totalmente arrasado quando a pressão aumenta. Entretanto, o elemento sensível e carinhoso de sua personalidade continua contribuindo muito para o seu caráter, de modo que, até quando precisa tratar com o colega mais rude e mais exasperante, você o compreende intuitivamente. Suas características mais fortes, por outro lado, impedem que fique tão sensibilizado pelos problemas dos outros a ponto de ceder terreno em demasia nas discussões, ou deixar passar oportunidades de negócios que já estavam na sua mão. Pode, decididamente, gostar de uma boa briga em matéria de negócios, e tem o que é preciso para fechar aqueles que são bons e sólidos. É capaz de lidar com a competitividade em qualquer área, seja no trabalho, nos esportes ou no tabuleiro de xadrez.

O processo de tomada de decisões não deve ser problema, mas, se estiver em dúvida sobre a postura a tomar, o que tem a fazer é voltar a agir com calma. Talvez seja necessário pensar muito, abstratamente, até perceber a linha de ação a tomar. Em geral, você estará certo.

Nos estudos, precisa de períodos regulares e disciplinados todos os dias, mas também pode se beneficiar com uma maratona na última hora, principalmente quando achar que vão fazer determinadas perguntas sobre a matéria. Você consegue pensar rapidamente sob pressão e, no seu caso, um pouco de tensão não é, de forma alguma, negativo.

Vênus: finanças e relacionamento

Verifique a posição de Vênus

Vênus em Capricórnio

Se tem Vênus em Capricórnio, você provavelmente é sensato e prático em relação ao dinheiro. Sabe que às vezes é um pouco "mole" sob muitos aspectos, e, para evitar entrar em dificuldades financeiras devido a excesso de gentileza e generosidade, provavelmente já montou algum esquema de poupança. Isso o obriga a economizar regularmente, para ter dinheiro disponível para viagens ou outra despesa importante. Por mais jovem que seja, seria bom começar a fazer uma reserva para quando quiser começar a procurar uma casa. Poupar regularmente com essa finalidade pode ser uma excelente idéia, no seu caso.

Você tem considerável força interna, que seus colegas rapidamente percebem, pois quando trazem seus problemas para você, recebem não só toda a sua simpatia e o seu apoio piscianos, mas também ajuda prática. Você faz sugestões sensatas, que os faz sentirem-se melhor na mesma hora, e mostra-lhes a maneira de sair das mais complexas dificuldades.

Como empregador, pode ocasionalmente economizar, diminuindo o bem-estar e a assistência aos empregados. Cuidado com a falsa economia de mercadorias baratas que simplesmente se estragam mais depressa. Você próprio gosta de qualidade, portanto deixe seus empregados sentirem orgulho, como faria com seu lar e sua família. Fora isso, você entende e demonstra muita amabilidade com o seu pessoal.

Vênus em Aquário

Com Vênus em Aquário, você se sente muito atraído pelas coisas bonitas, principalmente para uso doméstico. Gosta de luminárias e objetos modernos, cristais bonitos, e assim por diante. Esta pode ser uma atração fatal, pois é possível que você gaste uma bela quantia com essas coisas. As jóias também podem ser uma mania sua — tornando-se, entretanto, um excelente negócio.

Também pode se interessar em investimento em televisão ou companhias aéreas. Como sente atração por peças charmosas e caras, deveria procurar orientação profissional quando tiver um dinheiro extra à disposição, antes que ele voe muito depressa do seu bolso.

No trabalho, seus colegas sabem que você tem um traço de independência, mas não hesitam em procurá-lo quando precisam da ajuda de um bom amigo: dividir alguma tarefa ou pedir um favor depois do trabalho. Você ajuda porque vê a situação sob um ângulo prático, e também porque é amável e prestativo por natureza. Como empregador, é um patrão popular; amistoso e gentil quando seus empregados estão com problemas domésticos, para não falar das dificuldades no trabalho do dia-a-dia da firma.

Vênus em Peixes

Cuidado com seu dinheiro, se você tem Vênus em Peixes com o Sol! É tão amável e generoso que, talvez mais do que outras combinações de signos, é propenso a dar uma grande parcela e incapaz de resistir a qualquer apelo filantrópico. É claro que isso é magnífico, e sem dúvida o mundo precisaria de muito mais gente como você, mas seja um pouco cauteloso, porque às vezes é generoso demais e algum dia pode precisar de um dinheiro extra para fazer face a alguma emergência em sua vida. Se a sua empresa tiver algum plano de poupança ou algum tipo de acordo de participação nos lucros, não deixe de aproveitar essa oportunidade.

Como investimento, pode achar interessantes e compensadoras as áreas de navegação e calçados. Mas seja sempre cauteloso e procure orientação profissional, principalmente se alguém fizer uma proposta que lhe pareça uma bela forma de ganhar dinheiro. Você se deixa levar facilmente pelo entusiasmo e dispõe muito rapidamente do dinheiro que tem, não só com você mesmo, mas também de outras maneiras. "Você pode me emprestar uns trocados?", pede um colega, e você empresta dez vezes mais, lembrando-se depois de que ele tem uma família grande e em crescimento, não parecendo justo pedir o seu dinheiro de volta. . .

Sua gentileza não passa despercebida aos seus colegas; quando se aposentar, eles deviam dar-lhe um presente bem generoso! Você faz muito por eles, de todas as formas possíveis: faz o trabalho sujo para todos, seja qual for o seu *status.* Como empregador, é o mais amável dos chefes, quase estragando seus empregados de tanto que se preocupa com o bem-estar deles. Tente não ser brando demais ao lidar com funcionários malandros.

Vênus em Áries

Com Vênus em Áries, você gosta de ganhar dinheiro, mas também consome com liberalidade — com amigos e amantes — pelo simples prazer de gastar. Nunca hesita em inventar alguma desculpa para dar uma festa dispendiosa, por exemplo. Seu lema pessoal bem poderia ser: "Aproveite agora — pague depois", e muitas vezes seus cartões de crédito chegam ao limite. Pode ser que precise trabalhar com muito afinco e se forçar a ser mais pragmático do que realmente gostaria, por causa dessa propensão à generosidade. Mas Vênus em Áries tem iniciativa, portanto é bem possível que você participe de algum projeto para ganhar dinheiro fora do seu emprego. Pode ser compensador o investimento em firmas de engenharia ou talvez na indústria automobilística.

No trabalho, demonstra muita gentileza com os colegas, encorajando-os quando se sentem deprimidos. Essa sua exaltação muito útil logo surte efeito, portanto não deixe de expressá-la. Como chefe, seu entusiasmo por tudo o que faz ou vende o deixa numa boa posição. Não deve ter problemas para vender o que produz, e também toma providências para que seus funcionários tenham uma vida social animada.

Vênus em Touro

De todos os piscianos, você é do tipo que se importa com dinheiro e segurança financeira. Embora, sob muitos aspectos, pareça não se importar, a sensação de segurança obtida por meio de suas posses e de um belo saldo no banco na realidade importam para você, e contribui muito para sua estabilidade. Para você, é importante não se preocupar com dinheiro, o que não é provável que aconteça, pois é dotado de forte cautela e um senso comercial aguçado para administrar bem seu orçamento, mesmo que sua renda seja pequena. Entretanto, não deixe que sua generosidade o desequilibre ao se comover com a situação difícil de alguém, pois poderá dar ou emprestar mais dinheiro do que realmente pode. Mesmo se a cautela lhe der um pouquinho de sentimento de culpa, nunca se esqueça disso. Para você, seria bom investir em agricultura, imóveis ou terras. Se não for possível, aplique suas economias em alguma instituição financeira de boa reputação.

Você é um trabalhador firme e confiável, que não se importa em trabalhar um pouco além do horário. Gosta de viver bem, e compra bolos e doces no aniversário dos colegas, ou reserva um restaurante para ocasiões festivas mais formais. Como empregador, tem muito interesse em idealizar sistemas de bônus e poupança para os empregados. Seu excelente tino comercial deve deixá-lo orgulhoso.

Ascendentes e carreira

Verifique primeiramente o seu Ascendente

Observação: carreira e Meio-do-Céu

Se vier a desenvolver o interesse pela astrologia, uma das primeiras coisas que irá estudar — mas que está fora do alcance deste livro — será o Meio-do-Céu. Grosso modo, este é o signo imediatamente acima de sua cabeça, no momento de seu nascimento. É tão importante em relação à carreira, à expressão no mundo exterior e à identificação com objetivos de vida, quanto o seu Ascendente em relação à sua personalidade. Combiná-lo com o Ascendente é complexo, e seria impossível num livro deste porte; entretanto, esteja certo de que pensei nas várias possibilidades, ao escrever os parágrafos seguintes, relacionadas com a escolha de uma profissão ou ocupação.

Peixes com Ascendente Áries

Embora haja alguns traços fortes e positivos na sua personalidade, você se sente melhor trabalhando nos bastidores, onde sua concentração não seja interrompida. Poderia sair-se bem em alguma especialização da engenharia (talvez trabalhando na construção de uma pista de corridas, ou restaurando máquinas velhas). A ciência, a política ou o esporte profissional podem atraí-lo. Outra alternativa é o trabalho com crianças deficientes mentais ou jovens delinqüentes.

Peixes com Ascendente Touro

Você tem boa cabeça para negócios e precisa ganhar dinheiro e ter segurança; a contabilidade pode lhe ser conveniente. Poderá interessar-se por arquitetura, planejamento urbano ou paisagístico, horticultura e agricultura. Não negligencie qualquer talento musical, principalmente para o canto. Os ramos ligados à beleza e aos cosméticos são uma possibilidade. Também pode ter aptidão para cerâmica ou escultura.

Peixes com Ascendente Gêmeos

Você precisa se envolver emocionalmente com o trabalho, é ambicioso e tem boa capacidade de comunicação; portanto, provavelmente será um bom vendedor. A publicidade ou as telecomunicações podem atraí-lo. Se quiser escrever, não hesite em fazê-lo. Também pode se realizar trabalhando numa grande loja de departamentos, numa floricultura ou como fonoaudiólogo.

Peixes com Ascendente Câncer

Planeje sua carreira com muito cuidado. Na realidade, você precisa de muito mais que simplesmente um emprego qualquer. Provavelmente, pode sair-se bem no ramo de abastecimento e hotelaria, e tem talento para culinária. Se sentir atração pela profissão médica, a enfermagem ou uma especialização em ginecologia podem ser adequadas. Você daria um professor de jardim-de-infância da melhor qualidade.

Peixes com Ascendente Leão

Você é, por natureza, um chefe, e deve fazer excelentes progressos. Provavelmente é muito criativo. Se quiser tornar-se artista ou desenvolver o talento para a dança ou representação, dedique-se com afinco. Você tem capacidade de organização e também deveria ter uma formação básica em alguma outra ocupação mais prática e simples. Também pode dar-se bem na área de computação.

Peixes com Ascendente Virgem

Você trabalha arduamente e pode ser uma secretária ou um assistente pessoal admiráveis. Pode sentir-se atraído pela mídia, portanto comece na seção de datilografia da estação de TV ou rádio de sua cidade, e veja o que acontece. A área de alimentos saudáveis, dietas, fisioterapia e medicina alternativa também podem atraí-lo. Pode sair-se bem em qualquer tipo de pesquisa.

Peixes com Ascendente Libra

Deve sair-se muito bem na área ligada à beleza, preferivelmente como cabeleireiro. Pode tornar-se uma recepcionista maravilhosa, cuidando do médico *e* de seus pacientes! Também pode trabalhar numa linha de cruzeiros ou na área de lazer. Mas se esforce bastante para não deixar o barco correr na área profissional.

Peixes com Ascendente Escorpião

A profissão médica, a mineração, o comércio de vinhos podem ser áreas de trabalho adequadas. Você pode também tornar-se um bom analista, detetive ou assistente social. Provavelmente precisa de uma carreira brilhante e exigente, e sabe lidar de modo notável com "clientes difíceis".

Peixes com Ascendente Sagitário

Você pode ter facilidade para línguas, e aproveitaria muito a experiência de trabalhar por algum tempo no exterior. Você tem os ingredientes do professor, trabalhando de preferência com estudantes mais velhos e não com crianças pequenas. Pode se sentir atraído por direito ou publicações, e é bem possível que tenha talento literário. Pode ter sucesso como veterinário e possuir vocação religiosa.

Peixes com Ascendente Capricórnio

A política, em qualquer nível, pode atraí-lo. Você não se importaria em ocupar um cargo solitário de muita responsabilidade. O serviço diplomático também é uma escolha. Não negligencie qualquer talento musical. Pode valer a pena considerar a área de seguros como uma carreira. A arqueologia e a mineralogia podem fasciná-lo; você também pode se sair bem como topógrafo ou corretor imobiliário.

Peixes com Ascendente Aquário

Para você, um emprego comum não serve. Tente encontrar um cargo onde possa expressar a sua originalidade. Pode obter sucesso na moda, talvez como desenhista ou modelo, mas precisará se esforçar muito. A astronomia pode fasciná-lo, e as companhias de aviação e a televisão também são apropriadas. Que tal o comércio de livros?

Peixes com Ascendente Peixes

Provavelmente, você é muito criativo e tem potencial para ser um excelente fotógrafo, ou pode gostar do trabalho na área técnica do cinema ou da televisão. As profissões assistenciais também lhe serão adequadas, já que um emprego discreto poderá atraí-lo. O comércio de calçados e a quiropodia são outras possibilidades.

Como reconhecer os signos

Muita gente tem talento natural para reconhecer o signo solar de outra pessoa. Isto certamente é possível (pois a nossa imagem em geral está associada ao nosso signo solar), mas vale a pena lembrar que muitas vezes as pessoas têm a aparência do Ascendente, e qualquer planeta *prestes* a nascer na hora e no local do nascimento pode ter uma influência sutil sobre a aparência, dando à pessoa o aspecto do signo regido por ele.

Por exemplo, uma pessoa nascida quando a Lua estava para nascer tem um aspecto canceriano. Se, numa festa, lhe pedirem palpites sobre o signo de alguém, as descrições abaixo poderão ser úteis. Para se determinar com exatidão a que horas a pessoa nasceu é preciso muita prática. Se você estiver tentando descobrir o signo de alguém, poderá dizer: "Bom, acho que você tem um planeta incrivelmente forte. . . ", e diga o nome do planeta regente do signo a que você acha que essa pessoa se assemelha. Quer eles entendam a alusão, quer não entendam, em geral você vai acertar, e esse é um truque fácil de aprender.

Áries

Os arianos não são difíceis de se reconhecer. O glifo do signo muitas vezes pode ser visto no seu rosto pela linha das sobrancelhas, em geral bem arqueadas, juntando-se à linha do nariz. Sua tez é corada, e em geral se bronzeiam com facilidade. Os homens tendem à calvície, e de maneira geral quando isso ocorre pode-se ver que o seu crânio é bem redondo. Os arianos têm um andar saltitante e passadas firmes. Sua risada é clara, agradável e vibrante; eles ficam bem em roupas esporte, principalmente suéteres vermelhos.

Touro

Com muita freqüência, os taurinos têm cabelo ondulado, com tendência a cair na testa, que é meio pequena. Seu pescoço é mais ou menos curto e grosso; eles engordam com facilidade. O planeta regente, Vênus, muitas vezes lhes dá uma aparência bonita e muito charme. Seus olhos são um tanto fundos, a voz é bonita e grave. As mulheres costumam usar muitos enfeites e padrões florais, e lenço meio solto em volta do pescoço. Há um certo formalismo luxuoso nos taurinos mais velhos, e os mais jovens provavelmente compram os *jeans* mais caros do mercado.

Gêmeos

A maneira mais fácil de reconhecer um geminiano é pelo seu jeito de andar. É tão lépido e saltitante que parece caminhar tanto vertical quanto horizontalmente. Os geminianos em geral são muito esguios: são nervosos e um pouco inquietos. "Rapidez" poderia ser sua palavra-chave; ela impregna sua personalidade, seus movimentos, seus atos e sua conversa. Gesticulam mais do que a maioria das pessoas, independente da sua origem. Gêmeos também é namorador, o que logo se percebe! São bastante atualizados em matéria de moda e gostam de uma grande variedade de cores, principalmente dos tons de amarelo.

Câncer

O rosto dos cancerianos é redondo, e a testa é tão lisa que brilha quase como seu planeta regente, a Lua. Muito poucos cancerianos suportam o sol; sua pele é sensível, delicada e acetinada. Às vezes usam roupas lindas, esvoaçantes, mas muitas vezes sua aparência geral torna-se desarmoniosa por uma alça que não fica no lugar, uma bainha desigual ou uma anágua que aparece onde não devia. Os homens costumam usar *exatamente* a camisa, gravata ou sapatos que não combinam com o resto da roupa.

Leão

Os leoninos em geral têm uma cabeleira de leão, qualquer que seja sua idade ou sexo. Andam empertigados, parecendo mais altos do que realmente são. As mulheres têm cintura fina. Homens e mulheres têm uma fisionomia leonina que, com a prática, é fácil de reconhecer. Também têm um nariz meio grande, régio, dominador. Os leoninos adoram jóias, em geral verdadeiras, não bijuterias. Suas roupas são da moda, charmosas e caras. Têm atração por peles, mas os leoninos carinhosos, que gostam de animais, hoje em dia preferem as peles sintéticas às verdadeiras.

Virgem

Os virginianos raramente ficam quietos; movem-se com rapidez, interrompendo as conversas para ajudar a dona da casa a levar os copos sujos para a cozinha. São incrivelmente asseados, e uma característica física que geralmente é sua marca é o bico-de-viúva na testa, quase sempre presente mas às vezes disfarçado pelo penteado. Os virginianos gostam de estampas delicadas com desenhos pequenos, florais, de bolas e *pois*, em azul-marinho e branco. As moças às vezes escolhem "visual campestre" que sugere os livros ilustrados infantis vitorianos — sempre bonitas, charmosas e muito, muito modestas. Os homens freqüentemente usam gravatas ou camisas com motivos florais.

Libra

Existe alguma coisa de mágico no rosto do libriano, como se um artista o tivesse desenhado e depois tivesse repassado o esboço, colorindo-o delicadamente com um lápis pálido e suave. Seu cabelo em geral é fino, e os dois sexos têm boa aparência e muito charme. As mulheres se vestem bem, muitas vezes dando preferência aos tecidos transparentes. Uma boa dica é que, numa conversa, os librianos ouvem segurando a cabeça, primeiro de um lado, depois do outro.

Escorpião

A expressão intensa e a capacidade de concentrar-se em cada palavra do que você diz são as pistas mais óbvias para detectar um escorpiano. Seus olhos são sempre penetrantes, e às vezes o corpo é um pouco pesado, embora haja outro tipo de escorpiano, rijo, esguio e ativo. Os dois tipos e os dois sexos têm uma voz interessante. Muitas vezes usam roupas de couro, o que valoriza o seu corpo e a sexualidade, que é expressa pela sua imagem total. As mulheres ficam bem com decotes profundos e roupas exóticas, escuras, mas graciosas. O vermelho-escuro, associado ao signo, é popular entre eles.

Sagitário

A informalidade em geral é a chave para identificar os sagitarianos. Existe alguma coisa de eterno estudante na maioria deles, que influencia sua imagem. Fisicamente, seu corpo é robusto, sua figura em geral é bem marcante, e quase sempre têm uma testa bem ampla, "intelectual", e sobrancelhas retas. Os homens detestam usar gravata e, quando são obrigados a fazê-lo, tiram-na logo que podem. Com muita freqüência usam barba, esteja ou não na moda. O entusiasmo vivo é característica marcante dos dois sexos, assim como uma deliciosa simpatia paqueradora, e a vontade de conhecer gente nova.

Capricórnio

Os capricornianos em geral são altos e magros, e podem ter o corpo ligeiramente curvado. Têm uma expressão sombria e quase sempre, nos homens, há linhas nítidas que vão de um dos lados do nariz até os cantos da boca. As pessoas dos dois sexos ficam melhor em cores escuras, que geralmente usam, e quanto mais formal o corte da roupa, melhor. As mulheres preferem um vestidinho preto, independente da moda, e geralmente têm belas pernas. O comedimento é um bom adjetivo para os dois sexos; às vezes eles usam alguma jóia ou acessório discreto e caro, para completar a imagem enganosamente tranqüila.

Aquário

Uma característica física quase sempre presente nos aquarianos são as pálpebras caídas. As pálpebras voltam-se bruscamente para baixo, mais ou menos no meio dos olhos, de modo que, coerentemente, podemos dizer que estes são "olhos aquarianos". Quando jovens, os aquarianos estão um pouco à frente da moda, mas, à medida que envelhecem, não costumam acompanhar a evolução dos tempos. Entretanto, em geral se vestem de maneira interessante e elegante, preferindo os tons pálidos, como azul-claro. Os aquarianos de todos os grupos étnicos têm a cútis mais pálida do que a média, e cabelo fino. São amistosos, conversadores e originais, mas ligeiramente distantes. Andam empertigados e têm uma boa postura corporal.

Peixes

Os piscianos freqüentemente ficam com os pés cruzados, como peixes, e quase sempre usam sapatos diferentes e elegantes, ou andam descalços. Seus olhos têm uma certa ternura. As mulheres do signo podem ficar maravilhosas com qualquer roupa, desde um modelo original parisiense até um pedaço de pano que elas mesmas acabaram de costurar. Os dois sexos preferem veludo ou tecidos brilhantes. Sua aparência pode ser muito original, e seu cabelo é meio despenteado, de um jeito atraente. Os homens freqüentemente usam barba.

Glossário

Ascendente ou signo em elevação Signo que cruza o horizonte oriental na hora do nascimento.
Aspecto Ângulo formado entre dois planetas, conforme se vê da Terra.
Benéficos Planetas que, na astrologia tradicional, acreditava-se exercerem uma boa influência, a saber: Sol, Lua, Júpiter e Vênus. Os "maléficos", Saturno e Marte, segundo se acreditava, exerciam má influência. Hoje em dia, a maioria dos astrólogos considera que qualquer planeta pode ter um efeito bom ou mau, dependendo do seu posicionamento e aspectos.
Casa Ver mapa solar.
Cúspide Linha divisória entre um signo e outro.
Detrimento Ver regências.
Dignidade Ver exaltações.
Eclíptica Caminho aparentemente percorrido pelo Sol em volta da Terra, no decorrer de um ano.
Efemérides Conjunto de tabelas das posições planetárias em um determinado ano, usadas pelos astrólogos no cálculo do horóscopo.
Elementos Fogo, Terra, Ar e Água.
Equinócios Pontos onde a eclíptica corta o equador.
Exaltações Cada planeta tem um signo onde se diz que ele está "exaltado", significando que sua influência é forte e favorável. O signo oposto é tratado como a "queda" do planeta, e indica fraqueza. Diz-se que o Sol se exalta em Áries, a Lua em Touro, Mercúrio em Virgem, Vênus em Peixes, Marte em Capricórnio, Júpiter em Câncer e Saturno em Libra. Há desacordo entre os astrólogos quanto às exaltações dos três planetas "novos". Na terminologia antiga era usada a palavra "dignificado" em vez de exaltado.
Glifo Símbolo taquigráfico tradicional usado para representar um signo ou planeta.
Mapa natal, horóscopo ou carta astral Mapa do céu calculado para a hora e lugar de nascimento da pessoa.
Mapa solar Mapa astrológico calculado pelo nascer do Sol, para uma pessoa cuja hora de nascimento é desconhecida. Também o mapa astrológico usado para fazer predições para qualquer período específico. O mapa se baseia num sistema de doze casas, cada uma governando uma esfera diferente da vida diária, mas só são usados os signos solares. Esse sistema é utilizado pelas pessoas que escrevem colunas de astrologia. As casas também têm uma importante influência no mapa natal individual.
Meio-do-Céu Signo diretamente acima da cabeça na hora do nascimento.
Natal Relativo à hora de nascimento. A posição natal de um planeta é aquela ocupada no mapa natal.

Planeta Um dos corpos do sistema solar. Em astrologia, o Sol e a Lua são chamados planetas.
Planetas amigos Diz-se que alguns planetas são "amigos" entre si, enquanto outros são "inimigos". Por exemplo, Vênus e a Lua são amigos porque a Lua rege Câncer, que é um signo de Água, e o elemento Água complementa o elemento Terra de Touro, que é regido por Vênus.
Progressão Método de fazer predições avançando simbolicamente os planetas no mapa natal.
Regências Diz-se que cada signo é regido por um planeta. A influência de um planeta é particularmente forte quando ele está colocado no signo que rege. O signo oposto no Zodíaco ao signo regido é conhecido como "detrimento". Quando um planeta está colocado no signo de seu detrimento, sua influência, de acordo com a tradição, é fraca.
Signo Uma das doze divisões do céu, outrora correspondentes às constelações.
Signo em elevação Ver Ascendente.
Signos cardeais Ver página 103.
Signos fixos Ver página 103.
Signos mutáveis Ver página 103.
Signos polares Signos em oposição um ao outro no Zodíaco.
Signos positivos e negativos Ver página 102.
Trânsito Movimento atual de um planeta no céu, estabelecendo relacionamento com outro planeta, conforme colocado no mapa natal.
Zodíaco Faixa no céu por onde o Sol parece passar durante o curso de um ano.

Como localizar o seu Ascendente

As tabelas das páginas seguintes fornecem um meio de encontrar o seu Ascendente sem precisar fazer os cálculos que um astrólogo faria. Basta colocar uma régua sobre a página, passando na data (fileira de baixo) e na hora do seu nascimento (fileira de cima), e verificar o Ascendente que se encontra onde a régua cruza a linha central.

É preciso lembrar-se de alguns fatores. Em primeiro lugar, pode ser que você tenha nascido numa época de horário de verão. Nesse caso, faça o acerto e use a hora "verdadeira", diminuindo uma hora do seu horário de nascimento. Por exemplo, se você nasceu em São Paulo às 21 horas, durante o horário de verão, na verdade nasceu às 20 horas, que será o número utilizado para encontrar o seu Ascendente na tabela.

Em segundo lugar, como seria impraticável imprimir essas tabelas para um número ilimitado de lugares, escolhemos algumas das maiores cidades do mundo como ponto de referência para localidades próximas a elas. Consulte um bom atlas, anote a latitude da cidade em que nasceu e procure a tabela da cidade mais próxima a essa latitude. Por exemplo, a tabela para Nova York (40° norte) também serve para Madri, Pequim, Denver, Salt Lake City e Pittsburgh.

Por último, essas tabelas não podem ser totalmente exatas para todas as pessoas e todos os pontos da Terra. Existe a possibilidade, em alguns casos, de o Ascendente mostrado não ser o correto. Verifique isso lendo a interpretação do seu Ascendente. Se parecer incorreto, leia a interpretação dos signos anterior e posterior; um desses deve se adequar a você, e, assim, você pode concluir qual é o seu Ascendente.

Uma pessoa nascida em Londres, por exemplo, às 4h30 da manhã no dia 20 de abril aparece tendo Áries como Ascendente. Se essa interpretação não combinar com ela, será preciso ler a interpretação de Peixes (anterior) e Touro (posterior) e decidir qual delas combina.

Código dos glifos dos signos do Zodíaco

♈ Áries	**♎ Libra**
♉ Touro	**♏ Escorpião**
♊ Gêmeos	**♐ Sagitário**
♋ Câncer	**♑ Capricórnio**
♌ Leão	**♒ Aquário**
♍ Virgem	**♓ Peixes**

Londres 51° 32' N

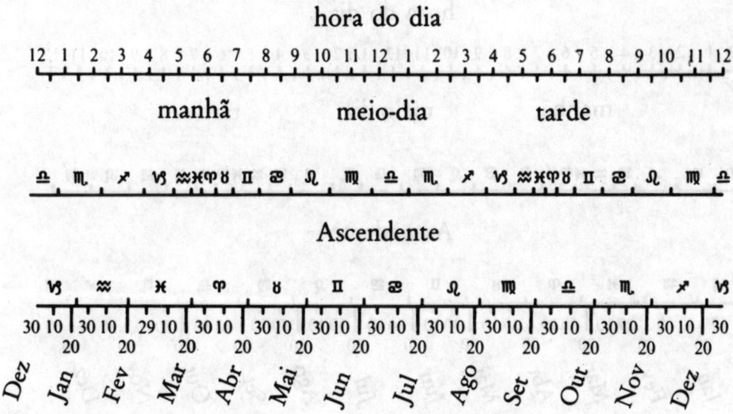

Amsterdam 52°23'N
Antuérpia 51°13'N
Berlim 52°32'N
Birmingham, Ingl. 52°30'N
Bristol, Ingl. 51°26'N
Calgary 51°2'N
Cardiff 51°28'N
Dortmund 51°32'N
Leipzig 51°20'N
Varsóvia 52°13'N

Paris 48° 50' N

Budapeste 47°29'N
Kíev 50°24'N
Munique 48°8'N
Seattle 47°45'N
Stuttgart 48°46'N
Vancouver 49°14'N
Viena 48°12'N
Winnipeg 49°55'N

Toronto 43º 40' N

Belgrado 44º50'N
Bilbao 43º16'N
Boise 43º38'N
Bordeaux 44º50'N
Bucareste 44º27'N
Halifax, Canadá 44º45'N
Marselha 43º18'N
Milwaukee 43º9'N
Toulouse 43º37'N
Vladivostók 42º58'N

Roma 41º 54' N

Barcelona 41º21'N
Boston 42º18'N
Chicago 41º50'N
Detroit 42º22'N
Dubróvnik 42º39'N
Mukden 41º50'N
Porto 41º8'N
Saragoça 41º39'N
Tachkent 41º7'N

Nova York 40° 45' N

Ancara 39°58'N
Baku 40°27'N
Denver 39°50'N
Madri 40°27'N
Pequim 39°49'N

Pittsburgh 40°30'N
Reno 39°32'N
Salt Lake City 40°45'N
Valencia 39°27'N

San Francisco 37° 47' N

Atenas 37°59'N
Dodge 37°42'N
Lisboa 38°43'N
Norfolk, Va. 36°52'N
St. Louis 38°40'N

Washington 38°58'N

Tóquio 35º 41' N

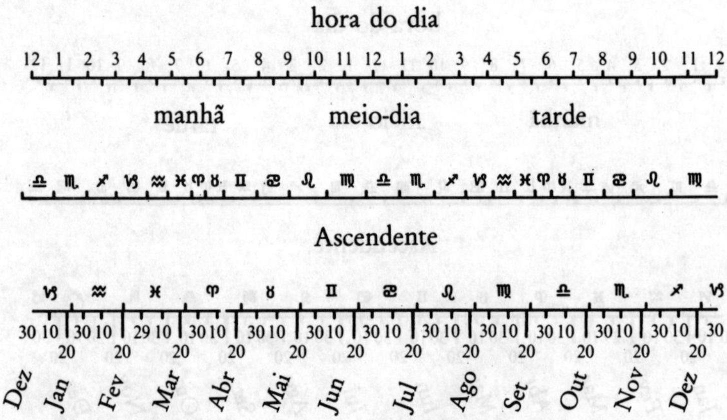

Albuquerque 35º5'N
Chattanooga 35º2'N
Quioto 35º0'N
Los Angeles 34º0'N
Memphis, Tenn. 35º7'N

Oklahoma 35º25'N
Orã 35º37'N
Pasadena 34º5'N
Tangier 35º50'N
Teerã 35º44'N

Nova Orleans 29º 57' N

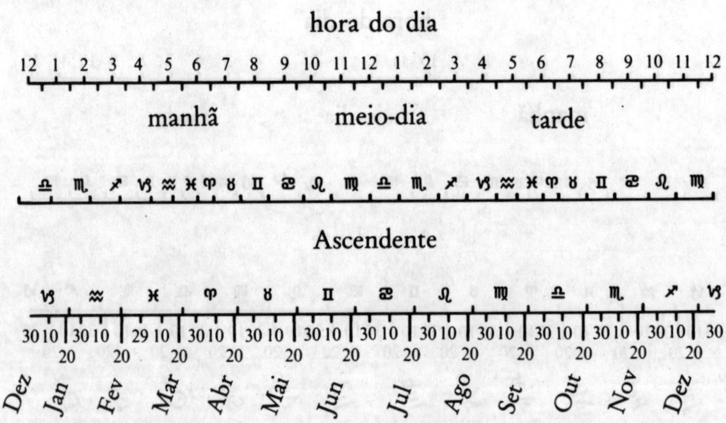

Cairo 30º1'N
Delhi 28º42'N
Houston 29º45'N
Jacksonville 30º15'N
Marrakesh 31º40'N

Xangai 31º15'N

Cidade do México 19º 26' N

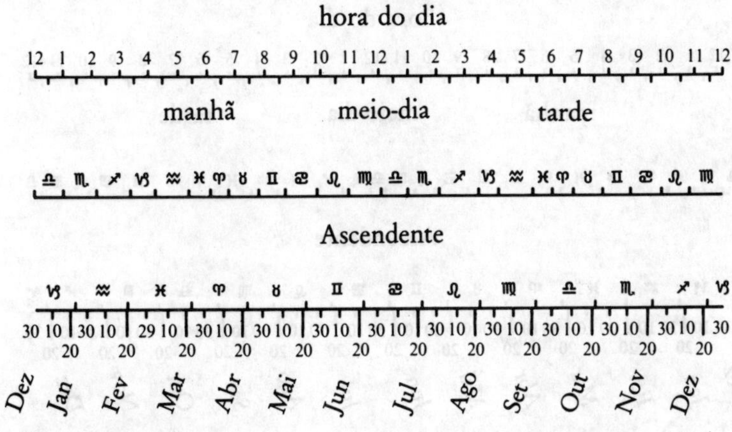

Guadalajara 20º40'N
Haiphong 20º55'N
Meca 21º30'N
Pachuca 20º10'N
Puebla, Méx. 19º0'N

Bombaim 18º 55' N

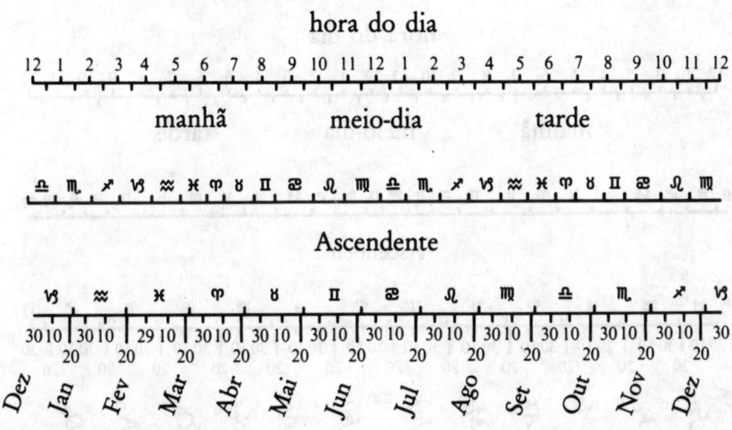

Asmara 15º19'N
Bangkok 13º45'N
Dakar 14º34'N
Guatemala 14º40'N
Cartum 15º31'N
Madras 13º8'N

Rio de Janeiro 22º 54' S

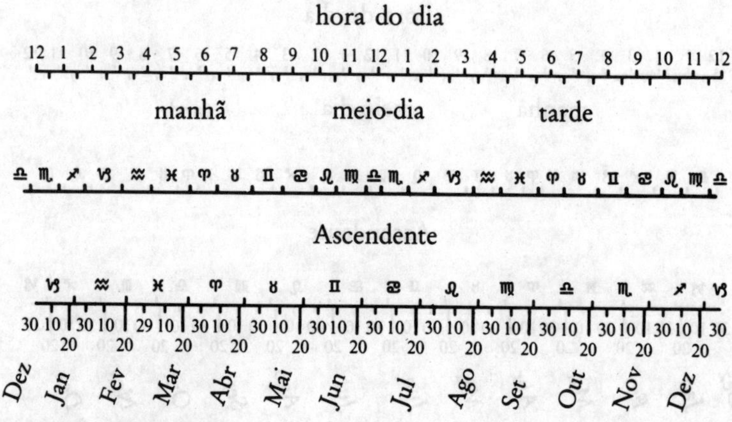

Alice Springs 23°36'S
Antofagasta 23°50'S
Concepción, Paraguai 23°30'S
Rockhampton, Austrália 23°32'S
São Paulo 23°40'S

Johannesburg 26º 12' S

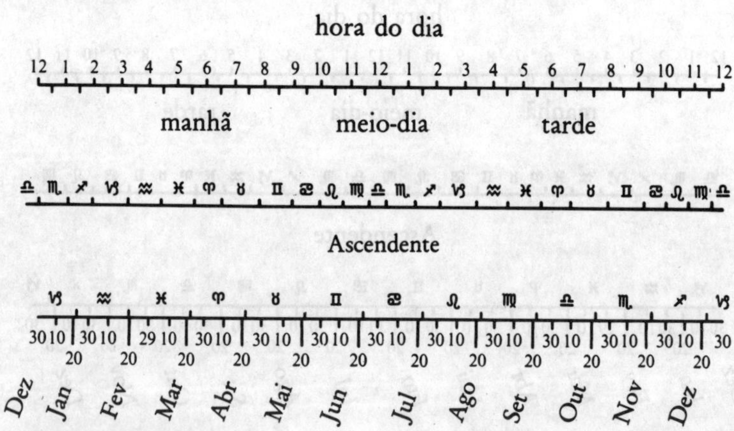

Assunção 25°25'S
Brisbane 27°25'S
Lourenço Marques 25°58'S
Mafeking 25°50'S
Pretória 25°44'S

Tucumán 26°50'S

Sydney 33° 52' S

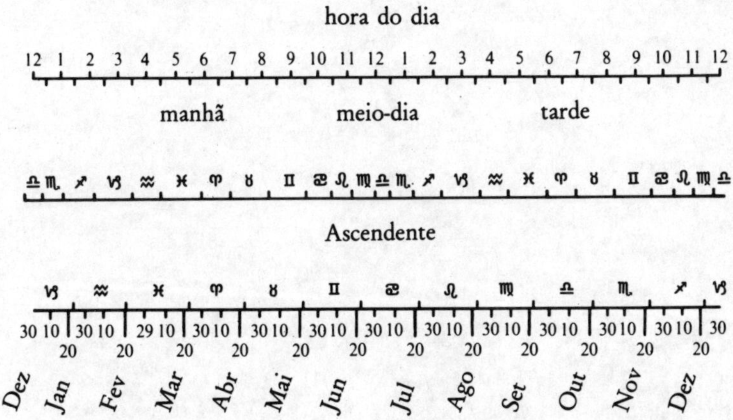

Adelaide 34°55'S
Buenos Aires 34°40'S
Cape Town 33°59'S
Córdoba, Argentina 31°22'S
Perth 31°57'S
Port Elizabeth 33°58'S
Santiago, Chile 33°24'S
Valparaíso 33°5'S

Wellington N. Z. 41° 18' S

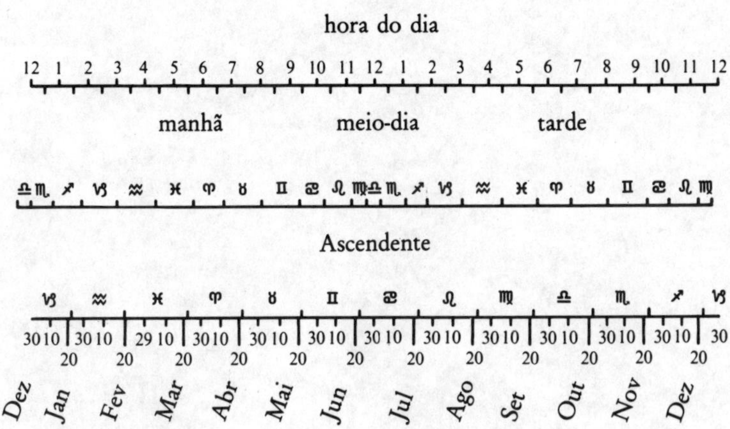

Auckland 36°52'S
Bahía Blanca 38°35'S
Canberra 35°15'S
Christchurch 43°33'S
Melbourne 37°40'S
Valdivia 39°50'S

Como usar as tabelas planetárias

As tabelas das páginas seguintes destinam-se a fornecer-lhe um processo simples de determinar as posições dos planetas. Para descobrir a posição de Mercúrio, Vênus, Marte ou Júpiter no seu mapa natal, localize primeiro o ano do seu nascimento na linha superior da tabela correspondente, e em seguida o mês do seu nascimento nas colunas numeradas de 1 a 12 do lado esquerdo da página. Cada série de números mostra o signo do Zodíaco onde o planeta estava no primeiro dia de cada mês, e também o dia do mês quando ele passou para outro signo.

Vamos supor, por exemplo, que você queira descobrir a posição de Vênus em 16 de julho de 1932. Vá acompanhando a coluna 1932 até chegar ao ponto oposto ao número 7. Na fileira de números e glifos, nesse ponto, você vê que Vênus estava em Câncer no dia 1º, entrou em Gêmeos no dia 14 e voltou para Câncer no dia 28. Portanto, no dia 16 Vênus estava em Gêmeos.

As tabelas para Saturno, Urano, Netuno e Plutão constituem-se simplesmente numa relação de datas com os signos correspondentes do Zodíaco no lado direito.

Código dos glifos dos planetas	
☉ Sol	♃ Júpiter
☽ Lua	♄ Saturno
☿ Mercúrio	♅ Urano
♀ Vênus	♆ Netuno
♂ Marte	♇ Plutão

Código dos glifos dos signos do Zodíaco	
♈ Áries	♎ Libra
♉ Touro	♏ Escorpião
♊ Gêmeos	♐ Sagitário
♋ Câncer	♑ Capricórnio
♌ Leão	♒ Aquário
♍ Virgem	♓ Peixes

Como localizar o seu signo lunar

A Lua leva cerca de dois dias e meio para atravessar cada signo do Zodíaco. Embora sua posição *exata* em qualquer momento determinado não possa ser obtida sem consulta às efemérides, é possível fazer uma estimativa do signo ocupado pela Lua no dia em que você nasceu. Para isso, use as tabelas das páginas seguintes. Elas mostram o signo ocupado pela Lua no primeiro dia de cada mês, de 1916 a 1980. Em primeiro lugar, anote o signo ocupado pela Lua no primeiro dia do *mês* de seu nascimento. Em seguida, consulte a tabela desta página, que relaciona os dias do mês e, na mesma direção, um número: este é o número de signos que você precisa contar, através do Zodíaco, para chegar ao signo ocupado pela Lua no dia do seu nascimento.

Exemplo 1: localizar o signo lunar de uma pessoa nascida a 10 de outubro de 1936. Primeiramente, procure o signo da Lua em 1º de outubro de 1936. Era Áries (♈). Agora procure a data — o dia 10 — na *Tabela da Lua* impressa nesta página. Na

Tabela da Lua

Número de signos a ser acrescentado para cada dia do mês

Dia	*Some (signos)*	*Dia*	*Some (signos)*
1	—	16	7
2	1	17	7
3	1	18	8
4	1	19	8
5	2	20	9
6	2	21	9
7	3	22	10
8	3	23	10
9	4	24	10
10	4	25	11
11	5	26	11
12	5	27	12
13	5	28	12
14	6	29	1
15	6	30	1
—	—	31	2

Observação

Deve-se lembrar que, usando este método, não é possível haver certeza absoluta de precisão; portanto, é essencial ler as características dos signos anterior e seguinte, e observar as características relacionadas. Aquelas com as quais você se identifica mais indicarão o seu signo lunar.

sua direção está o número 4. Portanto, o signo lunar que procuramos é Áries mais quatro: contamos Áries, Touro, Gêmeos, Câncer — *Leão.* Esta pessoa tem a Lua em Leão.

Exemplo 2: localizar o signo lunar de uma pessoa nascida a 21 de março de 1943. Primeiramente, procure o signo da Lua em 1º de março de 1943. Era Sagitário (♐). Agora, procure a data — o dia 21 — na *Tabela da Lua*. Na sua direção está o número 9. Portanto, o signo da Lua que procuramos é Sagitário mais nove signos: contamos Sagitário, Capricórnio, Aquário, Peixes, Áries, Touro, Gêmeos, Câncer, Leão — *Virgem*. Essa pessoa tem a Lua em Virgem.

Datas de entrada da Lua nos signos 1916-1941

	1916	1917	1918	1919	1920	1921	1922	1923	1924	1925	1926	1927	1928
1	♏	♈	♌	♑	♉	♎	♒	♊	♏	♈	♌	♐	♈
2	♑	♊	♎	♒	♋	♐	♈	♌	♐	♉	♍	♒	♊
3	♒	♊	♎	♒	♌	♐	♈	♌	♑	♊	♎	♒	♋
4	♓	♌	♐	♈	♍	♑	♉	♎	♓	♋	♏	♈	♍
5	♉	♍	♑	♊	♎	♒	♋	♏	♈	♌	♐	♉	♎
6	♊	♎	♓	♋	♐	♈	♌	♑	♊	♎	♒	♋	♏
7	♋	♏	♈	♌	♑	♉	♎	♒	♋	♏	♈	♌	♐
8	♍	♑	♊	♎	♒	♋	♏	♈	♌	♐	♉	♍	♒
9	♎	♓	♋	♏	♈	♍	♑	♉	♎	♒	♋	♏	♈
10	♐	♈	♍	♑	♉	♎	♒	♊	♏	♈	♌	♐	♉
11	♑	♊	♎	♒	♋	♐	♈	♌	♑	♉	♍	♑	♋
12	♓	♋	♏	♓	♌	♑	♉	♍	♒	♊	♎	♓	♌

	1929	1930	1931	1932	1933	1934	1935	1936	1937	1938	1939	1940	1941
1	♍	♑	♉	♎	♓	♋	♏	♈	♌	♑	♉	♍	♒
2	♏	♓	♋	♐	♈	♌	♑	♉	♎	♒	♊	♏	♈
3	♏	♓	♋	♐	♉	♍	♑	♊	♎	♒	♋	♐	♈
4	♑	♉	♍	♒	♊	♎	♓	♌	♐	♈	♌	♑	♉
5	♒	♊	♎	♓	♋	♐	♈	♍	♑	♉	♎	♒	♊
6	♓	♌	♐	♉	♍	♑	♊	♎	♒	♋	♏	♈	♌
7	♈	♍	♑	♊	♎	♓	♋	♏	♈	♌	♑	♉	♍
8	♊	♏	♓	♋	♐	♈	♌	♑	♉	♎	♒	♋	♏
9	♌	♐	♈	♍	♑	♊	♎	♓	♋	♏	♈	♌	♑
10	♍	♒	♉	♎	♓	♋	♏	♈	♌	♑	♉	♎	♒
11	♏	♓	♋	♐	♈	♌	♑	♊	♎	♒	♊	♏	♈
12	♐	♈	♌	♑	♉	♍	♒	♋	♏	♓	♌	♑	♉

Datas de entrada da Lua nos signos 1942-1967

	1942	1943	1944	1945	1946	1947	1948	1949	1950	1951	1952	1953	1954
1	♊	♎	♓	♌	♐	♈	♍	♑	♊	♎	♓	♋	♏
2	♌	♐	♉	♎	♑	♊	♎	♓	♋	♐	♈	♍	♑
3	♌	♐	♉	♎	♒	♊	♏	♓	♋	♐	♉	♍	♑
4	♎	♒	♋	♏	♓	♌	♑	♉	♍	♒	♊	♎	♓
5	♏	♓	♌	♑	♉	♍	♒	♊	♎	♓	♋	♐	♈
6	♑	♉	♎	♒	♊	♏	♓	♌	♐	♈	♍	♑	♊
7	♒	♊	♏	♓	♌	♐	♈	♍	♑	♊	♎	♓	♋
8	♈	♌	♐	♉	♍	♑	♊	♏	♓	♋	♐	♈	♍
9	♉	♍	♒	♋	♏	♓	♌	♐	♈	♍	♑	♊	♎
10	♊	♎	♓	♌	♐	♈	♍	♑	♊	♎	♓	♋	♏
11	♌	♐	♉	♍	♑	♊	♏	♓	♋	♏	♈	♍	♑
12	♍	♑	♊	♎	♒	♋	♐	♈	♌	♑	♊	♎	♒

	1955	1956	1957	1958	1959	1960	1961	1962	1963	1964	1965	1966	1967
1	♈	♌	♑	♉	♍	♒	♋	♏	♓	♌	♐	♈	♍
2	♉	♎	♒	♊	♏	♈	♌	♐	♉	♍	♒	♊	♏
3	♊	♏	♓	♋	♏	♈	♌	♐	♉	♎	♒	♊	♏
4	♋	♐	♈	♌	♑	♊	♎	♒	♋	♏	♈	♌	♑
5	♍	♑	♉	♎	♒	♋	♏	♓	♌	♐	♉	♍	♒
6	♎	♓	♋	♐	♈	♌	♑	♉	♎	♒	♊	♏	♓
7	♏	♈	♌	♑	♉	♍	♒	♊	♏	♓	♌	♐	♈
8	♑	♉	♎	♒	♊	♏	♈	♌	♐	♉	♎	♒	♊
9	♒	♋	♐	♈	♌	♑	♊	♍	♒	♋	♏	♓	♋
10	♓	♌	♑	♉	♍	♒	♋	♏	♓	♌	♐	♈	♍
11	♉	♎	♒	♊	♏	♈	♌	♐	♉	♎	♒	♊	♎
12	♊	♏	♓	♌	♐	♉	♍	♑	♊	♏	♓	♋	♐

Datas de entrada da Lua nos signos 1968-1987

	1968	1969	1970	1971	1972	1973	1974	1975	1976	1977	1978	1979	1980
1	♑	♊	♎	♒	♋	♐	♈	♌	♑	♉	♍	♒	♊
2	♓	♋	♏	♈	♍	♑	♉	♎	♒	♋	♏	♈	♌
3	♈	♌	♐	♉	♍	♑	♊	♎	♓	♋	♏	♈	♍
4	♉	♍	♒	♊	♏	♓	♋	♐	♈	♍	♑	♊	♎
5	♊	♎	♓	♋	♐	♈	♍	♑	♉	♎	♒	♋	♏
6	♌	♐	♉	♍	♑	♊	♎	♓	♋	♐	♈	♌	♑
7	♍	♑	♊	♎	♓	♋	♐	♈	♌	♑	♉	♍	♒
8	♏	♓	♋	♏	♈	♍	♑	♉	♎	♓	♋	♏	♈
9	♐	♉	♍	♑	♊	♎	♓	♋	♐	♈	♌	♐	♊
10	♒	♊	♎	♒	♋	♐	♈	♌	♑	♉	♍	♒	♋
11	♓	♋	♐	♈	♍	♑	♉	♎	♓	♋	♏	♓	♌
12	♈	♌	♑	♉	♎	♒	♊	♏	♈	♌	♐	♉	♍

	1981	1982	1983	1984	1985	1986	1987
1	♏	♓	♌	♐	♉	♍	♒
2	♑	♉	♎	♒	♊	♏	♓
3	♑	♉	♎	♒	♊	♏	♓
4	♒	♋	♏	♈	♌	♑	♉
5	♈	♌	♑	♉	♍	♒	♊
6	♉	♎	♒	♋	♏	♈	♌
7	♋	♏	♓	♌	♐	♉	♍
8	♌	♑	♉	♎	♒	♊	♎
9	♎	♒	♊	♏	♈	♌	♐
10	♏	♓	♋	♑	♉	♍	♑
11	♐	♉	♍	♒	♊	♎	♓
12	♒	♊	♏	♓	♋	♐	♈

Mercúrio 1916-1933

	1916	1917	1918	1919	1920	1921	1922	1923	1924
1	1 8 ♑ ♒	1 2 18 ♑ ♒ ♑	1 31 ♑ ♑	1 14 ♐ ♑	1 8 28 ♐ ♑ ♒	1 19 ♑ ♒	1 12 ♑ ♒	1 5 ♑ ♒	1 31 ♑ ♑
2	1 29 ♒ ♒	1 15 ♑ ♒	1 10 28 ♑ ♒ ♒	1 4 22 ♑ ♒ ♓	1 14 ♒ ♓	1 5 ♒ ♓	1 2 9 ♒ ♓ ♒	1 7 14 ♒ ♑ ♒	1 14 ♑ ♒
3	1 15 ♒ ♓	1 9 26 ♒ ♓ ♈	1 17 ♓ ♈	1 9 ♓ ♈	1 3 20 ♓ ♈ ♓	1 31 ♓ ♓	1 18 ♒ ♓	1 13 31 ♒ ♓ ♈	1 5 22 ♒ ♓ ♈
4	1 2 17 ♓ ♈ ♉	1 9 ♈ ♉	1 3 ♈ ♉	1 30 ♈ ♈	1 18 ♓ ♈	1 14 30 ♓ ♈ ♈	1 7 23 ♓ ♈ ♉	1 15 30 ♈ ♉ ♉	1 6 ♈ ♉
5	1 3 ♉ ♊	1 31 ♉ ♉	1 31 ♉ ♉	1 16 ♈ ♉	1 9 24 ♈ ♉ ♊	1 15 31 ♉ ♊ ♋	1 7 31 ♉ ♊ ♊	1 31 ♊ ♊	1 31 ♉ ♉
6	1 30 ♊ ♊	1 15 ♉ ♊	1 10 25 ♉ ♊ ♋	1 2 16 ♉ ♊ ♋	1 7 27 ♊ ♋ ♌	1 30 ♋ ♋	1 11 ♋ ♊	1 30 ♊ ♊	1 13 30 ♉ ♊ ♋
7	1 11 26 ♊ ♋ ♌	1 3 18 ♊ ♋ ♌	1 9 25 ♋ ♌ ♍	1 2 ♋ ♌	1 31 ♌ ♌	1 31 ♋ ♋	1 14 31 ♊ ♋ ♋	1 9 23 ♊ ♋ ♌	1 14 31 ♋ ♌ ♍
8	1 10 29 ♌ ♍ ♎	1 3 27 ♌ ♍ ♎	1 31 ♍ ♍	1 31 ♌ ♌	1 3 10 31 ♌ ♋ ♌ ♌	1 8 24 ♋ ♌ ♍	1 15 ♌ ♍	1 8 28 ♌ ♍ ♎	1 31 ♍ ♍
9	1 30 ♎ ♎	1 15 ♎ ♍	1 30 ♍ ♍	1 9 26 ♌ ♍ ♎	1 17 ♍ ♎	1 9 30 ♍ ♎ ♏	1 2 30 ♍ ♎ ♎	1 30 ♎ ♎	1 30 ♍ ♍
10	1 31 ♎ ♎	1 10 28 ♍ ♎ ♏	1 3 21 ♍ ♎ ♏	1 13 ♎ ♏	1 5 31 ♎ ♏ ♐	1 31 ♏ ♏	1 5 ♏ ♎	1 5 12 ♎ ♍ ♎	1 7 25 ♍ ♎ ♏
11	1 4 23 ♎ ♏ ♐	1 16 ♏ ♐	1 9 ♏ ♐	1 3 ♏ ♐	1 11 ♐ ♏	1 30 ♏ ♏	1 9 28 ♎ ♏ ♐	1 2 21 ♎ ♏ ♐	1 12 ♏ ♐
12	1 12 ♐ ♑	1 6 ♐ ♑	1 2 16 ♐ ♑ ♐	1 31 ♐ ♐	1 11 31 ♏ ♐ ♑	1 5 24 ♏ ♐ ♑	1 17 ♐ ♑	1 10 ♐ ♑	1 3 31 ♐ ♑ ♑

	1925	1926	1927	1928	1929	1930	1931	1932	1933
1	1 14 ♐ ♑	1 11 31 ♐ ♑ ♒	1 5 24 ♐ ♑ ♒	1 17 ♑ ♒	1 8 ♑ ♒	1 2 23 ♑ ♒ ♑	1 31 ♑ ♑	1 15 ♐ ♑	1 8 28 ♐ ♑ ♒
2	1 7 26 ♑ ♒ ♓	1 18 ♒ ♓	1 10 ♒ ♓	1 3 29 ♒ ♓ ♒	1 28 ♒ ♒	1 16 ♑ ♒	1 12 ♑ ♒	1 5 23 ♑ ♒ ♓	1 14 ♒ ♓
3	1 14 ♓ ♈	1 6 ♓ ♈	1 31 ♓ ♓	1 18 ♒ ♓	1 16 ♒ ♓	1 10 27 ♒ ♓ ♈	1 3 19 ♒ ♓ ♈	1 10 ♓ ♈	1 3 26 ♓ ♈ ♓
4	1 2 16 ♈ ♉ ♈	1 30 ♈ ♈	1 18 ♓ ♈	1 11 27 ♓ ♈ ♉	1 4 19 ♓ ♈ ♉	1 11 30 ♈ ♉ ♉	1 4 ♈ ♉	1 30 ♈ ♈	1 18 ♓ ♈
5	1 17 ♈ ♉	1 13 30 ♈ ♉ ♊	1 6 21 ♈ ♉ ♊	1 11 29 ♉ ♊ ♋	1 4 ♉ ♊	1 17 ♊ ♉	1 31 ♉ ♉	1 16 ♈ ♉	1 10 26 ♈ ♉ ♊
6	1 7 21 ♉ ♊ ♋	1 12 29 ♊ ♋ ♌	1 5 29 ♊ ♋ ♌	1 30 ♋ ♋	1 30 ♊ ♊	1 15 ♉ ♊	1 11 27 ♉ ♊ ♋	1 3 17 ♉ ♊ ♋	1 9 27 ♊ ♋ ♌
7	1 6 26 ♋ ♌ ♍	1 31 ♌ ♌	1 14 ♌ ♋	1 31 ♋ ♋	1 12 28 ♊ ♋ ♌	1 5 19 ♊ ♋ ♌	1 11 29 ♋ ♌ ♍	1 2 28 ♋ ♌ ♍	1 31 ♌ ♌
8	1 27 ♍ ♌	1 31 ♌ ♌	1 12 29 ♋ ♌ ♍	1 5 20 ♋ ♌ ♍	1 12 30 ♌ ♍ ♎	1 4 27 ♌ ♍ ♎	1 31 ♍ ♍	1 10 ♍ ♌	1 31 ♌ ♌
9	1 11 30 ♌ ♍ ♎	1 6 22 ♌ ♍ ♎	1 14 ♍ ♎	1 6 24 ♍ ♎ ♏	1 30 ♎ ♎	1 20 ♎ ♍	1 30 ♍ ♍	1 9 26 ♌ ♍ ♎	1 2 18 ♌ ♍ ♎
10	1 17 ♎ ♏	1 10 31 ♎ ♏ ♐	1 3 ♎ ♏	1 25 ♏ ♎	1 31 ♎ ♎	1 11 30 ♍ ♎ ♏	1 5 22 ♍ ♎ ♏	1 14 ♎ ♏	1 7 30 ♎ ♏ ♐
11	1 6 ♏ ♐	1 28 ♐ ♏	1 30 ♏ ♏	1 11 ♎ ♏	1 6 24 ♎ ♏ ♐	1 17 ♏ ♐	1 10 ♏ ♐	1 3 ♏ ♐	1 16 ♐ ♏
12	1 31 ♐ ♐	1 14 ♏ ♐	1 9 29 ♏ ♐ ♑	1 2 21 ♏ ♐ ♑	1 14 ♐ ♑	1 7 ♐ ♑	1 2 20 ♐ ♑ ♐	1 31 ♐ ♐	1 12 ♏ ♐

Mercúrio 1934-1951

	1934	1935	1936	1937	1938	1939	1940	1941	1942
1	1 2 20 ♐ ♑ ♒	1 13 31 ♑ ♒ ♒	1 6 ♑ ♒	1 2 10 ♑ ♒ ♑	1 7 13 ♑ ♐ ♑	1 12 ♐ ♑	1 6 25 ♐ ♑ ♒	1 17 ♑ ♒	1 10 ♑ ♒
2	1 7 ♒ ♓	1 15 ♓ ♒	1 29 ♒ ♒	1 14 ♑ ♒	1 9 27 ♑ ♒ ♓	1 2 19 ♑ ♒ ♓	1 12 ♒ ♓	1 4 ♒ ♓	1 28 ♒ ♒
3	1 31 ♓ ♓	1 19 ♒ ♓	1 13 31 ♒ ♓ ♈	1 7 23 ♒ ♓ ♈	1 15 ♓ ♈	1 7 ♓ ♈	1 4 8 ♓ ♈ ♓	1 7 16 ♓ ♒ ♓	1 17 ♒ ♓
4	1 15 ♓ ♈	1 9 25 ♓ ♈ ♉	1 15 30 ♈ ♉ ♉	1 7 ♈ ♉	1 2 24 ♈ ♉ ♈	1 30 ♈ ♈	1 17 ♓ ♈	1 12 29 ♓ ♈ ♉	1 5 21 ♓ ♈ ♉
5	1 3 17 31 ♈ ♉ ♊ ♊	1 9 30 ♉ ♊ ♋	1 31 ♊ ♊	1 31 ♉ ♉	1 17 ♈ ♉	1 15 31 ♈ ♉ ♊	1 7 22 ♈ ♉ ♊	1 13 30 ♉ ♊ ♋	1 5 ♉ ♊
6	1 30 ♋ ♋	1 21 ♋ ♊	1 30 ♊ ♊	1 14 30 ♉ ♊ ♊	1 8 23 ♉ ♊ ♋	1 14 30 ♊ ♋ ♌	1 5 27 ♊ ♋ ♌	1 30 ♋ ♋	1 30 ♊ ♊
7	1 31 ♋ ♋	1 14 ♊ ♋	1 9 24 ♊ ♋ ♌	1 15 31 ♋ ♌ ♌	1 7 27 ♋ ♌ ♍	1 31 ♌ ♌	1 21 ♌ ♋	1 31 ♋ ♋	1 13 29 ♊ ♋ ♌
8	1 10 25 ♋ ♌ ♍	1 2 17 ♋ ♌ ♍	1 8 28 ♌ ♍ ♎	1 31 ♍ ♍	1 31 ♍ ♍	1 31 ♌ ♌	1 12 29 ♋ ♌ ♍	1 6 21 ♋ ♌ ♍	1 13 31 ♌ ♍ ♎
9	1 10 30 ♍ ♎ ♎	1 3 29 ♍ ♎ ♏	1 30 ♎ ♎	1 30 ♍ ♍	1 3 11 30 ♍ ♌ ♍ ♍	1 7 23 ♌ ♍ ♎	1 14 ♍ ♎	1 7 28 ♍ ♎ ♏	1 30 ♎ ♎
10	1 31 ♏ ♏	1 13 ♏ ♎	1 31 ♎ ♎	1 8 26 ♍ ♎ ♏	1 19 ♎ ♏	1 11 31 ♎ ♏ ♏	1 3 ♎ ♏	1 30 ♏ ♎	1 31 ♎ ♎
11	1 30 ♏ ♏	1 10 29 ♎ ♏ ♐	1 2 21 ♎ ♏ ♐	1 14 ♏ ♐	1 7 ♏ ♐	1 30 ♐ ♐	1 30 ♏ ♏	1 12 ♎ ♏	1 7 26 ♎ ♏ ♐
12	1 6 26 ♏ ♐ ♑	1 18 ♐ ♑	1 10 31 ♐ ♑ ♑	1 4 ♐ ♑	1 31 ♐ ♐	1 3 14 ♐ ♏ ♐	1 10 29 ♏ ♐ ♑	1 3 22 ♏ ♐ ♑	1 15 ♐ ♑

	1943	1944	1945	1946	1947	1948	1949	1950	1951
1	1 3 28 ♑ ♒ ♑	1 31 ♑ ♑	1 14 ♐ ♑	1 10 29 ♐ ♑ ♒	1 3 22 ♐ ♑ ♒	1 14 ♑ ♒	1 6 ♑ ♒	1 2 15 ♑ ♒ ♑	1 31 ♑ ♑
2	1 16 ♑ ♒	1 13 ♑ ♒	1 5 23 ♑ ♒ ♓	1 16 ♒ ♓	1 8 ♒ ♓	1 2 20 ♒ ♓ ♒	1 28 ♒ ♒	1 15 ♑ ♒	1 10 28 ♑ ♒ ♒
3	1 11 28 ♒ ♓ ♈	1 3 19 ♒ ♓ ♈	1 11 ♓ ♈	1 4 ♓ ♈	1 31 ♓ ♓	1 18 ♒ ♓	1 14 ♒ ♓	1 8 25 ♒ ♓ ♈	1 16 ♓ ♈
4	1 12 30 ♈ ♉ ♉	1 4 ♈ ♉	1 30 ♈ ♈	1 2 17 ♈ ♓ ♈	1 16 ♓ ♈	1 9 25 ♓ ♈ ♉	1 2 17 ♓ ♈ ♉	1 8 ♈ ♉	1 2 ♈ ♉
5	1 26 ♊ ♉	1 31 ♉ ♉	1 17 ♈ ♉	1 12 27 ♈ ♉ ♊	1 4 19 ♈ ♉ ♊	1 9 28 ♉ ♊ ♋	1 2 ♉ ♊	1 31 ♉ ♉	1 2 15 ♉ ♈ ♉
6	1 14 ♉ ♊	1 11 27 ♉ ♊ ♋	1 4 19 ♉ ♊ ♋	1 10 28 ♊ ♋ ♌	1 3 ♊ ♋	1 29 ♋ ♊	1 30 ♊ ♊	1 15 ♉ ♊	1 9 24 ♉ ♊ ♋
7	1 6 21 ♊ ♋ ♌	1 11 29 ♋ ♌ ♍	1 4 27 ♋ ♌ ♍	1 31 ♌ ♌	1 31 ♋ ♋	1 12 ♊ ♋	1 10 25 ♊ ♋ ♌	1 3 17 ♊ ♋ ♌	1 9 28 ♋ ♌ ♍
8	1 5 27 ♌ ♍ ♎	1 31 ♍ ♍	1 17 ♍ ♌	1 31 ♌ ♌	1 11 27 ♋ ♌ ♍	1 3 17 ♋ ♌ ♍	1 9 29 ♌ ♍ ♎	1 2 28 ♌ ♍ ♎	1 31 ♍ ♍
9	1 25 ♎ ♍	1 30 ♍ ♍	1 10 27 ♌ ♍ ♎	1 4 20 ♌ ♍ ♎	1 12 ♍ ♎	1 4 27 ♍ ♎ ♏	1 30 ♎ ♎	1 11 ♎ ♍	1 30 ♍ ♍
10	1 12 31 ♍ ♎ ♏	1 5 22 ♍ ♎ ♏	1 15 ♎ ♏	1 8 30 ♎ ♏ ♐	1 2 ♎ ♏	1 17 ♏ ♎	1 31 ♎ ♎	1 10 27 ♍ ♎ ♏	1 3 20 ♍ ♎ ♏
11	1 19 ♏ ♐	1 10 ♏ ♐	1 4 ♏ ♐	1 21 ♐ ♏	1 30 ♏ ♏	1 10 30 ♎ ♏ ♐	1 4 22 ♎ ♏ ♐	1 15 ♏ ♐	1 8 ♏ ♐
12	1 8 ♐ ♑	1 2 24 ♐ ♑ ♐	1 31 ♐ ♐	1 13 ♏ ♐	1 8 27 ♏ ♐ ♑	1 19 ♐ ♑	1 12 ♐ ♑	1 5 ♐ ♑	1 2 13 ♐ ♑ ♐

Mercúrio 1952-1969

	1952	1953	1954	1955	1956	1957	1958	1959	1960
1	1 13 ♐ ♑	1 7 26 ♐ ♑ ♒	1 18 ♑ ♒	1 11 ♑ ♒	1 4 ♑ ♒	1 31 ♑ ♑	1 14 ♐ ♑	1 11 31 ♐ ♑ ♒	1 4 23 ♐ ♑ ♒
2	1 3 21 ♑ ♒ ♓	1 12 ♒ ♓	1 5 ♒ ♓	1 28 ♒ ♒	1 3 15 ♒ ♑ ♒	1 13 ♑ ♒	1 7 25 ♑ ♒ ♓	1 17 ♒ ♓	1 9 ♒ ♓
3	1 8 ♓ ♈	1 3 16 ♓ ♈ ♓	1 31 ♓ ♓	1 18 ♒ ♓	1 11 29 ♒ ♓ ♈	1 4 21 ♒ ♓ ♈	1 13 ♓ ♈	1 5 ♓ ♈	1 31 ♓ ♓
4	1 30 ♈ ♈	1 18 ♓ ♈	1 13 30 ♓ ♈ ♉	1 7 22 ♓ ♈ ♉	1 13 30 ♈ ♉ ♊	1 5 ♈ ♉	1 3 11 ♈ ♉ ♈	1 30 ♈ ♈	1 16 ♓ ♈
5	1 15 31 ♈ ♉ ♉	1 8 23 ♈ ♉ ♊	1 15 31 ♉ ♊ ♋	1 7 ♉ ♊	1 31 ♊ ♊	1 31 ♉ ♉	1 17 ♈ ♉	1 13 29 ♈ ♉ ♊	1 5 19 ♈ ♉ ♊
6	1 15 30 ♊ ♋ ♌	1 6 26 ♊ ♋ ♌	1 30 ♋ ♋	1 30 ♊ ♊	1 30 ♊ ♊	1 13 29 ♉ ♊ ♋	1 6 20 ♉ ♊ ♋	1 12 29 ♊ ♋ ♌	1 3 30 ♊ ♋ ♋
7	1 31 ♌ ♌	1 29 ♌ ♋	1 31 ♋ ♋	1 14 31 ♊ ♋ ♌	1 7 21 ♊ ♋ ♌	1 13 30 ♋ ♌ ♍	1 5 26 ♋ ♌ ♍	1 31 ♌ ♌	1 6 ♌ ♋
8	1 31 ♌ ♌	1 12 31 ♋ ♌ ♍	1 8 23 ♋ ♌ ♍	1 15 31 ♌ ♍ ♍	1 6 27 ♌ ♍ ♎	1 31 ♍ ♍	1 24 ♍ ♌	1 31 ♌ ♌	1 11 27 ♋ ♌ ♍
9	1 7 24 ♌ ♍ ♎	1 16 ♍ ♎	1 8 29 ♍ ♎ ♏	1 30 ♎ ♎	1 30 ♎ ♍	1 30 ♍ ♍	1 11 29 ♌ ♍ ♎	1 5 21 ♌ ♍ ♎	1 12 ♍ ♎
10	1 12 31 ♎ ♏ ♏	1 5 31 ♎ ♏ ♏	1 31 ♏ ♏	1 31 ♎ ♎	1 11 31 ♍ ♎ ♏	1 6 24 ♍ ♎ ♏	1 16 ♎ ♏	1 9 31 ♎ ♏ ♐	1 2 ♎ ♏
11	1 30 ♐ ♐	1 7 ♐ ♏	1 5 11 ♏ ♎ ♏	1 8 27 ♎ ♏ ♐	1 19 ♏ ♐	1 12 ♏ ♐	1 5 ♏ ♐	1 25 ♐ ♏	1 30 ♏ ♏
12	1 31 ♐ ♐	1 11 31 ♏ ♐ ♑	1 4 23 ♏ ♐ ♑	1 16 ♐ ♑	1 8 ♐ ♑	1 2 29 ♐ ♑ ♐	1 31 ♐ ♐	1 14 ♏ ♐	1 8 27 ♏ ♐ ♑

	1961	1962	1963	1964	1965	1966	1967	1968	1969
1	1 15 ♑ ♒	1 8 ♑ ♒	1 2 20 ♑ ♒ ♑	1 31 ♑ ♑	1 13 ♐ ♑	1 8 27 ♐ ♑ ♒	1 20 ♑ ♒	1 12 ♑ ♒	1 5 ♑ ♒
2	1 2 25 ♒ ♓ ♒	1 28 ♒ ♒	1 15 ♑ ♒	1 11 29 ♑ ♒ ♒	1 3 21 ♑ ♒ ♓	1 13 ♒ ♓	1 6 ♒ ♓	1 2 12 ♒ ♓ ♒	1 ♒
3	1 18 ♒ ♓	1 15 ♒ ♓	1 9 26 ♒ ♓ ♈	1 17 ♓ ♈	1 9 ♓ ♈	1 3 22 ♓ ♈ ♓	1 ♓	1 18 ♒ ♓	1 13 30 ♒ ♓ ♈
4	1 10 27 ♓ ♈ ♉	1 3 18 ♓ ♈ ♉	1 10 ♈ ♉	1 2 ♈ ♉	1 30 ♈ ♈	1 18 ♓ ♈	1 15 ♓ ♈	1 7 23 ♓ ♈ ♉	1 14 30 ♈ ♉ ♉
5	1 11 29 ♉ ♊ ♋	1 3 ♉ ♊	1 3 11 ♉ ♊ ♉	1 31 ♉ ♉	1 16 ♈ ♉	1 10 25 ♈ ♉ ♊	1 2 16 ♈ ♉ ♊	1 7 30 ♉ ♊ ♋	1 ♊
6	1 30 ♋ ♋	1 30 ♊ ♊	1 15 ♉ ♊	1 10 25 ♉ ♊ ♋	1 2 16 ♉ ♊ ♋	1 8 27 ♊ ♋ ♌	1 ♋	1 14 ♋ ♊	1 ♊
7	1 31 ♋ ♋	1 11 27 ♊ ♋ ♌	1 4 18 ♊ ♋ ♌	1 9 27 ♋ ♌ ♍	1 2 31 ♋ ♌ ♍	1 31 ♌ ♌	1 ♋	1 13 31 ♊ ♋ ♌	1 8 23 ♊ ♋ ♌
8	1 4 19 ♋ ♌ ♍	1 11 30 ♌ ♍ ♎	1 3 27 ♌ ♍ ♎	1 31 ♍ ♍	1 3 ♍ ♌	1 31 ♌ ♌	1 9 24 ♋ ♌ ♍	1 15 ♌ ♍	1 7 27 ♌ ♍ ♎
9	1 5 27 ♍ ♎ ♏	1 30 ♎ ♎	1 17 ♎ ♍	1 30 ♍ ♍	1 9 25 ♌ ♍ ♎	1 17 ♍ ♎	1 10 30 ♍ ♎ ♏	1 2 29 ♍ ♎ ♏	1 ♎
10	1 22 ♏ ♎	1 31 ♎ ♎	1 11 29 ♍ ♎ ♏	1 3 20 ♍ ♎ ♏	1 13 ♎ ♏	1 6 30 ♎ ♏ ♐	1 ♏	1 8 ♏ ♎	1 7 10 ♎ ♍ ♎
11	1 11 30 ♎ ♏ ♏	1 5 24 ♎ ♏ ♐	1 16 ♏ ♐	1 8 30 ♏ ♐ ♐	1 2 ♏ ♐	1 13 ♐ ♏	1 ♏	1 8 28 ♎ ♏ ♐	1 2 20 ♎ ♏ ♐
12	1 20 ♐ ♑	1 13 ♐ ♑	1 6 ♐ ♑	1 17 ♑ ♐	1 31 ♐ ♐	1 12 31 ♏ ♐ ♐	1 6 25 ♏ ♐ ♑	1 17 ♐ ♑	1 10 ♐ ♑

Mercúrio 1970-1987

	1970	1971	1972	1973	1974	1975	1976	1977	1978
1	1 ♑	1 3 14 ♑♐♑	1 12 31 ♐♑♑	1 5 24 ♐♑♒	1 16 ♑♒	1 9 ♑♒	1 3 25 ♑♒♑	1 ♑	1 14 ♐♑
2	1 14 ♑♒	1 8 26 ♑♒♓	1 19 ♒♓	1 10 ♒♓	1 3 ♒♓	1 ♒	1 16 ♑♒	1 11 ♑♒	1 5 23 ♑♒♓
3	1 6 22 ♒♓♈	1 14 ♓♈	1 6 ♓♈	1 ♓	1 3 18 ♓♒♓	1 16 ♒♓	1 10 27 ♒♓♈	1 2 18 ♒♓♈	1 11 ♓♈
4	1 6 ♈♉	1 2 19 ♈♉♈	1 ♈	1 17 ♓♈	1 12 28 ♓♈♉	1 5 20 ♓♈♉	1 10 30 ♈♉♊	1 3 ♈♉	1 ♈
5	1 ♉	1 17 ♈♉	1 13 29 ♈♉♊	1 6 21 ♈♉♊	1 12 29 ♉♊♋	1 4 ♉♊	1 20 ♊♉	1 ♉	1 16 ♈♉
6	1 14 30 ♉♊♋	1 7 22 ♉♊♋	1 12 29 ♊♋♌	1 4 27 ♊♋♌	1 ♋	1 ♊	1 14 ♉♊	1 11 26 ♉♊♋	1 4 18 ♉♊♋
7	1 14 31 ♋♌♍	1 6 27 ♋♌♍	1 ♌	1 16 ♌♋	1 ♋	1 12 28 ♊♋♌	1 5 19 ♊♋♌	1 10 28 ♋♌♍	1 3 27 ♋♌♍
8	1 31 ♍♍	1 30 ♍♌	1 ♌	1 12 29 ♋♌♍	1 5 20 ♋♌♍	1 12 31 ♌♍♎	1 4 26 ♌♍♎	1 ♍	1 13 ♍♌
9	1 30 ♍♍	1 11 30 ♌♍♎	1 5 22 ♌♍♎	1 14 ♍♎	1 6 28 ♍♎♏	1 ♎	1 21 ♎♍	1 ♍	1 10 27 ♌♍♎
10	1 8 25 ♍♎♏	1 18 ♎♏	1 9 31 ♎♏♐	1 3 ♎♏	1 27 ♏♎	1 ♎	1 11 29 ♍♎♏	1 4 22 ♍♎♏	1 14 ♎♏
11	1 13 ♏♐	1 6 ♏♐	1 29 ♐♏	1 ♏	1 12 ♎♏	1 6 25 ♎♏♐	1 17 ♏♐	1 10 30 ♏♐♐	1 3 ♏♐
12	1 3 ♐♑	1 31 ♐♐	1 13 ♏♐	1 9 29 ♏♐♑	1 2 21 ♏♐♑	1 14 ♐♑	1 6 ♐♑	1 21 ♑♐	1 31 ♐♐

	1979	1980	1981	1982	1983	1984	1985	1986	1987
1	1 9 29 ♐♑♒	1 2 21 ♐♑♒	1 12 31 ♑♒♓	1 5 ♑♒	1 2 12 ♑♒♑	1 31 ♑♑	1 11 ♐♑	1 6 25 ♐♑♒	1 17 ♑♒
2	1 15 ♒♓	1 7 ♒♓	1 16 ♓♒	1 28 ♒♒	1 14 ♑♒	1 9 27 ♑♒♓	1 19 ♒♓	1 11 ♒♓	1 4 ♒♓
3	1 4 28 ♓♈♓	1 ♓	1 18 ♒♓	1 13 31 ♒♓♈	1 7 23 ♒♓♈	1 14 31 ♓♈♉	1 7 ♓♈	1 3 11 ♓♈♓	1 12 14 ♓♒♓
4	1 18 ♓♈	1 15 ♓♈	1 8 24 ♓♈♉	1 15 ♈♉	1 7 ♈♉	1 25 ♉♈	1 30 ♈♈	1 17 ♓♈	1 12 29 ♓♈♉
5	1 11 26 ♈♉♊	1 2 17 ♈♉♊	1 8 28 ♉♊♋	1 2 ♉♊	1 31 ♉♉	1 15 ♈♉	1 14 31 ♈♉♊	1 7 22 ♈♉♊	1 13 30 ♉♊♋
6	1 9 27 ♊♋♌	1 ♋	1 22 ♋♊	1 30 ♊♊	1 14 ♉♊	1 7 22 ♉♊♋	1 13 30 ♊♋♌	1 5 26 ♊♋♌	1 30 ♋♋
7	1 ♌	1 ♋	1 12 ♊♋	1 9 24 ♊♋♌	1 2 16 ♊♋♌	1 6 26 ♋♌♍	1 31 ♌♌	1 23 ♌♋	1 31 ♋♋
8	1 ♌	1 9 25 ♋♌♍	1 2 16 ♋♌♍	1 8 28 ♌♍♎	1 29 ♍♎	1 31 ♍♍	1 31 ♌♌	1 12 30 ♋♌♍	1 7 22 ♋♌♍
9	1 3 19 ♌♍♎	1 10 30 ♍♎♏	1 3 27 ♍♎♏	1 30 ♎♎	1 6 ♎♍	1 30 ♍♍	1 6 23 ♌♍♎	1 15 ♍♎	1 7 28 ♍♎♏
10	1 7 30 ♎♏♐	1 ♏	1 14 ♏♎	1 31 ♎♎	1 9 26 ♍♎♏	1 18 ♎♏	1 10 31 ♎♏♐	1 4 ♎♏	1 31 ♏♏
11	1 18 ♐♏	1 ♏	1 9 29 ♎♏♐	1 3 21 ♎♏♐	1 14 ♏♐	1 6 ♏♐	1 30 ♐♐	1 30 ♏♏	1 12 ♎♏
12	1 13 ♏♐	1 6 25 ♏♐♑	1 18 ♐♑	1 10 ♐♑	1 4 ♐♑	1 2 7 ♐♑♐	1 5 12 ♐♏♐	1 10 30 ♏♐♑	1 3 22 ♏♐♑

Vênus 1916-1933

	1916	1917	1918	1919	1920	1921	1922	1923	1924
1	1 21 ♒ ♓	1 16 ♐ ♑	1 ♒	1 10 ♑ ♒	1 5 30 ♏ ♐ ♑	1 7 ♒ ♓	1 25 ♑ ♒	1 3 ♏ ♐	1 20 ♒ ♓
2	1 14 ♓ ♈	1 9 ♑ ♒	1 ♒	1 3 28 ♒ ♓ ♈	1 24 ♑ ♒	1 3 ♓ ♈	1 18 ♒ ♓	1 7 ♐ ♑	1 14 ♓ ♈
3	1 10 ♈ ♉	1 5 29 ♒ ♓ ♈	1 ♒	1 24 ♈ ♉	1 19 ♒ ♓	1 8 ♈ ♉	1 14 ♓ ♈	1 7 ♑ ♒	1 10 ♈ ♉
4	1 6 ♉ ♊	1 22 ♈ ♉	1 6 ♒ ♓	1 18 ♉ ♊	1 13 ♓ ♈	1 26 ♉ ♈	1 7 ♈ ♉	1 2 27 ♒ ♓ ♈	1 6 ♉ ♊
5	1 6 ♊ ♋	1 17 ♉ ♊	1 7 ♓ ♈	1 13 ♊ ♋	1 7 ♈ ♉	1 ♈	1 26 ♊ ♋	1 22 ♈ ♉	1 6 ♊ ♋
6	1 ♋	1 10 ♊ ♋	1 4 29 ♈ ♉ ♊	1 9 ♋ ♌	1 25 ♊ ♋	1 3 ♈ ♉	1 20 ♋ ♌	1 16 ♉ ♊	1 ♋
7	1 ♋	1 5 29 ♋ ♌ ♍	1 25 ♊ ♋	1 8 ♌ ♍	1 19 ♋ ♌	1 8 ♉ ♊	1 16 ♌ ♍	1 11 ♊ ♋	1 2 ♋ ℞
8	1 ♋	1 23 ♍ ♎	1 19 ♋ ♌	1 ♍	1 13 ♌ ♍	1 6 31 ♊ ♋ ♌	1 11 ♍ ♎	1 4 28 ♋ ♌ ♍	1 ♋
9	1 9 ♋ ♌	1 17 ♎ ♏	1 13 ♌ ♍	1 2 ♍ ℞	1 6 30 ♍ ♎ ♏	1 27 ♌ ♍	1 8 ♎ ♏	1 22 ♍ ♎	1 9 ♋ ♌
10	1 8 ♌ ♍	1 12 ♏ ♐	1 7 31 ♍ ♎ ♏	1 ♍	1 25 ♏ ♐	1 21 ♍ ♎	1 11 ♏ ♐	1 16 ♎ ♏	1 8 ♌ ♍
11	1 4 29 ♍ ♎ ♏	1 8 ♐ ♑	1 24 ♏ ♐	1 10 ♍ ♎	1 18 ♐ ♑	1 14 ♎ ♏	1 29 ♐ ♏	1 9 ♏ ♐	1 3 28 ♍ ♎ ♏
12	1 23 ♏ ♐	1 6 ♑ ♒	1 18 ♐ ♑	1 10 ♎ ♏	1 13 ♑ ♒	1 8 31 ♏ ♐ ♑	1 ♏	1 3 27 ♐ ♑ ♒	1 22 ♏ ♐

	1925	1926	1927	1928	1929	1930	1931	1932	1933
1	1 16 ♐ ♑	1 ♒	1 10 ♑ ♒	1 3 30 ♏ ♐ ♑	1 7 ♒ ♓	1 24 ♑ ♒	1 4 ♏ ♐	1 20 ♒ ♓	1 15 ♐ ♑
2	1 8 ♑ ♒	1 ♒	1 3 27 ♒ ♓ ♈	1 23 ♑ ♒	1 3 ♓ ♈	1 17 ♒ ♓	1 7 ♐ ♑	1 13 ♓ ♈	1 8 ♑ ♒
3	1 4 29 ♒ ♓ ♈	1 ♒	1 23 ♈ ♉	1 19 ♒ ♓	1 9 ♈ ♉	1 13 ♓ ♈	1 6 31 ♑ ♒ ♓	1 10 ♈ ♉	1 4 28 ♒ ♓ ♈
4	1 22 ♈ ♉	1 7 ♒ ♓	1 17 ♉ ♊	1 12 ♓ ♈	1 21 ♉ ♈	1 7 30 ♈ ♉ ♊	1 27 ♓ ♈	1 5 ♉ ♊	1 21 ♈ ♉
5	1 16 ♉ ♊	1 7 ♓ ♈	1 13 ♊ ♋	1 6 31 ♈ ♉ ♊	1 ♈	1 26 ♊ ♋	1 22 ♈ ♉	1 7 ♊ ♋	1 16 ♉ ♊
6	1 10 ♊ ♋	1 3 29 ♈ ♉ ♊	1 9 ♋ ♌	1 24 ♊ ♋	1 4 ♈ ♉	1 20 ♋ ♌	1 16 ♉ ♊	1 ♋	1 9 ♊ ♋
7	1 4 29 ♋ ♌ ♍	1 25 ♊ ♋	1 8 ♌ ♍	1 19 ♋ ♌	1 9 ♉ ♊	1 15 ♌ ♍	1 10 ♊ ♋	1 14 29 ♋ ♊ ♋	1 3 28 ♋ ♌ ♍
8	1 22 ♍ ♎	1 19 ♋ ♌	1 20 ♍ ℞	1 12 ♌ ♍	1 6 31 ♊ ♋ ♌	1 11 ♍ ♎	1 4 28 ♋ ♌ ♍	1 ♋	1 22 ♍ ♎
9	1 16 ♎ ♏	1 12 ♌ ♍	1 ♍	1 5 30 ♍ ♎ ♏	1 26 ♌ ♍	1 8 ♎ ♏	1 21 ♍ ♎	1 9 ♋ ♌	1 16 ♎ ♏
10	1 12 ♏ ♐	1 6 30 ♍ ♎ ♏	1 ♍	1 24 ♏ ♐	1 21 ♍ ♎	1 13 ♏ ♐	1 15 ♎ ♏	1 8 ♌ ♍	1 12 ♏ ♐
11	1 7 ♐ ♑	1 23 ♏ ♐	1 10 ♍ ♎	1 18 ♐ ♑	1 14 ♎ ♏	1 23 ♐ ♏	1 8 ♏ ♐	1 3 27 ♍ ♎ ♏	1 7 ♐ ♑
12	1 6 ♑ ♒	1 17 ♐ ♑	1 9 ♎ ♏	1 13 ♑ ♒	1 8 31 ♏ ♐ ♑	1 ♏	1 2 26 ♐ ♑ ♒	1 22 ♏ ♐	1 5 ♑ ♒

Vênus 1934-1951

	1934	1935	1936	1937	1938	1939	1940	1941	1942
1	1 ♒	1 ♑ 9 ♒	1 ♏ 4 ♐ 28 ♑	1 ♒ 7 ♓	1 ♑ 24 ♒	1 ♏ 5 ♐	1 ♒ 19 ♓	1 ♐ 14 ♑	1 ♒
2	1 ♒	1 ♒ 2 ♓ 26 ♈	1 ♑ 23 ♒	1 ♓ 2 ♈	1 ♒ 17 ♓	1 ♐ 7 ♑	1 ♓ 13 ♈	1 ♑ 7 ♒	1 ♒
3	1 ♒	1 ♈ 23 ♉	1 ♒ 18 ♓	1 ♈ 10 ♉	1 ♓ 12 ♈	1 ♑ 6 ♒	1 ♈ 9 ♉	1 ♒ 3 ♓ 28 ♈	1 ♒
4	1 ♒ 7 ♓	1 ♉ 17 ♊	1 ♓ 12 ♈	1 ♉ 15 ♈	1 ♈ 6 ♉ 30 ♊	1 ♓ 26 ♈	1 ♉ 5 ♊	1 ♈ 21 ♉	1 ♒ 7 ♓
5	1 ♓ 7 ♈	1 ♊ 12 ♋	1 ♈ 6 ♉ 30 ♊	1 ♈	1 ♊ 25 ♋	1 ♈ 21 ♉	1 ♊ 7 ♋	1 ♉ 15 ♊	1 ♓ 7 ♈
6	1 ♈ 3 ♉ 29 ♊	1 ♋ 8 ♌	1 ♊ 23 ♋	1 ♈ 5 ♉	1 ♋ 19 ♌	1 ♉ 15 ♊	1 ♋	1 ♊ 9 ♋	1 ♈ 3 ♉ 28 ♊
7	1 ♊ 24 ♋	1 ♌ 8 ♍	1 ♋ 18 ♌	1 ♉ 9 ♊	1 ♌ 15 ♍	1 ♊ 10 ♋	1 ♋R 6 ♊	1 ♋ 3 ♌ 28 ♍	1 ♊ 24 ♋
8	1 ♋ 18 ♌	1 ♍	1 ♌ 12 ♍	1 ♊ 4 ♋ 31 ♌	1 ♍ 10 ♎	1 ♋ 3 ♌ 28 ♍	1 ♊ 2 ♋	1 ♍ 22 ♎	1 ♋ 18 ♌
9	1 ♌ 12 ♍	1 ♍	1 ♍ 5 ♎ 29 ♍	1 ♌ 26 ♍	1 ♎ 8 ♏	1 ♍ 21 ♎	1 ♋ 9 ♌	1 ♎ 16 ♏	1 ♌ 11 ♍
10	1 ♍ 6 ♎ 30 ♏	1 ♍	1 ♏ 24 ♐	1 ♍ 20 ♎	1 ♏ 14 ♐	1 ♎ 15 ♏	1 ♌ 7 ♍	1 ♏ 11 ♐	1 ♍ 6 ♎ 29 ♏
11	1 ♏ 23 ♐	1 ♍ 10 ♎	1 ♐ 17 ♑	1 ♎ 13 ♏	1 ♐R 16 ♏	1 ♏ 8 ♐	1 ♍ 2 ♎ 27 ♏	1 ♐ 7 ♑	1 ♏ 22 ♐
12	1 ♐ 17 ♑	1 ♎ 9 ♏	1 ♑ 12 ♒	1 ♏ 7 ♐ 31 ♑	1 ♏R	1 ♐ 2 ♑ 26 ♒	1 ♏ 21 ♐	1 ♑ 6 ♒	1 ♐ 16 ♑

	1943	1944	1945	1946	1947	1948	1949	1950	1951
1	1 ♑ 9 ♒	1 ♏ 4 ♐ 29 ♑	1 ♒ 6 ♓	1 ♑ 23 ♒	1 ♏ 6 ♐	1 ♒ 19 ♓	1 ♐ 14 ♑	1 ♒	1 ♑ 8 ♒
2	1 ♒ 2 ♓ 26 ♈	1 ♑ 22 ♒	1 ♓ 3 ♈	1 ♒ 16 ♓	1 ♐ 7 ♑	1 ♓ 12 ♈	1 ♑ 7 ♒	1 ♒	1 ♓ 25 ♈
3	1 ♈ 22 ♉	1 ♒ 18 ♓	1 ♈ 12 ♉	1 ♓ 12 ♈	1 ♑ 6 ♒ 31 ♓	1 ♈ 9 ♉	1 ♒ 2 ♓ 27 ♈	1 ♒	1 ♈ 22 ♉
4	1 ♉ 16 ♊	1 ♓ 11 ♈	1 ♉ 8 ♈	1 ♈ 6 ♉ 30 ♊	1 ♓ 26 ♈	1 ♉ 5 ♊	1 ♈ 20 ♉	1 ♒ 7 ♓	1 ♉ 16 ♊
5	1 ♊ 12 ♋	1 ♈ 5 ♉ 30 ♊	1 ♈	1 ♊ 25 ♋	1 ♈ 21 ♉	1 ♊ 8 ♋	1 ♉ 15 ♊	1 ♓ 6 ♈	1 ♊ 12 ♋
6	1 ♋ 8 ♌	1 ♊ 23 ♋	1 ♈ 6 ♉	1 ♋ 18 ♌	1 ♉ 14 ♊	1 ♋ 30 ♊	1 ♊ 9 ♋	1 ♈ 2 ♉ 28 ♊	1 ♋ 8 ♌
7	1 ♌ 8 ♍	1 ♋ 18 ♌	1 ♉ 8 ♊	1 ♌ 14 ♍	1 ♊ 9 ♋	1 ♊	1 ♋ 2 ♌ 27 ♍	1 ♊ 23 ♋	1 ♌ 9 ♍
8	1 ♍	1 ♌ 11 ♍	1 ♊ 5 ♋ 31 ♌	1 ♍ 10 ♎	1 ♋ 3 ♌ 27 ♍	1 ♊ 4 ♋	1 ♍ 21 ♎	1 ♋ 17 ♌	1 ♍
9	1 ♍R	1 ♍ 4 ♎ 29 ♏	1 ♌ 25 ♍	1 ♎ 7 ♏	1 ♍ 20 ♎	1 ♋ 9 ♌	1 ♎ 15 ♏	1 ♌ 11 ♍	1 ♍
10	1 ♍	1 ♏ 23 ♐	1 ♍ 20 ♎	1 ♏ 17 ♐	1 ♎ 14 ♏	1 ♌ 7 ♍	1 ♏ 11 ♐	1 ♍ 5 ♎ 29 ♏	1 ♍
11	1 ♍ 10 ♎	1 ♐ 17 ♑	1 ♎ 13 ♏	1 ♐R 9 ♏	1 ♏ 7 ♐	1 ♍ 2 ♎ 27 ♏	1 ♐ 6 ♑	1 ♏ 22 ♐	1 ♍ 10 ♎
12	1 ♎ 9 ♏	1 ♑ 12 ♒	1 ♏ 7 ♐ 31 ♑	1 ♏R	1 ♑ 25 ♒	1 ♏ 21 ♐	1 ♑ 7 ♒	1 ♐ 15 ♑	1 ♎ 9 ♏

Vênus 1952-1969

	1952	1953	1954	1955	1956	1957	1958	1959	1960
1	1 3 28 ♏ ♐ ♑	1 6 ♒ ♓	1 23 ♑ ♒	1 7 ♏ ♐	1 18 ♒ ♓	1 13 ♐ ♑	1 ♒	1 8 ♑ ♒	1 3 28 ♏ ♐ ♑
2	1 22 ♑ ♒	1 3 ♓ ♈	1 16 ♒ ♓	1 7 ♐ ♑	1 11 ♓ ♈	1 6 ♑ ♒	1 ♒ R	1 25 ♓ ♈	1 21 ♑ ♒
3	1 17 ♒ ♓	1 15 ♈ ♉	1 12 ♓ ♈	1 5 31 ♑ ♒ ♓	1 9 ♈ ♉	1 2 26 ♒ ♓ ♈	1 ♒	1 21 ♈ ♉	1 17 ♒ ♓
4	1 10 ♓ ♈	1 ♈	1 5 29 ♈ ♉ ♊	1 25 ♓ ♈	1 5 ♉ ♊	1 20 ♈ ♉	1 7 ♒ ♓	1 15 ♉ ♊	1 10 ♓ ♈
5	1 5 29 ♈ ♉ ♊	1 ♈	1 24 ♊ ♋	1 20 ♈ ♉	1 9 ♊ ♋	1 14 ♉ ♊	1 6 ♓ ♈	1 11 ♊ ♋	1 4 29 ♈ ♉ ♊
6	1 23 ♊ ♋	1 6 ♈ ♉	1 18 ♋ ♌	1 14 ♉ ♊	1 24 ♋ ♊	1 7 ♊ ♋	1 2 27 ♈ ♉ ♊	1 7 ♋ ♌	1 22 ♊ ♋
7	1 17 ♋ ♌	1 8 ♉ ♊	1 14 ♌ ♍	1 9 ♊ ♋	1 ♊ R	1 2 27 ♋ ♌ ♍	1 23 ♊ ♋	1 9 ♌ ♍	1 17 ♋ ♌
8	1 10 ♌ ♍	1 5 31 ♊ ♋ ♌	1 10 ♍ ♎	1 2 26 ♋ ♌ ♍	1 5 ♊ ♋	1 21 ♍ ♎	1 17 ♋ ♌	1 ♍	1 10 ♌ ♍
9	1 4 28 ♍ ♎ ♏	1 25 ♌ ♍	1 7 ♎ ♏	1 19 ♍ ♎	1 9 ♋ ♌	1 15 ♎ ♏	1 10 ♌ ♍	1 21 26 ♍ ♌ ♍	1 3 28 ♍ ♎ ♏
10	1 23 ♏ ♐	1 19 ♍ ♎	1 24 28 ♏ ♐ ♏	1 14 ♎ ♏	1 7 ♌ ♍	1 10 ♏ ♐	1 4 28 ♍ ♎ ♏	1 ♍	1 22 ♏ ♐
11	1 16 ♐ ♑	1 12 ♎ ♏	1 ♏ R	1 7 ♏ ♐	1 26 ♎ ♏	1 6 ♐ ♑	1 21 ♏ ♐	1 10 ♍ ♎	1 16 ♐ ♑
12	1 11 ♑ ♒	1 6 30 ♏ ♐ ♑	1 ♏ R	1 25 ♑ ♒	1 20 ♏ ♐	1 7 ♑ ♒	1 15 ♐ ♑	1 8 ♎ ♏	1 11 ♑ ♒

	1961	1962	1963	1964	1965	1966	1967	1968	1969
1	1 5 ♒ ♓	1 22 ♑ ♒	1 7 ♏ ♐	1 18 ♒ ♓	1 13 ♐ ♑	1 ♒	1 7 31 ♑ ♒ ♓	1 2 27 ♏ ♐ ♑	1 5 ♒ ♓
2	1 2 ♓ ♈	1 15 ♒ ♓	1 6 ♐ ♑	1 11 ♓ ♈	1 6 ♑ ♒	1 7 26 ♒ ♑ ♒	1 24 ♓ ♈	1 20 ♑ ♒	1 2 ♓ ♈
3	1 31 ♈ ♈	1 11 ♓ ♈	1 5 30 ♑ ♒ ♓	1 8 ♈ ♉	1 2 26 ♒ ♓ ♈	1 ♒	1 20 ♈ ♉	1 16 ♒ ♓	1 ♈
4	1 30 ♈ ♈	1 4 29 ♈ ♉ ♊	1 25 ♓ ♈	1 4 ♉ ♊	1 19 ♈ ♉	1 7 ♒ ♓	1 14 ♉ ♊	1 9 ♓ ♈	1 ♈
5	1 ♈	1 24 ♊ ♋	1 19 ♈ ♉	1 10 ♊ ♋	1 13 ♉ ♊	1 6 ♓ ♈	1 10 ♊ ♋	1 3 28 ♈ ♉ ♊	1 ♈
6	1 6 ♈ ♉	1 18 ♋ ♌	1 13 ♉ ♊	1 18 ♋ ♊	1 7 ♊ ♋	1 27 ♉ ♊	1 7 ♋ ♌	1 21 ♊ ♋	1 6 ♈ ♉
7	1 8 ♉ ♊	1 13 ♌ ♍	1 8 ♊ ♋	1 ♊	1 26 ♌ ♍	1 22 ♊ ♋	1 9 ♌ ♍	1 16 ♋ ♌	1 7 ♉ ♊
8	1 4 30 ♊ ♋ ♌	1 9 ♍ ♎	1 26 ♌ ♍	1 6 ♊ ♋	1 20 ♍ ♎	1 16 ♋ ♌	1 ♍	1 9 ♌ ♍	1 3 29 ♊ ♋ ♌
9	1 24 ♌ ♍	1 7 ♎ ♏	1 19 ♍ ♎	1 9 ♋ ♌	1 14 ♎ ♏	1 9 ♌ ♍	1 10 ♍ ♌	1 2 27 ♍ ♎ ♏	1 23 ♌ ♍
10	1 19 ♍ ♎	1 ♏	1 13 ♎ ♏	1 6 ♌ ♍	1 10 ♏ ♐	1 4 28 ♍ ♎ ♏	1 2 ♌ ♍	1 21 ♏ ♐	1 18 ♍ ♎
11	1 12 ♎ ♏	1 ♏	1 6 30 ♏ ♐ ♑	1 26 ♎ ♏	1 6 ♐ ♑	1 20 ♏ ♐	1 10 ♍ ♎	1 15 ♐ ♑	1 11 ♎ ♏
12	1 5 29 ♏ ♐ ♑	1 ♏	1 24 ♑ ♒	1 20 ♏ ♐	1 8 ♑ ♒	1 14 ♐ ♑	1 7 ♎ ♏	1 10 ♑ ♒	1 5 28 ♏ ♐ ♑

Vênus 1970-1987

	1970	1971	1972	1973	1974	1975	1976	1977	1978
1	1 21 ♑♒	1 7 ♏♐	1 17 ♒♓	1 12 ♐♑	1 30 ♒♑	1 6 30 ♑♒♓	1 2 26 ♏♐♑	1 5 ♒♓	1 21 ♑♒
2	1 14 ♒♓	1 6 ♐♑	1 10 ♓♈	1 5 ♑♒	1 ♑	1 23 ♓♈	1 20 ♑♒	1 2 ♓♈	1 14 ♒♓
3	1 10 ♓♈	1 4 30 ♑♒♓	1 7 ♈♉	1 25 ♓♈	1 ♒	1 20 ♈♉	1 15 ♒♓	1 ♈	1 10 ♓♈
4	1 3 28 ♈♉♊	1 24 ♓♈	1 4 ♉♊	1 18 ♈♉	1 7 ♒♓	1 14 ♉♊	1 8 ♓♈	1 ♈	1 3 27 ♈♉♊
5	1 23 ♊♋	1 19 ♈♉	1 11 ♊♋	1 12 ♉♊	1 5 31 ♓♈♉	1 10 ♊♋	1 3 27 ♈♉♊	1 ♈	1 22 ♊♋
6	1 17 ♋♌	1 12 ♉♊	1 12 ♋♊	1 6 30 ♊♋♌	1 26 ♉♊	1 6 ♋♌	1 21 ♊♋	1 6 ♈♉	1 16 ♋♌
7	1 13 ♌♍	1 7 31 ♊♋♌	1 ♊	1 25 ♌♍	1 21 ♊♋	1 9 ♌♍	1 15 ♋♌	1 7 ♉♊	1 12 ♌♍
8	1 8 ♍♎	1 25 ♌♍	1 6 ♊♋	1 19 ♍♎	1 15 ♋♌	1 ♍	1 8 ♌♍	1 3 29 ♊♋♌	1 8 ♍♎
9	1 7 ♎♏	1 18 ♍♎	1 8 ♋♌	1 13 ♎♏	1 8 ♌♍	1 3 ♍♌	1 2 26 ♍♎♏	1 23 ♌♍	1 7 ♎♏
10	1 ♏	1 12 ♎♏	1 5 31 ♌♍♎	1 9 ♏♐	1 3 27 ♍♎♏	1 4 ♌♍	1 21 ♏♐	1 17 ♍♎	1 ♏
11	1 ♏	1 5 29 ♏♐♑	1 25 ♎♏	1 6 ♐♑	1 19 ♏♐	1 10 ♍♎	1 14 ♐♑	1 10 ♎♏	1 ♏
12	1 ♏	1 23 ♑♒	1 19 ♏♐	1 8 ♑♒	1 13 ♐♑	1 7 ♎♏	1 10 ♑♒	1 4 28 ♏♐♑	1 ♏

	1979	1980	1981	1982	1983	1984	1985	1986	1987
1	1 7 ♏♐	1 16 ♒♓	1 11 ♐♑	1 23 ♒♑	1 5 30 ♑♒♓	1 25 ♐♑	1 4 ♒♓	1 20 ♑♒	1 7 ♏♐
2	1 5 ♐♑	1 10 ♓♈	1 4 28 ♑♒♓	1 28 ♑♑	1 23 ♓♈	1 19 ♑♒	1 2 ♓♈	1 13 ♒♓	1 5 ♐♑
3	1 4 29 ♑♒♓	1 7 ♈♉	1 24 ♓♈	1 2 ♑♒	1 19 ♈♉	1 14 ♒♓	1 31 ♈♈	1 9 ♓♈	1 3 29 ♑♒♓
4	1 23 ♓♈	1 4 ♉♊	1 17 ♈♉	1 6 ♒♓	1 13 ♉♊	1 8 ♓♈	1 30 ♈♈	1 2 27 ♈♉♊	1 23 ♓♈
5	1 18 ♈♉	1 13 ♊♋	1 12 ♉♊	1 4 31 ♓♈♉	1 9 ♊♋	1 2 26 ♈♉♊	1 31 ♈♈	1 21 ♊♋	1 17 ♈♉
6	1 12 ♉♊	1 5 ♋♊	1 5 30 ♊♋♌	1 25 ♉♊	1 6 ♋♌	1 20 ♊♋	1 6 ♈♉	1 16 ♋♌	1 11 ♉♊
7	1 6 31 ♊♋♌	1 ♊	1 24 ♌♍	1 20 ♊♋	1 10 ♌♍	1 14 ♋♌	1 6 ♉♊	1 12 ♌♍	1 6 30 ♊♋♌
8	1 24 ♌♍	1 7 ♊♋	1 18 ♍♎	1 14 ♋♌	1 27 ♍♌	1 8 ♌♍	1 2 28 ♊♋♌	1 8 ♍♎	1 24 ♌♍
9	1 17 ♍♎	1 8 ♋♌	1 13 ♎♏	1 8 ♌♍	1 30 ♌♌	1 25 ♎♏	1 22 ♌♍	1 7 ♎♏	1 17 ♍♎
10	1 11 ♎♏	1 5 30 ♌♍♎	1 9 ♏♐	1 2 26 ♍♎♏	1 5 ♌♍	1 20 ♏♐	1 16 ♍♎	1 31 ♏♏	1 11 ♎♏
11	1 4 29 ♏♐♑	1 24 ♎♏	1 5 ♐♑	1 19 ♏♐	1 9 ♍♎	1 14 ♐♑	1 9 ♎♏	1 30 ♏♏	1 4 28 ♏♐♑
12	1 23 ♑♒	1 18 ♏♐	1 9 ♑♒	1 13 ♐♑	1 6 ♎♏	1 9 ♑♒	1 3 27 ♏♐♑	1 31 ♏♏	1 22 ♑♒

Marte 1916-1933

	1916	1917	1918	1919	1920	1921	1922	1923	1924
1	1 ♌	1 ♑, 10 ♒	1 ♊, 12 ♎	1 ♒, 28 ♓	1 ♎	1 ♒, 6 ♓	1 ♏	1 ♓, 22 ♈	1 ♏, 20 ♐
2	1 ♌	1 ♒, 17 ♓	1 ♎, 26 ♍	1 ♓	1 ♏	1 ♓, 14 ♈	1 ♏, 19 ♐	1 ♈	1 ♐
3	1 ♌	1 ♓, 27 ♈	1 ♍	1 ♓, 7 ♈	1 ♏	1 ♈, 26 ♉	1 ♐	1 ♈, 4 ♉	1 ♐, 7 ♑
4	1 ♌	1 ♈	1 ♍	1 ♈, 16 ♉	1 ♏, 24 ♎	1 ♉	1 ♐	1 ♉, 17 ♊	1 ♑, 25 ♒
5	1 ♌, 29 ♍	1 ♈, 5 ♉	1 ♍	1 ♉, 27 ♊	1 ♎	1 ♉, 7 ♊	1 ♐	1 ♊, 31 ♋	1 ♒
6	1 ♍	1 ♉, 15 ♊	1 ♍, 24 ♎	1 ♊	1 ♎	1 ♊, 19 ♋	1 ♐	1 ♋	1 ♒, 25 ♓
7	1 ♍, 23 ♎	1 ♊, 29 ♋	1 ♎	1 ♊, 9 ♋	1 ♎, 11 ♏	1 ♋	1 ♐	1 ♋, 17 ♌	1 ♓
8	1 ♎	1 ♋	1 ♎, 18 ♏	1 ♋, 24 ♌	1 ♏	1 ♋, 4 ♌	1 ♐	1 ♌	1 ♓, 25 ♒
9	1 ♎, 9 ♏	1 ♋, 13 ♌	1 ♏	1 ♌	1 ♏, 5 ♐	1 ♌, 20 ♍	1 ♐, 14 ♑	1 ♌, 2 ♍	1 ♒
10	1 ♏, 23 ♐	1 ♌	1 ♏, 2 ♐	1 ♌, 11 ♍	1 ♐, 19 ♑	1 ♍	1 ♑, 31 ♒	1 ♍, 19 ♎	1 ♒, 20 ♓
11	1 ♐	1 ♌, 3 ♍	1 ♐, 12 ♑	1 ♍, 30 ♍	1 ♑, 28 ♒	1 ♍, 7 ♎	1 ♒	1 ♎	1 ♓
12	1 ♐, 2 ♑	1 ♍	1 ♑, 21 ♒	1 ♎	1 ♒	1 ♎, 27 ♏	1 ♒, 12 ♓	1 ♎, 5 ♏	1 ♓, 21 ♈

	1925	1926	1927	1928	1929	1930	1931	1932	1933
1	1 ♈	1 ♐	1 ♉	1 ♐, 20 ♑	1 ♊	1 ♑	1 ♌	1 ♑, 18 ♒	1 ♍
2	1 ♈, 6 ♉	1 ♐, 10 ♑	1 ♉, 22 ♊	1 ♑, 29 ♒	1 ♊	1 ♑, 7 ♒	1 ♌, 17 ♋	1 ♒, 26 ♓	1 ♍
3	1 ♉, 25 ♊	1 ♑, 24 ♒	1 ♊	1 ♒	1 ♊, 12 ♋	1 ♒, 18 ♓	1 ♋, 31 ♌	1 ♓	1 ♍
4	1 ♊	1 ♒	1 ♊, 17 ♋	1 ♒, 8 ♓	1 ♋	1 ♓, 25 ♈	1 ♌	1 ♓, 4 ♈	1 ♍
5	1 ♊, 10 ♋	1 ♒, 4 ♓	1 ♋	1 ♓, 17 ♈	1 ♋, 14 ♌	1 ♈	1 ♌	1 ♈, 13 ♉	1 ♍
6	1 ♋, 27 ♌	1 ♓, 16 ♈	1 ♋, 7 ♌	1 ♈, 27 ♉	1 ♌	1 ♈, 4 ♉	1 ♌, 11 ♍	1 ♉, 23 ♊	1 ♍
7	1 ♌	1 ♈	1 ♌, 26 ♍	1 ♉	1 ♌, 5 ♍	1 ♉, 15 ♊	1 ♍	1 ♊	1 ♍, 7 ♎
8	1 ♌, 13 ♍	1 ♈, 2 ♉	1 ♍	1 ♉, 10 ♊	1 ♍, 22 ♎	1 ♊, 29 ♋	1 ♍, 2 ♎	1 ♊, 5 ♋	1 ♎, 26 ♏
9	1 ♍, 29 ♎	1 ♉	1 ♍, 11 ♎	1 ♊	1 ♎	1 ♋	1 ♎, 18 ♏	1 ♋, 21 ♌	1 ♏
10	1 ♎	1 ♉	1 ♎, 26 ♏	1 ♊, 4 ♋	1 ♎, 7 ♏	1 ♋, 21 ♌	1 ♏, 31 ♐	1 ♌	1 ♏, 9 ♐
11	1 ♎, 14 ♏	1 ♉	1 ♏	1 ♋	1 ♏, 19 ♐	1 ♌	1 ♐	1 ♌, 14 ♍	1 ♐, 19 ♑
12	1 ♏, 28 ♐	1 ♉	1 ♏, 9 ♐	1 ♋, 21 ♊	1 ♐, 30 ♑	1 ♌	1 ♐, 11 ♑	1 ♍	1 ♑, 29 ♒

Marte 1934-1951

	1934	1935	1936	1937	1938	1939	1940	1941	1942
1	1 ♒	1 ♎	1 15 ♒ ♓	1 6 ♎ ♏	1 ♓	1 30 ♏ ♐	1 4 ♓ ♈	1 5 ♏ ♐	1 12 ♈ ♉
2	1 5 ♒ ♓	1 ♎	1 23 ♓ ♈	1 ♏	1 ♈	1 ♐	1 18 ♈ ♉	1 18 ♐ ♑	1 ♉
3	1 15 ♓ ♈	1 ♎	1 ♈	1 14 ♏ ♐	1 13 ♈ ♉	1 22 ♐ ♑	1 ♉	1 ♑	1 8 ♉ ♊
4	1 23 ♈ ♉	1 ♎	1 2 ♈ ♉	1 ♐	1 24 ♉ ♊	1 ♑	1 2 ♉ ♊	1 3 ♑ ♒	1 27 ♊ ♋
5	1 ♉	1 ♎	1 13 ♉ ♊	1 15 ♐ ♏	1 ♊	1 26 ♑ ♒	1 18 ♊ ♋	1 17 ♒ ♓	1 ♋
6	1 3 ♉ ♊	1 ♎	1 26 ♊ ♋	1 ♏	1 8 ♊ ♋	1 ♒	1 ♋	1 ♓	1 15 ♋ ♌
7	1 16 ♊ ♋	1 30 ♎ ♏	1 ♋	1 ♏	1 23 ♋ ♌	1 22 ♒ ♑	1 4 ♋ ♌	1 3 ♓ ♈	1 ♌
8	1 31 ♋ ♌	1 ♏	1 10 ♋ ♌	1 9 ♏ ♐	1 ♌	1 ♑	1 20 ♌ ♍	1 ♈	1 2 ♌ ♍
9	1 ♌	1 17 ♏ ♐	1 27 ♌ ♍	1 ♐	1 8 ♌ ♍	1 25 ♑ ♒	1 ♍	1 ♈	1 18 ♍ ♎
10	1 18 ♌ ♍	1 29 ♐ ♑	1 ♍	1 ♑	1 26 ♍ ♎	1 ♒	1 6 ♍ ♎	1 ♈	1 ♎
11	1 ♍	1 ♑	1 15 ♍ ♎	1 12 ♑ ♒	1 ♎	1 20 ♒ ♓	1 21 ♎ ♏	1 ♈	1 2 ♎ ♏
12	1 12 ♍ ♎	1 8 ♑ ♒	1 ♎	1 22 ♒ ♓	1 12 ♎ ♏	1 ♓	1 ♏	1 ♈	1 16 ♏ ♐

	1943	1944	1945	1946	1947	1948	1949	1950	1951
1	1 27 ♐ ♑	1 ♊	1 6 ♐ ♑	1 ♋	1 26 ♑ ♒	1 ♍	1 5 ♑ ♒	1 ♎	1 23 ♒ ♓
2	1 ♑	1 ♊	1 15 ♑ ♒	1 ♋	1 ♒	1 13 ♍ ♌	1 12 ♒ ♓	1 ♎	1 ♓
3	1 9 ♑ ♒	1 29 ♊ ♋	1 26 ♒ ♓	1 ♋	1 5 ♒ ♓	1 ♌	1 22 ♓ ♈	1 29 ♎ ♍	1 2 ♓ ♈
4	1 19 ♒ ♓	1 ♋	1 ♓	1 23 ♋ ♌	1 12 ♓ ♈	1 ♌	1 30 ♈ ♉	1 ♍	1 11 ♈ ♉
5	1 28 ♓ ♈	1 23 ♋ ♌	1 3 ♓ ♈	1 ♌	1 22 ♈ ♉	1 19 ♌ ♍	1 ♉	1 ♍	1 22 ♉ ♊
6	1 ♈	1 ♌	1 12 ♈ ♉	1 21 ♌ ♍	1 ♉	1 ♍	1 11 ♉ ♊	1 13 ♍ ♎	1 ♊
7	1 8 ♈ ♉	1 13 ♌ ♍	1 24 ♉ ♊	1 ♍	1 ♊	1 18 ♍ ♎	1 24 ♊ ♋	1 ♎	1 4 ♊ ♋
8	1 24 ♉ ♊	1 29 ♍ ♎	1 ♊	1 10 ♍ ♎	1 14 ♊ ♋	1 ♎	1 ♋	1 11 ♎ ♏	1 18 ♋ ♌
9	1 ♊	1 ♎	1 8 ♊ ♋	1 25 ♎ ♏	1 ♋	1 4 ♎ ♏	1 8 ♋ ♌	1 26 ♏ ♐	1 ♌
10	1 ♊	1 14 ♎ ♏	1 ♋	1 ♏	1 ♌	1 18 ♏ ♐	1 27 ♌ ♍	1 ♐	1 5 ♌ ♍
11	1 ♊	1 26 ♏ ♐	1 12 ♋ ♌	1 7 ♏ ♐	1 ♌	1 27 ♐ ♑	1 ♍	1 6 ♐ ♑	1 25 ♍ ♎
12	1 ♊	1 ♐	1 27 ♌ ♋	1 18 ♐ ♑	1 2 ♌ ♍	1 ♑	1 27 ♍ ♎	1 16 ♑ ♒	1 ♎

Marte 1952-1969

	1952	1953	1954	1955	1956	1957	1958	1959	1960
1	1 21 ♎ ♏	1 ♓	1 ♏	1 16 ♓ ♈	1 15 ♏ ♐	1 29 ♈ ♉	1 ♐	1 ♉	1 15 ♐ ♑
2	1 ♏	1 9 ♓ ♈	1 10 ♏ ♐	1 27 ♈ ♉	1 29 ♐ ♑	1 ♉	1 4 ♐ ♑	1 11 ♉ ♊	1 24 ♑ ♒
3	1 ♏	1 21 ♈ ♉	1 ♐	1 ♉	1 ♑	1 18 ♉ ♊	1 18 ♑ ♒	1 ♊	1 ♒
4	1 ♏	1 ♉	1 13 ♐ ♑	1 11 ♉ ♊	1 15 ♑ ♒	1 ♊	1 28 ♒ ♓	1 11 ♊ ♋	1 3 ♒ ♓
5	1 ♏	1 ♊	1 ♑	1 27 ♊ ♋	1 ♒	1 5 ♊ ♋	1 ♓	1 ♋	1 12 ♓ ♈
6	1 ♏	1 15 ♊ ♋	1 ♑	1 ♋	1 4 ♒ ♓	1 23 ♋ ♌	1 8 ♓ ♈	1 ♌	1 21 ♈ ♉
7	1 ♏	1 30 ♋ ♌	1 3 ♑ ♐	1 12 ♋ ♌	1 ♓	1 ♌	1 22 ♈ ♉	1 21 ♌ ♍	1 ♉
8	1 28 ♏ ♐	1 ♌	1 25 ♐ ♑	1 28 ♌ ♍	1 ♓	1 9 ♌ ♍	1 ♉	1 ♍	1 3 ♉ ♊
9	1 ♐	1 15 ♌ ♍	1 ♑	1 ♍	1 ♓	1 25 ♍ ♎	1 21 ♉ ♊	1 6 ♍ ♎	1 22 ♊ ♋
10	1 13 ♐ ♑	1 ♍	1 22 ♑ ♒	1 14 ♍ ♎	1 ♓	1 ♎	1 29 ♊ ♉	1 22 ♎ ♏	1 ♋
11	1 22 ♑ ♒	1 2 ♍ ♎	1 ♒	1 30 ♎ ♏	1 ♓	1 9 ♎ ♏	1 ♉	1 ♏	1 ♋
12	1 31 ♒ ♓	1 21 ♎ ♏	1 4 ♒ ♓	1 ♏	1 7 ♓ ♈	1 24 ♏ ♐	1 ♉	1 4 ♏ ♐	1 ♋

	1961	1962	1963	1964	1965	1966	1967	1968	1969
1	1 ♋	1 ♑	1 ♌	1 14 ♑ ♒	1 ♍	1 31 ♒ ♓	1 ♎	1 9 ♒ ♓	1 ♏
2	1 ♋	1 2 ♑ ♒	1 ♌	1 21 ♒ ♓	1 ♍	1 ♓	1 13 ♎ ♏	1 17 ♓ ♈	1 25 ♏ ♐
3	1 ♋	1 13 ♒ ♓	1 ♌	1 30 ♓ ♈	1 ♍	1 10 ♓ ♈	1 31 ♏ ♎	1 28 ♈ ♉	1 ♐
4	1 ♋	1 20 ♓ ♈	1 ♌	1 ♈	1 ♍	1 18 ♈ ♉	1 ♎	1 ♉	1 ♐
5	1 6 ♋ ♌	1 29 ♈ ♉	1 ♌	1 8 ♈ ♉	1 ♍	1 29 ♉ ♊	1 ♎	1 9 ♉ ♊	1 ♐
6	1 29 ♌ ♍	1 ♉	1 4 ♌ ♍	1 18 ♉ ♊	1 29 ♍ ♎	1 ♊	1 ♎	1 21 ♊ ♋	1 ♐
7	1 ♍	1 10 ♉ ♊	1 28 ♍ ♎	1 31 ♊ ♋	1 ♎	1 12 ♊ ♋	1 20 ♎ ♏	1 ♋	1 ♐
8	1 17 ♍ ♎	1 23 ♊ ♋	1 ♎	1 ♋	1 21 ♎ ♏	1 26 ♋ ♌	1 ♏	1 6 ♋ ♌	1 ♐
9	1 ♎	1 ♋	1 13 ♎ ♏	1 16 ♋ ♌	1 ♏	1 ♌	1 10 ♏ ♐	1 22 ♌ ♍	1 21 ♐ ♑
10	1 2 ♎ ♏	1 12 ♋ ♌	1 26 ♏ ♐	1 ♌	1 5 ♏ ♐	1 13 ♌ ♍	1 23 ♐ ♑	1 ♍	1 ♑
11	1 14 ♏ ♐	1 ♌	1 ♐	1 7 ♌ ♍	1 15 ♐ ♑	1 ♍	1 ♑	1 9 ♍ ♎	1 5 ♑ ♒
12	1 25 ♐ ♑	1 ♌	1 6 ♐ ♑	1 ♍	1 24 ♑ ♒	1 4 ♍ ♎	1 2 ♑ ♒	1 30 ♎ ♏	1 16 ♒ ♓

Marte 1970-1987

	1970	1971	1972	1973	1974	1975	1976	1977	1978
1	1 ♓, 25 ♈	1 ♏, 23 ♐	1 ♈	1 ♐	1 ♉	1 ♐, 22 ♑	1 ♊	1 ♑	1 ♌, 26 ♋
2	1 ♈	1 ♐	1 ♈, 11 ♉	1 ♐, 12 ♑	1 ♉, 27 ♊	1 ♑	1 ♊	1 ♑, 9 ♒	1 ♋
3	1 ♈, 7 ♉	1 ♐, 12 ♑	1 ♉, 27 ♊	1 ♑, 27 ♒	1 ♊	1 ♑, 3 ♒	1 ♊, 19 ♋	1 ♒, 20 ♓	1 ♋
4	1 ♉, 19 ♊	1 ♑	1 ♊	1 ♒	1 ♊, 20 ♋	1 ♒, 12 ♓	1 ♋	1 ♓, 28 ♈	1 ♋, 11 ♌
5	1 ♊	1 ♑, 4 ♒	1 ♊, 13 ♋	1 ♒, 8 ♓	1 ♋	1 ♓, 21 ♈	1 ♋, 16 ♌	1 ♈	1 ♌
6	1 ♊, 2 ♋	1 ♒	1 ♋, 29 ♌	1 ♓, 21 ♈	1 ♋, 9 ♌	1 ♈	1 ♌	1 ♈, 6 ♉	1 ♌, 14 ♍
7	1 ♋, 18 ♌	1 ♒	1 ♌	1 ♈	1 ♌, 28 ♍	1 ♉	1 ♌, 7 ♍	1 ♉, 18 ♊	1 ♍
8	1 ♌	1 ♒	1 ♌, 15 ♍	1 ♈, 13 ♉	1 ♍	1 ♉, 15 ♊	1 ♍, 24 ♎	1 ♊	1 ♍, 4 ♎
9	1 ♌, 3 ♍	1 ♒	1 ♍	1 ♉	1 ♍, 13 ♎	1 ♊	1 ♎	1 ♋	1 ♎, 20 ♏
10	1 ♍, 20 ♎	1 ♒	1 ♎	1 ♉, 30 ♈	1 ♎, 28 ♏	1 ♊, 17 ♋	1 ♎, 9 ♏	1 ♋, 27 ♌	1 ♏
11	1 ♎	1 ♒, 7 ♓	1 ♎, 16 ♏	1 ♈	1 ♏	1 ♋, 26 ♊	1 ♏, 21 ♐	1 ♌	1 ♏, 2 ♐
12	1 ♎, 7 ♏	1 ♓, 27 ♈	1 ♏, 31 ♐	1 ♈, 24 ♉	1 ♏, 11 ♐	1 ♊	1 ♐	1 ♌	1 ♐, 13 ♑

	1979	1980	1981	1982	1983	1984	1985	1986	1987
1	1 ♑, 21 ♒	1 ♍	1 ♒	1 ♎	1 ♒, 18 ♓	1 ♎, 11 ♏	1 ♓	1 ♏	1 ♓, 8 ♈
2	1 ♒, 28 ♓	1 ♍	1 ♒, 7 ♓	1 ♎	1 ♓, 25 ♈	1 ♏	1 ♓, 3 ♈	1 ♏, 2 ♐	1 ♈, 21 ♉
3	1 ♓	1 ♍, 12 ♌	1 ♓, 17 ♈	1 ♎	1 ♈	1 ♏	1 ♈, 15 ♉	1 ♐, 28 ♑	1 ♉
4	1 ♓, 7 ♈	1 ♌	1 ♈, 25 ♉	1 ♎	1 ♈, 5 ♉	1 ♏	1 ♉, 26 ♊	1 ♑	1 ♉, 6 ♊
5	1 ♈, 16 ♉	1 ♌, 4 ♍	1 ♉	1 ♎	1 ♉, 17 ♊	1 ♏	1 ♊	1 ♑	1 ♊, 21 ♋
6	1 ♉, 26 ♊	1 ♍	1 ♉, 5 ♊	1 ♎	1 ♊, 29 ♋	1 ♏	1 ♊, 9 ♋	1 ♑	1 ♋
7	1 ♊	1 ♍, 11 ♎	1 ♊, 18 ♋	1 ♎	1 ♋	1 ♏	1 ♋, 25 ♌	1 ♑	1 ♋, 7 ♌
8	1 ♊, 9 ♋	1 ♎, 29 ♏	1 ♋	1 ♎, 3 ♏	1 ♋, 14 ♌	1 ♏, 18 ♐	1 ♌	1 ♑	1 ♌, 23 ♍
9	1 ♋, 25 ♌	1 ♏	1 ♋, 2 ♌	1 ♏, 20 ♐	1 ♌, 30 ♍	1 ♐	1 ♌, 10 ♍	1 ♑	1 ♍
10	1 ♌	1 ♏, 12 ♐	1 ♌, 21 ♍	1 ♐	1 ♍	1 ♐, 5 ♑	1 ♍, 28 ♎	1 ♑, 9 ♒	1 ♍, 9 ♎
11	1 ♌, 20 ♍	1 ♐, 22 ♑	1 ♍	1 ♑	1 ♍, 18 ♎	1 ♑, 16 ♒	1 ♎	1 ♒, 26 ♓	1 ♎, 24 ♏
12	1 ♍	1 ♑, 31 ♒	1 ♍, 16 ♎	1 ♑, 10 ♒	1 ♎	1 ♒, 25 ♓	1 ♎, 15 ♏	1 ♓	1 ♏

Júpiter 1916-1933

	1916	1917	1918	1919	1920	1921	1922	1923	1924
1	1 ♓	1 ♈	1 ♊	1 ♋	1 ♌	1 ♍	1 ♎	1 ♏	1 ♐
2	1 ♓ 12 ♈	1 ♈ 13 ♉	1 ♊	1 ♋	1 ♌	1 ♍	1 ♎	1 ♏	1 ♐
3	1 ♈	1 ♉	1 ♊	1 ♋	1 ♌	1 ♍	1 ♎	1 ♏	1 ♐
4	1 ♈	1 ♉	1 ♊	1 ♋	1 ♌	1 ♍	1 ♎	1 ♏	1 ♐
5	1 ♈	1 ♉	1 ♊	1 ♋	1 ♌	1 ♍	1 ♎	1 ♏	1 ♐
6	1 ♈ 26 ♉	1 ♉ 30 ♊	1 ♊	1 ♋	1 ♌	1 ♍	1 ♎	1 ♏	1 ♐
7	1 ♉	1 ♊	1 ♊ 13 ♋	1 ♋	1 ♌	1 ♍	1 ♎	1 ♏	1 ♐
8	1 ♉	1 ♊	1 ♋	1 ♋ 2 ♌	1 ♌ 27 ♍	1 ♍	1 ♎	1 ♏	1 ♐
9	1 ♉	1 ♊	1 ♋	1 ♌	1 ♍	1 ♍ 26 ♎	1 ♎	1 ♏	1 ♐
10	1 ♉ 27 ♈	1 ♊	1 ♋	1 ♌	1 ♍	1 ♎	1 ♎ 27 ♏	1 ♏	1 ♐
11	1 ♈	1 ♊	1 ♋	1 ♌	1 ♍	1 ♎	1 ♏	1 ♏ 25 ♐	1 ♐
12	1 ♈	1 ♊	1 ♋	1 ♌	1 ♍	1 ♎	1 ♏	1 ♐	1 ♐ 18 ♑

	1925	1926	1927	1928	1929	1930	1931	1932	1933
1	1 ♑	1 ♑ 6 ♒	1 ♒ 18 ♓	1 ♓ 23 ♈	1 ♉	1 ♊	1 ♋	1 ♌	1 ♍
2	1 ♑	1 ♒	1 ♓	1 ♈	1 ♉	1 ♊	1 ♋	1 ♌	1 ♍
3	1 ♑	1 ♒	1 ♓	1 ♈	1 ♉	1 ♊	1 ♋	1 ♌	1 ♍
4	1 ♑	1 ♒	1 ♓	1 ♈	1 ♉	1 ♊	1 ♋	1 ♌	1 ♍
5	1 ♑	1 ♒	1 ♓	1 ♈	1 ♉	1 ♊	1 ♋	1 ♌	1 ♍
6	1 ♑	1 ♒	1 ♓ 6 ♈	1 ♈ 4 ♉	1 ♉ 13 ♊	1 ♊ 27 ♋	1 ♋	1 ♌	1 ♍
7	1 ♑	1 ♒	1 ♈	1 ♉	1 ♊	1 ♋	1 ♋ 17 ♌	1 ♌	1 ♍
8	1 ♑	1 ♒	1 ♈	1 ♉	1 ♊	1 ♋	1 ♌	1 ♌ 11 ♍	1 ♍
9	1 ♑	1 ♒	1 ♈ 11 ♓	1 ♉	1 ♊	1 ♋	1 ♌	1 ♍	1 ♍ 10 ♎
10	1 ♑	1 ♒	1 ♓	1 ♉	1 ♊	1 ♋	1 ♌	1 ♍	1 ♎
11	1 ♑	1 ♒	1 ♓	1 ♉	1 ♊	1 ♋	1 ♌	1 ♍	1 ♎
12	1 ♑	1 ♒	1 ♓	1 ♉	1 ♊	1 ♋	1 ♌	1 ♍	1 ♎

Júpiter 1934-1951

	1934	1935	1936	1937	1938	1939	1940	1941	1942
1	1 ♎	1 ♏	1 ♐	1 ♑	1 ♒	1 ♓	1 ♈	1 ♉	1 ♊
2	1 ♎	1 ♏	1 ♐	1 ♑	1 ♒	1 ♓	1 ♈	1 ♉	1 ♊
3	1 ♎	1 ♏	1 ♐	1 ♑	1 ♒	1 ♓	1 ♈	1 ♉	1 ♊
4	1 ♎	1 ♏	1 ♐	1 ♑	1 ♒	1 ♓	1 ♈	1 ♉	1 ♊
5	1 ♎	1 ♏	1 ♐	1 ♑	1 ♒, 14 ♓	1 ♓, 12 ♈	1 ♈, 16 ♉	1 ♉, 27 ♊	1 ♊
6	1 ♎	1 ♏	1 ♐	1 ♑	1 ♓	1 ♈	1 ♉	1 ♊	1 ♊, 10 ♋
7	1 ♎	1 ♏	1 ♐	1 ♑	1 ♓, 30 ♒	1 ♈	1 ♉	1 ♊	1 ♋
8	1 ♎	1 ♏	1 ♐	1 ♑	1 ♒	1 ♈	1 ♉	1 ♊	1 ♋
9	1 ♎	1 ♏	1 ♐	1 ♑	1 ♒	1 ♈	1 ♉	1 ♊	1 ♋
10	1 ♎, 11 ♏	1 ♎	1 ♐	1 ♑	1 ♒	1 ♈, 30 ♓	1 ♉	1 ♊	1 ♋
11	1 ♏	1 ♏, 9 ♐	1 ♐	1 ♑	1 ♒	1 ♓	1 ♉	1 ♊	1 ♋
12	1 ♏	1 ♐	1 ♐, 2 ♑	1 ♑, 20 ♒	1 ♒, 30 ♓	1 ♓, 21 ♈	1 ♉	1 ♊	1 ♋

	1943	1944	1945	1946	1947	1948	1949	1950	1951
1	1 ♋	1 ♌	1 ♍	1 ♎	1 ♏	1 ♐	1 ♑	1 ♒	1 ♓
2	1 ♋	1 ♌	1 ♍	1 ♎	1 ♏	1 ♐	1 ♑	1 ♒	1 ♓
3	1 ♋	1 ♌	1 ♍	1 ♎	1 ♏	1 ♐	1 ♑	1 ♒	1 ♓
4	1 ♋	1 ♌	1 ♍	1 ♎	1 ♏	1 ♐	1 ♑, 13 ♒	1 ♒, 15 ♓	1 ♓, 22 ♈
5	1 ♋	1 ♌	1 ♍	1 ♎	1 ♏	1 ♐	1 ♒	1 ♓	1 ♈
6	1 ♋	1 ♌	1 ♍	1 ♎	1 ♏	1 ♐	1 ♒, 28 ♑	1 ♓	1 ♈
7	1 ♌	1 ♌, 26 ♍	1 ♍	1 ♎	1 ♏	1 ♐	1 ♑	1 ♓	1 ♈
8	1 ♌	1 ♍	1 ♍, 25 ♎	1 ♎	1 ♏	1 ♐	1 ♑	1 ♓	1 ♈
9	1 ♌	1 ♍	1 ♎	1 ♎, 25 ♏	1 ♏	1 ♐	1 ♑	1 ♓, 15 ♒	1 ♈
10	1 ♌	1 ♍	1 ♎	1 ♏	1 ♏, 24 ♐	1 ♐	1 ♑	1 ♒	1 ♈
11	1 ♌	1 ♍	1 ♎	1 ♏	1 ♐	1 ♐, 15 ♑	1 ♑	1 ♒	1 ♈
12	1 ♌	1 ♍	1 ♎	1 ♏	1 ♐	1 ♑	1 ♒	1 ♒, 2 ♓	1 ♈

Júpiter 1952-1969

	1952	1953	1954	1955	1956	1957	1958	1959	1960
1	1 ♈	1 ♉	1 ♊	1 ♋	1 18 ♍♌	1 ♎	1 14 ♎♏	1 ♏	1 ♐
2	1 ♈	1 ♉	1 ♊	1 ♋	1 ♌	1 20 ♎♍	1 ♏	1 11 ♏♐	1 ♐
3	1 ♈	1 ♉	1 ♊	1 ♋	1 ♌	1 ♍	1 21 ♏♎	1 ♐	1 2 ♐♑
4	1 29 ♈♉	1 ♉	1 ♊	1 ♋	1 ♌	1 ♍	1 ♎	1 25 ♐♏	1 ♑
5	1 ♉	1 10 ♉♊	1 24 ♊♋	1 ♋	1 ♌	1 ♍	1 ♎	1 ♏	1 ♑
6	1 ♉	1 ♊	1 ♋	1 13 ♋♌	1 ♌	1 ♍	1 ♎	1 ♏	1 10 ♑♐
7	1 ♉	1 ♊	1 ♋	1 ♌	1 8 ♌♍	1 ♍	1 ♎	1 ♏	1 ♐
8	1 ♉	1 ♊	1 ♋	1 ♌	1 ♍	1 7 ♍♎	1 ♎	1 ♏	1 ♐
9	1 ♉	1 ♊	1 ♋	1 ♌	1 ♍	1 ♎	1 7 ♎♏	1 ♏	1 ♐
10	1 ♉	1 ♊	1 ♋	1 ♌	1 ♍	1 ♎	1 ♏	1 6 ♏♐	1 26 ♐♑
11	1 ♉	1 ♊	1 ♋	1 17 ♌♍	1 ♍	1 ♎	1 ♏	1 ♐	1 ♑
12	1 ♉	1 ♊	1 ♋	1 ♍	1 13 ♍♎	1 ♎	1 ♏	1 ♐	1 ♑

	1961	1962	1963	1964	1965	1966	1967	1968	1969
1	1 ♑	1 ♒	1 ♓	1 ♈	1 ♉	1 ♊	1 16 ♌♋	1 ♍	1 ♎
2	1 ♑	1 ♒	1 ♓	1 ♈	1 ♉	1 ♊	1 ♋	1 27 ♍♌	1 ♎
3	1 15 ♑♒	1 26 ♒♓	1 ♓	1 ♈	1 ♉	1 ♊	1 ♋	1 ♌	1 31 ♎♍
4	1 ♒	1 ♓	1 4 ♓♈	1 12 ♈♉	1 23 ♉♊	1 ♊	1 ♋	1 ♌	1 ♍
5	1 ♒	1 ♓	1 ♈	1 ♉	1 ♊	1 6 ♊♋	1 23 ♋♌	1 ♌	1 ♍
6	1 ♒	1 ♓	1 ♈	1 ♉	1 ♊	1 ♋	1 ♌	1 16 ♌♍	1 ♍
7	1 ♒	1 ♓	1 ♈	1 ♉	1 ♊	1 ♋	1 ♌	1 ♍	1 16 ♍♎
8	1 12 ♒♑	1 ♓	1 ♈	1 ♉	1 ♊	1 ♋	1 ♌	1 ♍	1 ♎
9	1 ♑	1 ♓	1 ♈	1 ♉	1 21 ♊♋	1 28 ♋♌	1 ♌	1 ♍	1 ♎
10	1 ♑	1 ♓	1 ♈	1 ♉	1 ♋	1 ♌	1 19 ♌♍	1 ♍	1 ♎
11	1 4 ♑♒	1 ♓	1 ♈	1 ♉	1 17 ♋♊	1 ♌	1 ♍	1 16 ♍♎	1 ♎
12	1 ♒	1 ♓	1 ♈	1 ♉	1 ♊	1 ♌	1 ♍	1 ♎	1 17 ♎♏

Júpiter 1970-1987

	1970	1971	1972	1973	1974	1975	1976	1977	1978
1	1 ♏	1 14 ♏♐	1 ♐	1 ♑	1 ♒	1 ♓	1 ♈	1 ♉	1 ♊
2	1 ♏	1 ♐	1 7 ♐♑	1 23 ♑♒	1 ♒	1 ♓	1 ♈	1 ♉	1 ♊
3	1 ♏	1 ♐	1 ♑	1 ♒	1 8 ♒♓	1 18 ♓♈	1 26 ♈♉	1 ♉	1 ♊
4	1 30 ♏♎	1 ♐	1 ♑	1 ♒	1 ♓	1 ♈	1 ♉	1 4 ♉♊	1 12 ♊♋
5	1 ♎	1 ♐	1 ♑	1 ♒	1 ♓	1 ♈	1 ♉	1 ♊	1 ♋
6	1 ♎	1 5 ♐♏	1 ♑	1 ♒	1 ♓	1 ♈	1 ♉	1 ♊	1 ♋
7	1 ♎	1 ♏	1 25 ♑♐	1 ♒	1 ♓	1 ♈	1 ♉	1 ♊	1 ♋
8	1 16 ♎♏	1 ♏	1 ♐	1 ♒	1 ♓	1 ♈	1 23 ♉♊	1 20 ♊♋	1 ♋
9	1 ♏	1 12 ♏♐	1 26 ♐♑	1 ♒	1 ♓	1 ♈	1 ♊	1 ♋	1 5 ♋♌
10	1 ♏	1 ♐	1 ♑	1 ♒	1 ♓	1 ♈	1 17 ♊♉	1 ♋	1 ♌
11	1 ♏	1 ♐	1 ♑	1 ♒	1 ♓	1 ♈	1 ♉	1 ♋	1 ♌
12	1 ♏	1 ♐	1 ♑	1 ♒	1 ♓	1 ♈	1 ♉	1 ♋	1 ♌

	1979	1980	1981	1982	1983	1984	1985	1986	1987
1	1 ♌	1 ♍	1 ♎	1 ♏	1 ♐	1 20 ♐♑	1 ♑	1 ♒	1 ♓
2	1 ♌	1 ♍	1 ♎	1 ♏	1 ♐	1 ♑	1 7 ♑♒	1 21 ♒♓	1 ♓
3	1 ♋	1 ♍	1 ♎	1 ♏	1 ♐	1 ♑	1 ♒	1 ♓	1 3 ♓♈
4	1 20 ♋♌	1 ♍	1 ♎	1 ♏	1 ♐	1 ♑	1 ♒	1 ♓	1 ♈
5	1 ♌	1 ♍	1 ♎	1 ♏	1 ♐	1 ♑	1 ♒	1 ♓	1 ♈
6	1 ♌	1 ♍	1 ♎	1 ♏	1 ♐	1 ♑	1 ♒	1 ♓	1 ♈
7	1 ♌	1 ♍	1 ♎	1 ♏	1 ♐	1 ♑	1 ♒	1 ♓	1 ♈
8	1 ♌	1 ♍	1 ♎	1 ♏	1 ♐	1 ♑	1 ♒	1 ♓	1 ♈
9	1 29 ♌♍	1 ♍	1 ♎	1 ♏	1 ♐	1 ♑	1 ♒	1 ♓	1 ♈
10	1 ♍	1 27 ♍♎	1 ♎	1 ♏	1 ♐	1 ♑	1 ♒	1 ♓	1 ♈
11	1 ♍	1 ♎	1 27 ♎♏	1 ♏	1 ♐	1 ♑	1 ♒	1 ♓	1 ♈
12	1 ♍	1 ♎	1 ♏	1 26 ♏♐	1 ♐	1 ♑	1 ♒	1 ♓	1 ♈

Saturno

1916
Jan 1—Out 16 ♋
Out 17—Dez 7 ♌
Dez 8—Dez 31 ♋
1917
Jan 1—Jun 23 ♋
Jun 24—Dez 31 ♌
1918 ♌
1919
Jan 1—Ago 11 ♌
Ago 12—Dez 31 ♍
1920 ♍
1921
Jan 1—Out 7 ♍
Out 8—Dez 31 ♎
1922 ♎
1923
Jan 1—Dez 19 ♎
Dez 20—Dez 31 ♏
1924
Jan 1—Abr 5 ♏
Abr 6—Set 13 ♎
Set 14—Dez 31 ♏
1925 ♏
1926
Jan 1—Dez 2 ♏
Dez 3—Dez 31 ♐
1927-1928 ♐
1929
Jan 1—Mar 14 ♐
Mar 15—Mai 4 ♑
Mai 5—Nov 29 ♐
Nov 30—Dez 31 ♑
1930-1931 ♑
1932
Jan 1—Fev 23 ♑
Fev 24—Ago 13 ♒
Ago 14—Nov 19 ♑
Nov 20—Dez 31 ♒
1933-1934 ♒
1935
Jan 1—Fev 13 ♒
Fev 14—Dez 31 ♓
1936 ♓
1937
Jan 1—Abr 24 ♓
Abr 25—Out 17 ♈
Out 18—Dez 31 ♓
1938
Jan 1—Jan 13 ♓
Jan 14—Dez 31 ♈
1939
Jan 1—Jul 5 ♈
Jul 6—Set 21 ♉
Set 22—Dez 31 ♈
1940
Jan 1—Mar 19 ♈
Mar 20—Dez 31 ♉
1941 ♉
1942
Jan 1—Mai 8 ♉
Mai 9—Dez 31 ♊
1943 ♊
1944
Jan 1—Jun 19 ♊
Jun 20—Dez 31 ♋
1945 ♋
1946
Jan 1—Ago 1 ♋
Ago 2—Dez 31 ♌
1947 ♌
1948
Jan 1—Set 18 ♌
Set 19—Dez 31 ♍
1949
Jan 1—Abr 2 ♍
Abr 3—Mai 28 ♌
Mai 29—Dez 31 ♍
1950
Jan 1—Nov 19 ♍
Nov 20—Dez 31 ♎
1951
Jan 1—Mar 7 ♎
Mar 8—Ago 13 ♍
Ago 14—Dez 31 ♎
1952 ♎
1953
Jan 1—Out 22 ♎
Out 23—Dez 31 ♏
1954-1955 ♏
1956
Jan 1—Jan 12 ♏
Jan 13—Mai 13 ♐
Mai 14—Out 9 ♏
Out 10—Dez 31 ♐
1957-1958 ♐
1959
Jan 1—Jan 4 ♐
Jan 5—Dez 31 ♑
1960-1961 ♑
1962
Jan 1—Jan 3 ♑
Jan 4—Dez 31 ♒
1963 ♒
1964
Jan 1—Mar 23 ♒
Mar 24—Set 16 ♓
Set 17—Dez 15 ♒
Dez 16—Dez 31 ♓
1965-1966 ♓
1967
Jan 1—Mar 3 ♓
Mar 4—Dez 31 ♈
1968 ♈
1969
Jan 1—Abr 29 ♈
Abr 30—Dez 31 ♉
1970 ♉
1971
Jan 1—Jun 18 ♉
Jun 19—Dez 31 ♊
1972
Jan 1—Jan 9 ♊
Jan 10—Fev 21 ♉
Fev 22—Dez 31 ♊
1973
Jan 1—Ago 1 ♊
Ago 2—Dez 31 ♋
1974
Jan 1—Jan 7 ♋
Jan 8—Abr 18 ♊
Abr 19—Dez 31 ♋
1975
Jan 1—Set 16 ♋
Set 17—Dez 31 ♌
1976
Jan 1—Jan 14 ♌
Jan 15—Jun 4 ♋
Jun 5—Dez 31 ♌
1977
Jan 1—Nov 16 ♌
Nov 17—Dez 31 ♍
1978
Jan 1—Jan 4 ♍
Jan 5—Jul 25 ♌
Jul 26—Dez 31 ♍
1979 ♍
1980
Jan 1—Set 20 ♍
Set 21—Dez 31 ♎
1981
Jan 1—Dez 31 ♎
1982
Jan 1—Nov 28 ♎
Nov 29—Dez 31 ♏
1983
Jan 1—Mai 6 ♏
Mai 7—Ago 23 ♎
Ago 24—Dez 31 ♏
1984
Jan 1—Dez 31 ♏
1985
Jan 1—Nov 16 ♏
Nov 17—Dez 31 ♐

1986
Jan 1—Dez 31 ♐
1987
Jan 1—Dez 31 ♐

Urano

1913-1918 ♒
1919
Jan 1—Mar 31 ♒
Abr 1—Ago 16 ♓
Ago 17—Dez 31 ♒
1920
Jan 1—Jan 21 ♒
Jan 22—Dez 31 ♓
1921-1926 ♓
1927
Jan 1—Mar 30 ♓
Mar 31—Nov 4 ♈
Nov 5—Dez 31 ♓
1928
Jan 1—Jan 12 ♓
Jan 13—Dez 31 ♈
1929-1933 ♈
1934
Jan 1—Jun 5 ♈
Jun 6—Out 9 ♉
Out 10—Dez 31 ♈
1935
Jan 1—Mar 27 ♈
Mar 28—Dez 31 ♉
1936-1940 ♉
1941
Jan 1—Ago 6 ♉
Ago 7—Out 4 ♊
Out 5—Dez 31 ♉
1942
Jan 1—Mai 14 ♉
Mai 15—Dez 31 ♊
1943-1947 ♊
1948
Jan 1—Ago 29 ♊
Ago 30—Nov 12 ♋
Nov 13—Dez 31 ♊
1949
Jan 1—Jun 9 ♊
Jun 10—Dez 31 ♋
1950-1954 ♋
1955
Jan 1—Ago 23 ♋
Ago 24—Dez 31 ♌
1956
Jan 1—Jan 27 ♌
Jan 28—Jun 9 ♋
Jun 10—Dez 31 ♌
1957-1960 ♌
1961
Jan 1—Out 31 ♌
Nov 1—Dez 31 ♍
1962
Jan 1—Jan 10 ♍
Jan 11—Ago 9 ♌
Ago 10—Dez 31 ♍
1963-1967 ♍
1968
Jan 1—Set 28 ♍
Set 29—Dez 31 ♎
1969
Jan 1—Mai 20 ♎
Mai 21—Jun 23 ♍
Jun 24—Dez 31 ♎
1970-1973 ♎
1974
Jan 1—Nov 20 ♎
Nov 21—Dez 31 ♏
1975
Jan 1—Mai 1 ♏
Mai 2—Set 7 ♎
Set 8—Dez 31 ♏
1976-1980 ♏
1981
Jan 1—Fev 16 ♏
Fev 17—Mar 20 ♐
Mar 21—Nov 15 ♏
Nov 16—Dez 31 ♐
1982-1987 ♐

Netuno

1913 ♋
1914
Jan 1—Set 22 ♋
Set 23—Dez 14 ♌
Dez 15—Dez 31 ♋
1915
Jan 1—Jul 18 ♋
Jul 19—Dez 31 ♌
1916
Jan 1—Mar 19 ♌
Mar 20—Mai 2 ♋
Mai 3—Dez 31 ♌
1917-1927 ♌
1928
Jan 1—Set 20 ♌
Set 21—Dez 31 ♍
1929
Jan 1—Fev 19 ♍
Fev 20—Jul 23 ♌
Jul 24—Dez 31 ♍
1930-1941 ♍
1942
Jan 1—Out 2 ♍
Out 3—Dez 31 ♎
1943
Jan 1—Abr 17 ♎
Abr 18—Ago 1 ♍
Ago 2—Dez 31 ♎
1944-1954 ♎
1955
Jan 1—Dez 23 ♎
Dez 24—Dez 31 ♏
1956
Jan 1—Mar 11 ♏
Mar 12—Out 18 ♎
Out 19—Dez 31 ♏
1957
Jan 1—Jun 16 ♏
Jun 17—Ago 4 ♎
Ago 5—Dez 31 ♏
1958-1969 ♏
1970
Jan 1—Jan 4 ♏
Jan 5—Mai 2 ♐
Mai 3—Nov 6 ♏
Nov 7—Dez 31 ♐
1971-1980 ♐
1981-1983 ♐
1984
Jan 1—Jan 18 ♐
Jan 19—Jun 22 ♑
Jun 23—Nov 20 ♐
Nov 21—Dez 31 ♑
1985-1987 ♑

Plutão[1]

1913
Jan 1—Jul 9 ♊
Jul 10—Dez 27 ♋
Dez 28—Dez 31 ♊
1914
Jan 1—Mai 27 ♊
Mai 28—Dez 31 ♋
1915-1936 ♋
1937
Jan 1—Out 6 ♋
Out 7—Nov 24 ♌
Nov 25—Dez 31 ♋
1938
Jan 1—Ago 2 ♋
Ago 3—Dez 31 ♌
1939
Jan 1—Fev 7 ♌
Fev 8—Jun 13 ♋
Jun 14—Dez 31 ♌
1940-1955 ♌
1956

[1] *As datas de transição estão sujeitas a uma margem de erro de cerca de dois dias.*

Jan 1—Out 20 ♌
Out 21—Dez 31 ♍

1957

Jan 1—Jan 15 ♍
Jan 16—Ago 18 ♌
Ago 19—Dez 31 ♍

1958

Jan 1—Abr 11 ♍
Abr 12—Jun 9 ♌
Jun 10—Dez 31 ♍

1959-1970 ♍

1971

Jan 1—Out 4 ♍
Out 5—Dez 31 ♎

1972

Jan 1—Abr 16 ♎
Abr 17—Jul 30 ♍
Jul 31—Dez 31 ♎

1973-1980 ♎

1981-1982 ♎

1983

Jan 1—Nov 4 ♎
Nov 5—Dez 31 ♏

1984

Jan 1—Mai 18 ♏
Mai 19—Ago 27 ♎
Ago 28—Dez 31 ♏

1985-1987 ♏

Leia também

CURSO BÁSICO DE ASTROLOGIA

Vol. I — Princípios fundamentais

Marion D. March e Joan McEvers

Existem muitos livros de introdução à Astrologia, mas somente esta série segue o método inédito e sistemático de March e McEvers.

Este *Curso básico* mostra como o leitor deve proceder, passo a passo, para aprender os conceitos fundamentais da Astrologia.

As lições são cuidadosamente elaboradas e terminam com um questionário organizado para testar o progresso do leitor.

O segredo do sucesso deste curso está no modo como o seu método envolve o leitor no processo de aprendizagem, através de exercícios fáceis e de testes bem elaborados.

O *Curso básico de Astrologia* compreende três volumes:

VOLUME I — Princípios fundamentais
VOLUME II — Técnicas de cálculo e de interpretação
VOLUME III — Análise do horóscopo

Os volumes são autônomos, podendo ser adquiridos e estudados separadamente.

Neste I volume, as lições versam sobre o simbolismo básico dos signos, dos planetas, das casas e dos aspectos, além de analisar cada planeta em relação a cada signo, casa e aspecto. Como exemplos, são estudados os horóscopos de algumas personalidades de renome mundial no campo das letras, das artes, dos esportes e da política.

EDITORA PENSAMENTO

Editora Pensamento
Rua Dr. Mário Vicente, 374
04270 São Paulo, SP
Fone 272-1399

Livraria Pensamento
Rua Dr. Rodrigo Silva, 87
01501 São Paulo, SP
Fone 36-3722

Gráfica Pensamento
Rua Domingos Paiva, 60
03043 São Paulo, SP